토린이를 위한 토익 첫걸음

해커스
토익 왕기초 RC
READING 200% 활용법!

무료 온라인 모의토익 이용 방법

방법 **해커스토익**(Hackers.co.kr) 접속 ▶
상단 메뉴 **[무료강의 → 토익 무료컨텐츠 → 모의토익]**
클릭하여 이용하기

들으면서 외우는 단어암기자료(단어암기 MP3 + 단어암기장)

단어암기
자료

방법 **해커스인강**(HackersIngang.com) 접속 ▶
상단 메뉴 **[MP3/자료 → 무료 MP3/자료]** 클릭 ▶
본 교재의 단어암기장 및 단어암기 MP3 클릭하여 다운받기

* QR코드로 [MP3/자료] 바로 이용하기

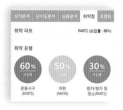

토린이를 위한 토익 첫걸음

해커스
토익 왕기초 RC
READING

해커스 어학연구소

토익 리딩의 첫걸음
해커스 토익 왕기초 Reading

영어는 알파벳밖에 모르는데,
토익은 어떻게 시작하죠?

토익을 쉽게 시작할
방법이 있을 거예요.

졸업, 취업, 공무원 시험, 승진... 그 목표 달성에 꼭 필요한 토익!

<해커스 토익 왕기초 Reading>은 토익을 처음 시작하는 분들은 물론

영어의 기초가 부족한 사람도 쉽게 토익을 시작할 수 있도록 구성되었습니다.

<해커스 토익 왕기초 Reading>과 함께라면 영어가 읽히고, 토익이 쉬워집니다.

토익 문법과 리딩에 대한 기초 학습으로
본격적인 토익 학습을 위한 토대를 쌓을 수 있습니다.

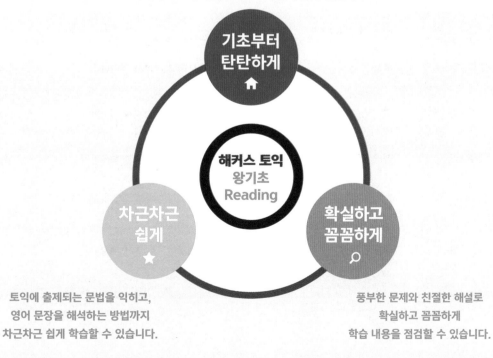

기초부터
탄탄하게

해커스 토익
왕기초
Reading

차근차근
쉽게

확실하고
꼼꼼하게

토익에 출제되는 문법을 익히고,
영어 문장을 해석하는 방법까지
차근차근 쉽게 학습할 수 있습니다.

풍부한 문제와 친절한 해설로
확실하고 꼼꼼하게
학습 내용을 점검할 수 있습니다.

목차

> 토익 Part 5·6에 자주 나오는
> 기본 문법만 쏙쏙! 뽑아서 학습해요.

> 토익 Part 7에 대비하여
> 구문 및 지문 독해 실력을 키워요.

책의 특징과 구성 알아보기

❶ 토익 리딩을 위한 **기초부터 탄탄하게** 학습할 수 있어요.

이제 갓 토익 공부를 시작한 학습자들도 걱정할 필요가 없습니다. <해커스 토익 왕기초 Reading>은 아주 쉬운 토익책으로, 시험에 자주 나오는 기본적이고 필수적인 개념을 쉽고 자세하게 다루고 있습니다. 영어의 기초가 없는 학습자들을 위해 기초적인 내용들을 학습할 수 있는 **기본기** 코너와 **기초부터 차근차근** 코너가 마련되어 있답니다.

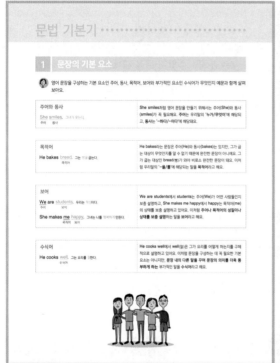

기본기

토익 학습을 본격적으로 시작하기에 앞서, 영어 문법과 독해에 대한 기초 지식을 쌓을 수 있습니다.

기초부터 차근차근

그날 학습할 토익 문법 및 구문 독해의 바탕이 되는 기본 개념을 미리 익힐 수 있습니다.

❷ 토익 리딩을 위한 문법과 독해 방법을 **차근차근 쉽게 학습할 수 있어요.**

<해커스 토익 왕기초 Reading>은 처음 배우는 문법 개념과 문장 해석 방법을 차근차근 쉽게 익힐 수 있도록, **문법을 학습**한 뒤, 해당 문법과 관련된 **구문 독해 연습**이 하루에 이뤄지도록 구성되어 있습니다. 또한, 매주 마지막 날에는 토익 Part 7 **지문 유형**을 익힌 뒤, 앞서 배운 문법과 구문 독해 지식을 바탕으로 직접 지문을 읽고 해석하여 문제를 풀어보도록 구성하였습니다.

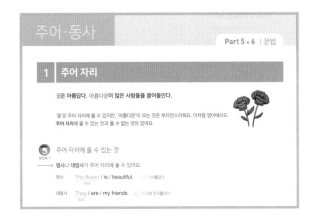

문법

토익에 출제되는 핵심 문법 포인트를 다양한 예문과 함께 쉽게 학습할 수 있습니다.

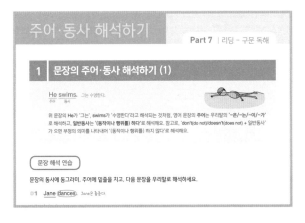

구문 독해

앞서 배운 문법 포인트가 그대로 녹아 있는 문장을 정확하게 해석하는 방법을 익힘으로써 핵심 문법을 복습하고, 독해 실력을 향상시킬 수 있습니다.

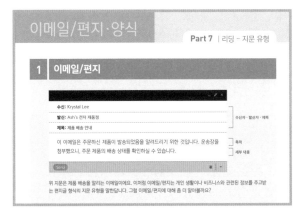

지문 유형

토익 Part 7에 출제되는 지문 유형에 대해 학습하고, 앞서 배운 문법 지식과 구문 독해 방법을 적용하여 Part 7 지문을 스스로 해석하고 문제를 풀어볼 수 있습니다.

책의 특징과 구성 알아보기

❸ 풍부한 문제와 친절한 해설로 확실하고 꼼꼼하게 목표를 달성할 수 있어요.

<해커스 토익 왕기초 Reading>은 앞서 학습한 기본 개념과 핵심 포인트를 충분히 연습하고 점검할 수 있도록, **풍부한 문제**와 **친절한 해설**을 제공합니다.

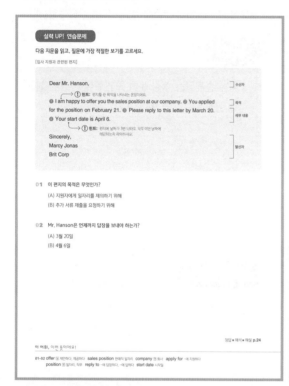

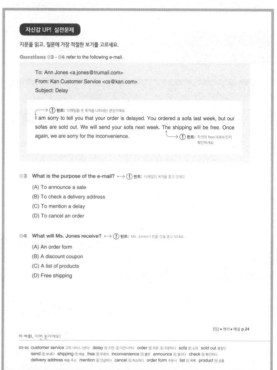

실력 UP! 연습문제

앞서 학습한 내용을 문제로 풀어 봄으로써 기본 개념을 확실히 익힐 수 있습니다.

자신감 UP! 실전문제

실제 토익 시험과 유사한 형태의 문제를 풀어 봄으로써 토익 실전에 대한 감각을 익힐 수 있습니다.

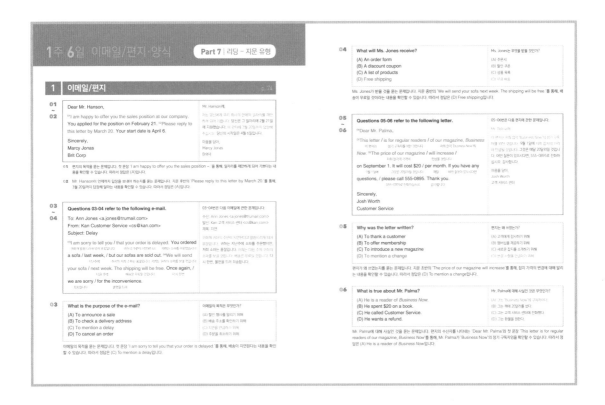

끊어 읽기

교재에 등장하는 모든 문장에 대한 끊어 읽기를 제공하여 각 문장의 구조를 쉽게 파악하고, 길거나 복잡한 문장도 보다 쉽고 정확하게 해석할 수 있도록 하였습니다.

해석

모든 지문·문제에 대한 정확하고 자연스러운 해석을 제공하여, 각 문장의 의미와 전체 문맥을 파악하는 데 도움을 줍니다.

해설

상세한 해설을 제공하여, 정답에 대한 이해를 돕고 오답에 대한 궁금증을 해소할 수 있습니다.

토익이란 무엇인가요?

토익(TOEIC)은 Test of English for International Communication의 약자로 영어가 모국어가 아닌 사람들을 대상으로 한 시험입니다. 언어 본래의 기능인 '커뮤니케이션' 능력에 중점을 두고 회사 생활(채용, 물품 구매, 계약 등) 또는 일상생활(문화, 건강, 외식 관련 등)에 필요한 실용 영어 능력을 평가합니다.

토익은 어떻게 구성되어 있나요?

구성		내용	문항 수	시간	배점
Listening Test	Part 1	사진 묘사	6문항	45분	495점
	Part 2	질의응답	25문항		
	Part 3	짧은 대화	39문항, 13지문		
	Part 4	짧은 담화	30문항, 10지문		
Reading Test	Part 5	단문 빈칸 채우기 (문법/어휘)	30문항	75분	495점
	Part 6	장문 빈칸 채우기 (문법/어휘/문장 고르기)	16문항, 4지문		
	Part 7	지문 읽고 문제 풀기(독해) – 단일 지문 – 복합 지문	54문항, 15지문 – 29문항, 10지문 – 25문항, 5지문		
Total		7 Parts	200문항	120분	990점

토익은 어떻게 접수하나요?

1. 접수 기간을 TOEIC위원회 인터넷 사이트(www.toeic.co.kr) 혹은 공식 애플리케이션에서 확인하세요.
2. 추가시험은 연중 상시로 시행되니 시험 일정을 인터넷으로 확인하고 접수하세요.
3. 접수 시, jpg 형식의 사진 파일이 필요하므로 미리 준비해 두세요.

토익 시험 당일 챙겨야 할 준비물이 있나요?

신분증 **연필&지우개** **시계** **수험번호를 적어둔 메모**

* 시험 당일 신분증이 없으면 시험에 응시할 수 없으므로, 반드시 ETS에서 요구하는 신분증(주민등록증, 운전면허증, 공무원증 등)을 지참합니다. ETS에서 인정하는 신분증 종류는 TOEIC위원회 인터넷 사이트(www.toeic.co.kr)에서 확인 가능합니다.

토익 시험 당일 일정은 어떻게 되나요?

정기시험/추가시험(오전)	추가시험(오후)	내용
09:30 ~ 09:45	2:30 ~ 2:45	답안지 작성 오리엔테이션
09:45 ~ 09:50	2:45 ~ 2:50	쉬는 시간
09:50 ~ 10:10	2:50 ~ 3:10	신분 확인 및 문제지 배부
10:10 ~ 10:55	3:10 ~ 3:55	듣기 평가(Listening Test)
10:55 ~ 12:10	3:55 ~ 5:10	독해 평가(Reading Test)

토익 성적은 어떻게 확인하나요?

성적 발표일	시험일로부터 약 10일 이후 (성적 발표 기간은 회차마다 상이함)
성적 확인 방법	TOEIC위원회 인터넷 사이트(www.toeic.co.kr) 혹은 공식 애플리케이션
성적표 수령 방법	우편 수령 또는 온라인 출력 (시험 접수 시 선택) *온라인 출력은 성적 발표 즉시 발급 가능하나, 우편 수령은 약 7일가량의 발송 기간이 소요될 수 있음

Part 5 · 단문 빈칸 채우기

Part 5는 한 문장의 빈칸에 알맞은 어휘나 문법 사항을 4개의 보기 중에서 골라 채우는 유형입니다. 101번부터 130번까지 총 30문제가 출제되며, 이 중 문법 문제가 평균 21개, 어휘 문제가 평균 9개 출제됩니다.

❶ 문법

> Reaching an ------- on the final budget took several hours.
>
> (A) agree
> (B) agreeable
> (C) agreement
> (D) agreeably

해설 빈칸이 관사(an) 다음에 있으므로 명사가 와야 하는 자리입니다. 따라서 명사 (C) agreement(합의)가 정답입니다. 동사 (A) agree(동의하다), 형용사 (B) agreeable(기분 좋은), 부사 (D) agreeably(기분 좋게)는 명사 자리에 올 수 없습니다.

❷ 어휘

> Tennor Corp. plans to ------- a new microwave that has various cooking functions.
>
> (A) launch
> (B) instruct
> (C) record
> (D) connect

해설 Tennor사는 다양한 조리 기능을 가진 새로운 전자레인지를 ___할 계획이다'라는 문맥에서 빈칸에 적합한 어휘는 (A) launch(출시하다)입니다. (B) instruct(지시하다), (C) record(기록하다), (D) connect(연결하다)는 문맥에 적합하지 않습니다.

Part 6 • 장문 빈칸 채우기

Part 6는 한 지문 내의 4개 빈칸에 알맞은 문법 사항이나 어휘 및 문장을 4개의 보기 중에서 골라 채우는 유형입니다. 131번부터 146번까지 총 16문제가 출제되며, 이 중 문법 문제가 평균 8개, 어휘 문제가 평균 4개, 문장 고르기 문제가 4개 출제됩니다.

Questions 131-134 refer to the following notice.

Our office space on the 15th floor will be ------- from March 18 to April 27. During this period, staff
            131.
members will be given workspaces on one of our other floors in the building. The interior design
firm we have hired will install elegant hardwood flooring. It will also replace the current lighting with
LED lamps. -------. Also, our executive team ------- to change the office layout. After their plan was
            132.   133.
finalized, a large table was purchased from Leroy Furnishings for the central area. We expect that
this improvement will make it easier for employees to work together and will increase -------.
                                                                                     134.

131. (A) removed   (B) reduced

(C) referred   **(D) renovated**

132. (A) Employees who work from home will benefit the most.

(B) Sales team members will be able to choose their favorite type.

(C) Two of you will work together to install these.

(D) This change will result in a number of benefits.

133. (A) decides   **(B) decided**

(C) will decide   (D) deciding

134. **(A) cooperation**   (B) registration

(C) variation   (D) position

해설 **131.** '15층의 사무 공간이 3월 18일부터 4월 27일까지 ____될 것이다'라는 문맥에서 빈칸에 적합한 어휘는 (D) renovated(개조하다)입니다.

132. 앞 문장 'It will ~ replace the current lighting with LED lamps.'에서 그것, 즉 인테리어 디자인 회사는 현재 조명을 LED 조명으로 교체할 것이라고 했으므로 빈칸에는 이 교체에 대한 내용이 들어가야 함을 알 수 있습니다. 따라서 (D) This change will result in a number of benefits가 정답입니다.

133. 뒤 문장에서 그들, 즉 경영진의 계획이 완료되었다고 했으므로 바꾸기로 결정한 것이 과거에 일어난 일임을 알 수 있습니다. 따라서 과거 시제 (B) decided가 정답입니다.

134. '이 개선이 직원들이 함께 일하는 것을 더 쉽게 만들고 ____을 증가시킬 것이라고 예상한다'라는 문맥에서 빈칸에 적합한 어휘는 (A) cooperation(협동)입니다.

Part 7 • 지문 읽고 문제 풀기

Part 7은 제시된 지문과 관련된 질문들에 대해 4개의 보기 중에서 적절한 답을 고르는 유형입니다. 147번부터 200번까지 총 54문제가 출제되며, 단일 지문에서 29문제, 2~3개의 지문을 읽고 문제를 푸는 복합 지문에서 25문제가 출제됩니다.

❶ 단일 지문

Questions 147-148 refer to the following e-mail.

To: Ellen McCall <e.mccall@eliteintl.com>
From: Daria Benini <d.benini@eliteintl.com>
Subject: New assignment

Dear Ellen,

I'd like you to do a feature article on the author Zelda Brown for our June issue. As you know, her new book, *Society at a Crossroads*, has become quite popular. Large crowds of people have been attending her book signings.

147. What is the purpose of the e-mail?

(A) To ask for a recommendation
(B) To praise a team member
(C) To resolve a misunderstanding
(D) **To give an assignment**

해설 **147.** 이메일을 쓴 목적을 묻는 문제입니다. 지문 초반부의 'I'd like you to do a feature on the author Zelda Brown for our June issue.'에서 6월호를 위해 작가 Zelda Brown에 대한 특집 기사를 써달라고 한 후, 이에 대한 세부 내용을 설명하고 있습니다. 따라서 정답은 (D) To give an assignment입니다.

❷ 복합 지문

Questions 176-180 refer to the following information and e-mail.

Newell Theater

Audition Information for Lightning Storm

Newell Theater will be presenting the musical *Lightning Storm* this July. Auditions will take place on Saturday, April 16, from 9 A.M. to 5 P.M. Actors we are interested in will be called back for a second audition, which will take place on Sunday, April 17. Casting decisions will be finalized on April 24. All selected actors will receive a phone call that day from the director, Daniel Naidu, who will provide them with information about the first rehearsal.

To: Maria Haddad <m_haddad@wrpuniversity.com>

From: Daniel Naidu <danielnaidu@newelltheater.com>

Dear Maria,

Thank you for telling me that you will be unable to make it to our rehearsal on June 13 while we talked on the phone. As you know, we planned to go over Act 2, Scene 3, that day. Since you have a solo piece to perform in our musical, I think that we'll just have to rearrange the schedule and rehearse a different scene.

176. What can be inferred about Mr. Naidu?

(A) He was unable to approve a request.

(B) He wrote the musical *Lightning Storm*.

(C) He will perform in a rehearsal.

(D) He called Ms. Haddad on April 24.

해설 **176.** Mr. Naidu에 대해 암시되는 것을 묻는 문제입니다. 이메일에서 Mr. Naidu는 Ms. Haddad와 통화했고 그녀가 뮤지컬 솔로로 공연하는 부분이 있다고 했습니다. 그런데 Mr. Naidu가 Ms. Haddad에게 전화한 날짜를 알 수 없으므로 안내문을 확인합니다. 안내문에서 선발된 연기자들은 4월 24일에 감독 Daniel Naidu의 전화를 받을 것이라는 내용을 확인할 수 있습니다. 두 단서를 종합하면 Mr. Naidu가 4월 24일에 Ms. Haddad에게 전화했다는 것을 추론할 수 있습니다. 따라서 정답은 (D) He called Ms. Haddad on April 24입니다.

나에게 딱! 맞는 학습 플랜은? 자가 진단 및 학습 플랜

◉ 자가 진단

YES ⟶ NO ┈┈▶

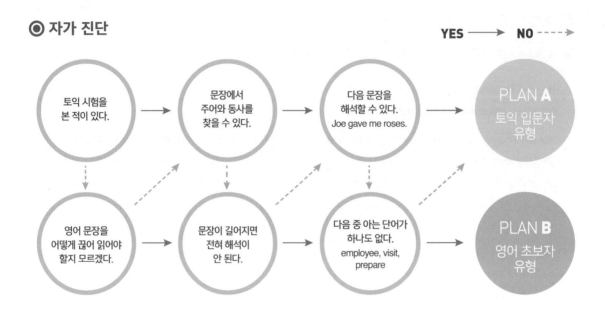

◉ 학습 플랜

PLAN A. 토익 입문자 유형 **4주**로 완성하기

영어에 대한 기초 지식은 있지만, 아직 토익이 낯선 학습자들을 위한 학습 플랜입니다. 교재의 기본 구성대로 하루에 1일 치씩 4주 동안 학습하고, 매주 한 번씩 그 주에 학습한 내용을 복습합니다.

	1일	2일	3일	4일	5일	6일
1주	기본기,1주 1일	1주 2일	1주 3일	1주 4일	1주 5일	1주 6일, 복습
2주	2주 1일	2주 2일	2주 3일	2주 4일	2주 5일	2주 6일, 복습
3주	3주 1일	3주 2일	3주 3일	3주 4일	3주 5일	3주 6일, 복습
4주	4주 1일	4주 2일	4주 3일	4주 4일	4주 5일	4주 6일, 복습

PLAN B. 영어 초보자 유형   8주로 완성하기

영어가 어렵게 느껴지고 영어에 대한 두려움이 큰 영어 초보 학습자들을 위한 학습 플랜입니다. 이틀에 1일 치씩 8주 동안 학습하여 학습량에 대한 부담을 줄이고, 보다 꼼꼼하게 학습합니다.

	1일	2일	3일	4일	5일	6일
1주	기본기, 1주 1일 문법	1주 1일 리딩	1주 2일 문법	1주 2일 리딩	1주 3일 문법	1주 3일 리딩
	1일	2일	3일	4일	5일	6일
2주	1주 4일 문법	1주 4일 리딩	1주 5일 문법	1주 5일 리딩	1주 6일 (1)	1주 6일 (2), 복습
	1일	2일	3일	4일	5일	6일
3주	2주 1일 문법	2주 1일 리딩	2주 2일 문법	2주 2일 리딩	2주 3일 문법	2주 3일 리딩
	1일	2일	3일	4일	5일	6일
4주	2주 4일 문법	2주 4일 리딩	2주 5일 문법	2주 5일 리딩	2주 6일 (1)	2주 6일 (2), 복습
	1일	2일	3일	4일	5일	6일
5주	3주 1일 문법	3주 1일 리딩	3주 2일 문법	3주 2일 리딩	3주 3일 문법	3주 3일 리딩
	1일	2일	3일	4일	5일	6일
6주	3주 4일 문법	3주 4일 리딩	3주 5일 문법	3주 5일 리딩	3주 6일 (1)	3주 6일 (2), 복습
	1일	2일	3일	4일	5일	6일
7주	4주 1일 문법	4주 1일 리딩	4주 2일 문법	4주 2일 리딩	4주 3일 문법	4주 3일 리딩
	1일	2일	3일	4일	5일	6일
8주	4주 4일 문법	4주 4일 리딩	4주 5일 문법	4주 5일 리딩	4주 6일 (1)	4주 6일 (2), 복습

미리 알아두면 좋은
기본기

토익 문법과 리딩을 본격적으로 학습하기에 앞서, 영어 문법과 독해의 기초가 되는 기본 개념을
함께 익혀 보아요.

문법 기본기

1. 문장의 기본 요소
2. 문장의 5형식
3. 8품사
4. 구와 절

리딩 기본기

1. 문장 끊어 읽기
2. 패러프레이징

무료 토익 학습자료·취업정보 제공
Hackers.co.kr

문법 기본기 ●●●●●●●●●●●●●●

1 문장의 기본 요소

 영어 문장을 구성하는 기본 요소인 주어, 동사, 목적어, 보어와 부가적인 요소인 수식어가 무엇인지 예문과 함께 살펴보아요.

주어와 동사

She smiles. 그녀가 웃는다.
주어   동사

She smiles처럼 영어 문장을 만들기 위해서는 주어(She)와 동사(smiles)가 꼭 필요해요. **주어**는 우리말의 '**누가/무엇이**'에 해당되고, **동사**는 '**~하다/~이다**'에 해당돼요.

목적어

He bakes bread. 그는 빵을 굽는다.
              목적어

He bakes라는 문장은 주어(He)와 동사(bakes)는 있지만, 그가 굽는 대상이 무엇인지를 알 수 없기 때문에 완전한 문장이 아니에요. 그가 굽는 대상인 bread(빵)가 와야 비로소 완전한 문장이 돼요. 이처럼 우리말의 '**~을/를**'에 해당되는 말을 **목적어**라고 해요.

보어

We are students. 우리는 학생이다.
주어   보어

She makes me happy. 그녀는 나를 행복하게 만든다.
        목적어 보어

We are students에서 students는 주어(We)가 어떤 사람들인지 보충 설명하고, She makes me happy에서 happy는 목적어(me)의 상태를 보충 설명하고 있어요. 이처럼 **주어나 목적어의 성질이나 상태를 보충 설명**하는 말을 **보어**라고 해요.

수식어

He cooks well. 그는 요리를 잘한다.
        수식어

He cooks well에서 well(잘)은 그가 요리를 어떻게 하는지를 구체적으로 설명하고 있어요. 이처럼 문장을 구성하는 데 꼭 필요한 기본 요소는 아니지만, **문장 내의 다른 말을 꾸며 문장의 의미를 더욱 풍부하게 하는** 부가적인 말을 **수식어**라고 해요.

2 문장의 5형식

 영어 문장은 문장 내에 어떤 요소들이 쓰였는지에 따라 다섯 가지 형식으로 나눌 수 있고, 이것을 **문장의 5형식**이라고 해요. 각 형식이 어떤 구조로 이루어져 있는지 예문과 함께 살펴보아요.

1형식 주어 + 동사

<u>Birds</u> <u>sing</u>. 새들이 노래한다.
주어　동사

주어와 동사만으로도 완전한 문장이에요. sing(노래하다), laugh(웃다), sleep(자다)과 같은 동사들이 1형식 문장을 만들어요.

2형식 주어 + 동사 + (주격) 보어

<u>The girl</u> <u>looks</u> <u>tired</u>. 그 소녀는 피곤해 보인다.
주어　동사　보어

주어와 동사, 그리고 주어를 보충 설명해 주는 **(주격) 보어**까지 와야 완전해지는 문장이에요. look(~해 보이다), become(~이 되다), be동사(~이다)와 같은 동사들이 2형식 문장을 만들어요.

3형식 주어 + 동사 + 목적어

<u>Jason</u> <u>ate</u> <u>the cake</u>. Jason이 그 케이크를 먹었다.
주어　동사　목적어

주어와 동사, 목적어까지 와야 완전해지는 문장이에요. eat(~을 먹다), write(~을 쓰다), like(~을 좋아하다)와 같은 동사들이 3형식 문장을 만들어요.

4형식 주어 + 동사 + 간접 목적어 + 직접 목적어

<u>Elena</u> <u>gave</u> <u>me</u> <u>a present</u>. Elena가 나에게 선물을 줬다.
주어　동사　간접 목적어　직접 목적어

주어와 동사, 간접 목적어와 직접 목적어까지 와야 완전해지는 문장이에요. 간접 목적어는 우리말의 '~에게'에 해당되고, 직접 목적어는 우리말의 '~을/를'에 해당돼요. give(~에게 -을 주다), buy(~에게 -을 사 주다), send(~에게 -을 보내 주다)와 같은 동사들이 4형식 문장을 만들어요.

5형식 주어 + 동사 + 목적어 + (목적격) 보어

<u>They</u> <u>make</u> <u>me</u> <u>angry</u>. 그들은 나를 화나게 만든다.
주어　동사　목적어　보어

주어, 동사, 목적어, 그리고 목적어를 보충 설명해 주는 **(목적격) 보어**까지 와야 완전해지는 문장이에요. make(~을 -하게 만들다), find(~을 -이라고 여기다), call(~을 -이라고 부르다)과 같은 동사들이 5형식 문장을 만들어요.

3 | 8품사

 영어 단어는 기능과 성격에 따라 여덟 가지로 나눌 수 있고, 이것을 **8품사**라고 해요. 각 품사가 어떤 특징을 가지고 있는지 예시와 함께 살펴보아요.

명사 모든 것을 지칭하는 말 pencil(연필), beauty(아름다움), peace(평화)	pencil처럼 눈에 보이는 사물은 물론이고, beauty, peace와 같이 눈에 보이지 않는 모든 것들을 지칭하는 말을 명사라고 해요.
대명사 명사를 대신하는 말 she(그녀), he(그), I(나)	Kate is my friend. She is kind(Kate는 나의 친구이다. 그녀는 친절하다)에서 She가 앞에 나온 명사 Kate를 대신하고 있는 것처럼, 앞에 나온 명사를 대신해서 쓰는 말을 대명사라고 해요.
동사 동작을 나타내는 말 eat(먹다), run(달리다), love(사랑하다)	eat, run, love와 같이, 사람이나 사물의 동작이나 상태를 나타내는 말을 동사라고 해요.
형용사 명사를 꾸며 주는 말 happy(행복한), beautiful(아름다운), new(새로운)	happy girl(행복한 소녀)에서 happy가 명사 girl을 꾸며 주어 소녀가 어떠한지 설명하고 있어요. 이처럼 명사에 대해 구체적으로 설명해 주는 말을 형용사라고 해요.
부사 동사·형용사·다른 부사·문장 등을 꾸며 주는 말 fast(빠르게), recently(최근에), soon(곧)	A rabbit runs fast(토끼는 빨리 달린다)에서 fast가 동사 run을 꾸며 주어 토끼가 어떻게 달리는지 설명하고 있어요. 이처럼 동사, 형용사, 다른 부사, 문장 등을 꾸며 주는 말을 부사라고 해요.
전치사 명사·대명사 앞에 놓이는 말 in(~ 안에), on(~ 위에), to(~으로)	in the room(방 안에)에서 in이 the room 앞에 와서 방 안이라는 장소를 나타내고 있어요. 이처럼 명사 앞에 와서 장소, 시간, 위치, 방향 등을 나타내는 말을 전치사라고 해요.
접속사 두 요소를 이어주는 말 and(그리고), but(그러나), or(또는)	a tiger and a lion(호랑이 그리고 사자)에서 and가 단어 a tiger와 a lion을 연결해 주고 있어요. 이처럼 단어와 단어, 구와 구, 절과 절을 이어 주는 말을 접속사라고 해요.
감탄사 감탄할 때 쓰는 말 oh(오), wow(우와), bravo(브라보)	Oh! It's raining!(오! 비가 오잖아!)에서 Oh와 같이, 무언가를 보고 놀라거나 감정에 벅차 저절로 나오는 말을 감탄사라고 해요.

4 구와 절

둘 이상의 단어가 모인 덩어리가 on the table(탁자 위에)처럼 '주어 + 동사'의 관계가 아니면 **구**, which I bought(내가 산)처럼 '주어(I) + 동사(bought)'의 관계이면 **절**이라고 해요. 문장에서 구와 절의 역할을 예문과 함께 살펴보아요.

명사구/명사절

명사처럼 문장 속에서 주어, 목적어, 보어로 쓰여요.

명사구   To study math is always boring. 수학을 공부하는 것은 항상 지루하다.
         주어

명사절   I like what he gave me. 나는 그가 나에게 준 것이 마음에 든다.
              목적어

형용사구/형용사절

형용사처럼 명사를 꾸며 줘요.

형용사구   The apple on the table looks yummy. 탁자 위에 있는 사과는 맛있어 보인다.
                    명사 수식

형용사절   This is the laptop which I bought yesterday. 이것은 내가 어제 산 노트북이다.
                    명사 수식

부사구/부사절

부사처럼 동사, 형용사, 다른 부사나 문장을 꾸며 줘요.

부사구   I exercise every morning. 나는 매일 아침 운동한다.
              동사 수식

부사절   Before I go to bed, I read a book. 나는 자기 전에, 독서를 한다.
                문장 수식

리딩 기본기 ••••••••••••••••••••••••

1 | 문장 끊어 읽기

 긴 영어 문장이 나와도 정확하게 그 내용을 이해하고 문제를 풀 수 있도록, 문장을 끊어 읽고 해석하는 방법을 예문과 함께 알아보아요.

1단계   동사 앞·뒤에서 끊기

문장을 빠르게 훑어 동사를 찾고, 동사의 앞뒤를 끊어 보아요. 대체로, 끊은 부분을 기준으로 동사 앞은 주어가 속한 부분, 동사 뒤는 목적어 또는 보어가 속한 부분이에요.

┌─── 주어가 속한 부분 ───┐   ┌─── 목적어가 속한 부분 ───┐
Every morning, my friend / walks / her puppy in the park.
                          동사

2단계   수식어를 괄호로 묶기

문장의 부가적인 요소인 수식어를 괄호로 묶어 보아요. 수식어를 묶고 나면, 문장의 구조를 더 쉽게 파악할 수 있어요.

(Every morning), my friend / walks / her puppy (in the park).
    수식어   수식어

3단계   문장 구조 파악하기

수식어를 제외한 문장의 필수 성분인 주어, 목적어/보어를 찾아 문장의 구조를 파악해 보아요.

(Every morning), my friend / walks / her puppy (in the park).
                   주어   동사   목적어

4단계   문장 해석하기

분석한 문장 구조를 바탕으로 문장을 해석해 보아요.

(Every morning), my friend / walks / her puppy (in the park).
    매일 아침   나의 친구는   산책시킨다   그녀의 강아지를   공원에서

→ 매일 아침, 나의 친구는 공원에서 그녀의 강아지를 산책시킨다.

2 패러프레이징

 패러프레이징이란 어떤 글이나 말을 비슷한 의미를 가진 다른 표현으로 바꾸어 전달하는 것으로, 보통 토익 독해 문제의 보기들이 지문의 내용에서 패러프레이징 되어 나와요. 패러프레이징의 종류를 예문과 함께 살펴보아요.

동의어　의미가 같거나 비슷한 표현을 사용하는 방법

The house is huge.　그 집은 거대하다.

→ The house is big.　그 집은 크다.

'거대한'이라는 의미의 'huge'를 '큰'이라는 의미의 동의어 'big'으로 패러프레이징했어요.

일반화　더 넓은 범주의 표현으로 바꾸는 방법

I ate apples, grapes and cherries.　나는 사과, 포도, 그리고 체리를 먹었다.

→ I ate some fruits.　나는 과일을 먹었다.

'사과, 포도, 체리'를 '과일'이라는 더 넓은 범주로 일반화하여 패러프레이징했어요.

요약　긴 내용을 간추려 표현하는 방법

I had some pizza and spaghetti, **but** only pizza was good.　나는 피자와 스파게티를 먹었는데, 피자만 맛있었다.

→ Spaghetti was not good.　스파게티는 별로였다.

'피자와 스파게티 중 피자만 맛있었다'라는 내용을, '스파게티는 별로였다'라는 내용으로 요약하여 패러프레이징했어요.

유추　주어진 정보를 바탕으로 새로운 사실을 유추하는 방법

It was very nice to see him again.　그를 다시 보게 되어 정말 반가웠다.

→ I have met him before.　나는 이전에 그를 만난 적이 있다.

'그를 다시 보게 되어 반가웠다'라는 사실을 토대로, '이전에 그를 만난 적이 있다'라는 사실을 유추하여 패러프레이징했어요.

1주 1일

주어·동사   Part 5 • 6 | 문법

1. 주어 자리
2. 동사 자리

주어·동사 해석하기   Part 7 | 리딩 – 구문 독해

1. 문장의 주어·동사 해석하기 (1)
2. 문장의 주어·동사 해석하기 (2)

기초부터 차근차근! ✏️

◉ 주어, 동사란 무엇인가요?

John이 달린다.
주어   동사

'John이 달린다'에서 'John'은 달리는 동작의 주체예요. 이처럼 동작의 주체를 나타내는 말을 **주어**라고 하며, 우리말로 '누가', '무엇이'에 해당해요. 'John' 뒤에 오는 '달린다'는 주어인 John의 동작을 나타내요. 이처럼 주어의 동작이나 상태를 나타내는 말을 **동사**라고 하며, 우리말로 '~하다, ~이다'에 해당해요.

◉ 주어와 동사는 문장에서 꼭 있어야 하나요?

네, 주어와 동사는 영어 문장을 만들기 위해 꼭 필요한 요소예요. 따라서, 하나의 문장을 만들기 위해서는 최소 하나의 주어와 하나의 동사가 있어야 해요.

John / runs. (O) John이 / 달린다
주어   동사

John / fast. (×) John이 / 빠른
주어   동사 ×

◉ 문장에서 주어와 동사는 어디에 오나요?

주어는 주로 문장의 맨 앞에 오고, 동사는 주어 뒤에 와요.

John / runs. John이 / 달린다
주어   동사

1 | 주어 자리

꽃은 **아름답다.** **아름다운**이 많은 사람들을 끌어들인다.

'꽃'은 주어 자리에 올 수 있지만, '아름다운'이 오는 것은 부자연스러워요. 이처럼 영어에서도 **주어 자리**에 올 수 있는 것과 올 수 없는 것이 있어요.

포인트 1

주어 자리에 올 수 있는 것

— **명사**나 **대명사**가 주어 자리에 올 수 있어요.

명사   <u>The flower</u> / is / beautiful.   그 꽃은 / 아름답다
             주어

대명사   <u>They</u> / are / my friends.   그들은 / 나의 친구들이다
         주어

포인트 2

주어 자리에 올 수 없는 것

— **동사**나 **형용사**는 주어 자리에 올 수 없어요.

(~~Succeed~~, ~~Successful~~, Success) / takes / time.   성공은 / 걸린다 / 시간이
   동사(×)   형용사(×)   명사(O)

보기 중 주어 자리에 올 수 있는 것을 고르세요.

01   (A) Water   (B) Tell   ⟶ (!) **힌트:** 주어 자리에 동사는 올 수 없고 명사나 대명사가 와야 해요.

02   (A) Perfect   (B) You

03   (A) Hear   (B) Music

04   (A) Money   (B) See

괄호에서 알맞은 것을 고르세요.

05   The (sunny, sun) shines.   ⟶ (!) **힌트:** 괄호는 주어 자리예요. 주어 자리에 형용사는 올 수 없어요.

06   (Friends, Friendly) are important.

07   (Lovely, Love) gives happiness.

08   The (speaker, speak) is famous.

밑줄 친 부분에 들어갈 가장 적절한 것을 고르세요.

09   The ------- wears a blue shirt.   **10**   ------- is power.

    (A) teach   (B) teacher   (A) Knows   (B) Knowledgeable

    (C) taught   (D) teaches   (C) Know   (D) Knowledge

    ⟶ (!) **힌트:** 빈칸은 주어 자리예요. 주어 자리에 동사는 올 수 없어요.

정답 ■ 해석 ■ 해설 **p.2**

이 어휘, 이런 뜻이에요!

02 perfect 〔형〕완벽한   **03** hear 〔동〕듣다   **05** shine 〔동〕빛나다, 반짝이다   **06** important 〔형〕중요한
07 love 〔명〕사랑; 〔동〕사랑하다   happiness 〔명〕행복   **08** speaker 〔명〕연설자   famous 〔형〕유명한   **09** teach 〔동〕가르치다   teacher 〔명〕선생님
10 know 〔동〕알다   knowledgeable 〔형〕아는 것이 많은   knowledge 〔명〕지식, 알고 있음

2 | 동사 자리

비행기가 **난다**. 나는 그 비행기를 **바라보는**.

'난다'는 동사 자리에 올 수 있지만, '바라보는'이 오는 것은 부자연스러워요. 이처럼 영어에서도 **동사** 자리에 올 수 있는 것과 올 수 없는 것이 있어요.

동사 자리에 올 수 있는 것

포인트 1

 동사나 '**조동사 + 동사**'가 동사 자리에 올 수 있어요.

동사	An airplane / flies. 비행기가 / 난다
	동사

조동사 + 동사	Birds / can fly. 새들은 / 날 수 있다
	조동사 + 동사

> ✅ **잠깐!**
>
> 동사에는 일반동사와 be동사가 있어요. 일반동사는 '(동작이나 행위를) 하다'라는 의미로, 주어의 동작이나 행위를 나타내요. be동사 (am, are, is)는 '~에 있다, ~이다, (상태나 성질이) ~하다'라는 의미로, 주어의 상태나 성질을 나타내요.
>
> • Hanna / drives. Hanna는 / 운전한다
>   일반동사
>
> • I / am / at the office. 나는 / 있다 / 사무실에
>   be동사

동사 자리에 올 수 없는 것

포인트 2

 명사나 **형용사**는 동사 자리에 올 수 없어요.

She / (imagination, imaginative, imagines) / the future. 그녀는 / 상상한다 / 미래를
      명사(×)   형용사(×)   동사(○)

'**to + 동사**'나 '**동사 + ing**'는 동사 자리에 올 수 없어요.

I / (to work, working, work) / every day. 나는 / 일한다 / 매일
  to + 동사(×) 동사 + ing(×) 동사(○)

보기 중 동사 자리에 올 수 있는 것을 고르세요.

01 (A) listening   (B) listen ⟶ ⓘ **힌트:** 동사 자리에 '동사 + ing'는 올 수 없어요.

02 (A) call   (B) to call

03 (A) is   (B) helpful

04 (A) enjoyment   (B) enjoy

괄호에서 알맞은 것을 고르세요.

05 George (likes, to like) Christmas. ⟶ ⓘ **힌트:** 괄호는 동사 자리예요. 동사 자리에 'to + 동사'는 올 수 없어요.

06 You (can sing, song) on the stage.

07 I (to need, need) a keyboard.

08 Shopping malls (giving, give) free parking.

밑줄 친 부분에 들어갈 가장 적절한 것을 고르세요.

09 The company ------- a new store.

(A) to open   (B) opened

(C) openness   (D) opening

⟶ ⓘ **힌트:** 빈칸은 동사 자리예요. 동사 자리에 명사, 형용사,
'to + 동사', '동사 + ing'는 올 수 없어요.

10 Mr. Lee ------- the schedule for employees.

(A) maker   (B) to make

(C) making   (D) makes

정답 ▪ 해석 ▪ 해설 **p.3**

이 어휘, 이런 뜻이에요!

01 listen 동 듣다   **02** call 동 전화하다   **03** helpful 형 도움이 되는   **04** enjoyment 명 즐거움   enjoy 동 즐기다
06 sing 동 노래하다   song 명 노래   stage 명 무대   **07** need 동 필요로 하다   keyboard 명 키보드, 건반
08 free 형 무료의   parking 명 주차 (공간)   **09** open 동 열다   openness 명 솔직함
10 schedule 명 일정(표)   employee 명 직원   maker 명 만드는 사람   make 동 만들다

1 | 문장의 주어·동사 해석하기 (1)

<u>He</u> <u>swims</u>. 그는 수영한다.
주어   동사

위 문장의 He가 '그는', swims가 '수영한다'라고 해석되는 것처럼, 영어 문장의 **주어**는 우리말의 '~은/~는/~이/~가'
로 해석하고, **일반동사**는 '(동작이나 행위를) 하다'로 해석해요. 참고로, 'don't(do not)/doesn't(does not) + 일반동사'
가 오면 부정의 의미를 나타내어 '(동작이나 행위를) 하지 않다'로 해석해요.

문장 해석 연습

문장의 동사에 동그라미, 주어에 밑줄을 치고, 다음 문장을 우리말로 해석하세요.

01 <u>Jane</u> (dances). Jane은 춤춘다.

02 I don't sleep much.

03 Benjamin lives here.

04 The puppy doesn't come to me.

05 My mom cooks every morning.

06 Sophia doesn't talk to us.

07 Lisa exercises on the weekends.

08 The stars shine in the sky.

09 Carol smiles all the time.

10 The sun rises in the east.

정답 ■ 해석 ■ 해설 **p.4**

이 어휘, 이런 뜻이에요!

01 dance 통 춤추다 **02** sleep 통 자다 **03** live 통 살다 **05** cook 통 요리하다 **07** exercise 통 운동하다 weekend 명 주말
08 shine 통 빛나다 **09** smile 통 웃다 all the time 항상 **10** rise 통 (해가) 뜨다 east 명 동쪽

I am on the stage. 나는 무대 위에 있다.
주어 동사

위 문장의 I가 '나는', am이 '~에 있다'라고 해석되는 것처럼, 주어는 '~은/~는/~이/
~가'로 해석하고, be동사(am/are/is)는 '~에 있다, ~이다, (상태나 성질이) ~하다'로
해석해요. 참고로, be동사 뒤에 not이 오면(am not/are not/is not) 부정의 의미를 나
타내어 '~에 없다, ~이 아니다, (상태나 성질이) ~하지 않다'로 해석해요.

문장 해석 연습

문장의 동사에 동그라미, 주어에 밑줄을 치고, 다음 문장을 우리말로 해석하세요.

01 <u>Austin</u> (is) at the company. Austin은 회사에 있다.

02 Sujin is in the car.

03 Yumi is in her room.

04 Ms. Song is not here.

05 Kylie is in the bathroom.

06 Some books are on the desk.

07 The boxes are on the floor.

08 Bill is not home now.

09 Harry is my cousin.

10 Dr. Jones is rich.

정답 ▪ 해석 ▪ 해설 **p.5**

이 어휘, 이런 뜻이에요!

01 tall 휑 키가 큰 **04** here 흭 여기에 **05** bathroom 휑 화장실 **07** floor 휑 바닥 **08** home 흭 집에; 휑 집
09 cousin 휑 사촌 **10** rich 휑 부유한

1주 2일

기초부터 차근차근! ✏️

◉ 목적어란 무엇인가요?

나는 Mike를 좋아한다.

목적어

'나는 Mike를 좋아한다'에서 'Mike를'은 내가 좋아하는 대상을 나타내요. 이처럼 동사 '좋아한다'의 대상이 되는 말을 **목적어** 라고 하며, 우리말의 '~을, ~를'에 해당해요.

◉ 보어란 무엇인가요?

Mike는 의사다.

보어

'Mike는 의사다'에서 '의사'는 주어인 'Mike'를 보충 설명해요. 이처럼 주어나 목적어를 보충해 주는 말을 **보어** 라고 해요.

◉ 수식어란 무엇인가요?

주말마다 나는 Mike를 만난다.

수식어

'주말마다 나는 Mike를 만난다'에서 '주말마다'는 '나는 Mike를 만난다'를 꾸며 주는 말로, '주말마다'가 없어도 문장이 성립해요. 이처럼 문장에 꼭 필요한 요소는 아니지만, 문장을 꾸며 주는 역할을 하는 말을 **수식어** 라고 해요.

◉ 문장에서 목적어, 보어, 수식어는 어디에 오나요?

목적어는 동사 뒤에 오고, 주어를 보충 설명하는 주격 보어는 동사 뒤, 목적어를 보충 설명하는 목적격 보어는 목적어 뒤에 와요. 수식어는 문장 앞, 뒤 등 다양한 자리에 와요.

목적어	I / like / Mike. 나는 / 좋아한다 / Mike를 　　 동사　 목적어
보어	Mike / is / a doctor. Mike는 / 의사다 　　　 동사　 주격 보어(주어 보충 설명) Mike / makes / me / happy. Mike는 / 만든다 / 나를 / 행복하게 　　　　　　　 목적어 목적격 보어(목적어 보충 설명)
수식어	I / meet / Mike / [on weekends]. 나는 / 만난다 / Mike를 / 주말마다 　 문장　　　　　 수식어 [On weekends], I / meet / Mike. 주말마다 / 나는 / 만난다 / Mike를 　 수식어　　　　 문장

1 | 목적어 자리

나는 파스타를 좋아한다. 내가 맛있는을 좋아하기 때문이다.

'파스타'는 목적어 자리에 올 수 있지만, '맛있는'이 오는 것은 부자연스러워요. 이처럼 영어에서
도 **목적어 자리**에 올 수 있는 것과 올 수 없는 것이 있어요.

목적어 자리에 올 수 있는 것
포인트 1

──○ **명사**나 **대명사**가 목적어 자리에 올 수 있어요.

명사	I / like / <u>pasta</u>. 나는 / 좋아한다 / 파스타를
	목적어
대명사	Julia / knows / <u>him</u>. Julia는 / 안다 / 그를
	목적어

목적어 자리에 올 수 없는 것
포인트 2

──○ **동사**나 **형용사**는 목적어 자리에 올 수 없어요.

I / will make / a (~~decide~~, ~~decisive~~, decision). 나는 / 내릴 것이다 / 결정을
동사(×)   형용사(×)   명사(○)

보기 중 목적어 자리에 올 수 있는 것을 고르세요.

01 (A) hot   (B) fire   ⟶ ⓘ **힌트:** 목적어 자리에 형용사는 올 수 없고 명사나 대명사가 와야 해요.

02 (A) bread   (B) delicious

03 (A) hungry   (B) lunch

04 (A) computers   (B) borrow

괄호에서 알맞은 것을 고르세요.

05 I love (natural, nature). ⟶ ⓘ **힌트:** 괄호는 목적어 자리예요. 목적어 자리에 형용사는 올 수 없어요.

06 This soap removes (dirty, dirt).

07 You can put (salt, salty) on your salad.

08 The treatment can reduce (pain, painful).

밑줄 친 부분에 들어갈 가장 적절한 것을 고르세요.

09 Ms. Reece found a ------- on her receipt.

(A) mistakenly   (B) mistake

(C) mistook   (D) mistaken

⟶ ⓘ **힌트:** 빈칸은 목적어 자리예요. 목적어 자리에 동사, 형용사, 부사는 올 수 없어요.

10 Customers can tell the ------- in quality.

(A) differ   (B) different

(C) difference   (D) differently

정답 ▪ 해석 ▪ 해설 **p.6**

이 어휘, 이런 뜻이에요!

01 hot 뗑 뜨거운, 더운　fire 뗑 불, 화재　**02** delicious 뗑 맛있는　**03** hungry 뗑 배고픈　lunch 뗑 점심　**04** borrow 툉 빌리다
05 natural 뗑 자연스러운　nature 뗑 자연　**06** remove 툉 제거하다, 없애다　dirty 뗑 더러운　dirt 뗑 때, 먼지
07 put 툉 넣다, 놓다　salt 뗑 소금　salty 뗑 짠, 짭짤한　**08** treatment 뗑 치료(법)　reduce 툉 줄이다　pain 뗑 고통, 아픔　painful 뗑 고통스러운
09 find 툉 발견하다, 찾다　receipt 뗑 영수증　mistakenly 円 잘못하여, 실수로　mistake 뗑 오류, 실수; 툉 실수하다　mistaken 뗑 잘못된
10 customer 뗑 고객, 손님　tell 툉 알다, 말하다　quality 뗑 품질　differ 툉 다르다　difference 뗑 차이, 다름　differently 円 다르게

2 | 보어 자리

나는 산타이다. 썰매를 잘 모는 것이 중요하게.

'산타'는 보어 자리에 올 수 있지만, '중요하게'가 오는 것은 부자연스러워요.
이처럼 영어에서도 **보어 자리**에 올 수 있는 것과 올 수 없는 것이 있어요.

포인트 1

보어 자리에 올 수 있는 것

──○ **명사**나 **형용사**가 보어 자리에 올 수 있어요.

명사   I / am / Santa.   나는 / 산타이다
                 보어

형용사   We / are / hungry.   우리는 / 배고프다
                   보어

포인트 2

보어 자리에 올 수 없는 것

──○ **동사**나 **부사**는 보어 자리에 올 수 없어요.

The bread / is / (soften, softly, soft).   그 빵은 / 부드럽다
               동사(×)   부사(×) 형용사(○)

1주 1일

1주 2일

1주 3일

1주 4일

1주 5일

1주 6일

해커스 토익 왕기초 Reading

실력 UP! 연습문제

보기 중 보어 자리에 올 수 있는 것을 고르세요.

01   (A) build   (B) buildings   → ⓘ **힌트:** 보어 자리에 동사는 올 수 없고 명사나 형용사가 와야 해요.

02   (A) large   (B) largely

03   (A) arrive   (B) arrival

04   (A) possibly   (B) possible

괄호에서 알맞은 것을 고르세요.

05   Liz is (nice, nicely).   → ⓘ **힌트:** 괄호는 보어 자리예요. 보어 자리에 부사는 올 수 없어요.

06   I am a (writer, write).

07   The food will be (readily, ready).

08   Mr. Diaz is (generous, generously).

자신감 UP! 실전문제

밑줄 친 부분에 들어갈 가장 적절한 것을 고르세요.

09   Our new software is -------.

  (A) simplify   (B) simply

  (C) simple   (D) simplifies

  → ⓘ **힌트:** 빈칸은 보어 자리예요. 보어 자리에 동사나 부사는 올 수 없어요.

10   APD Technology's products are -------.

  (A) popular   (B) popularizes

  (C) popularize   (D) popularly

정답 ■ 해석 ■ 해설 **p.7**

이 어휘, 이런 뜻이에요!

01 build ⑤ 짓다   building ⑲ 건물   02 large ⑲ 큰   largely ⑭ 주로, 대체로   03 arrive ⑤ 도착하다   arrival ⑲ 도착
04 possibly ⑭ 아마   possible ⑲ 가능한   05 nice ⑲ 친절한, 멋진   nicely ⑭ 친절하게, 멋지게   06 writer ⑲ 작가   write ⑤ 쓰다
07 readily ⑭ 기꺼이   08 generous ⑲ 너그러운   generously ⑭ 너그럽게   09 simplify ⑤ 간소화하다   simply ⑭ 간단히
10 product ⑲ 제품, 상품   popular ⑲ 인기 있는   popularize ⑤ 대중화하다   popularly ⑭ 일반적으로, 대중적으로

3 | 수식어 자리

일요일마다 **나는** ① **쇼핑을** ② **한다.**

'일요일마다'는 '나는 쇼핑을 한다'의 앞뿐만 아니라, ①, ② 자리에 와도 어색하지 않아요.
이처럼 영어에서도 **수식어가 문장의 여러 자리**에 올 수 있어요.

포인트 1 문장에서 수식어의 자리

───○ 수식어는 **문장 앞, 문장 중간, 문장 뒤** 어디에나 올 수 있어요.

문장 앞	[On Sundays], / I / do / the shopping. 일요일마다 / 나는 / 한다 / 쇼핑을	
	수식어	
문장 중간	The woman / [in the store] / is / Ms. White. 여자는 / 가게 안에 있는 / Ms. White이다	
	수식어	
문장 뒤	I / do / the shopping / [on Sundays]. 나는 / 한다 / 쇼핑을 / 일요일마다	
	수식어	

포인트 2 수식어 찾는 방법

───○ 문장의 필수 요소인 동사, 주어, 목적어/보어를 순서대로 찾은 후, 해당 요소에 속하지 않는 나머지 부분을 수식어
로 봐요.

Step 1 동사를 찾아요.	William plays tennis in the park.
	동사
↓	
Step 2 주어를 찾아요.	William plays tennis in the park.
	주어 동사
↓	
Step 3 목적어/보어를 찾아요.	William plays tennis in the park.
	주어 동사 목적어
↓	
Step 4 나머지 부분을 수식어로 봐요.	William plays tennis [in the park]. William은 / 친다 / 테니스를 / 공원에서
	주어 동사 목적어 수식어

주어진 우리말 문장을 보고 영어 문장에서 수식어를 찾아 [ ] 표시하세요.

→ ⚠ **힌트:** 동사와 주어, 목적어/보어를 찾은 후, 남은 것이 수식어예요.

01 나는 버스에서 한 여자를 보았다.　　　I saw a woman on the bus.

02 식탁 위의 사과들은 초록색이다.　　　The apples on the table are green.

03 나는 월요일에 운동한다.　　　I exercise on Mondays.

04 30분 동안, 나는 방을 청소했다.　　　For 30 minutes, I cleaned the room.

문장에서 수식어를 찾아 [ ] 표시하세요.

05 I will buy a present for Ms. Jones. → ⚠ **힌트:** 동사와 주어, 목적어/보어를 찾은 후, 남은 것이 수식어예요.

06 The sun sets in the west.

07 At the hospital, Jane is a nurse.

08 Jonathan plays basketball in the playground.

밑줄 친 부분에 들어갈 가장 적절한 것을 고르세요.

09 Matt grows flowers -------.

　　(A) in the garden　　(B) garden

　　(C) gardens　　(D) the garden

　　→ ⚠ **힌트:** 문장에 주어(Matt), 동사(grows), 목적어(flowers)가 모두 왔어요. 빈칸에 올 수 있는 것이 무엇일지 생각해 보세요.

10 Mr. Gray planned a party -------.

　　(A) birthday　　(B) for your birthday

　　(C) your birthday　　(D) birthdays

정답 ▪해석 ▪해설 **p.8**

이 어휘, 이런 뜻이에요!

03 Monday 몡 월요일　04 minute 몡 분　clean 동 청소하다　05 buy 동 사다　present 몡 선물　06 set 동 (해가) 지다　west 몡 서쪽
07 nurse 몡 간호사　08 basketball 몡 농구　playground 몡 운동장　09 grow 동 기르다　garden 몡 정원
10 plan 동 계획하다; 몡 계획　birthday 몡 생일

목적어·보어 해석하기

1 | 목적어 해석하기

Tara <u>makes</u> <u>cookies</u>. Tara는 쿠키를 만든다.
　　　동사　　목적어

She <u>gives</u> <u>Michael</u> <u>the cookies</u>. 그녀는 Michael에게 그 쿠키를 준다.
　　동사　간접 목적어　직접 목적어

첫 번째 문장의 makes 뒤에 cookies가 온 것처럼, 동사 뒤에 **목적어**가 필요한 문장도 있어요. 목적어는 동사의 대상이 되는 말로 우리말의 '~을/~를'에 해당해요. 두 번째 문장처럼 동사 뒤에 **목적어가 연달아 2개**가 오는 문장도 있어요. 첫 번째로 오는 목적어를 **간접 목적어**라고 하며 '~에게'라고 해석해요. 이어서 두 번째로 오는 목적어를 **직접 목적어**라고 하며 '~을/~를'이라고 해석해요.

문장 해석 연습

문장의 동사에 동그라미, 주어와 목적어에 밑줄을 치고, 다음 문장을 우리말로 해석하세요.

01 <u>I</u> (love) <u>animals</u>. 나는 동물을 사랑한다.

02 She eats fruit.

03 I need a bag.

04 We like history class.

05 My father reads the newspaper.

06 Rika visits her grandparents on Sundays.

07 Susan changes her hairstyle every month.

08 Mr. Danson meets the CEO on Tuesdays.

09 Jeremy sends her text messages.

10 Tony gives me roses on my birthday.

정답 ■ 해석 ■ 해설 **p.9**

이 어휘, 이런 뜻이에요!

01 animal 몡 동물　**02** fruit 몡 과일　**03** need 됭 필요로 하다　**04** history 몡 역사　**05** newspaper 몡 신문
06 visit 됭 방문하다　grandparents 몡 조부모　**09** send 됭 보내다　text message 몡 문자 메시지　**10** rose 몡 장미

보어 해석하기

<u>Noah</u> is <u>a nurse</u>. Noah는 간호사이다.
주어   주격 보어

<u>We</u> call <u>him</u> <u>Mr. Nightingale</u>. 우리는 그를 Mr. Nightingale이라고 부른다.
         목적어   목적격 보어

첫 번째 문장처럼 동사 뒤에 **주격 보어**가 올 때, '**주어가 주격 보어이다/주격 보어하다**'라는 관계인 것을 기억하면 쉽게 해석할 수 있어요. 두 번째 문장처럼 목적어 뒤에 목적격 보어가 오는 경우에도, '**목적어가 목적격 보어이다/목적격 보어하다**'라는 관계인 것을 기억하세요. 다음과 같은 동사가 주격 보어/목적격 보어를 가질 수 있답니다.

주격 보어	be동사 ~이다/(상태나 성질이) ~하다 become ~이 되다/~해지다 look ~해 보이다 remain 여전히 ~이다/~하다
목적격 보어	call ~을 -이라고 부르다 find/think ~을 -이라고/-하다고 생각하다 make ~을 -으로/-하게 만들다

문장 해석 연습

문장의 동사에 동그라미, 주어와 보어에 밑줄을 치고, 다음 문장을 우리말로 해석하세요.

01 <u>He</u> ⓘⓢ <u>a soccer player</u>. 그는 축구 선수이다.

02 This cake is delicious.

03 The sky looks beautiful.

04 Olaf and Michelle are good friends.

05 Chinese is a difficult language.

06 Chris is the writer of this book.

07 I find this question simple.

08 Everyone thinks her a liar.

09 My little sister makes me happy.

10 The case remains a mystery.

정답 ▪ 해석 ▪ 해설 p.10

이 어휘, 이런 뜻이에요!

01 soccer player 축구 선수 02 delicious 웹 맛있는 05 language 웹 언어 06 writer 웹 작가 07 simple 웹 간단한
08 everyone 웹 모두, 모든 사람 liar 웹 거짓말쟁이 09 little sister 여동생 10 case 웹 사건 mystery 웹 수수께끼, 미스터리

1주 3일

명사　Part 5 • 6 | 문법

1. 명사 자리
2. 가산 명사와 불가산 명사

명사 해석하기　Part 7 | 리딩 – 구문 독해

1. 'there is + 단수 명사' 해석하기
2. 'there are + 복수 명사' 해석하기

기초부터 차근차근! ✏️

◉ 명사란 무엇인가요?

철수는 엄마와 냄비에 라면을 끓여 먹었다.
명사　　명사　명사　명사

'철수', '엄마', '냄비', '라면'처럼 사람이나 사물의 이름을 나타내는 말을 **명사**라고 해요.

◉ 명사의 형태는 어떠한가요?

명사는 주로 -ship, -sion, -tion, -ness, -ance, -ence, -ment, -ty와 같은 꼬리말로 끝나요. 단, 모든 명사가 이 형태로 끝나지는 않는다는 점에 유의하세요.

friendship 우정	conclusion 결론	easiness 쉬움	appearance 외모	agreement 동의	beauty 아름다움
leadership 리더십	information 정보	kindness 친절함	difference 차이	government 정부	gravity 중력

◉ 명사의 종류에는 무엇이 있나요?

명사에는 셀 수 있는 명사와 셀 수 없는 명사가 있어요.

셀 수 있는 명사 (= 가산 명사)	일반적인 사물이나 사람	letter 편지 product 상품 receipt 영수증	customer 손님 friend 친구 manager 관리자
셀 수 없는 명사 (= 불가산 명사)	세상에 하나뿐인 지명/인명, 형태가 분명하지 않거나 추상적인 것	Korea 한국 Seoul 서울 Thomas 토머스	air 공기 gold 금 hope 희망

☞ 셀 수 있는 명사는 '**산수**(수를 세는 것)가 **가능**하다'는 의미로 **가산 명사**라고 표현하기도 하고, 셀 수 없는 명사는 '**산수**가 **불가 능**하다'는 의미로 **불가산 명사**라고 표현하기도 해요.

1 | 명사 자리

지하철은 편리하다. 붐비는은 단점이다.

명사인 '지하철'은 주어 자리에 올 수 있지만, 명사가 아닌 '붐비는'이 주어 자리에
오는 것은 부자연스러워요. 이처럼 영어에서도 **명사가 오는 자리**가 있어요.

명사가 오는 자리
포인트 1

──○ 명사는 문장에서 **주어, 목적어, 보어 자리**에 와요.

주어 자리	The subway / is / convenient.	지하철은 / 편리하다
목적어 자리	I / lost / the key.	나는 / 잃어버렸다 / 열쇠를
보어 자리	Karen / is / a farmer.	Karen은 / 농부이다

──○ 명사는 주로 **관사(a/an, the), 소유격, 형용사 뒤**에 와요.

관사 뒤   Krystal / is / <u>a</u> student / of this school.   Krystal은 / 학생이다 / 이 학교의
                       관사

소유격 뒤   Natalie / misses / <u>her</u> family.   Natalie는 / 그리워한다 / 그녀의 가족을
                        소유격

형용사 뒤   The <u>red</u> car / is / expensive.   그 빨간 자동차는 / 비싸다
                     형용사

명사 자리에 올 수 없는 것
포인트 2

──○ 명사 자리에 **동사나 형용사**는 올 수 없어요.

I / need / new (~~inform~~, ~~informative~~, information).   나는 / 필요로 한다 / 새로운 정보를
                     동사(×)   형용사(×)   명사(○)

1주 1일
1주 2일
1주 3일
1주 4일
1주 5일
1주 6일

해커스 토익 왕기초 Reading

실력 UP! 연습문제

주어진 우리말 문장을 보고 괄호에서 알맞은 것을 고르세요.

> (!) **힌트:** 괄호 앞에 소유격(my)이 왔어요. 소유격 뒤에는 명사가 올 수 있어요.

01 나는 나의 사업을 시작할 것이다. I will start my (busy, business).

02 나는 심각한 약점을 가지고 있다. I have a serious (weakness, weak).

03 교육은 필수적이다. (Education, Educate) is necessary.

04 경영진은 자문 위원을 고용했다. The (manage, management) hired a consultant.

괄호에서 알맞은 것을 고르세요.

05 The staff had a (discuss, discussion). ⟶ (!) **힌트:** 괄호는 앞에 관사(a)가 왔어요. 관사 뒤에는 명사가 올 수 있어요.

06 The company has a long (tradition, traditional).

07 The (perform, performance) received good reviews.

08 We should protect our (environment, environmental).

자신감 UP! 실전문제

밑줄 친 부분에 들어갈 가장 적절한 것을 고르세요.

09 The ------- is a shock.

(A) announced   (B) announces

(C) announce   (D) announcement

> (!) **힌트:** 빈칸 앞에 관사(The)가 왔어요. 관사 뒤에 올 수 있는 것이 무엇인지 생각해 보세요.

10 We should bring this problem to their -------.

(A) attention   (B) attend

(C) attended   (D) attentive

정답 ■ 해석 ■ 해설 **p.11**

이 어휘, 이런 뜻이에요!

01 busy 圈바쁜 business 圈사업 02 serious 圈심각한 weakness 圈약점 weak 圈약한
03 education 圈교육 educate 圄교육하다 necessary 圈필수적인
04 manage 圄경영하다 management 圈경영진, 경영 hire 圄고용하다 consultant 圈자문 위원
05 staff 圈(전체) 직원 discuss 圄논의하다 discussion 圈논의 06 tradition 圈전통 traditional 圈전통적인
07 perform 圄공연하다 performance 圈공연 receive 圄받다 review 圈평, 평론
08 protect 圄보호하다 environment 圈환경 environmental 圈환경의 09 announce 圄발표하다 announcement 圈발표
10 bring 圄가져가다 attention 圈관심 attend 圄참석하다 attentive 圈주의를 기울이는

2 | 가산 명사와 불가산 명사

나는 많은 친구들이 있어서 행복들을 느낀다.

셀 수 있는 명사인 '친구'는 뒤에 복수형을 만드는 '~들'을 붙여, '친구들'이라고 써도 어색하지 않지만, 셀 수 없는 명사인 '행복'을 복수형으로 '행복들'이라고 쓰면 부자연스러워요. 이처럼 영어에서도 **가산 명사** 뒤에는 우리말의 '~들'에 해당하는 (e)s를 붙여도 되지만, **불가산 명사** 뒤에는 붙일 수 없어요.

가산 명사와 불가산 명사

포인트 1

가산 명사는 개수를 셀 수 있는 명사이기 때문에, 하나인지 아니면 둘 이상인지를 반드시 표시해야 해요. 즉, **하나(단수)**일 때는 **명사 앞에 관사 a/an**을 쓰고, **둘 이상(복수)**일 때는 **명사 뒤에 (e)s**를 붙여야 해요.

단수: a/an + 가산　　Kevin / bought / (~~house~~, a house) / recently.　Kevin은 / 샀다 / 집 한 채를 / 최근에

복수: 가산 + (e)s　　I / have / many (friend, friends).　나는 / 가지고 있다 / 많은 친구들을

불가산 명사는 개수를 셀 수 없는 명사이기 때문에, 앞에 단수 명사와 함께 쓰이는 관사 a/an을 쓰거나, 복수 명사 뒤에 오는 (e)s를 붙일 수 없어요.

a/an + 불가산　　Sam / asks / (~~an advice~~, advice) / from his father.

　　　　　　　　Sam은 / 요청한다 / 조언을 / 그의 아버지로부터

불가산 + (e)s　　People / get / (~~informations~~, information) / from the Internet.

　　　　　　　　사람들은 / 얻는다 / 정보를 / 인터넷으로부터

혼동하기 쉬운 가산 명사와 불가산 명사

포인트 2

셀 수 없는 것처럼 보이는 가산 명사와 셀 수 있는 것처럼 보이는 불가산 명사를 잘 구별하여 알아 두세요.

가산 명사		불가산 명사	
month 달, 월	source 근원, 출처	access 접근, 출입	money 돈
price 가격	standard 표준, 기준	baggage/luggage 수하물	news 뉴스
refund 환불	statement 보고서, 명세서	equipment 장비	support 지지, 도움
result 결과	workplace 직장	furniture 가구	work 일, 업무, 직장

주어진 우리말 문장을 보고 괄호에서 알맞은 것을 고르세요.

> **힌트:** 불가산 명사는 앞에 관사 a/an을 쓰거나 뒤에 (e)s를 붙일 수 없어요.

01 Allen은 수하물을 운반했다.　　Allen carried (baggage, a baggage).

02 나는 Mina에 관한 소식을 들었다.　　I heard (a news, news) about Mina.

03 우리는 새로운 장비를 구입했다.　　We bought new (equipment, equipments).

04 나는 몇몇 가구를 주문했다.　　I ordered some (furniture, furnitures).

괄호에서 알맞은 것을 고르세요.

05 The museum will hold the exhibition for (month, months). ⟶ **힌트:** 가산 명사가 단수일 때는 앞에 관사 a/an을 쓰고, 둘 이상일 때는 (e)s를 붙여요.

06 Megan found her (luggages, luggage).

07 The company has high (standards, standard) for food safety.

08 He doesn't have (an access, access) to the file.

밑줄 친 부분에 들어갈 가장 적절한 것을 고르세요.

09 The automobile company will raise ------- next year.

(A) priced 　　(B) prices

(C) priceless 　　(D) price

> **힌트:** price는 셀 수 있는 가산 명사예요.

10 Customers can request ------- at the store.

(A) refund 　　(B) refunded

(C) a refund 　　(D) refundable

정답 ▪ 해석 ▪ 해설 **p.12**

이 어휘, 이런 뜻이에요!

01 carry 图 운반하다, 가지고 가다　baggage 图 수하물　**03** equipment 图 장비　**04** order 图 주문하다; 图 주문　furniture 图 가구
05 exhibition 图 전시회　**06** luggage 图 수하물　**07** standard 图 기준　safety 图 안전　**08** access 图 접근 권한
09 automobile 图 자동차　raise 图 올리다　priced 图 값이 붙은　priceless 图 값을 매길 수 없는
10 request 图 요청하다; 图 요청　refund 图 환불　refundable 图 환불 가능한

1 | 'there is + 단수 명사' 해석하기

There is a pencil **on the desk.** 책상 위에 연필이 하나 있다.

위 문장의 There is a pencil이 '연필이 하나 있다'라고 해석되는 것처럼, **'there is + 단수 명사'**는 단수인 사람 혹은 사물의 존재를 나타내며, **'~이 (하나) 있다'**로 해석해요. 참고로, 'there is + 단수 명사' 구문에서 주어는 is 뒤의 단수 명사이고, 문장 앞의 there는 해석하지 않는다는 것도 기억해 두세요.

문장 해석 연습

다음 문장을 우리말로 해석하세요. (문장의 동사에 동그라미, 주어에 밑줄을 치세요.)

01 In front of my house, there (is) a tree. 나의 집 앞에는, 나무가 한 그루 있다.

02 There is a taxi outside.

03 There is a meeting tomorrow.

04 In the yard, there is a cat.

05 There is a pond in the park.

06 There is a restroom on the corner.

07 There is a parking lot near here.

08 In my office, there is an air conditioner.

09 There is a lady at the reception desk.

10 There is a bus stop across the street.

정답 ▪ 해석 ▪ 해설 **p.13**

이 어휘, 이런 뜻이에요!

01 in front of ~ 앞에 **02** outside 뿐 밖에 **03** meeting 몡 회의 **04** yard 몡 마당 **05** pond 몡 연못 park 몡 공원
06 restroom 몡 화장실 corner 몡 모퉁이 **07** parking lot 주차장 **08** air conditioner 에어컨 **09** reception desk 프런트, 접수처
10 bus stop 버스 정류장 across 젠 ~을 건너서, 가로질러

2 | 'there are + 복수 명사' 해석하기

There are pencils **on the desk.** 책상 위에 연필들이 있다.

위 문장의 There are pencils가 '연필들이 있다'라고 해석되는 것처럼, **'there are + 복수 명사'**는 복수인 사람 혹은 사물의 존재를 나타내며, **'~(들)이 있다'**로 해석해요. 참고로, 'there are + 복수 명사' 구문에서 주어는 are 뒤의 복수 명사이고, 문장 앞의 there는 해석하지 않는다는 것도 기억해 두세요.

문장 해석 연습

다음 문장을 우리말로 해석하세요. (문장의 동사에 동그라미, 주어에 밑줄을 치세요.)

01 There ⓐⓡⓔ <u>15 students</u> in my class. 우리 반에는 15명의 학생들이 있다.

02 In Israel, there are four airports.

03 There are birds in the cage.

04 There are trash bins in the back.

05 There are holes in my socks.

06 There are flowers by the window.

07 In the drawer, there are some erasers.

08 There are coins in my purse.

09 There are many computers in the room.

10 There are some visitors downstairs.

정답 ▪ 해석 ▪ 해설 **p.14**

이 어휘, 이런 뜻이에요!

01 class 몡 반, 학급 **02** airport 몡 공항 **03** bird 몡 새 cage 몡 새장, 우리 **04** trash bin 쓰레기통
05 hole 몡 구멍 sock 몡 양말 **06** by 젠 ~ 옆에 **07** drawer 몡 서랍 eraser 몡 지우개 **08** coin 몡 동전 purse 몡 지갑, 핸드백
10 visitor 몡 방문객 downstairs 분 아래층에(서)

1주 4일

대명사   Part 5 • 6 | 문법

1. 인칭대명사
2. 지시대명사
3. 부정대명사

대명사 해석하기   Part 7 | 리딩 - 구문 독해

1. 대명사가 가리키는 명사 찾아 해석하기
2. '전치사 + 재귀대명사' 관용 표현 해석하기

기초부터 차근차근! ✏️

◉ 대명사란 무엇인가요?

내 친구인 <u>준수</u>는 똑똑하다. <u>그는</u> 키도 크다.
명사   대명사

앞에 나온 명사 '준수'를 반복하지 않기 위해 '그'가 쓰였어요. 이처럼 앞에 나온 명사의 반복을 피하기 위해서 명사 대신에 쓰는 말을 **대명사**라고 해요.

◉ 대명사의 종류에는 무엇이 있나요?

대명사에는 인칭대명사, 지시대명사, 부정대명사가 있어요.

인칭대명사	사람/사물을 가리키는 대명사	she 그녀 I 나 it 그것
지시대명사	가깝거나 멀리 있는 대상을 가리키는 대명사	this/these 이것/이것들 ─ 가까운 대상 that/those 저것/저것들 ─ 멀리 있는 대상
부정대명사	막연한 수를 나타내는 대명사	some 몇몇 others 다른 몇 개

참고로, 인칭대명사는 인칭, 성, 수, 격에 따라 형태가 다양해요. 그리고 인칭대명사에는 '소유격 + 명사'를 대신하는 소유대명사와 -self가 붙는 재귀대명사도 있어요.

인칭/성/수	격		주격 (~은/는/이/가)	소유격 (~의)	목적격 (~을/를/에게)	소유대명사 (~의 것)	재귀대명사 (~ 자신)
1인칭	단수(나)		I	my	me	mine	myself
	복수(우리)		we	our	us	ours	ourselves
2인칭	단수(당신)		you	your	you	yours	yourself
	복수(당신들)		you	your	you	yours	yourselves
3인칭	단수	남성(그)	he	his	him	his	himself
		여성(그녀)	she	her	her	hers	herself
		사물(그것)	it	its	it	–	itself
	복수		they	their	them	theirs	themselves

↝ **인칭**은 말하는 사람이 나(1인칭)인지, 내 말을 듣는 상대방(2인칭)인지, 나와 상대방을 제외한 제3자인지(3인칭)를 가리키고, **성**은 남성/여성인지, **수**는 단수/복수인지를 가리켜요. **격**은 문장 내에서 대명사가 하는 역할을 가리키며, 주격(주어 역할), 소유격(명사 수식), 목적격(목적어 역할)으로 나뉘어요.

대명사

1 | 인칭대명사

제니는 (너를, 너는) 좋아한다.

괄호 안에는 주격인 '너는'이 아니라 목적격인 '너를'을 써야 자연스러워요. 이처럼 영어에서
도 **인칭대명사**는 격에 따라 문장 내에서 오는 자리가 달라져요.

인칭대명사의 격에 따라 오는 자리
포인트 1

○──── 인칭대명사의 **주격**은 **주어 자리**, **목적격**은 **목적어 자리**, **소유격**은 **명사 앞**에 와요.

주격	She / moved / to a new apartment.	그녀는 / 이사했다 / 새 아파트로
	주어 자리	

목적격	Jenny / likes / you.	Jenny는 / 좋아한다 / 너를
	목적어 자리	

소유격	Ms. Jones / is / my boss.	Ms. Jones는 / 나의 상사이다
	명사 앞	

소유대명사
포인트 2

○──── 소유대명사는 '~의 것'이라는 의미로 **주어, 목적어, 보어 자리**에 와요.

My scarf / is / black. Hers / is / white. 나의 스카프는 / 검은색이다 그녀의 것은 / 흰색이다
　　　　　　　　　　　　　주어(=Her scarf)

재귀대명사
포인트 3

○──── 재귀대명사는 인칭대명사에 **-self**가 붙어 '~ 자신'이라는 뜻을 가져요. 문장의 **주어와 목적어가 같은 대상**일 때 목적
어 자리에 오기도 하고, **주어나 목적어를 강조**하기 위해 쓰이기도 해요.

주어 = 목적어	You / should love / yourself.	당신은 / 사랑해야 한다 / 당신 자신을
	주어　　　　　　　　　목적어(=You)	

강조	Jack / planned / this event / himself.	Jack이 / 계획했다 / 이 행사를 / 그 자신이 직접
	주어　　　　　　　　　　주어 강조	

주어진 우리말 문장을 보고 괄호에서 알맞은 것을 고르세요.

> (!) **힌트:** she는 주격(~은/는/이/가) 인칭대명사이고,
> her는 목적격(~을/를) 인칭대명사예요.

01 나는 그녀를 사랑한다.   I love (she, her).

02 우리는 친구이다.   (We, Us) are friends.

03 이 재킷은 당신의 것이다.   This jacket is (your, yours).

04 나는 나 자신을 지킬 것이다.   I will protect (me, myself).

괄호에서 알맞은 것을 고르세요.

05 (I, Me) got a new T-shirt. → (!) **힌트:** 괄호는 주어 자리예요. 주어 자리에는 주격 인칭대명사가 와요.

06 I have gifts for Olivia. She will like (them, they).

07 Harry knows (hers, her) phone number.

08 Mr. Yang introduced (himself, he) to the audience.

밑줄 친 부분에 들어갈 가장 적절한 것을 고르세요.

09 Please finish ------- homework by the deadline.

    (A) yourself   (B) your

    (C) yours   (D) you

> (!) **힌트:** 빈칸 뒤에 명사 homework가 왔어요. 명사 앞에
> 올 수 있는 인칭대명사가 무엇인지 생각해 보세요.

10 Ms. Grande manages the company -------.

    (A) she   (B) her

    (C) herself   (D) hers

정답 ■ 해석 ■ 해설 **p.15**

이 어휘, 이런 뜻이에요!

04 **protect** 동 지키다, 보호하다   05 **get** 동 사다, 얻다   06 **gift** 명 선물   08 **introduce** 동 소개하다   **audience** 명 관중
09 **finish** 동 끝내다   **homework** 명 숙제, 과제   **deadline** 명 마감 기한   10 **manage** 동 운영하다, 경영하다

2 | 지시대명사

나의 책상은 상사의 책상보다 깨끗하다.

우리말에서는 '나의 책상'과 '상사의 책상'을 비교할 때, '책상'을 반복해서 써도 어색하지 않아요. 하지만, 영어에서는 대상을 비교할 때, 명사를 반복해서 쓰는 것을 피하고 명사 대신에 **지시대명사**를 사용해요.

지시대명사 that / those

포인트 1

지시대명사 **that**과 **those**는 멀리 있는 사물이나 사람을 가리키는 것 이외에도, **두 대상을 비교할 때**, 비교 대상이 되는 명사의 반복을 피하기 위해 쓰여요. 이때, **비교 대상이 단수 명사나 불가산 명사이면 that, 복수 명사이면 those**를 써요.

| that | My desk / is cleaner / than that of my manager. 나의 책상은 / 더 깨끗하다 / 나의 상사의 것보다 |
| | ►(=desk) |

| those | My dogs / are bigger / than those of my friend. 나의 개들은 / 더 크다 / 나의 친구의 것들보다 |
| | ►(=dogs) |

지시형용사

포인트 2

this / these와 **that / those**가 **명사 앞에 오면 명사를 꾸며 주는 지시형용사**로 쓰이고, '이 ~', '저 ~'로 해석돼요. 단수 명사 앞에는 **this / that**이, 복수 명사 앞에는 **these / those**가 와요.

| this + 단수 명사 | This area / is / dangerous. 이 지역은 / 위험하다 |
| | 단수 명사 |

| that + 단수 명사 | That bridge / is / a symbol / of Busan. 저 다리는 / 상징이다 / 부산의 |
| | 단수 명사 |

| these + 복수 명사 | I / bought / these bags / last summer. 나는 / 샀다 / 이 가방들을 / 지난여름에 |
| | 복수 명사 |

| those + 복수 명사 | Those kids / look / sad. 저 아이들은 / 슬퍼 보인다 |
| | 복수 명사 |

주어진 우리말 문장을 보고 괄호에서 알맞은 것을 고르세요.

→ ⚠️ **힌트:** 지시형용사 this는 단수 명사를 꾸며 줘요.

01 이 장소는 아름답다.　　　　This (places, place) is beautiful.

02 그가 이 병들을 세척했다.　　　He washed (these, this) bottles.

03 우리는 저 규칙들을 따른다.　　We follow (those, that) rules.

04 그들이 저 문제를 해결했다.　　They solved that (problems, problem).

괄호에서 알맞은 것을 고르세요.

05 (These, This) suggestions are very helpful. → ⚠️ **힌트:** 지시형용사 these는 복수 명사를 꾸며 줘요.

06 The weather of India is hotter than (that, those) of Denmark.

07 (This, These) book is interesting.

08 Our services are cheaper than (those, that) of other stores.

밑줄 친 부분에 들어갈 가장 적절한 것을 고르세요.

09 They will move ------- boxes.

(A) that　　　　(B) this

(C) those　　　　(D) it

→ ⚠️ **힌트:** 빈칸 뒤에 복수 명사 boxes가 왔어요. 복수 명사를 꾸며 주는 지시형용사가 무엇인지 생각해 보세요.

10 His work is different from ------- of his coworkers.

(A) these　　　　(B) that

(C) this　　　　(D) those

정답 ▪ 해석 ▪ 해설 **p.16**

이 **어휘,** 이런 뜻이에요!

01 place 몡 장소　**02** bottle 몡 병　**03** follow 통 따르다　rule 몡 규칙　**04** solve 통 해결하다　problem 몡 문제
05 suggestion 몡 제안　helpful 혱 도움이 되는　**06** weather 몡 날씨　India 몡 인도　Denmark 몡 덴마크　**07** interesting 혱 흥미로운
08 cheap 혱 저렴한, 싼　store 몡 가게　**09** move 통 옮기다　**10** different 혱 다른　coworker 몡 동료

3 | 부정대명사

나의 바지 중 몇몇은 검은색이다.

'몇몇'과 같이 막연한 수를 나타내는 표현을 **부정대명사**라고 해요. 이처럼 영어에서
도 막연한 수를 나타내는 다양한 부정대명사가 있어요.

포인트 1

some / any

some과 any는 모두 '**몇몇, 약간**'이라는 의미로 쓰이지만, **some**은 주로 **긍정문**에, **any**는 주로 **부정문, 의문문, 조
건문**에 쓰여요. some과 any는 명사 앞에 와서 명사를 꾸며 주는 **부정형용사**로도 쓰이는데, 이 경우 some은 '**몇몇
의, 약간의**'라는 의미이고, any는 '**몇몇의, 어떤, 하나도 없는**'이라는 의미예요.

긍정문   **Some** of my pants / <u>are</u> / black.   나의 바지 중 몇몇은 / 검은색이다

부정문   I / <u>don't have</u> / any money.   나는 / 없다 / 돈이 하나도

의문문   <u>Do you have</u> / any questions?   당신은 가지고 있나요 / 어떤 질문을

조건문   <u>If</u> you have any problems, / call / me.   만약 당신에게 어떤 문제가 있다면 / 전화하세요 / 나에게

포인트 2

one / another / other

사람이나 사물이 둘이면, 그중 하나는 **one**, 나머지 하나는 **the other**로 나타내요.

one 어떤 하나   **the other** 나머지 하나
(= one + 단수 명사)   (= the other + 단수 명사)

Jim / has / two cars. One / is / red, / and / the other / is / white.
Jim은 / 가지고 있다 / 두 대의 자동차를   하나는 / 빨간색이다 / 그리고 / 나머지 하나는 / 흰색이다

사람이나 사물이 셋 이상이면, 그중 하나는 **one**, 또 다른 하나는 **another**, 그중 다른 몇 개는 **others**, 나머지 전부
는 **the others**로 나타내요.

another 또 다른 하나 (= another + 단수 명사)   **another** 또 다른 하나

one 어떤 하나   **others** 다른 몇 개 (= other + 복수 명사)   **one** 어떤 하나   **the others** 나머지 전부 (= the other + 복수 명사)

Michael / has / many friends. One / is / German, / another / is / Spanish, / and / others / are /
Chinese.   Michael은 / 가지고 있다 / 많은 친구들을   한 명은 / 독일인이고 / 또 다른 한 명은 / 스페인인이고 / 다른 몇몇은 중국인이다

I / bought / five pens. One / is / red, / another / is / blue, / and / the others are / green.
나는 / 샀다 / 펜 5개를   하나는 / 빨간색이고 / 또 다른 하나는 / 파란색이고 / 나머지 전부는 초록색이다

주어진 우리말 문장을 보고 괄호에서 알맞은 것을 고르세요.

> ⓘ **힌트:** One은 '어떤 하나', Another는 '또 다른 하나'라는 뜻이에요.

01 한 책은 가볍고, 나머지 하나는 무겁다. (One, Another) book is light, and the other is heavy.

02 몇몇 사람들은 매일 아침 커피를 마신다. (Some, The other) people drink coffee every morning.

03 한 스웨터는 노란색이고, 나머지 전부는 회색이다. One sweater is yellow, and (the others, others) are grey.

04 많은 장난감들 중에 하나는 인형이고, 다른 몇 개는 로봇이다. One of many toys is a doll, and (another, others) are robots.

괄호에서 알맞은 것을 고르세요.

05 There isn't (any, some) butter in the fridge. → ⓘ **힌트:** some은 주로 긍정문에, any는 주로 부정문, 의문문, 조건문에 쓰여요.

06 She will meet (any, some) clients today.

07 Some people are leaders, and (one, others) are followers.

08 Shawn bought two donuts. He ate one and gave me (the other, another).

밑줄 친 부분에 들어갈 가장 적절한 것을 고르세요.

09 We will have ------- time for discussion.

   (A) others   (B) those

   (C) any   (D) some

> ⓘ **힌트:** 위 문장은 긍정문이고, 빈칸 뒤에 명사가 왔어요. 긍정문에서 명사 앞에 올 수 있는 부정형용사가 무엇인지 생각해 보세요.

10 ------- of the two children is smart, and the other is nice.

   (A) Others   (B) Another

   (C) One   (D) These

정답 ▪ 해석 ▪ 해설 **p.17**

이 어휘, 이런 뜻이에요!

01 light 톙 가벼운 **heavy** 톙 무거운 **04** doll 뗑 인형 **05** fridge 뗑 냉장고 **06** client 뗑 고객
07 leader 뗑 지도자, 리더 **follower** 뗑 추종자, 열심히 따르는 사람 **08** donut 뗑 도넛 **09** discussion 뗑 논의, 토론 **10** smart 톙 똑똑한

대명사 해석하기

1 | 대명사가 가리키는 명사 찾아 해석하기

I have a brother. <u>He</u> is a pilot.   나는 남자 형제가 한 명 있다. 그는 조종사이다.
(=brother)

두 번째 문장의 He가 첫 번째 문장의 brother를 가리키는 것처럼, **대명사는 앞에 나온 명사를 대신해서 쓰여요.** 따라서 대명사가 가리키는 명사가 무엇인지를 찾으면, 대명사가 쓰인 문장을 더 정확히 해석할 수 있답니다.

문장 해석 연습

파란색으로 표시된 대명사가 가리키는 명사를 찾고, 다음 두 문장을 우리말로 해석하세요.
(각 문장의 동사에 동그라미, 주어에 밑줄을 치세요.)

01 <u>Jack</u> (lives) in Texas. He (is) a doctor.   He=Jack, Jack은 텍사스에 산다. 그는 의사이다.

02 My name is Abigail. I am 23 years old.

03 Mary was sick. She went to the hospital.

04 Benny and Joshua are my classmates. They play basketball together.

05 Oscar watched a movie. It was three hours long.

06 This dog is very active. It needs lots of exercise.

07 Jackson likes reading. His father gives him books.

08 Kiki is wearing new shoes. She bought them yesterday.

09 My family and I moved into a new house. Some neighbors helped us.

10 Your bag is beautiful. Where did you get it?

정답 ■ 해석 ■ 해설 **p.18**

이 어휘, 이런 뜻이에요!

03 hospital 圀 병원 **04** classmate 圀 반 친구 basketball 圀 농구 **06** active 囿 활동적인 lots of 많은 exercise 圀 운동; 동 운동하다
07 reading 圀 독서 **08** wear 동 착용하다 **09** move 동 이사하다 neighbor 圀 이웃

1주 1일

1주 2일

1주 3일

1주 4일

1주 5일

1주 6일

해커스 토익 왕기초 Reading

2 '전치사 + 재귀대명사' 관용 표현 해석하기

He usually cooks <u>for himself</u>. 그는 보통 스스로 요리한다.
　　　　　　　전치사　재귀대명사

위 문장의 for himself가 '스스로'라고 해석되는 것처럼, 재귀대명사가 **전치사와 함께** 쓰이면 새로운 의미의 관용 표현을 만들어 냅니다. **by oneself**는 '**혼자(서)**', **by itself**는 '**저절로**', **for oneself**는 '**스스로, 혼자 힘으로**'라고 해석해요.

(문장 해석 연습)

관용 표현의 뜻에 유의하여 다음 문장을 우리말로 해석하세요. (문장의 동사에 동그라미, 주어에 밑줄을 치세요.)

01 <u>John</u> ⟨travels⟩ in India by himself. John은 혼자 인도에서 여행한다.

02 The window closed by itself.

03 I go to concerts by myself.

04 Amy writes reports by herself.

05 The children can think for themselves.

06 Amelia cooks for 50 people by herself.

07 Tom has lunch by himself almost every day.

08 We prepared dinner for ourselves.

09 Katie made the decision for herself.

10 The computer program stops and starts by itself.

정답 ▪ 해석 ▪ 해설 **p.19**

이 어휘, 이런 뜻이에요!

01 travel 图 여행하다　India 圀 인도　**04** report 圀 보고서, 图 보고하다　**06** cook 图 요리하다　**07** almost 凰 거의　every day 매일
08 prepare 图 준비하다　**09** make a decision 결정을 내리다

1주 5일

기초부터 차근차근! ✏️

◉ 형용사란 무엇인가요?

높은 건물   건물이 높다
형용사   형용사

단순히 '건물'이라고 말하는 것보다 '높은 건물' 또는 '건물이 높다'라고 말하면 건물의 모습을 좀 더 구체적으로 설명할 수 있어요. 이처럼 명사의 모양이나 상태, 성질 등을 나타내는 말을 **형용사**라고 해요.

◉ '높은'과 '높다' 모두 형용사인가요?

네, 모두 형용사예요. 형용사는 크게 두 가지로 나눌 수 있어요. '높은 건물'처럼 명사 앞에 와서 명사를 꾸며 주기도 하고, '건물이 높다'처럼 주어의 성질이나 상태를 보충 설명해 주기도 해요.

a tall building 높은 건물
형용사 명사

The building / is / tall. 그 건물은 / 높다
주어   형용사(주어 보충 설명)

◉ 형용사의 형태는 어떠한가요?

형용사는 주로 -able, -sive, -tive, -ous, -y, -ful과 같은 꼬리말로 끝나요. 단, 모든 형용사가 이 형태로 끝나지는 않는다는 점에 유의하세요.

durable 견고한	expensive 비싼	active 활동적인	dangerous 위험한	healthy 건강한	hopeful 희망적인
stable 안정된	massive 거대한	positive 긍정적인	generous 관용적인	wealthy 부유한	powerful 강력한

63

형용사

1 | 형용사 자리

이 가게에는 신선한 딸기와 달콤한 바나나가 있다.

형용사인 '신선한'과 '달콤한'이 모두 명사 앞에 왔어요. 이처럼 영어에서도 **형용사가 오는 자리**가 있어요.

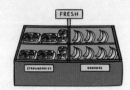

포인트 1

형용사가 오는 자리

형용사는 주로 **명사 앞**에서 명사를 꾸며 주거나 **보어 자리**에 와요.

명사 앞   This store / has / fresh <u>strawberries</u>. 이 가게에는 / 있다 / 신선한 딸기가
                                     ↑ 명사

보어 자리   My hair / is / <u>short</u>. 나의 머리카락은 / 짧다
                           보어

포인트 2

형용사 자리에 올 수 없는 것

형용사 자리에 **부사**나 **동사**는 올 수 없어요.

She / asked / me / an (easily, ease, easy) <u>question</u>. 그녀는 / 물었다 / 나에게 / 쉬운 질문을
                    부사(×) 동사(×) 형용사(○)↑ 명사

주어진 우리말 문장을 보고 괄호에서 알맞은 것을 고르세요.

→ (!) **힌트:** 괄호는 명사 앞의 형용사 자리예요.

01 귀중한 자원을 낭비하지 마라. Don't waste (valuable, value) resources.

02 아이들은 세심한 관심을 필요로 한다. Children need (careful, carefully) attention.

03 화난 고객이 소리 질렀다. The (angrily, angry) customer yelled.

04 Amy는 창의적이다. Amy is (create, creative).

괄호에서 알맞은 것을 고르세요.

05 The art in the museum is (impress, impressive). → (!) **힌트:** 괄호는 보어 자리예요. 보어 자리에는 형용사나 명사가 올 수 있어요.

06 I made a (seriously, serious) mistake.

07 Kim was (gladly, glad) about the good news.

08 Mr. Curt is an (excellent, excel) worker.

밑줄 친 부분에 들어갈 가장 적절한 것을 고르세요.

09 My family will have a ------- time in Paris.

(A) wonderfulness   (B) wonders

(C) wonderful   (D) wonderfully

(!) **힌트:** 빈칸 뒤의 명사 time을 꾸며 줄 수 있는 것이 무엇인지 생각해 보세요.

10 The restaurant serves full-course meals at an ------- price.

(A) afford   (B) affordably

(C) affordable   (D) affords

정답 ▪ 해석 ▪ 해설 **p.20**

이 어휘, 이런 뜻이에요!

01 valuable 휑 귀중한, 가치 있는 value 몡 가치; 통 가치 있게 여기다 resource 몡 자원 02 careful 휑 세심한 attention 몡 관심
03 angry 휑 화난 yell 통 소리 지르다 04 create 통 창조하다, 제작하다 creative 휑 창의적인
05 art 몡 그림, 예술 museum 몡 미술관 impress 통 깊은 인상을 주다 impressive 휑 인상 깊은
06 seriously 휀 심각하게 serious 휑 심각한 mistake 몡 실수 08 excellent 휑 뛰어난 excel 통 뛰어나다, 탁월하다
09 wonderfulness 몡 놀라움, 이상함 wonder 통 궁금해하다; 몡 경탄 wonderful 휑 멋진 wonderfully 휀 놀랍도록, 훌륭하게
10 serve 통 제공하다, 차려 주다 meal 몡 식사 afford 통 살 수 있다, ~할 여유가 있다 affordable 휑 적당한, 알맞은

2 | 수량 형용사

나는 **많은** 책들을 읽어서 **많은** 지식을 얻었다.

'많은'과 같이 명사 앞에 와서 명사의 개수와 양을 나타내는 형용사를 **수량 형용사**라고 해요. 우리말에서는 가산 명사인 '책'과 불가산 명사인 '지식' 앞에 똑같이 '많은'이라는 수량 형용사를 사용할 수 있지만, 영어에서는 명사의 성격에 따라 함께 쓰는 수량 형용사가 달라져요.

포인트 1 | 가산 명사와 불가산 명사 앞에 오는 수량 형용사

가산 명사와 함께 쓰는 수량 형용사와, 불가산 명사와 함께 쓰는 수량 형용사를 구분해서 알아두세요.

가산 명사 앞			불가산 명사 앞	
each 각각의	a few 몇 개의	many 많은	much 많은	little 거의 없는
every 모든	few 거의 없는	several 몇몇의	a little 적은	less 더 적은
another 또 다른	fewer 더 적은	both 둘 다의		

I / read / (~~much~~, many) <u>books</u>, / so / I / gained / (~~many~~, much) <u>knowledge</u>.
                            가산 명사   불가산 명사

나는 / 읽었다 / 많은 책들을 / 그래서 / 나는 / 얻었다 / 많은 지식을

I / should drink / (~~fewer~~, less) <u>coffee</u>. 나는 / 마셔야 한다 / 더 적은 커피를
                                  불가산 명사

포인트 2 | 단수 명사와 복수 명사 앞에 오는 수량 형용사

단수 명사와 함께 쓰는 수량 형용사와 복수 명사와 함께 쓰는 수량 형용사를 구분해서 알아두세요.

단수 명사 앞		복수 명사 앞	
each 각각의		a few 몇 개의	many 많은
every 모든		few 거의 없는	several 몇몇의
another 또 다른		fewer 더 적은	both 둘 다의

(Several, **Every**) <u>worker</u> / should wear / a uniform. 모든 근로자는 / 입어야 한다 / 유니폼을
                    단수 명사

She / has / (~~another~~, many) <u>hobbies</u>. 그녀는 / 가지고 있다 / 많은 취미들을
                              복수 명사

잠깐!

수량 형용사는 아니지만, 한 덩어리의 형태로 복수 명사 앞에 오는 수량 표현도 함께 알아두세요. 참고로 a lot of/lots of(많은)는 복수 명사뿐만 아니라 불가산 명사 앞에도 올 수 있어요.

- one of the flowers 꽃들 중 하나
- a variety of colors 다양한 색깔들
- a number of people 많은 사람들
- a lot of/lots of water 많은 물

주어진 우리말 문장을 보고 괄호에서 알맞은 것을 고르세요.

> ⓘ **힌트:** 수량 형용사 every는 단수 명사 앞에 와요.

01 Megan은 모든 동물을 좋아한다. Megan likes every (animal, animals).

02 병에 물이 거의 없다. There is (little, few) water in the bottle.

03 티켓이 거의 남아 있지 않다. (Each, Few) tickets are left.

04 나는 수업들을 둘 다 듣는다. I take both (classes, class).

괄호에서 알맞은 것을 고르세요.

05 (One of the, Another) employees was late today. ⟶ ⓘ **힌트:** 수량 표현 one of the는 복수 명사 앞에. 수량 형용사 another는 단수 명사 앞에 와요.

06 I have (many, much) friends in Singapore.

07 (Every, A lot of) people like ice cream.

08 (All, Each) country has different traditions.

밑줄 친 부분에 들어갈 가장 적절한 것을 고르세요.

09 I have ------- money in my wallet.

(A) many   (B) little

(C) few   (D) both

> ⓘ **힌트:** 빈칸 뒤에 온 money는 불가산 명사예요. 불가산 명사 앞에 올 수 있는 수량 형용사가 무엇인지 생각해 보세요.

10 ------- passenger must fasten the seat belt.

(A) Less   (B) Much

(C) Every   (D) Several

정답 ▪ 해석 ▪ 해설 **p.21**

이 어휘, 이런 뜻이에요!

01 animal 몡동물 03 left 혱남아 있는 05 employee 몡직원, 고용인 08 country 몡나라 tradition 몡전통 09 wallet 몡지갑
10 passenger 몡탑승객 fasten 통매다 seat belt 안전벨트

형용사 해석하기

1 | '-thing/-body/-one + 형용사' 해석하기

I want <u>something spicy</u>. 나는 매콤한 무언가를 원한다.

위 문장의 something spicy가 '매콤한 무언가'로 해석되는 것처럼, **-thing/-body/-one** 으로 끝나는 명사는 **형용사가 명사를 뒤에서 꾸며 줘요.** 따라서, 문장에 다음과 같은 명사가 오면 **뒤에 오는 형용사를 먼저 해석한 후 명사를 해석해요.**

something/anything 무언가, 어떤 것	everything 모든 것	nothing 아무것도 (~없다/않다)
somebody/someone 누군가	anybody/anyone 누구든, 아무도	nobody/no one 아무도 (~없다/않다)

문장 해석 연습

형용사를 명사보다 먼저 해석해야 한다는 것에 유의하여 다음 문장을 우리말로 해석하세요.

(문장의 동사에 동그라미, 주어에 밑줄을 치세요.)

01 <u>Jessica</u> (said) something funny. Jessica는 웃긴 무언가를 말했다.

02 Henry met someone new today.

03 Is there anything wrong?

04 There is nothing special about that restaurant.

05 Anybody tired can take a rest at this lounge.

06 My mom ordered something healthy.

07 I don't have anything expensive in my bag.

08 My team needs somebody experienced.

09 Ella packed everything necessary.

10 We have nobody available at the moment.

정답 ■ 해석 ■ 해설 **p.22**

이 어휘, 이런 뜻이에요!

05 take a rest 쉬다 **06** healthy 图 건강에 좋은, 건강한 **07** expensive 图 비싼 **08** experienced 图 경험이 있는
09 pack 图 (짐을) 챙기다 necessary 图 필요한 **10** available 图 시간이 있는, 이용할 수 있는 at the moment 지금

2 | 수량 형용사 (a) little/(a) few 해석하기

There is little **water in the cup.** 컵에 물이 거의 없다.
There is a little **water in the cup.** 컵에 물이 약간 있다.

위 문장의 little이 '**거의 없는**'으로 해석되고 a little이 '**약간 있는, 적은**'으로 해석되는 것처럼, 부정관사 a의 유무에 따라 수량 형용사의 의미가 달라지기도 해요. 이와 유사한 수량 형용사로는 few(거의 없는)와 a few(약간 있는, 몇몇 의)가 있답니다. 단, little/a little은 불가산 명사 앞에, few/a few는 복수 가산 명사 앞에 온다는 것도 기억해 두세요.

문장 해석 연습

수량 형용사의 뜻에 유의하여 다음 문장을 우리말로 해석하세요. (문장의 동사에 동그라미, 주어에 밑줄을 치세요.)

01 I (made) a few friends today. 나는 오늘 몇몇의 친구들을 사귀었다.

02 A few students are late.

03 Larry did a little homework yesterday.

04 He borrowed a little money from me.

05 Few people know Latin these days.

06 I have little interest in math.

07 Alice watched few movies this year.

08 Ms. Miller left me a few days ago.

09 We have a little information about the event.

10 Mr. Chen has little experience in sales.

정답 ■ 해석 ■ 해설 **p.23**

이 어휘, 이런 뜻이에요!

04 borrow 〔동〕 빌리다 **05** Latin 〔명〕 라틴어 **06** interest 〔명〕 흥미, 관심 **09** information 〔명〕 정보 event 〔명〕 행사, 사건
10 experience 〔명〕 경험; 〔동〕 경험하다 sales 〔명〕 영업

1주 6일

무료 토익 학습자료·취업정보 제공

Hackers.co.kr

1 │ 이메일/편지

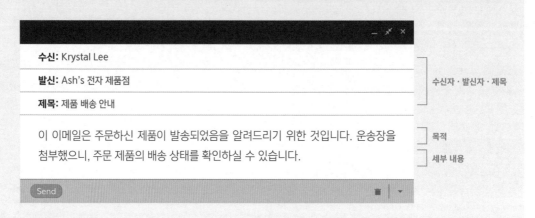

수신: Krystal Lee

발신: Ash's 전자 제품점

제목: 제품 배송 안내

이 이메일은 주문하신 제품이 발송되었음을 알려드리기 위한 것입니다. 운송장을 첨부했으니, 주문 제품의 배송 상태를 확인하실 수 있습니다.

수신자 · 발신자 · 제목

목적

세부 내용

Send

위 지문은 제품 배송을 알리는 이메일이에요. 이처럼 이메일/편지는 개인 생활이나 비즈니스와 관련된 정보를 주고받는 편지글 형식의 지문 유형을 말한답니다. 그럼 이메일/편지에 대해 좀 더 알아볼까요?

📢 토익에 이렇게 나와요!

◉ 평균 2~3지문이 출제되고, 제품 구매, 서비스 이용, 고객 항의, 회사 생활 등과 관련된 내용이 자주 등장해요.

◉ 이메일/편지가 쓰인 목적이나 이메일/편지에 언급된 세부 사항을 묻는 문제가 자주 나와요.
예> 이메일의 목적은 무엇인가? (= What is the purpose of the e-mail?)
예> 이메일에 무엇이 첨부되어 있는가? (= What is attached to the e-mail?)

◉ 이메일/편지의 수신자와 발신자, 제목, 목적 및 용건을 나타내기 위해 다음과 같은 표현들이 쓰여요.

수신자 · 발신자	· To 수신 · Dear ~에게 · From 발신 · Sincerely 마음을 담아
제목	· Subject 제목
목적	· I am happy/sorry to ~ (저는) ~하게 되어 기쁩니다/유감입니다
	· This e-mail/letter is for ~ 이 이메일/편지는 ~을 위한 것입니다
요청 사항	· Please ~ ~을 해 주십시오 · Could you ~? ~을 해 주실 수 있나요?

이 어휘가 자주 나와요!

이메일/편지에 자주 나오는 어휘를 익혀두면 지문을 정확히 해석하고 이해하는 데 큰 도움이 돼요. 다음의 어휘를 암기하고 **퀴즈**를 풀어 보세요.

제품 구매

- ☐ buy 동 사다
- ☐ order 동 주문하다; 명 주문 (상품)
- ☐ delivery 명 배송, 배달
- ☐ pay for (값을) 지불하다
- ☐ discount 동 할인하다; 명 할인
- ☐ receipt 명 영수증

서비스 이용

- ☐ convenient 형 편리한
- ☐ offer 동 제안하다, 제공하다
- ☐ free 형 무료의
- ☐ recommend 동 권하다, 추천하다
- ☐ join 동 가입하다
- ☐ renew 동 갱신하다

고객 항의

- ☐ apologize 동 사과하다
- ☐ inconvenience 명 불편
- ☐ complain 동 항의하다, 불평하다
- ☐ missing 형 빠진, 없어진
- ☐ customer 명 고객
- ☐ return 동 반품하다, 반송하다

회사 생활

- ☐ accept 동 수락하다
- ☐ location 명 지점
- ☐ apply for ~에 지원하다
- ☐ position 명 일자리, 직무
- ☐ employ 동 고용하다
- ☐ promotion 명 승진

QUIZ 다음 영어 어휘의 알맞은 뜻을 찾아 연결하세요.

01 order
02 receipt
03 recommend

ⓐ 영수증
ⓑ 주문하다; 주문 (상품)
ⓒ 권하다, 추천하다

04 join
05 inconvenience
06 promotion

ⓓ 승진
ⓔ 불편
ⓕ 가입하다

정답   01 ⓑ   02 ⓐ   03 ⓒ   04 ⓕ   05 ⓔ   06 ⓓ

다음 지문을 읽고, 질문에 가장 적절한 보기를 고르세요.

[입사 지원과 관련된 편지]

Dear Mr. Hanson,　　　　　　　　　　　　　　　　　　　　　　　　　수신자

➜ ⓘ **힌트:** 편지를 쓴 목적을 나타내는 문장이에요.

❶ I am happy to offer you the sales position at our company. ❷ You applied　　목적

for the position on February 21. ❸ Please reply to this letter by March 20.

❹ Your start date is April 6.　　　　　　　　　　　　　　　　　　　　세부 내용

➜ ⓘ **힌트:** 편지에 날짜가 3번 나와요. 각각 어떤 날짜에
　　　　　　　　해당하는지 파악하세요.

Sincerely,

Marcy Jonas　　　　　　　　　　　　　　　　　　　　　　　　　　　　발신자

Brit Corp

01　이 편지의 목적은 무엇인가?

(A) 지원자에게 일자리를 제의하기 위해

(B) 추가 서류 제출을 요청하기 위해

02　Mr. Hanson은 언제까지 답장을 보내야 하는가?

(A) 3월 20일

(B) 4월 6일

정답 ■ 해석 ■ 해설 **p.24**

이 어휘, 이런 뜻이에요!

01-02 **offer** 동 제안하다, 제공하다　**sales position** 판매직 일자리　**company** 명 회사　**apply for** ~에 지원하다
position 명 일자리, 직무　**reply to** ~에 답장하다, ~에 답하다　**start date** 시작일

✂ 끊어 읽기

지문을 다시 한번 읽어 볼까요? 이번에는 문장을 의미 덩어리로 끊어 읽으며 해석해 보세요.
(각 문장의 동사에는 동그라미를, 주어에는 밑줄을 함께 표시해 보아요.)

❶ <u>I</u> / (am) / happy / to offer you the sales position / at our company.
　　저는　　　기쁩니다　　당신에게 판매직 일자리를 제안하게 되어　　우리 회사의

편지의 목적을 나타낼 때 사용되는 표현인 I am happy to ~(~하게 되어 기쁩니다)가 왔어요. 이 표현 뒤로 편지를 쓰게 된 구체적인 목적이 나오기 때문에 주의 깊게 읽어야 해요.

❷ <u>You</u> / (applied) / for the position / on February 21.
　　당신은　지원했습니다　　그 일자리에　　　2월 21일에

❸ Please / (reply) / to this letter / by March 20.
　(부디) 답장해 주십시오　　이 편지에　　3월 20일까지

요청 사항을 나타낼 때 사용되는 표현인 Please ~(~해 주십시오)가 왔어요. Please는 '부디, 제발'로 해석되기도 하지만, 공손한 뉘앙스만 나타내고 특별히 해석하지 않아도 자연스럽답니다.

❹ <u>Your start date</u> / (is) / April 6.
　　당신의 시작일은　　　4월 6일입니다

지문을 읽고, 질문에 가장 적절한 보기를 고르세요.

Questions 03 - 04 refer to the following e-mail.

To: Ann Jones <a.jones@trumail.com>
From: Kan Customer Service <cs@kan.com>
Subject: Delay

> ⚠️ **힌트:** 이메일을 쓴 목적을 나타내는 문장이에요.

I am sorry to tell you that your order is delayed. You ordered a sofa last week, but our sofas are sold out. We will send your sofa next week. The shipping will be free. Once again, we are sorry for the inconvenience.

> ⚠️ **힌트:** 무엇이 free(무료의)인지 확인하세요.

03 What is the purpose of the e-mail? → ⚠️ **힌트:** 이메일의 목적을 묻고 있네요.

(A) To announce a sale

(B) To check a delivery address

(C) To mention a delay

(D) To cancel an order

04 What will Ms. Jones receive? → ⚠️ **힌트:** Ms. Jones가 받을 것을 묻고 있네요.

(A) An order form

(B) A discount coupon

(C) A list of products

(D) Free shipping

정답 ▪ 해석 ▪ 해설 **p.24**

이 어휘, 이런 뜻이에요!

03-04 **customer service** 고객 서비스 (센터) **delay** 몡 지연; 툉 지연시키다 **order** 몡 주문; 툉 주문하다 **sofa** 몡 소파 **sold out** 품절인
send 툉 보내다 **shipping** 몡 배송 **free** 톙 무료의 **inconvenience** 몡 불편 **announce** 툉 알리다 **check** 툉 확인하다
delivery address 배송 주소 **mention** 툉 언급하다 **cancel** 툉 취소하다 **order form** 주문서 **list** 몡 목록 **product** 몡 상품

Dear Mr. Palma,

(!) **힌트:** 편지를 쓴 목적을 나타내는 문장이에요. ←

This letter is for regular readers of our magazine, *Business Now*. The price of our magazine will increase on September 1. It will cost $20 per month. If you have any questions, please call 555-0895. Thank you.

Sincerely,
Josh Worth
Customer Service

05 **Why was the letter written?** → (!) **힌트:** 편지가 왜 쓰였는지를 묻고 있네요.

(A) To thank a customer

(B) To offer membership

(C) To introduce a new magazine

(D) To mention a change

06 **What is true about Mr. Palma?** → (!) **힌트:** Mr. Palma에 대해 사실인 것을 묻고 있네요.
각 보기를 지문의 내용과 대조하며 정답을 찾아볼까요?

(A) He is a reader of *Business Now*.

(B) He spent $20 on a book.

(C) He called Customer Service.

(D) He wants a refund.

정답 ▪ 해석 ▪ 해설 **p.25**

이 어휘, 이런 뜻이에요!

05-06 regular reader 정기 구독자　magazine 📵 잡지　price 📵 가격　increase 📵 인상되다　September 📵 9월
cost 📵 (값이) ~이다　per 📵 매 ~　thank 📵 감사하다　membership 📵 멤버십, 회원(제)　introduce 📵 소개하다　mention 📵 언급하다
refund 📵 환불

연례 스프링데일 영화의 밤 행사에 여러분을 초대합니다!　　　　　　　양식 종류/제목

· **일시**　5월 20일(토) ~ 5월 21일(일)
· **장소**　스프링데일 대학교 광장　　　　　　　　　　　　　　　　세부 내용
· **전화**　555-0520

* 행사 세부 일정은 www.spmovienight.com에서 확인하세요.　　　　특이 사항

위 지문은 영화 행사의 초대장이에요. 이처럼 양식은 생활 속에서 자주 사용되는 다양한 서식이 포함된 지문 유형을
말한답니다. 그럼 양식에 대해 좀 더 알아볼까요?

 토익에 이렇게 나와요!

◉ 평균 1~2지문이 출제되고, 초대장, 일정표, 제품이나 서비스의 요금을 청구하는 송장/영수증, 고객 만족도를 묻는
설문지 등의 양식이 자주 등장해요.

◉ 양식에 언급된 세부 사항을 묻거나 양식에서 언급되지 않은 것이 무엇인지를 묻는 문제가 자주 나와요.
예> 이 행사는 얼마나 자주 열리는가? (= How often does the event take place?)
예> 초대장에 언급되지 않은 것은 무엇인가? (= What is NOT indicated in the invitation?)

이 어휘가 자주 나와요!

양식에 자주 나오는 어휘를 익혀두면 지문을 정확히 해석하고 이해하는 데 큰 도움이 돼요. 다음의 어휘를 암기하고 **퀴즈**를 풀어 보세요.

행사 초대장

- ☐ attend 동 참석하다, 다니다
- ☐ invite 동 초대하다
- ☐ group 명 단체, 그룹
- ☐ meeting 명 회의
- ☐ indoors 부 실내에서
- ☐ speaker 명 연설자

일정표

- ☐ begin 동 시작하다
- ☐ museum 명 박물관, 미술관
- ☐ break 명 짧은 휴식
- ☐ postpone 동 연기하다, 미루다
- ☐ cancel 동 취소하다
- ☐ schedule 명 일정, 일정표

송장/영수증

- ☐ item 명 물품, 품목
- ☐ summary 명 요약
- ☐ order number 주문 번호
- ☐ tax 명 세금
- ☐ price 명 가격
- ☐ total 형 총계의, 전체의; 명 총액, 합계

설문지

- ☐ advice 명 충고
- ☐ menu 명 메뉴, 음식
- ☐ comment 명 의견
- ☐ quality 명 질, 품질
- ☐ maintain 동 유지하다
- ☐ respond to ~에 응답하다

QUIZ 다음 영어 어휘의 알맞은 뜻을 찾아 연결하세요.

01 attend   ⓐ 참석하다, 다니다
02 cancel   ⓑ 취소하다
03 item   ⓒ 물품, 품목

04 summary   ⓓ ~에 응답하다
05 maintain   ⓔ 유지하다
06 respond to   ⓕ 요약

정답   01 ⓐ   02 ⓑ   03 ⓒ   04 ⓕ   05 ⓔ   06 ⓓ

다음 지문을 읽고, 질문에 가장 적절한 보기를 고르세요.

[여행 일정을 안내하는 양식]

Rome, Italy Trip Schedule

→ ⊕ **힌트:** 각각의 날짜에 어떤 활동이 있을지 확인하세요.

양식 종류

Date	Main Activities
Day 1 (April 3)	• Pickup from Rome Airport at 5 P.M.
Day 2 (April 4)	• Visit to historical buildings • Picnic in a park
Day 3 (April 5)	• Time at an art museum • Visit to a beach
Day 4 (April 6)	• Shopping at a local market • Drop-off at Rome Airport at 4 P.M.

세부 내용

* ❶ We offer free breakfast each day. ❷ Also, all transportation is free.

** ❸ Prepare an umbrella for the rain. → ⊕ **힌트:** 여행 동안 무엇이 제공되는지 확인하세요.

특이 사항

01 관광객들은 언제 미술 작품을 볼 수 있는가?

(A) 4월 5일

(B) 4월 6일

02 여행에 포함되어 있지 않은 것은 무엇인가?

(A) 무료 조식

(B) 현지 요리 수업

정답 ▪ 해석 ▪ 해설 **p.26**

이 어휘, 이런 뜻이에요!

01-02 trip schedule 여행 일정표 date 뗑 일자 main activity 주요 활동 April 뗑 4월 pickup 뗑 픽업, 태우러 감 airport 뗑 공항
historical 뗑 역사적인 art museum 미술관 visit 뗑 방문; 통 방문하다 beach 뗑 바닷가 local 뗑 현지의, 지역의
drop-off 뗑 내려 주기, 내려 주는 곳 breakfast 뗑 조식, 아침 식사 each day 매일 transportation 뗑 교통수단 prepare 통 준비하다
umbrella 뗑 우산

✂ 끊어 읽기

지문을 다시 한번 읽어 볼까요? 이번에는 문장을 의미 덩어리로 끊어 읽으며 해석해 보세요.
(각 문장의 동사에는 동그라미를, 주어에는 밑줄을 함께 표시해 보아요.)

① We / offer / free breakfast / each day.
    저희는 제공합니다   무료 조식을   매일

② Also, / all transportation / is / free.
    또한   모든 교통수단이   무료입니다

③ Prepare / an umbrella / for the rain.
    준비하세요   우산을   비에 대비해서

문장에 주어 없이 동사 Prepare가 나와서 놀라셨나요? 주어가 없는 것처럼 보이지만, 사실 You(당신, 여러분)가 생략되어 있답니다. 위 문장처럼 상대방에게 무언가를 명령할 때 사용하는 명령문에서는 주어 You가 주로 생략된다는 것을 기억하세요.

지문을 읽고, 질문에 가장 적절한 보기를 고르세요.

Questions 03 - 04 refer to the following receipt.

Paris & Kate

PURCHASE RECEIPT

Order number: 1619-8024   Date: October 14

ITEM → ⓘ 힌트: 어떤 품목이 있는지 확인하세요.	QUANTITY	PRICE
Chocolate cookie	1	$3.00
Vanilla cookie	1	$2.50
Pumpkin bread (seasonal item)	3	$7.00
	Subtotal	$12.50
	Tax	$1.25
	TOTAL	$13.75

* The seasonal item is available from October 1 to November 30. → ⓘ 힌트: 표에서 seasonal item을 찾아보세요.

** Buy 3 of any item and get 1 free Butter cookie.

Thank you for your business!

03   What type of shop is Paris & Kate? → ⓘ 힌트: Paris & Kate가 어떤 종류의 가게인지 묻고 있네요.
영수증의 ITEM(품목) 부분을 살펴볼까요?

(A) A restaurant

(B) A bakery

(C) A bookstore

(D) A clothing store

04   Which item is available for a limited time? → ⓘ 힌트: 한정된 기간 동안 이용 가능한 상품을 묻고 있네요.

(A) Chocolate cookie

(B) Vanilla cookie

(C) Pumpkin bread

(D) Butter cookie

정답 ▪ 해석 ▪ 해설 **p.26**

이 어휘, 이런 뜻이에요!

03-04 **purchase receipt** 구매 영수증 **item** 圆 품목, 상품 **quantity** 圆 수량 **price** 圆 가격 **pumpkin** 圆 호박 **seasonal** 圆 계절의
subtotal 圆 소계 **tax** 圆 세금 **total** 圆 총액 **available** 圆 이용 가능한 **business** 圆 거래 **limited** 圆 한정된

Customer Survey: Macy's Kitchen

Rate your experience at Macy's Kitchen:

	Poor	Fair	Good	Excellent
Food quality				✓
Menu variety		✓		
Service quality				✓
Interior design			✓	
Cleanliness		✓		

Other comments: ⟶ (!) **힌트:** Macy's Kitchen에 대한 Ms. Worrell의 구체적인 의견을 알 수 있어요.

My family and I come every Sunday after church. We like the tasty food and cozy interior. I just wish you would add more dishes to the menu.

Name: Jessica Worrell   Date: December 18

05 What does Ms. Worrell like least about Macy's Kitchen? ⟶ (!) **힌트:** Ms. Worrell이 Macy's Kitchen에 대해 가장 덜 좋아하는 것을 묻고 있네요.

(A) The quality of the meals

(B) The level of service

(C) The number of dishes on the menu

(D) The interior of the restaurant

06 What is NOT true about Ms. Worrell? ⟶ (!) **힌트:** Ms. Worrell에 대해 사실이 아닌 것을 묻고 있네요. 각 보기를 지문의 내용과 대조하며 정답을 찾아볼까요?

(A) She attends church on Sundays.

(B) She is a friend of the restaurant's owner.

(C) She visits Macy's Kitchen with her family.

(D) She went to Macy's Kitchen on December 18.

정답 ■ 해석 ■ 해설 **p.27**

이 어휘, 이런 뜻이에요!

05-06 customer survey 고객 설문 조사 rate 圄 평가하다 experience 圕 경험 poor 阃 미흡한 fair 阃 보통인 quality 圕 (품)질
interior design 실내 디자인 cleanliness 圕 청결 comment 圕 의견 tasty 阃 맛있는 cozy 阃 아늑한 dish 圕 요리
least 凮 가장 덜 meal 圕 음식, 식사 level 圕 수준, 정도 attend 圄 다니다, 참석하다 owner 圕 주인

2주 1일

부사   Part 5 • 6 | 문법

1. 부사 자리
2. 혼동하기 쉬운 부사

부사 해석하기   Part 7 | 리딩 – 구문 독해

1. 강조를 나타내는 부사 해석하기
2. 빈도를 나타내는 부사 해석하기

기초부터 차근차근! ✏️

◉ 부사란 무엇인가요?

나는 편안하게 잤다.
부사 ↑

단순히 '나는 잤다'라고 말하는 것보다 '나는 편안하게 잤다'라고 말하면 상황을 더욱 자세하게 설명해 줄 수 있어요. 이처럼 형용사, 다른 부사, 동사 또는 문장 전체를 수식하여 의미를 강조하거나 풍부하게 해 주는 것을 **부사**라고 해요.

◉ 부사와 형용사의 차이는 무엇인가요?

형용사는 사람이나 사물의 상태, 성질을 나타내는 반면에, 부사는 행동 또는 일이 어떻게 일어나는지를 나타내요.

형용사	My bed / is / comfortable. 내 침대는 / 편안하다
	형용사 (침대의 성질을 나타냄)
부사	I / slept / comfortably / last night. 나는 / 잤다 / 편안하게 / 어젯밤에
	부사 (잠을 어떻게 잤는지를 나타냄)

◉ 부사의 형태는 어떠한가요?

부사는 주로 형용사에 꼬리말 -ly가 붙어 있어요. 단, 모든 부사가 이 형태로 끝나지는 않아요. 또한, 명사에 -ly가 붙으면 형용사가 되는 경우도 있다는 것에 유의하세요.

형용사 + -ly = 부사	명사 + -ly = 형용사
quick 빠른 + -ly → quickly 빠르게	friend 친구 + -ly → friendly 친근한
slow 느린 + -ly → slowly 느리게	love 사랑 + -ly → lovely 사랑스러운
soft 부드러운 + -ly → softly 부드럽게	cost 비용 + -ly → costly 값비싼

부사

1 | 부사 자리

빠르게 **달렸더니** 경주에서 쉽게 **우승했다.**

부사인 '빠르게'와 '쉽게' 모두 동사 앞에 왔어요. 이처럼 영어에서도 **부사가 오는
자리**가 있어요.

 ### 부사가 오는 자리
포인트 1

○── 부사는 대부분 꾸며 주는 **형용사, 부사, 동사** 또는 **문장 앞**에 와요. 단, 동사를 꾸며 주는 경우에는 **동사 뒤**에도 올 수
있어요.

| 형용사 앞 | This scarf / is / surprisingly / <u>smooth</u>.　이 목도리는 / 놀랍도록 / 부드럽다 |
| | 형용사 |

형용사 앞 　This scarf / is / surprisingly / <u>smooth</u>.　이 목도리는 / 놀랍도록 / 부드럽다
　　　　　　　　　　　　　　　　　　　　　　형용사

부사 앞 　My husband / drives / extremely / <u>slowly</u>.　나의 남편은 / 운전한다 / 극도로 / 느리게
　　　　　　　　　　　　　　　　　　　　　　부사

동사 앞 　I / easily / <u>won</u> / the race.　나는 / 쉽게 / 우승했다 / 경주에서
　　　　　　　　　　　　동사

동사 뒤 　She / <u>smiled</u> / beautifully.　그녀는 / 미소 지었다 / 아름답게
　　　　　　　　　동사

문장 앞 　Traditionally, / <u>families</u> / <u>gather</u> / <u>on Thanksgiving Day</u>.　전통적으로 / 가족들은 / 모인다 / 추수 감사절에
　　　　　　　　　　　　　　　　　문장

 ### 부사 자리에 올 수 없는 것
포인트 2

○── 부사 자리에 **명사, 형용사, 동사**는 올 수 없어요.

He / tells / the same story / (repetition, repetitive, repeat, repetitively).
　　　　　　　　　　　　　　　명사(×)　　형용사(×)　　동사(×)　　부사(○)

그는 / 말한다 / 같은 이야기를 / 반복해서

2주 1일

2주 2일

2주 3일

2주 4일

2주 5일

2주 6일

해커스 토익 왕기초 Reading

실력 UP! 연습문제

주어진 우리말 문장을 보고 괄호에서 알맞은 것을 고르세요.

힌트: 괄호에는 동사 wear를 앞에서 꾸며 주는 부사가 와야 해요.

01 나는 주로 편안한 옷을 입는다.　　　　I (usually, usual) wear comfortable clothes.

02 그들은 정말 시끄럽게 음악을 튼다.　　They play music (reality, really) loudly.

03 주의 깊게 들어 주세요.　　　　　　　Please listen (carefully, careful).

04 다행히도, 나는 나의 여권을 찾았다.　(Luck, Luckily), I found my passport.

괄호에서 알맞은 것을 고르세요.

05 Please speak (quiet, quietly) in the library. ⟶ **힌트:** 괄호에는 동사 speak을 뒤에서 꾸며 주는 부사가 와야 해요.

06 It (rarely, rare) snows in my city.

07 Everyone left the building (safely, safety).

08 Ms. Li (kindness, kindly) helped the workers.

자신감 UP! 실전문제

밑줄 친 부분에 들어갈 가장 적절한 것을 고르세요.

09 The room is ------- empty now.

(A) completes　　　　(B) complete

(C) completion　　　(D) completely

힌트: 빈칸 뒤에 형용사 empty가 왔어요. 형용사를 앞에서 꾸며 주는 것이 무엇인지 생각해 보세요.

10 The students talked ------- in the classroom.

(A) noisily　　　　(B) noise

(C) noises　　　　(D) noisy

정답 ■ 해석 ■ 해설 **p.28**

이 어휘, 이런 뜻이에요!

01 usually 團 주로, 보통　usual 圈 보통의, 평소의　comfortable 圈 편안한　clothes 圈 옷, 의복
02 play 圄 (음악 등을) 틀다　reality 圈 현실, 실제　really 團 정말로, 실제로　loudly 團 시끄럽게
03 carefully 團 주의 깊게　careful 圈 주의 깊은　04 luck 圈 운, 행운　luckily 團 다행히도, 운 좋게　passport 圈 여권
05 quiet 圈 조용한　quietly 團 조용하게　06 rarely 團 좀처럼 ~하지 않는　rare 圈 드문, 희귀한
07 safely 團 안전하게　safety 圈 안전　08 kindness 圈 친절　kindly 團 친절하게
09 empty 圈 비어 있는　complete 圄 완료하다; 圈 완전한　completion 圈 완료, 완성　completely 團 완전히
10 noisily 團 시끄럽게　noise 圈 소음, 소리　noisy 圈 시끄러운

2 | 혼동하기 쉬운 부사

나는 수학 시험을 위해 (hard, hardly) 공부해야 한다.

괄호 안에는 '거의 ~ 않다'라는 뜻의 부사 hardly보다 '열심히'라는 의미의 부사 hard를 써야
자연스러워요. 그런데, hard는 '단단한, 힘든, 어려운'이라는 의미의 형용사로도 쓰인답니
다. 이처럼 영어에서는 hard처럼 **하나의 단어가 부사와 형용사로 모두 쓰이**기도 하고, hard
와 hardly처럼 **비슷한 형태의 부사가 서로 다른 의미**를 나타내기도 해요.

형용사와 부사로 모두 쓰여 혼동하기 쉬운 단어
포인트 1

형용사와 부사로 모두 쓰일 수 있는 단어들을 유의해서 알아두세요.

단어	형용사 뜻	부사 뜻
close	가까운	가까이
hard	단단한, 힘든, 어려운	열심히, 심하게
high	높은	높게, 높이
late	늦은	늦게, 늦게까지
most	대부분의, 가장 많은	가장, 매우
near	가까운	(거리·시간상으로) 가까이

Sometimes, / life / can be / hard. 때때로 / 삶은 / 힘들 수 있다

I / should study / hard / for my math test. 나는 / 공부해야 한다 / 열심히 / 수학 시험을 위해

→ 첫 번째 문장의 hard는 be동사(be) 뒤의 보어 자리에 온 형용사로 '힘든'이라는 뜻으로 쓰였고, 두 번째 문장의 hard는 동사
(should study)를 수식하는 부사로 '열심히'라는 뜻으로 쓰였어요.

형태가 유사해서 혼동하기 쉬운 부사
포인트 2

형태는 비슷하지만 의미가 다른 부사들을 구분해서 알아두세요.

close 가까이 — closely 주의 깊게, 면밀하게	late 늦게, 늦게까지 — lately 최근에
hard 열심히, 심하게 — hardly 거의 ~않다	most 가장, 매우 — mostly 대체로, 주로
high 높게, 높이 — highly 매우, 대단히	near (거리·시간상으로) 가까이 — nearly 거의

Because of the traffic jam, / she / arrived / (lately, late). 교통 체증 때문에 / 그녀는 / 도착했다 / 늦게

→ '교통 체증 때문에 늦게 도착했다'라는 뜻이 되어야 하므로 lately(최근에)가 아니라 late(늦게)이 와야 해요.

2주 1일
2주 2일
2주 3일
2주 4일
2주 5일
2주 6일

해커스 토익 왕기초 Reading

실력 UP! 연습문제

주어진 우리말 문장을 보고 괄호에서 알맞은 것을 고르세요.

> ⓘ **힌트:** 부사 highly는 '매우, 대단히', high는 부사일 경우 '높게, 높이', 형용사일 경우 '높은'이라는 뜻이에요.

01 새들이 높게 난다.　　　　　　　　　Birds fly (highly, high).

02 나의 옷들은 대체로 검은색이다.　　　My clothes are (mostly, most) black.

03 나에게 가까이 와라.　　　　　　　　Come (nearly, near) to me.

04 오늘 아침에 비가 심하게 오고 있었다.　It was raining (hardly, hard) this morning.

괄호에서 알맞은 것을 고르세요.

05 Ms. Shin will work (late, lately) tomorrow. ⟶ ⓘ **힌트:** 부사 lately는 '최근에', late은 부사일 경우 '늦게, 늦게까지', 형용사일 경우 '늦은'이라는 뜻이에요.

06 He is a (high, highly) successful businessman.

07 It is the (most, mostly) popular book in the bookstore.

08 (Near, Nearly) 200 people watched the fashion show.

자신감 UP! 실전문제

밑줄 친 부분에 들어갈 가장 적절한 것을 고르세요.

09 He ------- cleans his room because of his laziness.

　　(A) hardness　　　　(B) hard
　　(C) hardly　　　　　(D) hardship

> ⓘ **힌트:** '그는 그의 게으름 때문에 그의 방을 거의 청소하지 않는다'라는 문장이 되어야 자연스러워요.

10 Mr. Carter will check the medical records -------.

　　(A) close　　　　　(B) closely
　　(C) closure　　　　(D) closed

정답 ■해석 ■해설 **p.29**

이 어휘, 이런 뜻이에요!

04 rain 图 비가 오다; 圏 비　**06** successful 圏 성공한　businessman 圏 사업가　**07** popular 圏 인기 있는
09 because of ~ 때문에　laziness 圏 게으름　hardness 圏 단단함, 견고　hardship 圏 어려움, 고난
10 check 图 확인하다　medical record 의료 기록　closure 圏 폐쇄

부사 해석하기

1 | 강조를 나타내는 부사 해석하기

Janet is <u>tall</u> <u>enough</u> to be a model.   Janet은 모델이 되기에 충분히 키가 크다.
         강조 부사

위 문장의 tall enough가 '충분히 키가 크다'로 해석되는 것처럼, 부사 enough(충분히)는
형용사 tall(키가 큰)의 의미를 강조해 줘요. 이와 같이 꾸며 주는 대상의 정도나 상태를 강조
하는 **강조 부사**에는 enough(충분히), even(~조차, 심지어), quite(꽤) 등이 있어요. quite
이 관사와 올 경우 'quite a(n) + 형용사 + 명사'의 형태로 쓰이며, '꽤 ~한 –'라고 해석해요.

문장 해석 연습

강조 부사의 의미에 유의하여 다음 문장을 우리말로 해석하세요. (문장의 동사에 동그라미, 주어에 밑줄을 치세요.)

01   <u>Mr. Lee</u> (works) even on weekends.   Mr. Lee는 심지어 주말에도 일한다.

02   This is quite a warm coat.

03   His boss doesn't even have a desk yet.

04   Mr. Gordon even remembers my name.

05   Her English is fluent enough.

06   I watched quite an interesting TV show yesterday.

07   She isn't rich enough to buy a car.

08   They stayed at the café quite a long time.

09   Ms. Ingles is smart enough to be a teacher.

10   Even Donald can't solve the problem.

정답 ▪ 해석 ▪ 해설 **p.30**

이 어휘, 이런 뜻이에요!

01 weekend 몡 주말 **02** warm 혱 따뜻한 **04** remember 됭 기억하다 **05** fluent 혱 유창한
06 interesting 혱 흥미로운 **07** rich 혱 부유한 **08** stay 됭 머무르다 **09** smart 혱 똑똑한, 영리한 **10** solve 됭 해결하다

2주 1일

2주 2일

2주 3일

2주 4일

2주 5일

2주 6일

해커스 토익 왕기초 Reading

2 │ 빈도를 나타내는 부사 해석하기

I sometimes shop at the grocery store. 나는 가끔 식료품점에서 물건을 산다.
  빈도 부사   동사

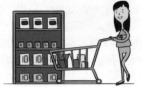

위 문장의 sometimes shop이 '가끔 물건을 산다'로 해석되는 것처럼, **빈도 부사**
는 동사가 나타내는 행동이 얼마나 자주 행해지는지를 나타내요. 이와 같은 빈도 부
사로는, **always**(항상), **usually**(보통, 대개), **often**(자주), **sometimes**(가끔, 때때
로), **never**(결코 ~않다) 등이 있어요.

문장 해석 연습

빈도 부사의 의미에 유의하여 다음 문장을 우리말로 해석하세요. (문장의 동사에 동그라미, 주어에 밑줄을 치세요.)

01 <u>Ryuichi</u> always ⟨goes⟩ to school by bus. Ryuichi는 항상 버스로 학교에 간다.

02 Maria is never late.

03 Ms. Manson never drinks coffee at night.

04 People usually eat cake on their birthday.

05 Frank usually goes to the gym at 5 P.M.

06 She is always smiling.

07 I sometimes do yoga after work.

08 Charles often drops his phone.

09 The floor sometimes makes a noise.

10 My father often goes on business trips.

정답 ▪ 해석 ▪ 해설 p.31

이 어휘, 이런 뜻이에요!

02 late ⑱ 늦은; ⑭ 늦게 **03** drink ⑧ 마시다 **05** gym ⑲ 헬스클럽, 체육관 **06** smile ⑧ 미소 짓다; ⑲ 미소
07 do yoga 요가를 하다 **08** drop ⑧ 떨어뜨리다 **09** make a noise 시끄러운 소리를 내다 **10** go on a business trip 출장을 가다

2주 2일

기초부터 차근차근! ✏️

◉ 전치사란 무엇인가요?

<u>on</u> **the table** 탁자 위에
전치사

<u>under</u> **the table** 탁자 아래에
전치사

명사 table(탁자) 앞에 온 on(~ 위에)과 under(~ 아래에)에 따라 나타내는 위치가 달라져요. 이처럼 명사나 대명사와 함께 쓰여 시간, 장소·위치, 방향 등을 나타내는 것을 **전치사**라고 해요.

◉ 전치사의 종류에는 무엇이 있나요?

전치사에는 시간, 장소·위치, 방향의 의미를 나타내는 전치사와 목적, 수단 등 기타 다른 의미를 나타내는 전치사가 있어요.

시간	in the morning 아침에 at five o'clock 5시에
장소·위치	at church 교회에서 inside the building 건물 안에
방향	to school 학교로 from home 집으로부터
기타	for Jane Jane을 위해 by you 너에 의해 about me 나에 대해 with Tom Tom과 함께

◉ 전치사구란 무엇인가요?

'전치사 + 명사/대명사'로 이루어진 덩어리를 전치사구라고 해요.

I / go / to school / with her. 나는 / 간다 / 학교에 / 그녀와 함께
전치사구(전치사 + 명사) 전치사구(전치사 + 대명사)

이러한 전치사구는 문장에서 수식어 역할을 하며 문장 앞, 중간, 뒤에 올 수 있어요.

문장 앞   [At the restaurant], / we / had / a party. 식당에서 / 우리는 / 열었다 / 파티를
전치사구

문장 중간   The woman [in the car] / is / Sophia. 차 안에 있는 그 여자는 / Sophia다
전치사구

문장 뒤   The event / ended / [at midnight]. 그 행사는 / 끝났다 / 자정에
전치사구

1 | 전치사 자리

그 배우는 프랑스에서 1년 동안 살았다.

명사 '프랑스' 뒤에 '~에서'가 와서 '프랑스에서'라는 장소를, 명사 '1년' 뒤에 '~ 동안'이 와서 '1년 동안'이라는 기간을 나타내요. 우리말과 다르게 영어에서는 **장소, 기간 등을 나타내는 전치사가 명사나 대명사 앞에** 와요.

포인트 1

전치사가 오는 자리

──○ 전치사는 **명사**나 **대명사 앞**에 와요.

명사 앞	The actor / lived / in <u>France</u> / for <u>a year</u>. 그 배우는 / 살았다 / 프랑스에서 / 1년 동안
	명사 명사

대명사 앞	I / served / tea / to <u>her</u>. 나는 / 냈다 / 차를 / 그녀에게
	대명사

포인트 2

전치사 뒤에 올 수 없는 것

──○ 전치사 뒤에 **형용사**나 **동사**는 올 수 없어요.

The doctor / will talk / about (~~memorable~~, ~~memorize~~, memory). 그 의사는 / 말할 것이다 / 기억력에 대해

                                        형용사(×)   동사(×)   명사(○)

주어진 우리말 문장을 보고 괄호에서 알맞은 것을 고르세요.

> **힌트:** 전치사 뒤에 형용사는 올 수 없어요.

01 어떤 변화들은 사회에 좋다.   Some changes are good for (social, society).

02 나는 제안들에 대해 감사한다.   I'm grateful for (suggestions, suggest).

03 우리는 수업에서 문화에 대해 배운다. We learn about (cultural, culture) in class.

04 그는 확신을 가지고 말했다.   He spoke with (confidence, confident).

괄호에서 알맞은 것을 고르세요.

05 They have wrong ideas about (beautiful, beauty). > **힌트:** 전치사 뒤에 형용사는 올 수 없어요.

06 Alex is interested in (magic, magical).

07 There will be a seminar for (own, owners) of small businesses.

08 Adam is in (recovery, recover) at the hospital.

밑줄 친 부분에 들어갈 가장 적절한 것을 고르세요.

09 A decision was made after -------.

(A) discusses   (B) discussions

(C) discussed   (D) discuss

> **힌트:** 빈칸 앞에 전치사 after가 왔어요. 전치사 뒤에 올 수 있는 것이 무엇인지 생각해 보세요.

10 Everyone was in ------- with Mr. Brooks's idea.

(A) agree   (B) agreeable

(C) agreement   (D) agreed

정답 ■ 해석 ■ 해설 **p.32**

이 어휘, 이런 뜻이에요!

01 social ᠍ 사회의 society ᠍ 사회 02 grateful for ~에 대해 감사하는 suggestion ᠍ 제안 suggest ᠍ 제안하다
03 cultural ᠍ 문화적인, 문화의 culture ᠍ 문화 04 confidence ᠍ 확신, 자신감 confident ᠍ 자신 있는
05 beauty ᠍ 미, 아름다움 06 interested ᠍ 관심이 있는, 흥미가 있는 magical ᠍ 마술적인, 신비한
07 own ᠍ 소유하다 owner ᠍ 소유자 business ᠍ 사업체 08 recovery ᠍ 회복 recover ᠍ 회복하다
09 decision ᠍ 결정 discuss ᠍ 의논하다 discussion ᠍ 의논 10 agreeable ᠍ 동의하는, 기분 좋은 agreement ᠍ 동의, 일치

2 | 시간 전치사

작년 7월에 해운대에 가 본 후, 올해 여름에 또 갔다.

월, 계절을 나타내는 시간 표현으로 모두 '~에'가 쓰였어요. 우리말에서는 **시각, 요일, 날짜, 연도, 계절**을 나타내는 표현으로 모두 '~에'를 쓸 수 있지만, 영어에서는 **각각 다른 시간 전치사**를 써요.

포인트 1

at/on/in

전치사 at, on, in은 모두 '~(때)에'로 해석되지만, **at**은 **시각** 앞에, **on**은 **날짜나 요일** 앞에, **in**은 **연도·월·계절** 앞 등에 와요.

at	시각·시점 앞	at three o'clock 3시에	at noon / night / midnight 정오/밤/자정에
on	날짜·요일·특정한 날 앞	on May 3 5월 3일에 on Wednesday 수요일에	on Christmas Day 크리스마스에 on New Year's Day 새해 첫날에
in	연도·월·계절, 오전/오후/저녁 앞	in 1999 1999년에 in July 7월에 in the morning / afternoon / evening 오전에/오후에/저녁에	in summer 여름에 in winter 겨울에

포인트 2

for/during

전치사 **for**와 **during** 모두 '~ 동안'으로 해석되지만, **for**는 '2주, 2년' 등과 같이 **숫자가 포함된 기간**을 나타내는 표현 앞에 오고, **during**은 '휴가, 방학' 등 **특정한 기간**을 나타내는 표현 앞에 와요.

for + 기간(숫자) She / worked / for <u>two years</u> / at a factory. 그녀는 / 일했다 / 2년 동안 / 공장에서
기간(숫자)

during + 특정 기간 Jerry / visited / Europe / during <u>the vacation</u>. Jerry는 / 방문했다 / 유럽을 / 방학 동안
특정 기간

포인트 3

until/by

전치사 **until**과 **by** 모두 '~까지'로 해석되지만, **until**은 **상황이 계속되다가 그 시점에 종료**되는 것을 나타내고, **by**는 **마감이나 기한까지 동작을 완료**하는 것을 나타낼 때 써요.

The store / is / open / until 10 P.M. 그 가게는 / 영업한다 / 오후 10시까지

→ 가게가 영업하는 상황이 계속되다가 오후 10시에 영업이 종료된다는 것을 의미하므로 전치사 until이 왔어요.

You / should arrive / here / by 3 P.M. 당신은 / 도착해야 한다 / 여기에 / 오후 3시까지

→ 오후 3시라는 기한까지 도착하는 동작을 완료해야 한다는 것을 의미하므로 전치사 by가 왔어요.

2주 1일

2주 2일

2주 3일

2주 4일

2주 5일

2주 6일

해커스 토익 왕기초 Reading

실력 UP! 연습문제

주어진 우리말 문장을 보고 괄호에서 알맞은 것을 고르세요.

> ⚠ **힌트:** 요일 앞에는 전치사 on이 와요.

01 나는 목요일에 Benny를 만날 것이다.   I will meet Benny (on, in) Thursday.

02 그는 10년 동안 피아노를 연습했다.   He practiced the piano (for, during) 10 years.

03 그는 오전에 스무디를 마신다.   He drinks smoothies (at, in) the morning.

04 그녀의 미술 수업은 4시에 시작한다.   Her art class starts (at, on) four o'clock.

괄호에서 알맞은 것을 고르세요.

05 I feel energetic (at, on) night.   ⟶ ⚠ **힌트:** 시각·시점 앞에는 at이, 날짜·요일·특정한 날 앞에는 on이 와요.

06 Monica works at the department store (until, in) 6 P.M.

07 Reply to the e-mail (for, by) May 31.

08 They will stay at a hotel (at, during) the holidays.

자신감 UP! 실전문제

밑줄 친 부분에 들어갈 가장 적절한 것을 고르세요.

09 Applicants must send their résumés ------- tomorrow.

(A) by   (B) at

(C) with   (D) in

> ⚠ **힌트:** 마감이나 기한을 나타낼 때 쓰는 전치사가 무엇인지 생각해 보세요.

10 You should turn off your phone ------- the meeting.

(A) on   (B) during

(C) to   (D) from

정답 ■ 해석 ■ 해설 **p.33**

이 어휘, 이런 뜻이에요!

02 practice 图 연습하다 **03 smoothie** 图 스무디 **05 energetic** 图 활기찬 **06 department store** 백화점 **07 reply** 图 답장하다
08 stay 图 머무르다, 묵다 **holiday** 图 휴가 **09 applicant** 图 지원자 **résumé** 图 이력서 **10 turn off** ~을 끄다

3 | 장소·위치·방향 전치사

마당에 있던 고양이가 집으로 들어갔다.

명사인 '마당' 뒤에 '~에'가 와서 '마당에'라는 장소를, 명사인 '집' 뒤에 '~으로'가 와서 '집으로'라는 방향을 나타내요. 이처럼 영어에서도 **장소, 위치, 방향**을 나타내기 위해 **다양한 전치사**를 써요.

장소 전치사
포인트 1

장소를 나타내는 전치사들의 의미를 구분하여 알아두세요.

at (특정 지점) ~에, ~에서	at the bus stop 버스 정류장에	at the airport 공항에
on (표면 위) ~에, ~에서	on the desk 책상 위에	on the road 도로 위에
in (공간 안) ~에, ~에서	in the yard 마당 안에	in the room 방 안에

위치 전치사
포인트 2

위치를 나타내는 전치사들의 의미를 구분하여 알아두세요.

between (두 대상) 사이에	between the two trees 나무 두 그루 사이에	between Amy and Karl Amy와 Karl 사이에
among (셋 이상의 대상) 사이에	among many trees 많은 나무 사이에	among friends 친구들 사이에
outside ~ 밖에, 밖으로	outside the hospital 병원 밖에	outside the building 건물 밖에
inside ~ 안에, 안으로	inside the house 집 안에	inside the car 차 안에

방향 전치사
포인트 3

방향을 나타내는 전치사들의 의미를 구분하여 알아두세요.

from ~으로부터	from my friend 나의 친구로부터	from Austria 오스트리아로부터
to ~에게, ~으로	to my friend 나의 친구에게	to the house 집으로
across ~을 가로질러, 온 ~에	across the road 도로를 가로질러	across the world 온 세계에
along ~을 따라서	along the beach 해변을 따라서	along the lake 호수를 따라서

2주 1일

2주 2일

2주 3일

2주 4일

2주 5일

2주 6일

해커스 토익 왕기초 Reading

실력 UP! 연습문제

주어진 우리말 문장을 보고 괄호에서 알맞은 것을 고르세요.
→ ⓘ **힌트:** 전치사 to는 '~에게, ~으로'라는 뜻으로 방향을 나타내고,
at은 '(특정 지점)에'라는 뜻으로 장소를 나타내요.

01 Brie는 그녀의 남편에게 문자를 보냈다. Brie sent a text message (to, at) her husband.

02 내 가방은 차 안에 있다. My bag is (inside, on) the car.

03 그녀는 많은 사람들 사이에서 그를 찾아냈다. She found him (between, among) the crowd.

04 나는 강을 가로질러서 수영할 것이다. I will swim (across, along) the river.

괄호에서 알맞은 것을 고르세요.

05 I spilled water (on, from) the carpet. → ⓘ **힌트:** 전치사 on은 '(표면 위)에'라는 뜻으로 장소를 나타내고,
from은 '~으로부터'라는 뜻으로 방향을 나타내요.

06 The bank is (among, between) a restaurant and a museum.

07 I parked my car (on, outside) your house.

08 People (from, to) different cities have different accents.

자신감 UP! 실전문제

밑줄 친 부분에 들어갈 가장 적절한 것을 고르세요.

09 There are no secrets ------- Crystal and me.

(A) among   (B) at

(C) on   (D) between

→ ⓘ **힌트:** 두 대상 사이를 나타내는 전치사가
무엇인지 생각해 보세요.

10 Deco Company installed a coffee machine ------- their staff lounge.

(A) during   (B) inside

(C) among   (D) from

정답 ▪ 해석 ▪ 해설 **p.34**

이 어휘, 이런 뜻이에요!

01 text message 문자 **03** crowd 몝 많은 사람들, 관중 **05** spill 됨 쏟다 carpet 몝 카펫 **06** bank 몝 은행 museum 몝 박물관
07 park 됨 주차하다; 몝 공원 **08** accent 몝 억양, 악센트 **10** install 됨 설치하다 coffee machine 커피 자판기 lounge 몝 휴게실

4 | 기타 전치사

우리는 고객들을 위해 할인 행사를 열 것이다.

명사인 '고객들' 뒤에 '~을 위해'가 와서 '고객들을 위해'라는 목적을 나타내요. 이처럼 영어에서도 **이유, 양보, 목적** 등을 나타내기 위해 **다양한 전치사**를 써요.

이유/양보/목적 전치사

이유, 양보, 목적을 나타내는 전치사들을 의미와 함께 알아두세요.

because of ~ 때문에 [이유] = **due to**	My laptop / is / slow / because of a virus. 내 노트북은 / 느리다 / 바이러스 때문에
despite ~에도 불구하고 [양보]	Despite the rain, / the game / continued. 비에도 불구하고 / 경기는 / 계속되었다
for ~을 위해 [목적]	We / will hold / a sale / for our customers. 우리는 / 열 것이다 / 할인 행사를 / 고객들을 위해

기타 전치사

토익에 자주 출제되는 전치사들을 의미와 함께 알아두세요.

about ~에 대해	She / complains / about everything. 그녀는 / 불평한다 / 모든 것에 대해
by ~에 의해, ~으로	Our rights / are protected / by law. 우리의 권리들은 / 보호된다 / 법에 의해 You / can get / there / by bus. 당신은 / 갈 수 있다 / 그곳에 / 버스로
with ~과 함께, ~을 가지고	I / will spend / the weekend / with my family. 나는 / 보낼 것이다 / 주말을 / 가족과 함께 Please write / your name / with a pen. 써 주십시오 / 당신의 이름을 / 펜을 가지고

2주 1일

2주 2일

2주 3일

2주 4일

2주 5일

2주 6일

해커스 토익 왕기초 Reading

실력 UP! 연습문제

주어진 우리말 문장을 보고 괄호에서 알맞은 것을 고르세요.

> (!) **힌트:** 전치사 for는 '~을 위해'라는 뜻이고 전치사 with는 '~을 가지고, ~과 함께'라는 뜻이에요.

01 우리는 젓가락을 가지고 음식을 먹는다.   We eat food (for, with) chopsticks.

02 그녀는 바쁜 일정 때문에 점심을 거른다.   She skips lunch (due to, about) her busy schedule.

03 나는 나의 친구를 위해 파티를 열 것이다.   I will hold a party (for, despite) my friend.

04 휴일에도 불구하고 그는 일하러 가야 한다.   He should go to work (despite, by) the holiday.

괄호에서 알맞은 것을 고르세요.

05 Ms. Coates is worried (for, about) her job interview.   → (!) **힌트:** 전치사 for는 '~을 위해'라는 뜻으로 목적을 나타내고, about은 '~에 대해'라는 뜻이에요.

06 The ceremony was hosted (by, about) Mr. Han.

07 She became rich (because of, despite) her hard work.

08 He lives (by, with) his parents.

자신감 UP! 실전문제

밑줄 친 부분에 들어갈 가장 적절한 것을 고르세요.

09 The computer was updated ------- a skilled technician.

(A) about   (B) in

(C) by   (D) with

> (!) **힌트:** '컴퓨터는 숙련된 기술자에 의해 업데이트되었다' 라는 문장이 되어야 자연스러워요.

10 ------- the bad economy, the company is still doing well.

(A) By   (B) Despite

(C) For   (D) About

정답 ■ 해석 ■ 해설 **p.35**

이 어휘, 이런 뜻이에요!

01 chopstick 뎽 젓가락   02 skip 뎽 거르다, 빼먹다, 건너뛰다   03 hold 뎽 열다   05 worried 뎽 걱정하는   job interview 면접
06 ceremony 뎽 기념식, 의식   host 뎽 개최하다   07 rich 뎽 부유한, 부자인   hard work 노력   08 parents 뎽 부모
09 update 뎽 업데이트하다   skilled 뎽 숙련된   technician 뎽 기술자   10 economy 뎽 경기, 경제   well 뎽 잘, 좋게

1 | 의미가 다양한 전치사 for 해석하기

This present is for Miranda. 이 선물은 Miranda를 위한 것이다.

위 문장의 for Miranda가 'Miranda를 위한 것'으로 해석되는 것처럼, for는 '~을 위한' 이라는 의미예요. 전치사 for는 그 외에도 **다양한 의미**를 가지고 있기 때문에, **문맥에 어울리는 의미로 해석해야 해요.**

| ~을 위해/위한: for you 너를 위한 | ~ 동안: for five years 5년 동안 | ~으로 가는: for Seoul 서울로 가는 |

문장 해석 연습

전치사 for의 의미에 유의하여 다음 문장을 우리말로 해석하세요. (문장의 동사에 동그라미, 주어에 밑줄을 치세요.)

01 <u>This</u> (is) the train for Dallas. 이것은 댈러스로 가는 기차이다.

02 This message is for you.

03 He slept for six hours last night.

04 These toys are for children under six.

05 The store closed for three months.

06 Sharon makes a sandwich for her daughter every day.

07 These textbooks are for college students.

08 Many people gathered for the event.

09 The festival lasts for two weeks.

10 This ferry heads for Vancouver Island.

정답 ▪ 해석 ▪ 해설 **p.36**

이 어휘, 이런 뜻이에요!

03 last night 지난밤 **04 toy** 圐 장난감 **under** 쩬 미만의, 아래의 **06 daughter** 圐 딸 **every day** 매일
07 textbook 圐 교과서 **08 gather** 圄 모이다 **event** 圐 행사 **09 last** 圄 계속되다 **10 ferry** 圐 여객선, 페리 **head** 圄 (특정 방향으로) 가다

2 │ 의미가 다양한 전치사 by 해석하기

This book was written by a famous writer. 이 책은 한 유명 작가에 의해 쓰여졌다.

위 문장의 by a famous writer가 '한 유명 작가에 의해'로 해석되는 것처럼, by는 '~에 의해'라는 의미예요. 전치사 by는 그 외에도 **다양한 의미**를 가지고 있기 때문에, **문맥에 어울리는 의미로 해석해야** 해요.

~에 의해: by you 너에 의해	~까지: by next week 다음 주까지
~으로: by taxi 택시로	~ 옆에: by the river 강 옆에

〔 문장 해석 연습 〕

전치사 by의 의미에 유의하여 다음 문장을 우리말로 해석하세요. (문장의 동사에 동그라미, 주어에 밑줄을 치세요.)

01 I <u>like</u> the trees by that building. 나는 저 건물 옆에 있는 나무들을 좋아한다.

02 Call me by 11 A.M.

03 Rachel sits by the window.

04 We usually order food by phone.

05 Mr. Clinton lives in an apartment by that hospital.

06 Return the books by next week.

07 In Europe, many people visit other countries by train.

08 The vest was made by my grandmother.

09 The package will arrive by Thursday.

10 The man was stopped by a police officer.

정답 ■ 해석 ■ 해설 **p.37**

이 어휘, 이런 뜻이에요!

03 sit ⑧앉다 **04** usually ⑨보통, 대개 order ⑧주문하다; ⑨주문 **05** live ⑧살다 **06** return ⑧반납하다
07 visit ⑧방문하다 country ⑨나라, 국가 **08** vest ⑨조끼 **09** package ⑨소포 **10** stop ⑧저지하다, 막다 police officer 경찰관

2주 3일

접속사　Part 5 · 6 | 문법

1. 등위접속사와 상관접속사
2. 종속접속사

접속사 해석하기　Part 7 | 리딩 - 구문 독해

1. 등위접속사가 쓰인 구문 해석하기
2. 상관접속사가 쓰인 구문 해석하기

기초부터 차근차근! ✏️

◉ 접속사란 무엇인가요?

이 꽃은 아름답다. <u>그리고</u> 그것은 향기롭다.
접속사

'그리고'는 '이 꽃은 아름답다'와 '그것은 향기롭다'라는 두 개의 문장을 서로 연결시켜 줘요. 이처럼 단어와 단어,
구와 구, 절과 절을 연결하는 것을 접속사라고 해요.

◉ 접속사의 종류에는 무엇이 있나요?

접속사에는 등위접속사, 상관접속사, 종속접속사가 있어요.

등위접속사	단어나 구, 절을 대등하게 이어 주는 접속사	and 그리고 or 또는	but 그러나 so 그래서
상관접속사	단어나 구, 절을 대등하게 이어 주되, 서로 짝을 이루어 써야 하는 접속사	both A and B A와 B 둘 다 either A or B A 또는 B	
종속접속사	주절과 종속절로 이루어진 문장에서 종속절을 이끄는 접속사	if ~인지 아닌지 because ~이기 때문에	although 비록 ~이지만 who ~하는 사람

🌱 종속절이란 주절에 딸려 있는 절로, 그 자체로는 의미를 완벽하게 전달하지 못하고 주절의 의미를 보충해 주는 역할을 해요.

This flower / is / beautiful, / and / it / smells / good. 이 꽃은 / 아름답다 / 그리고 / 그것은 / 좋은 냄새가 난다
　　　　　　　　　　　　　　　　등위접속사

We / serve / both soup and salad. 우리는 / 제공한다 / 수프와 샐러드 둘 다
　　　　　　　└──상관접속사──┘

I / am / happy / because it is my birthday. 나는 / 행복하다 / 나의 생일이기 때문에
주절　　　　　　종속접속사　　　종속절

105

접속사

1 | 등위접속사와 상관접속사

나는 카드 (and, but) 초콜릿을 받았다.

괄호 안에는 '그리고'라는 뜻의 and를 써야 자연스러워요. 단어나 구, 절을 연결할 때는
이처럼 의미에 맞는 적절한 **등위접속사**나 **상관접속사**를 써야 해요.

등위접속사
포인트 1

○—→ **등위접속사**는 각각의 의미에 맞게 써야 해요.

and 그리고	or 또는	but 그러나	so 그래서	yet 그러나

I / received / a card / (but, and) / chocolates. 나는 / 받았다 / 카드를 / 그리고 / 초콜릿을

→ 내가 카드와 초콜릿을 받았다는 의미이므로 but(그러나)이 아닌 and(그리고)를 써야 해요.

This machine / costs / a lot, / (so, but) / it / is / useful. 이 기계는 / 비용이 든다 / 많이 / 그러나 / 그것은 / 유용하다

→ 기계가 비용이 많이 들지만 유용하다는 의미이므로 so(그래서)가 아닌 but(그러나)을 써야 해요.

상관접속사
포인트 2

○—→ **상관접속사**는 어울리는 짝이 서로 정해져 있기 때문에 틀린 짝을 고르지 않도록 해야 해요.

both A and B A와 B 둘 다	either A or B A 또는 B
neither A nor B A도 B도 아닌	not only A but also B A뿐만 아니라 B도

Nicole / likes / both meat (or, and) vegetables. Nicole은 / 좋아한다 / 고기와 채소 둘 다

→ 상관접속사 both는 and와 짝을 이루기 때문에 or가 아닌 and가 와야 해요.

I / will visit / my parents / (neither, either) today or tomorrow. 나는 / 방문할 것이다 / 부모님을 / 오늘 또는 내일

→ 상관접속사 or는 either와 짝을 이루기 때문에 neither가 아닌 either가 와야 해요.

The weather / is / neither cold (or, nor) hot. 날씨는 / 춥지도 덥지도 않다

→ 상관접속사 neither는 nor와 짝을 이루기 때문에 or가 아닌 nor가 와야 해요.

She / speaks / (only, not only) English but also Spanish. 그녀는 / 말한다 / 영어뿐만 아니라 스페인어도

→ 상관접속사 but also는 not only와 짝을 이루기 때문에 only가 아닌 not only가 와야 해요.

주어진 우리말 문장을 보고 괄호에서 알맞은 것을 고르세요.
→ **힌트:** but also와 짝을 이루어 '~뿐만 아니라 –도' 라는 의미를 나타내는 것을 찾아보세요.

01 그는 잘생겼을 뿐만 아니라 키도 크다.   He is (not only, both) handsome but also tall.

02 나는 선생님도 학생도 아니다.   I am (either, neither) a teacher nor a student.

03 우리는 버스 또는 지하철을 탈 것이다.   We will take (either, neither) a bus or a subway.

04 나는 햄버거와 핫도그 둘 다 좋아한다.   I like (not only, both) hamburgers and hot dogs.

괄호에서 알맞은 것을 고르세요.

05 The computer is old (and, but) slow.   → **힌트:** '그 컴퓨터는 낡았고 느리다'라는 문장이 되어야 자연스러워요.

06 I will go to Italy (so, or) Vietnam.

07 Julie has a test tomorrow, (so, yet) she should study.

08 Ms. Danvers does not have experience, (but, so) she learns fast.

밑줄 친 부분에 들어갈 가장 적절한 것을 고르세요.

09 Mr. Clark's flight was delayed, ------- he will get back late.

(A) but   (B) because

(C) so   (D) or

→ **힌트:** 'Mr. Clark의 비행 편이 지연되어서 그는 늦게 돌아올 것이다'라는 문장이 되어야 자연스러워요.

10 You should present ------- a passport or a driver's license.

(A) either   (B) both

(C) neither   (D) yet

정답 ■ 해석 ■ 해설 **p.38**

이 어휘, 이런 뜻이에요!

01 handsome 형 잘생긴   tall 형 키 큰   **03** subway 명 지하철   **08** experience 명 경험, 경력   **09** flight 명 비행 편   delay 동 지연시키다
10 present 동 제시하다, 보여주다   passport 명 여권   driver's license 운전 면허증

해커스 토익 왕기초 Reading

2 | 종속접속사

그는 목이 말랐기 때문에 물을 마셨다.

'그는 목이 말랐다'에 '~이기 때문에'를 붙여서 그가 물을 마신 이유를 설명하고 있어요. 이렇게 '~이기 때문에'와 같이 주절을 보충 설명하는 절을 이끄는 접속사는 종속접속사이고, 종속접속사에는 **명사절 접속사, 부사절 접속사, 형용사절 접속사**가 있어요.

명사절 접속사
포인트 1

명사절 접속사는 '절'이 명사 역할을 하여 문장에서 주어, 목적어, 보어 자리에 오도록 이끄는 것으로 **that(~라는 것), if / whether(~인지 아닌지)** 등이 있어요.

[That he became a CEO] / surprised / everyone.   그가 최고 경영자가 되었다는 것은 / 놀라게 했다 / 모두를
　　　　주어

I / don't know / [if she likes Korean food].   나는 / 모른다 / 그녀가 한국 음식을 좋아하는지 아닌지
　　　　　　　　　　목적어

부사절 접속사
포인트 2

부사절 접속사는 '절'이 부사 역할을 하여 주절을 수식하도록 이끄는 것으로 **because(~이기 때문에), although(비록 ~이지만)** 등이 있어요.

He / drank / water / [because he was thirsty].   그는 / 마셨다 / 물을 / 그가 목이 말랐기 때문에
　　　　　　　　　　　　부사절

[Although the package arrived on time], / several items / were / broken.
　　　　　　　　부사절
비록 소포는 제때 도착했지만 / 몇몇 상품이 / 깨져 있었다

형용사절 접속사
포인트 3

형용사절 접속사는 '절'이 명사를 수식하는 형용사 역할을 하도록 이끄는 것으로 **who(~하는 사람), which(~하는 것)** 등이 있어요.

Mr. Coulter / is / an employee / [who works hard].   Mr. Coulter는 / 직원이다 / 열심히 일하는
　　　　　　　　　명사　　　　　　형용사절

I / love / the cookies / [which he made].   나는 / 좋아한다 / 쿠키를 / 그가 만든
　　　　　　명사　　　　　　형용사절

주어진 우리말 문장을 보고 괄호에서 알맞은 것을 고르세요. → (!) **힌트:** 형용사절 접속사 who는 '~하는 사람', which는 '~하는 것'이라는 뜻이에요.

01 그들은 경험이 있는 사람이 필요하다. They need someone (who, which) has experience.

02 나는 그가 도움이 필요한지 아닌지 물었다. I asked (that, whether) he needs help.

03 나는 잠을 자지 않았기 때문에 피곤하다. I am tired (because, which) I didn't sleep.

04 그는 비록 어리지만 어른스럽다. He is mature (that, although) he is young.

괄호에서 알맞은 것을 고르세요.

05 The suitcase is heavy (because, although) it is full. → (!) **힌트:** '그 여행 가방은 꽉 찼기 때문에 무겁다' 라는 문장이 되어야 자연스러워요.

06 Mr. Bryant doesn't know (who, whether) he will get a bonus.

07 The cup (which, who) you gave me is special.

08 They are not sure (because, if) they will continue the project.

밑줄 친 부분에 들어갈 가장 적절한 것을 고르세요.

09 Sara will decide ------- she will take a computer course.

(A) about   (B) although

(C) whether   (D) which

→ (!) **힌트:** 'Sara는 컴퓨터 수업을 들을지 말지 결정할 것이다'라는 문장이 되어야 자연스러워요.

10 We do not invest in start-up companies ------- it is too risky.

(A) despite   (B) which

(C) although   (D) because

정답 ■ 해석 ■ 해설 **p.39**

이 어휘, 이런 뜻이에요!

04 mature 휑 어른스러운, 성숙한 **05** suitcase 휑 여행 가방 full 휑 꽉 찬 **06** bonus 휑 상여금, 보너스 **08** continue 동 계속하다
09 take a course 수업을 듣다 **10** invest 동 투자하다 start-up company 신생 기업 risky 휑 위험한

1 | 등위접속사가 쓰인 구문 해석하기

I have two sons and one daughter. 나는 아들 둘 그리고 딸 하나가 있다.

위 문장의 two sons and one daughter가 '아들 둘 그리고 딸 하나'로 해석되는 것처럼, **등위접속사 and**(그리고)는 two sons와 one daughter를 이어 줘요. 이처럼 동등한 성분을 이어 주는 등위접속사에는 **or**(또는), **but**(그러나), **so**(그래서)도 있답니다. 등위접속사가 이어 주는 '단어 – 단어', '구 – 구', '절 – 절'이 무엇인지를 파악하여 해석하도록 해요.

문장 해석 연습

등위접속사가 이어 주는 대상을 찾고, 다음 문장을 우리말로 해석하세요. (문장의 동사에 동그라미, 주어에 밑줄을 치세요.)

01 <u>Mr. Miller</u> (is) busy but happy.   busy – happy, Mr. Miller는 바쁘지만 행복하다.

02 You can get some coffee or tea.

03 Is it right or wrong?

04 Liam and I live nearby.

05 They raise cows and horses.

06 I will buy a cheesecake or a chocolate cake for her birthday.

07 Students must bring a pencil and eraser to the test.

08 The restaurant serves simple but delicious meals.

09 I got a haircut, but I don't like it.

10 The weather is good, so I will go outside.

정답 ■ 해석 ■ 해설 **p.40**

이 어휘, 이런 뜻이에요!

01 busy 휑 바쁜 **04 nearby** 휑 가까운 곳에, 인근에 **05 raise** 휑 (가축을) 사육하다, 기르다 **07 bring** 휑 가져오다
08 serve 휑 (음식을) 제공하다 **meal** 휑 식사 **09 get a haircut** 머리카락을 자르다 **10 weather** 휑 날씨 **outside** 휑 밖으로; 휑 바깥

2주 1일

2주 2일

2주 3일

2주 4일

2주 5일

2주 6일

해커스 토익 왕기초 Reading

2 | 상관접속사가 쓰인 구문 해석하기

I like both underline{oranges} and underline{grapes}. 나는 오렌지와 포도 둘 다 좋아한다.
A   B

위 문장의 both oranges and grapes가 '오렌지와 포도 둘 다'로 해석되는 것처럼, **상관접속사 both A and B**(A와 B 둘 다)는 oranges와 grapes를 동등하게 이어 줘요. 이처럼 짝을 이루며 동등한 성분을 이어 주는 상관접속사에는 **either A or B**(A 또는 B), **neither A nor B**(A도 아니고 B도 아닌), **not only A but also B**(A뿐만 아니라 B도)도 있답니다. 상관접속사가 이어 주는 '단어 – 단어', '구 – 구', '절 – 절'이 무엇인지를 파악하여 해석하도록 해요.

(문장 해석 연습)

상관접속사가 이어 주는 대상을 찾고, 다음 문장을 우리말로 해석하세요. (문장의 동사에 동그라미, 주어에 밑줄을 치세요.)

01 underline{I} (bought) not only a suit but also a tie.   *a suit – a tie, 나는 정장뿐만 아니라 넥타이도 샀다.*

02 I will have either pizza or fried chicken.

03 Ms. Perry is both intelligent and kind.

04 Neither I nor Aiden enjoyed the movie.

05 Both Amber and David passed the exam.

06 This necklace is neither cheap nor pretty.

07 You can take either a train or an airplane.

08 Jenny plays not only the violin but also the flute.

09 Guests can eat either in their room or at the restaurant.

10 Mike not only sings but also dances well.

정답 ■ 해석 ■ 해설 **p.41**

이 어휘, 이런 뜻이에요!

01 suit 몡 정장   tie 몡 넥타이   **03** intelligent 혱 똑똑한, 총명한   kind 혱 친절한   **04** enjoy 됭 즐기다   **05** pass an exam 시험을 통과하다
06 necklace 몡 목걸이   cheap 혱 (값이) 저렴한   **09** guest 몡 (호텔 등의) 투숙객

2주 4일

동사의 형태와 종류   Part 5 · 6 | 문법

1. 동사의 형태
2. 자동사와 타동사

동사 해석하기   Part 7 | 리딩 – 구문 독해

1. 자동사처럼 쓰이는 관용 표현 해석하기
2. 타동사처럼 쓰이는 관용 표현 해석하기

기초부터 차근차근! ✏️

◉ 동사는 어떤 형태를 가지고 있나요?

'걷다'라는 동사를 '걸었다', '걷는 중이다' 등의 형태로 바꿀 수 있는 것처럼, 영어에서도 동사를 여러 형태(기본형, 3인칭 단수형, 과거형/과거분사형, 현재분사형)로 바꿀 수 있어요.

기본형	동사원형	walk 걷다
3인칭 단수형	동사원형 + s · -ch, -s, -sh, -x로 끝나는 동사 뒤에는 es를 붙여요. · '자음 + y'로 끝나는 동사는 y를 i로 고치고 es를 붙여요.	walks watch 보다 – watches worry 걱정하다 – worries
과거형/ 과거분사형	규칙 변화 동사(동사원형 + ed) · -e로 끝나는 동사 뒤에는 d만 붙여요. · '자음 + y'로 끝나는 동사는 y를 i로 고치고 ed를 붙여요. · '단모음 + 자음'으로 끝나는 동사는 마지막 자음을 한 번 더 쓰고 ed를 붙여요.	walked bake 굽다 – baked worry 걱정하다 – worried stop 멈추다 – stopped
	불규칙 변화 동사 · 과거형과 과거분사형의 형태가 불규칙하게 바뀌어요. 불규칙 변화 동사의 종류를 p. 266에서 익혀두세요.	rise 오르다 – rose – risen (동사원형 – 과거형 – 과거분사형)
현재분사형	동사원형 + ing · -e로 끝나는 동사는 e를 빼고 ing를 붙여요. · -ie로 끝나는 동사는 ie를 y로 고치고 ing를 붙여요. · '단모음 + 자음'으로 끝나는 동사는 마지막 자음을 한 번 더 쓰고 ing를 붙여요.	walking bake 굽다 – baking die 죽다 – dying stop 멈추다 – stopping

♣ 단모음이란 모음인 a, e, i, o, u가 자음 앞에 와서 짧게 '아, 에, 이, 오, 우'로 발음되는 것이에요.

◉ 동사의 종류에는 무엇이 있나요?

동사에는 자동사와 타동사가 있어요. 자동사는 목적어가 없어도 그 자체로 의미가 통해서, 목적어 없이 쓰는 동사예요. 반면에, 타동사는 목적어가 반드시 필요한 동사예요.

자동사　　She / walks. 그녀가 / 걷는다
　　　　　　　　　　자동사

타동사　　She / watches / TV. 그녀는 / 본다 / TV를
　　　　　　　　타동사　　목적어

→ She walks는 목적어가 없어도 문장이 어색하거나 불완전하지 않아요. 반면에, She watches TV는 목적어 TV가 없으면 그녀가 무엇을 보는지가 나와 있지 않아 어색하고 불완전한 문장이 돼요.

동사의 형태와 종류

1 | 동사의 형태

소녀들이 웃는다. / 소녀들이 웃었다.

'웃다'라는 동사를 '웃는다'로 바꾸면 현재의 의미를, '웃었다'로 바꾸면 과거의 의미를 나타
내요. 이렇게 **동사의 형태**에 따라, 동사의 의미와 쓰임이 각각 달라져요.

동사원형
포인트 1

동사원형은 조동사 바로 뒤에 오거나, **3인칭 단수를 제외한 주어(I, you, we, they) 뒤**에서 현재의 의미를 나타내요.

Mark / should (returns, return) / the book. Mark는 / 반납해야 한다 / 그 책을
       조동사 3인칭 단수형(×) 원형(○)

Girls / (laughing, laugh). 소녀들이 / 웃는다
    현재분사형(×) 원형(○)

3인칭 단수형
포인트 2

3인칭 단수형은 **3인칭 주어(he, she, it) 뒤**에 와서 **현재**의 의미를 나타내요.

He / (need, needs) / love / from others. 그는 / 필요로 한다 / 사랑을 / 다른 사람들로부터
    원형(×) 3인칭 단수형(○)

과거형
포인트 3

과거형은 주어의 종류와 상관없이 **모든 주어 뒤**에 와서 **과거**의 의미를 나타내요.

She / (opens, opened) / her store / last month. 그녀는 / 열었다 / 그녀의 가게를 / 지난달에
    3인칭 단수형(×) 과거형(○)

현재분사형 / 과거분사형
포인트 4

현재분사형은 **be동사 뒤**에 오고, **과거분사형**은 **be동사와 have동사 뒤**에 모두 올 수 있어요.

They / are (watch, watching) / a movie. 그들은 / 보고 있다 / 영화를
      원형(×) 현재분사형(○)

The meeting / was (delay, delayed). 회의가 / 지연되었다
      원형(×) 과거분사형(○)

Mr. Brown / has (agree, agreed) / with us. Mr. Brown이 / 동의했다 / 우리에게
      원형(×) 과거분사형(○)

주어진 우리말 문장을 보고 괄호에서 알맞은 것을 고르세요.

힌트: 3인칭 단수형(동사원형 + s)은 현재의 의미를, 과거형(동사원형 + ed)은 과거의 의미를 나타내요.

01 그녀는 거짓말했다.   She (lies, lied).

02 그가 춤춘다.   He (dances, dance).

03 Jay는 돌아가야 한다.   Jay should (goes, go) back.

04 나는 그녀를 본 적 있다. I have (seeing, seen) her.

괄호에서 알맞은 것을 고르세요.

05 Ms. Wilson has (purchased, purchase) a car. → 힌트: 괄호 앞에 have동사가 왔어요. have동사 뒤에 올 수 있는 동사의 형태를 생각해 보세요.

06 We will be (closes, closing) the office this Friday.

07 The baker (decorated, decorate) some cakes.

08 Customers should (entered, enter) their delivery address.

밑줄 친 부분에 들어갈 가장 적절한 것을 고르세요.

09 The planet was ------- by a scientist.

(A) have discovered   (B) discovers

(C) discover   (D) discovered

→ 힌트: 빈칸 앞에 be동사가 왔어요. be동사 뒤에 올 수 있는 동사의 형태를 생각해 보세요.

10 Online shopping has ------- steadily in the last decade.

(A) developed   (B) develop

(C) developing (D) develops

정답 ■ 해석 ■ 해설 **p.42**

이 어휘, 이런 뜻이에요!

01 lie 圄 거짓말하다, 눕다 05 purchase 圄 구입하다 07 baker 圐 제빵사 decorate 圄 장식하다, 꾸미다
08 enter 圄 입력하다 delivery 圐 배송 address 圐 주소 09 planet 圐 행성 scientist 圐 과학자 discover 圄 발견하다
10 develop 圄 성장하다 steadily 囝 꾸준히 decade 圐 10년

2 | 자동사와 타동사

우리는 휴가 계획에 대해 말했고, 그들은 점심 메뉴에 대해 논의했다.

우리말에서는 '말하다'와 '논의하다' 모두 '~에 대해'와 함께 쓸 수 있어요. 하지만, 영어에서 '논의하다(discuss)'는 '~에 대해 논의하다(discuss about)'의 형태로 쓸 수 없어요. 이처럼 동사 뒤에 about과 같은 전치사가 올 수 있는지 없는지는 동사가 **자동사**인지 **타동사**인지에 따라 결정돼요.

포인트 1 자동사 + 전치사 + 목적어

자동사 뒤에 목적어가 오려면 반드시 전치사가 필요해요.

We / (talked, talked about) / a holiday plan. 우리는 / 말했다 / 휴가 계획에 대해
　　　　자동사(×) 자동사 + 전치사(○)　목적어

포인트 2 타동사 + ~~전치사~~ + 목적어

타동사는 전치사 없이 바로 목적어가 와요.

They / (discussed about, discussed) / the lunch menu. 그들은 / 논의했다 / 점심 메뉴에 대해
　　　타동사 + 전치사(×)　　타동사(○)　　　목적어

포인트 3 혼동하기 쉬운 자동사와 타동사

의미가 비슷하여 혼동하기 쉬운 자동사와 타동사를 유의해서 알아두세요.

의미	자동사 + 전치사	타동사
말하다	talk about ~에 대해 말하다 account for ~에 대해 설명하다	tell ~에 대해 말하다　　discuss ~에 대해 논의하다 explain ~에 대해 설명하다
반응하다·답하다	respond to ~에 답하다 react to ~에 반응하다	answer ~에 답하다
접근하다·도착하다	arrive in/at ~에 도착하다	reach ~에 도착하다 access ~에 접근하다　　approach ~에 접근하다
반대하다	object to ~에 반대하다	oppose ~에 반대하다

He / (talked, talked about) / his trip. 그는 / 말했다 / 그의 여행에 대해
　　자동사(×) 자동사 + 전치사(○)　목적어

You / should (answer to, answer) / the question. 당신은 / 답해야 한다 / 질문에
　　　　타동사 + 전치사(×) 타동사(○)　　목적어

주어진 우리말 문장을 보고 괄호에서 알맞은 것을 고르세요.

> (!) **힌트:** arrive는 자동사예요.

01 Tim은 공항에 도착했다.　　　　　Tim (arrived, arrived at) the airport.

02 나는 이메일에 답할 것이다.　　　　I will (respond, answer) e-mails.

03 그녀는 그 계획에 반대했다.　　　　She (opposed, objected) the plan.

04 그녀는 그 소식에 어떻게 반응했나요?　How did she (react, react to) the news?

괄호에서 알맞은 것을 고르세요.

05 They (talked, discussed) the project. ⟶ (!) **힌트:** 동사 talk는 자동사, discuss는 타동사예요.

06 We will (arrive, access) the village by boat.

07 Many residents (objected, opposed) to the new law.

08 The train (approached, arrived) New York at five o'clock.

밑줄 친 부분에 들어갈 가장 적절한 것을 고르세요.

09 Josie should ------- for her mistake.

(A) account　　　　(B) tell

(C) explain　　　　(D) describe

> (!) **힌트:** 빈칸 뒤에 전치사 for가 왔어요.
> 목적어(her mistake)를 취하기 위해
> 전치사가 필요한 동사는 자동사예요.

10 We will gladly ------- to any questions about our products.

(A) solve　　　　(B) respond

(C) access　　　　(D) figure

정답 ■ 해석 ■ 해설 **p.43**

이 어휘, 이런 뜻이에요!

01 arrive ⑧ 도착하다　**02** respond ⑧ 답하다　**03** oppose ⑧ ~에 반대하다　object ⑧ 반대하다　**04** react ⑧ 반응하다
05 discuss ⑧ ~에 대해 논의하다　**06** access ⑧ ~에 접근하다　village ⑨ 마을　**07** resident ⑨ 주민　law ⑨ 법안
08 approach ⑧ ~에 접근하다　**09** account for ~에 대해 설명하다　explain ⑧ ~에 대해 설명하다　describe ⑧ ~을 설명하다, 묘사하다
10 gladly ⑨ 기꺼이, 기쁘게　product ⑨ 제품　solve ⑧ 해결하다　figure ⑧ 중요하다, 두드러지다

동사 해석하기

1 | 자동사처럼 쓰이는 관용 표현 해석하기

Marie grew up in the Netherlands. Marie는 네덜란드에서 성장했다.
　　　관용 표현

위 문장의 grew up이 '성장했다'라고 해석되며 목적어 없이도 완전한 의미를 전달하는 것처럼, 둘 이상의 단어가 모여 하나의 **자동사**처럼 쓰이기도 해요. 이와 같이 **자동사**처럼 쓰이는 관용 표현으로는 다음과 같은 것들이 있어요.

break out 발생하다, 발발하다	check in/out 체크인/체크아웃하다	get along (사람들과) 지내다
grow up 성장하다	hold on 기다리다	

문장 해석 연습

관용 표현의 의미에 유의하여 다음 문장을 우리말로 해석하세요.
(문장의 관용 표현이 포함된 동사에 동그라미, 주어에 밑줄을 치세요.)

01 We (get along) well. 우리는 잘 지낸다.

02 Nick and I grew up together.

03 You can check in online.

04 Mr. Park gets along well with other people.

05 Please hold on for a moment.

06 Ms. Hudson checked out an hour ago.

07 A powerful storm broke out last night.

08 Hold on while I grab my coat.

09 Theo grew up in a small town.

10 World War II broke out in 1939.

정답 ▪ 해석 ▪ 해설 **p.44**

이 어휘, 이런 뜻이에요!

03 online (튀) 온라인으로 **04** get along well with ~와 잘 지내다 **05** hold on 기다리다 for a moment 잠시 동안
07 powerful (톙) 강력한 storm (톙) 폭풍, 폭풍우 break out 발생하다, 발발하다 last night 지난밤에 **08** grab (통) 집어 들다
09 town (톙) 마을, (소)도시 **10** World War II 제2차 세계 대전

2주 1일

2주 2일

2주 3일

2주 4일

2주 5일

2주 6일

해커스 토익 왕기초 Reading

2 | 타동사처럼 쓰이는 관용 표현 해석하기

She put on a red hat. 그녀는 빨간 모자를 썼다.
　　관용 표현　　목적어

위 문장의 put on이 '~을 쓰다'라고 해석되며 뒤에 목적어 a red hat을 가지는 것처럼, 둘 이상
의 단어가 모여 하나의 **타동사**처럼 쓰이기도 해요. 이와 같이 **타동사**처럼 쓰이는 관용 표현으로
는 다음과 같은 것들이 있어요.

drop by ~에 (잠깐) 들르다	give up ~을 끊다, ~을 포기하다	hand in ~을 제출하다, (과제 등을) 내다
put off ~을 연기하다, ~을 미루다	put on ~을 입다, ~을 쓰다	take off ~을 벗다

문장 해석 연습

관용 표현의 의미에 유의하여 다음 문장을 우리말로 해석하세요.

(문장의 관용 표현이 포함된 동사에 동그라미, 주어에 밑줄을 치세요.)

01 <u>Emily</u> (gave up) junk food. Emily는 정크 푸드를 끊었다.

02 You should take off your shoes here.

03 She will drop by the post office today.

04 You had better put on your coat.

05 I can drop by your house after work.

06 The chairman put off the meeting.

07 Joan is poor, but she never gives up hope.

08 You should hand in your report by Friday.

09 The professor put off the test until next week.

10 Every student handed in the assignment on time.

정답 ■ 해석 ■ 해설 **p.45**

이 어휘, 이런 뜻이에요!

01 give up ~을 끊다, 포기하다　junk food 정크 푸드(건강에 좋지 않은 인스턴트 음식이나 패스트푸드)　03 drop by ~에 들르다　post office 우체국
04 had better ~하는 것이 좋다　06 chairman 명 의장　07 hope 명 희망; 통 희망하다　09 professor 명 교수
10 assignment 명 과제　on time 제시간에

2주 5일

| 조동사 | Part 5 • 6 | 문법 |

1. 조동사 + 동사원형
2. 조동사의 종류

| 조동사 해석하기 | Part 7 | 리딩 - 구문 독해 |

1. '조동사 + 동사원형' 해석하기
2. '조동사 + have p.p.' 해석하기

기초부터 차근차근! ✏️

◉ 조동사란 무엇인가요?

> I <u>speak</u> English well. 나는 영어를 잘 말한다.
>   동사
>
> I <u>can</u> **speak** English well. 나는 영어를 잘 말할 수 있다.
>   조동사   동사

동사 speak(말하다) 앞에 '~할 수 있다(능력·가능)'라는 의미의 조동사 can이 오면 '말할 수 있다'라는 의미가 돼요. 이처럼 동사와 함께 쓰여 동사에 능력, 허가, 요청, 의지, 추측, 의무, 제안 등의 의미를 더해주는 것을 조동사라고 해요.

◉ 조동사의 종류에는 무엇이 있나요?

조동사에는 can, will, may, must, should 등이 있으며, 각각 동사에 서로 다른 의미를 더해 줘요.

can	능력·가능(~할 수 있다), 허가(~해도 된다), 요청(~해 주다)의 의미
will	미래(~할 것이다), 의지(~하겠다), 요청(~해 주다)의 의미
may	허가(~해도 된다), 약한 추측(~할지도 모른다)의 의미
must	의무(~해야 한다), 강한 확신(~임에 틀림없다)의 의미
should	의무·제안(~해야 한다), 추측(~일 것이다)의 의미

1 | 조동사 + 동사원형

She can (play, plays) the violin. 그녀는 바이올린을 연주할 수 있다.

괄호 안에는 조동사 can 뒤에 오는 동사 형태인 동사원형 play를 써야 해요. 이처럼 조동사와
동사가 함께 쓰일 때는 '**조동사 + 동사원형**'의 형태로 쓰여요.

 조동사 + 동사원형

포인트 1

조동사 can, will, may, must, should 뒤에는 반드시 **동사원형**이 와요.

Jay / can (fixes, fix) / your camera. Jay는 / 고칠 수 있다 / 당신의 카메라를
　　　　3인칭 단수형(×)　원형(○)

Robert / will (is, be) / a skater / in the future. Robert는 / 될 것이다 / 스케이트 선수가 / 미래에
　　　　3인칭 단수형(×)　원형(○)

 조동사처럼 쓰이는 표현 + 동사원형

포인트 2

조동사처럼 쓰이는 표현들 뒤에도 반드시 **동사원형**이 와요.

be able to ~할 수 있다	had better ~하는 게 좋다	ought to ~해야 한다
be going to ~할 것이다	have to ~해야 한다	would like to ~하고 싶다

He / is going to (buys, buy) / some flowers. 그는 / 살 것이다 / 꽃들을
　　　　3인칭 단수형(×)　원형(○)

She / has to (finds, find) / a new job. 그녀는 / 찾아야 한다 / 새로운 직업을
　　　　3인칭 단수형(×)　원형(○)

 잠깐!

제안·의무·요청·주장을 나타내는 동사(recommend, require, request 등) 또는 형용사(important, necessary 등)가 주절에 오면,
종속절에는 'should + 동사원형'이 와요. 이때 조동사 should는 생략될 수 있기 때문에 동사원형만 올 수도 있어요.

• The company / requires / that every employee (should) wear a uniform.
　　　　　　요청을 나타내는 동사　　　　　　　　　동사원형
　그 회사는 / 요구한다 / 모든 직원들이 유니폼을 입는 것을

• It's important / that a teacher (should) care about students. 중요하다 / 선생님이 학생들에 대해 관심을 가지는 것은
　의무를 나타내는 형용사　　　　　　동사원형

주어진 우리말 문장을 보고 괄호에서 알맞은 것을 고르세요.

→ (!) **힌트:** 조동사 뒤에는 동사원형이 와요.

01 그가 당신에게 전화할 것이다.　　　He will (call, calls) you.

02 그녀는 모든 것을 완벽히 기억할 수 있다.　She can (remembers, remember) everything perfectly.

03 Naomi는 약간의 식료품을 사야 한다.　Naomi should (buys, buy) some groceries.

04 당신은 약간의 경력이 있어야 한다.　You must (to have, have) some experience.

괄호에서 알맞은 것을 고르세요.

05 He is going to (reduces, reduce) spending. → (!) **힌트:** 조동사처럼 쓰이는 표현 뒤에는 동사원형이 와요.

06 We will (visits, visit) the Louvre Museum.

07 You have to (be, are) quiet in the lobby.

08 Jon recommended that she (try, tries) new things.

밑줄 친 부분에 들어갈 가장 적절한 것을 고르세요.

09 Children can ------- the event for free.

(A) attends　　　　(B) attend

(C) has attended　　(D) attending

→ (!) **힌트:** 빈칸 앞에 조동사 can이 있어요. 조동사 뒤에 올 수 있는 것을 생각해 보세요.

10 The professor requested that each student ------- an essay.

(A) write　　　　(B) writing

(C) writes　　　　(D) is writing

정답 ■ 해석 ■ 해설 **p.46**

이 어휘, 이런 뜻이에요!

02 remember 동 기억하다　**perfectly** 부 완벽히　**03 grocery** 명 식료품　**04 experience** 명 경력, 경험; 동 경험하다
05 reduce 동 줄이다, 감소하다　**spending** 명 지출　**07 lobby** 명 로비　**08 try** 동 시도해 보다, 노력하다
09 attend 동 참석하다　**for free** 무료로　**10 professor** 명 교수　**essay** 명 에세이

2 | 조동사의 종류

You (can / must) wear a suit for the interview.
당신은 면접을 위해 양복을 (입어도 된다/입어야 한다).

'당신은 면접을 위해 양복을 입는다(You wear a suit for the interview)'라는 문장에서 동사 wear 앞에 조동사 can이 오면 '입을 수 있다'라는 의미가 되고, 조동사 must가 오면 '입어야 한다'라는 의미가 돼요. 이처럼 동사와 함께 쓰인 **조동사의 종류**에 따라 문장의 의미가 달라져요.

can, will, may
포인트 1

조동사 **can**은 **능력·가능, 허가, 요청**을, **will**은 **미래, 의지, 요청**을, **may**는 **허가, 약한 추측**의 의미를 나타내요.

can	능력·가능 ~할 수 있다 허가 ~해도 된다 요청 ~해 주다	I / can eat / raw fish. 나는 / 먹을 수 있다 / 날생선을 You / can play / with your friends / today. 너는 / 놀아도 된다 / 너의 친구와 / 오늘 Can you speak / more slowly? 당신은 말해 주시겠어요 / 더 천천히
will	미래 ~할 것이다 의지 ~하겠다 요청 ~해 주다	She / will leave / for Europe / today. 그녀는 / 떠날 것이다 / 유럽으로 / 오늘 I / will eat / healthy food. 나는 / 먹겠다 / 건강한 음식을 Will you close / the door? 당신은 닫아 주시겠어요 / 문을
may	허가 ~해도 된다 약한 추측 ~할지도 모른다	You / may use / my computer. 당신은 / 사용해도 된다 / 나의 컴퓨터를 She / may come / to the party. 그녀가 / 올지도 모른다 / 파티에

must, should
포인트 2

조동사 **must**는 **의무, 강한 확신**을, **should**는 **의무·제안, 추측**의 의미를 나타내요.

must	의무 ~해야 한다 강한 확신 ~임에 틀림없다	You / must wear / a helmet. 당신은 / 착용해야 한다 / 헬멧을 She / must be busy / with work. 그녀는 / 바쁜 것임에 틀림없다 / 일로
should	의무·제안 ~해야 한다 추측 ~일 것이다	You / should assist / Ms. Simpson. 당신은 / 도와야 한다 / Ms. Simpson을 The mall / should be crowded / tomorrow. 쇼핑몰은 / 붐빌 것이다 / 내일

2주 1일

2주 2일

2주 3일

2주 4일

2주 5일

2주 6일

해커스 토익 왕기초 Reading

실력 UP! 연습문제

주어진 우리말 문장을 보고 괄호에서 알맞은 것을 고르세요. → (!) **힌트:** '~해야 한다'라는 의미를 지닌 조동사를 찾아보세요.

01 당신은 규칙을 따라야 한다.   You (may, must) follow the rules.

02 그녀는 학생일지도 모른다.   She (should, may) be a student.

03 나는 서두르지 않겠다.   I (will, may) not hurry.

04 당신은 나의 사전을 써도 된다.   You (can, should) use my dictionary.

괄호에서 문맥상 가장 알맞은 것을 고르세요.

05 (Will, Must) you come to my house? ⟶ (!) **힌트:** '당신은 우리 집에 올 것인가요?'라는 미래를 나타내는 문장이 되어야 자연스러워요.

06 You (must, may) go if you want.

07 Many students in Korea (must, can) speak English.

08 I (should, may) talk to you about our vacation.

자신감 UP! 실전문제

밑줄 친 부분에 들어갈 가장 적절한 것을 고르세요.

09 Turtles -------, but they are slow.

    (A) swimming   (B) can swim

    (C) must swim   (D) should swim

    → (!) **힌트:** '거북이들은 수영을 할 수 있지만 그것들은 느리다'라는 문장이 되어야 자연스러워요.

10 Customers ------- a reservation because this restaurant is popular.

    (A) must make   (B) can make

    (C) making   (D) to make

정답 ▪ 해석 ▪ 해설 **p.47**

이 어휘, 이런 뜻이에요!

01 follow 图 따르다   rule 图 규칙   03 hurry 图 서두르다   04 dictionary 图 사전   08 vacation 图 휴가, 방학   09 turtle 图 거북이
10 reservation 图 예약   popular 图 인기가 있는

조동사 해석하기

1 | '조동사 + 동사원형' 해석하기

James <u>can</u> draw. James는 그릴 수 있다.
　　조동사　동사원형

위 문장의 can draw가 '그릴 수 있다'라고 해석되는 것처럼, can은 어떤 일을 할 수 있는 **능력**이 있다는 것을 나타내며, '**~할 수 있다**'로 해석해요. 이처럼 '**조동사 + 동사원형**'은 동사의 의미에 조동사의 보조적인 의미가 더해져요. 조동사로는 다음과 같은 것들이 있어요.

can ~할 수 있다[능력·가능], ~해도 된다[허가], ~해 주다[요청]	**must** ~해야 한다[의무], ~임에 틀림없다[강한 확신]
will ~할 것이다[미래], ~하겠다[의지], ~해 주다[요청]	**should** ~해야 한다[의무·제안], ~일 것이다[추측]
may ~해도 된다[허가], ~할지도 모른다[약한 추측]	

(문장 해석 연습)

조동사의 의미에 유의하여 다음 문장을 우리말로 해석하세요. (문장의 '조동사 + 동사원형'에 동그라미, 주어에 밑줄을 치세요.)

01 <u>Ronald</u> (can drive). Ronald는 운전할 수 있다.

02 You should call Ms. Harper now.

03 Anyone can join our team.

04 The shop will close in five minutes.

05 We should leave for the airport soon.

06 The folder must be on the desk.

07 Dan may be absent today.

08 We must respect his choice.

09 It may cause a serious problem.

10 The company will hire more employees.

정답 ▪ 해석 ▪ 해설 **p.48**

이 어휘, 이런 뜻이에요!

03 join 图 합류하다　**04** shop 圐 가게, 상점　close 图 (상점 등의) 문을 닫다　**07** absent 圐 결석한
08 respect 图 존중하다　choice 圐 선택　**09** cause 图 초래하다, 야기하다　serious 圐 심각한　**10** hire 图 고용하다　employee 圐 직원

2 | '조동사 + have p.p.' 해석하기

We <u>should have ordered</u> two pizzas. 우리는 피자 두 판을 주문했어야 했다.
　　조동사　　have p.p.(과거분사)

위 문장의 should have ordered가 '주문했어야 했다'라고 해석되는 것처럼, **should have p.p.**는 과거에 하지 않은 일에 대한 **후회**를 나타내며 '**~했어야 했다**'로 해석해요. 이처럼 '**조동사 + have p.p.**'는 동사의 의미에 조동사의 보조적인 의미가 더해져요. '조동사 + have p.p.'로는 다음과 같은 것들이 있어요.

could have p.p. ~할 수도 있었다(그런데 하지 않았다)	might have p.p. ~했을지도 모른다
must have p.p. ~했음에 틀림없다	should have p.p. ~했어야 했다(그런데 하지 않았다)

(문장 해석 연습)

조동사의 의미에 유의하여 다음 문장을 우리말로 해석하세요. (문장의 '조동사 + have p.p.'에 동그라미, 주어에 밑줄을 치세요.)

01 <u>Alex</u> (must have left) already.　Alex는 이미 떠났음에 틀림없다.

02 We should have fixed the printer earlier.

03 I might have seen the film, but I am not sure.

04 Julian must have studied hard for the exam.

05 Marvin might have eaten the food in the oven.

06 Carter should have become a singer instead of a lawyer.

07 The project might have been impossible without him.

08 Samantha could have gone to Jeonju, but she didn't.

09 I could have complained about the service.

10 He could have arrived on time by taking a taxi.

정답 ■ 해석 ■ 해설 p.49

이 어휘, 이런 뜻이에요!

01 already 🖲 이미　**02 fix** 🖲 수리하다　**earlier** 🖲 더 일찍　**03 film** 🖲 영화　**06 instead of** ~ 대신에
07 impossible 🖲 불가능한　**09 complain** 🖲 불평하다　**10 on time** 제때, 시간을 어기지 않고

2주 6일

기사·메시지 대화문 | **Part 7** | 리딩 – 지문 유형

1. 기사

2. 메시지 대화문

무료 토익 학습자료·취업정보 제공

Hackers.co.kr

1 | 기사

Handrix 가구점의 홍콩 진출! ☐ 제목

캐나다에 기반을 둔 Handrix 가구점이 다음 달 홍콩에 매장을 연다고 발표했다. ☐ 주제/목적
Handrix는 현재 캐나다 내에 10개가 넘는 매장을 보유하고 있다. 이번 홍콩 진 ☐ 세부 내용
출은 Handrix 가구점의 첫 해외 진출로 그 의미가 깊다.

위 지문은 한 가구점의 해외 진출을 알리는 기사예요. 이처럼 기사는 신문이나 잡지 등을 통해 새로운 소식을 전달하는
지문 유형이랍니다. 그럼 기사에 대해 좀 더 알아볼까요?

 토익에 이렇게 나와요!

- 평균 1~2지문이 출제되고, 기업 동향과 같은 경제 관련 내용부터 환경, 문화, 일상생활과 관련된 내용까지 다양한 분
  야의 기사가 등장해요.

- 기사가 쓰인 목적이나 기사에 언급된 세부 사항을 묻는 문제가 자주 출제돼요.

  예> 기사의 목적은 무엇인가? (= What is the purpose of the article?)

  예> 기사에 따르면, 다음 달에 무엇이 일어날 것인가? (= According to the article, what will happen next month?)

- 기사의 주제/목적을 밝히고, 다른 사람이 언급한 내용을 기사에 인용하기 위해 다음과 같은 표현들이 자주 쓰여요.

주제/목적	· 사람/기관 announced ~ 사람/기관이 ~이라고 발표했다	
	· 사람/기관 will hold ~ 사람/기관이 ~을 열 것이다	
인용	· "~" says 사람 "~"라고 사람이 말한다	· 사람 explains "~" 사람이 "~"이라고 설명한다

2주 1일
2주 2일
2주 3일
2주 4일
2주 5일
2주 6일

해커스 토익 왕기초 Reading

이 어휘가 자주 나와요!

기사에 자주 나오는 어휘를 익혀두면 지문을 정확히 해석하고 이해하는 데 큰 도움이 돼요. 다음의 어휘를 암기하고
퀴즈 를 풀어 보세요.

경제

☐ establish 동 설립하다 ☐ open 동 문을 열다

☐ expand 동 확장하다 ☐ predict 동 예측하다

☐ lease 동 임대하다; 명 임대차 계약 ☐ produce 동 생산하다

환경

☐ flood 명 홍수 ☐ protect 동 보호하다, 지키다

☐ habitat 명 서식지 ☐ temperature 명 기온, 온도

☐ pollution 명 오염 ☐ weather 명 날씨

문화

☐ audience 명 관객 ☐ participate in ~에 참석하다

☐ community 명 지역 사회 ☐ perform 동 공연하다

☐ festival 명 축제, 페스티벌 ☐ take place 개최되다, 열리다

일상생활

☐ commute 동 통근하다 ☐ donation 명 기부

☐ cuisine 명 요리, 요리법 ☐ popular 형 인기 있는

☐ disease 명 병, 질병 ☐ relax 동 휴식을 취하다

QUIZ 다음 영어 어휘의 알맞은 뜻을 찾아 연결하세요.

01 establish ⓐ 설립하다 **04** audience ⓓ 통근하다
02 habitat ⓑ 오염 **05** commute ⓔ 관객
03 pollution ⓒ 서식지 **06** popular ⓕ 인기 있는

정답 **01** ⓐ **02** ⓒ **03** ⓑ **04** ⓔ **05** ⓓ **06** ⓕ

다음 지문을 읽고, 질문에 가장 적절한 보기를 고르세요.

[음악 행사와 관련된 기사]

The Cookeville Music Festival is back!   ⎤ 제목

⟶ ❗**힌트:** 기사의 주제와 목적을 나타내는 문장이에요.

April 24 – ❶ Cookeville city will hold the 8th Annual Cookeville Music   ⎤ 주제
Festival on July 12. ❷ This year, it will take place in a new location, the
Sonic Arena. ❸ The world-famous band Andalusia will perform this year.   ⎤ 세부 내용
❹ Six other bands will be there too.

01 이 기사의 목적은 무엇인가?

(A) 행사의 세부 사항을 알리기 위해

(B) 음악 행사에 참여하는 밴드의 음악을 논평하기 위해

02 올해의 음악 축제가 이전 음악 축제와 다른 점은 무엇인가?

(A) 티켓 가격

(B) 장소

정답 ▪해석 ▪해설 **p.50**

이 어휘, 이런 뜻이에요!

01-02 music festival 음악 축제 hold 동열다, 개최하다 annual 형연례의, 매년의 take place 개최되다, 열리다 location 명장소
world-famous 형세계적으로 유명한 perform 동공연하다

✂ 끊어 읽기

지문을 다시 한번 읽어 볼까요? 이번에는 문장을 의미 덩어리로 끊어 읽으며 해석해 보세요.
(각 문장의 동사에는 동그라미를, 주어에는 밑줄을 함께 표시해 보아요.)

❶ Cookeville city / will hold / the 8th Annual Cookeville Music Festival / on July 12.
　　Cookeville시는　　열 것이다　　　　제8회 연례 Cookeville 음악 축제를　　　　7월 12일에

기사의 주제/목적을 나타낼 때 사용되는 표현인 '사람/기관 will hold ~(사람/기관이 ~을 열 것이다)'가 왔어요. 이 표현 뒤로 기사의 주제 또는 기사가 작성된 구체적인 목적이 나오므로 주의 깊게 읽어야 해요.

❷ This year, / it / will take place / in a new location, the Sonic Arena.
　　올해　　그것은　　개최될 것이다　　　　새로운 장소인 Sonic Arena에서

동사 자리에 '조동사(will) + 동사(take place)'가 온 경우, 동사의 의미에 조동사의 의미를 더해 해석해야 해요. 조동사 will은 미래의 의미를 나타내며 '~할 것이다'라고 해석돼요.

❸ The world-famous band Andalusia / will perform / this year.
　　세계적으로 유명한 밴드인 Andalusia가　　공연할 것이다　　올해

❹ Six other bands / will be / there / too.
　　다른 여섯 밴드들도　　있을 것이다　그곳에　마찬가지로

지문을 읽고, 질문에 가장 적절한 보기를 고르세요.

Questions 03 - 04 refer to the following article.

Introducing Frisk

힌트: 기사의 주제와 목적을 나타내는 문장이에요.

Copenhagen – Popular chef Agnes Pedersen will open a new restaurant, Frisk. The restaurant will serve healthy cuisine. In fact, it will only serve vegetarian meals. The food will contain no animal products. According to Ms. Pedersen, Frisk will be the city's first vegetarian restaurant. **힌트:** 기사에 vegetarian, no animal products와 같은 어휘가 등장해요.

03 What is the purpose of the article? **힌트:** 기사의 목적을 묻고 있네요.

(A) To invite readers to an event

(B) To recommend a good chef

(C) To discuss a vegetarian diet

(D) To introduce a new restaurant

04 According to the article, what is unique about Frisk? **힌트:** Frisk에 대해 특별한 점을 묻고 있네요.

(A) It will sell vegetables.

(B) Its chef runs several restaurants.

(C) Its dishes will not have meat.

(D) It will serve expensive food.

정답 ■ 해석 ■ 해설 **p.50**

이 어휘, 이런 뜻이에요!

03-04 introduce ⑧ 소개하다 popular ⑧ 인기 있는 chef ⑨ 요리사 serve ⑧ 제공하다 healthy ⑧ 건강에 좋은 cuisine ⑨ 요리
in fact 사실 vegetarian ⑧ 채식의, 채식주의자의 contain ⑧ 들어 있다 animal product 동물성 식품 according to ~에 따르면
invite ⑧ 초대하다 recommend ⑧ 추천하다 discuss ⑧ 논의하다 diet ⑨ 식단, 식습관 unique ⑧ 특별한 run ⑧ 운영하다

Questions 05 - 06 refer to the following article.

Teaavino

→ ⓘ **힌트:** 기사의 주제와 목적을 나타내는 문장은 주로 지문의 초반에 나와요.

Teaavino is an Italian tea company. Its tea is popular for its great smell. Today, Teaavino announced that it will expand its business into the perfume market. Teaavino will make perfumes with the same smell as its tea. Many customers are excited about this news. "I love Teaavino's tea. I will definitely buy the perfume," says Mary Jo, a longtime customer.

05 **What is the article mainly about?** → ⓘ **힌트:** 기사의 주제를 묻고 있네요.

(A) A perfume industry

(B) A company's plan

(C) A business failure

(D) A regular customer

06 **What is true about Teaavino?** → ⓘ **힌트:** Teaavino사에 대해 사실인 것을 묻고 있네요.
각 보기를 지문의 내용과 대조하며 정답을 찾아볼까요?

(A) Its CEO is Italian.

(B) It produces many types of drinks.

(C) It will make a new kind of product.

(D) Its customers complained about a smell.

정답 ▪ 해석 ▪ 해설 **p.51**

이 어휘, 이런 뜻이에요!

05-06 Italian 형 이탈리아의; 명 이탈리아 사람 tea 명 차 smell 명 향, 냄새 announce 통 발표하다 expand 통 확장하다
business 명 사업 perfume 명 향수 market 명 시장 definitely 뷔 꼭, 반드시 longtime 형 오랜, 장기간의
industry 명 업계, 산업 failure 명 실패 regular customer 단골 고객 produce 통 생산하다 complain about ~에 대해 항의하다

2주 1일
2주 2일
2주 3일
2주 4일
2주 5일
2주 6일
해커스 토익 왕기초 Reading

2 | 메시지 대화문

Lara Kim	오전 10:43	목적
회의실 프로젝터가 작동하지 않아요. 관리 팀장님의 전화번호를 알려 줄 수 있나요?		
David Warner	오전 10:45	
물론이죠. 555-8394번으로 연락해 보세요.		세부 내용
Lara Kim	오전 10:46	
고마워요. 오늘 회의에서 프로젝터를 꼭 사용해야 하거든요.		

위 지문은 고장 난 프로젝터에 대해 두 사람이 이야기를 나누는 메시지 대화문이에요. 이처럼 메시지 대화문은 두 명 이상이 메시지를 주고받는 대화 형식의 지문 유형이랍니다. 그럼 메시지 대화문에 대해 좀 더 알아볼까요?

토익에 이렇게 나와요!

- 평균 1~2지문이 출제되고, 사내 행사, 업무 일정, 사무용품과 같이 회사 생활과 관련된 내용이나 지역 행사, 새로운 이웃, 할인 정보 등 일상생활과 관련된 내용이 자주 등장해요.

- 대화문 내의 특정 어구가 쓰인 의도나 대화문을 통해 추론할 수 있는 것을 묻는 문제가 자주 출제돼요.

  예> 오전 10시 45분에, Mr. Warner가 'Of course'라고 쓸 때, 그가 의도한 것은?

  (= At 10:45 A.M., what does Mr. Warner mean when he writes, "Of course"?)

  예> Ms. Kim에 대해 암시되는 것은? (= What is suggested about Ms. Kim?)

- 연락한 목적을 밝히고, 구체적인 용건을 나타내기 위해 다음과 같은 표현들이 자주 쓰여요.

요청	· Can you ~? ~을 해 줄 수 있나요?	· Do you mind ~? ~을 해 줄 수 있나요?
제안	· What about ~? ~은 어떤가요?	· Why don't we ~? 우리 ~하는 게 어때요?
확인	· Should I do ~? 제가 ~을 해야 할까요?	· Do you want me to ~? 제가 ~하기를 바라세요?

2주 1일

2주 2일

2주 3일

2주 4일

2주 5일

2주 6일

해커스 토익 왕기초 Reading

이 어휘가 자주 나와요!

메시지 대화문에 자주 나오는 어휘를 익혀두면 지문을 정확히 해석하고 이해하는 데 큰 도움이 돼요. 다음의 어휘를 암기하고 **퀴즈**를 풀어 보세요.

회사 생활

☐ attach 동 첨부하다

☐ board 명 이사회

☐ branch 명 지사, 분점

☐ contact 동 연락하다

☐ deadline 명 기한, 마감 일자

☐ e-mail 동 이메일을 보내다

☐ flexible 형 유연한, 탄력적인

☐ formal 형 공식적인, 격식을 차린

☐ hire 동 고용하다

☐ overtime 명 초과 근무, 야근

☐ presentation 명 발표, 프레젠테이션

☐ remind 동 상기시키다, 다시 알려 주다

☐ secretary 명 비서

☐ shift 명 교대 근무(조)

일상생활

☐ airport 명 공항

☐ appointment 명 약속, 예약

☐ arrive 동 도착하다

☐ available 형 이용할 수 있는

☐ basement 명 지하실

☐ be scheduled for ~으로 예정되어 있다

☐ encourage 동 격려하다, 권장하다

☐ facility 명 시설

☐ fee 명 요금, 수수료

☐ grab a bite (간단히) 먹다

☐ holiday 명 휴가, 휴일

☐ neighbor 명 이웃

☐ pick up ~를 태우러 가다

☐ prepare 동 준비하다

QUIZ 다음 영어 어휘의 알맞은 뜻을 찾아 연결하세요.

01 board

02 hire

03 remind

ⓐ 고용하다

ⓑ 이사회

ⓒ 상기시키다, 다시 알려 주다

04 available

05 facility

06 holiday

ⓓ 이용할 수 있는

ⓔ 휴가, 휴일

ⓕ 시설

정답 **01** ⓑ **02** ⓐ **03** ⓒ **04** ⓓ **05** ⓕ **06** ⓔ

다음 지문을 읽고, 질문에 가장 적절한 보기를 고르세요.

[발표와 관련된 메시지 대화문]

Jim Durban [8:30 A.M.]

❶ Cora, I might be late to work. ❷ My train is still not here. ❸ Can you give the presentation for today's meeting?

목적

Cora West → ⚠ **힌트:** 무엇에 대한 응답인지 확인해 보세요. [8:31 A.M.]

No problem. ❹ Just e-mail the presentation file to me.

Jim Durban [8:32 A.M.]

Thanks. ❺ I will attach it to an e-mail.

세부 내용

Cora West [8:32 A.M.]

All right. I'll wait.

---

01 Mr. Durban에 대해 암시되는 것은?

(A) 그는 대중교통으로 출근한다.

(B) 그는 아직 발표 준비 중이다.

02 오전 8시 31분에, Ms. West가 'No problem'이라고 쓸 때, 그녀가 의도한 것은?

(A) 그녀는 기꺼이 발표를 할 것이다.

(B) 그녀는 회의 시간을 바꿀 수 있다.

정답 ■ 해석 ■ 해설 **p.52**

이 어휘, 이런 뜻이에요!

01-02 late 혱 늦은 give a presentation 발표하다 e-mail 통 이메일을 보내다; 몡 이메일 attach 통 첨부하다

지문을 다시 한번 읽어 볼까요? 이번에는 문장을 의미 덩어리로 끊어 읽으며 해석해 보세요.
(각 문장의 동사에는 동그라미를, 주어에는 밑줄을 함께 표시해 보아요.)

❶ Cora, / I / (might be) / late / to work.
    Cora   저는   늦을 것 같아요   회사에

동사 자리에 '조동사(might) + 동사(be)'가 온 경우, 동사의 의미에 조동사의 의미를 더해 해석해야 해요. 조동사 might은 추측의 의미를 나타내며 '~할 것 같다'라고 해석해요.

❷ My train / (is) still not here.
    제 열차가   아직도 여기 안 왔어요

❸ (Can) you (give) the presentation / for today's meeting?
    당신이 발표를 해 줄 수 있나요   오늘 회의를 위한

메시지를 보낸 목적을 나타낼 때 사용되는 표현인 'Can you ~?(~을 해 줄 수 있나요?)'가 왔어요. 이 표현 뒤로 메시지를 보낸 구체적인 목적이 나오므로 주의 깊게 읽어야 해요.

❹ Just / (e-mail) / the presentation file / to me.
   이메일로 보내세요   발표 파일을   제게

❺ I / (will attach) / it / to an e-mail.
  제가 첨부할게요 그것을   이메일에

지문을 읽고, 질문에 가장 적절한 보기를 고르세요.

Questions 03 - 04 refer to the following text-message chain.

Olivia Unger   [5:33 P.M.]

Mitch! Can you pick me up at the airport tomorrow? My flight will arrive at noon.

Mitch Gelb ──→ ⓘ **힌트:** 무엇에 대한 응답인지 확인해 보세요.   [5:49 P.M.]

OK, I'll be there. I want to hear all about Spain.

Olivia Unger   [5:52 P.M.]

Thanks! I had a lovely holiday. Why don't we grab a bite and have a chat
at the airport?

Mitch Gelb   [5:54 P.M.]

That sounds good. See you there tomorrow!

---

03 At 5:49 P.M., what does Mr. Gelb mean when he writes, "I'll be there"?

(A) He will pick up Ms. Unger.   ──→ ⓘ **힌트:** 'I'll be there'가 쓰인 의도를 묻고 있네요.

(B) He will visit Spain.

(C) He likes Ms. Unger's travel plans.

(D) He will attend a party.

04 Why was Ms. Unger in Spain? ──→ ⓘ **힌트:** Ms. Unger가 스페인에 있었던 이유를 묻고 있네요.

(A) She lived there.

(B) She met with a business client.

(C) She was on vacation.

(D) She works for an airline.

정답 ■ 해석 ■ 해설 p.52

이 어휘, 이런 뜻이에요!

03-04 pick ~ up ~를 태우러 오다[가다] flight 몡 비행기, 비행 noon 몡 정오 holiday 몡 휴가, 휴일 grab a bite (간단히) 먹다
have a chat 이야기를 하다 attend 통 참석하다 business client 사업 고객 be on vacation 휴가 중이다 airline 몡 항공사

Questions 05 - 06 refer to the following online chat discussion.

Ronald Schultz [2:18 P.M.] How's the project going?

Annie Bell [2:19 P.M.] I'm almost done, but I don't have data from some of our branches.

David Corning [2:19 P.M.] Do you want me to call the branches? I'm not busy right now.

Annie Bell [2:20 P.M.] No thanks. I'll contact the branches myself.

Ronald Schultz [2:21 P.M.] David, can you please check our final report instead?

David Corning [2:24 P.M.] That's fine. ⟶ ⓘ **힌트:** 무엇에 대한 응답인지 확인해 보세요.

05 What is suggested about Ms. Bell? ⟶ ⓘ **힌트:** Ms. Bell에 대해 암시되는 것을 묻고 있네요.

(A) Her company has several branches.

(B) She will get help from Mr. Corning.

(C) Her department has only three people.

(D) She must finish her project today.

06 At 2:24 P.M., what does Mr. Corning mean when he writes, "That's fine"?

⟶ ⓘ **힌트:** 'That's fine'이 쓰인 의도를 묻고 있네요.

(A) He will contact an office manager.

(B) He will review a report.

(C) He will collect data.

(D) He will visit another branch.

정답 ■ 해석 ■ 해설 **p.53**

이 어휘, 이런 뜻이에요!

05-06 data 몡 데이터, 자료 almost 囝 거의 branch 몡 지점, 분점 contact 툉 연락하다 final 혱 최종의 report 몡 보고서
suggest 툉 암시하다 several 혱 몇몇의 department 몡 부서 review 툉 검토하다 collect 툉 수집하다, 모으다 visit 툉 방문하다

3주 1일

주어·동사의 수일치 | Part 5 • 6 | 문법

1. 단수 주어 – 단수 동사 수일치
2. 복수 주어 – 복수 동사 수일치
3. 주의해야 할 주어 – 동사 수일치

수일치 문장 해석하기 | Part 7 | 리딩 – 구문 독해

1. 수량 형용사가 있는 수일치 문장 해석하기
2. a number of와 the number of 해석하기

기초부터 차근차근! ✏️

◉ **수일치란 무엇인가요?**

> **A kid dances.** 한 아이가 춤을 춘다.
> 단수 주어 단수 동사

> **Kids dance.** 아이들이 춤을 춘다.
> 복수 주어 복수 동사

주어가 단수인 A kid일 때는 동사 자리에 단수 동사인 dances가 오고, 주어가 복수인 Kids일 때는 동사 자리에 복수 동사인 dance가 왔어요. 이처럼 주어의 수에 따라 동사의 수를 일치시키는 것을 <mark>수일치</mark>라고 해요.

◉ **단수 주어와 복수 주어란 무엇인가요?**

단수 주어란 주어가 하나의 사람이나 사물인 경우를 말하며, 앞에 a/an 형태의 관사가 붙어요. 반면에, 복수 주어는 주어가 둘 이상의 사람이나 사물인 경우를 말하며, 뒤에 (e)s가 붙어요.

단수 주어	하나의 사람/사물이 주어	a lemon 레몬 한 개	an orange 오렌지 한 개
복수 주어	둘 이상의 사람/사물이 주어	lemons 레몬들	oranges 오렌지들

A lemon / tastes / sour. 레몬 한 개가 / 맛이 난다 / 신
　단수 주어

Oranges / taste / sour. 오렌지들이 / 맛이 난다 / 신
　복수 주어

◉ **단수 동사와 복수 동사란 무엇인가요?**

단수 동사는 단수 주어와 함께 쓰는 동사로 동사원형에 (e)s를 붙인 3인칭 단수형을 쓰고, 복수 동사는 복수 주어와 함께 쓰는 동사로 동사원형을 그대로 써요. 그러나 이러한 단수 동사와 복수 동사의 구분은 현재형일 때에만 해당되고 과거형의 경우는 해당되지 않아요.

단수 동사	3인칭 단수형	tastes 맛이 나다	dances 춤추다
복수 동사	동사원형	taste 맛이 나다	dance 춤추다

A lemon / tastes / sour. 레몬 한 개가 / 맛이 난다 / 신
　　단수 동사

Oranges / taste / sour. 오렌지들이 / 맛이 난다 / 신
　　복수 동사

주어·동사의 수일치

1 | 단수 주어 – 단수 동사 수일치

A boy (cleans, clean) the window. 한 소년이 창문을 닦는다.

단수 주어인 A boy가 왔으므로 괄호 안에는 복수 동사 clean이 아닌 단수 동사 cleans가 와야
해요. 이처럼 영어에서는 **단수로 취급하는 주어**가 오면, 뒤에 **단수 동사**가 와요.

 포인트 1

단수 가산 명사 – 단수 동사

○── **단수 가산 명사**는 단수 주어이기 때문에 뒤에 **단수 동사**가 와요.

The picture / is / beautiful. 그 그림은 / 아름답다
　단수 가산 명사　단수 동사

 포인트 2

불가산 명사 – 단수 동사

○── **불가산 명사**는 단수 주어로 취급하기 때문에 뒤에 **단수 동사**가 와요.

The information / is / false. 그 정보는 / 거짓이다
　불가산 명사　단수 동사

실력 UP! 연습문제

주어진 우리말 문장을 보고 괄호에서 알맞은 것을 고르세요.

→ ① **힌트:** This perfume(이 향수)은 단수 주어예요.

01 이 향수는 잘 팔린다.　　　　　　　This perfume (sell, sells) well.

02 그 물은 깨끗해 보인다.　　　　　　The water (seem, seems) clean.

03 모든 학생이 그 규칙을 안다.　　　　Every student (knows, know) the rule.

04 온라인 쇼핑은 편리하다.　　　　　　Online shopping (is, are) convenient.

괄호에서 알맞은 것을 고르세요.

05 The show (lasts, last) 30 minutes. ←→ ① **힌트:** 괄호는 주어 뒤의 동사 자리예요. 주어 자리에
　　　　　　　　　　　　　　　　　　단수 명사(The show)가 왔어요.

06 Air (is, are) necessary for life.

07 Each package (contain, contains) only 100 calories.

08 The equipment (improves, improve) the quality of products.

자신감 UP! 실전문제

밑줄 친 부분에 들어갈 가장 적절한 것을 고르세요.

09 The bakery ------- handmade desserts.

(A) offer　　　　　　(B) offers

(C) to offer　　　　　(D) offering

→ ① **힌트:** 빈칸은 주어 뒤의 동사 자리예요. 주어
　　　자리에 온 The bakery(그 빵집)가
　　　단수인지 복수인지 생각해 보세요.

10 Stress ------- health problems.

(A) cause　　　　　　(B) causing

(C) causes　　　　　(D) are causing

정답 ■ 해석 ■ 해설 **p.54**

이 어휘, 이런 뜻이에요!

01 perfume 圆 향수　sell 튕 팔리다, 팔다　well 튄 잘　**02** seem 튕 ~해 보이다　**03** rule 圆 규칙
04 convenient 圈 편리한　**05** last 튕 계속되다, 지속되다　**06** necessary 圈 필수적인　life 圆 생명체, 인생
07 package 圆 용기, 포장　contain 튕 ~이 들어 있다　**08** equipment 圆 장비　improve 튕 향상시키다
09 bakery 圆 빵집　handmade 圈 수제의　offer 튕 제공하다　**10** health 圆 건강　cause 튕 발생시키다, 유발하다

2 | 복수 주어 – 복수 동사 수일치

Two boys (clean, cleans) the window. 두 명의 소년들이 창문을 닦는다.

복수 주어인 Two boys가 왔으므로 괄호 안에는 단수 동사 cleans가 아닌 복수 동사 clean이 와야 해요. 이처럼 영어에서는 **복수로 취급하는 주어**가 오면, 뒤에 **복수 동사**가 와요.

복수 가산 명사 – 복수 동사

포인트 1

복수 가산 명사는 복수 주어이기 때문에 뒤에 **복수 동사**가 와요.

My friends / exercise / in the fitness center. 내 친구들은 / 운동한다 / 헬스클럽에서
<u>복수 가산 명사</u>　복수 동사

'주어 and 주어' – 복수 동사

포인트 2

주어가 **and로 연결**되어 있으면 복수 주어로 취급하기 때문에 **복수 동사**가 와요.

My sister and I / do / homework / together. 나의 여동생과 나는 / 한다 / 숙제를 / 함께
<u>　주어 and 주어</u>　복수 동사

'several / many / a few + 복수 명사' – 복수 동사

포인트 3

'**several / many / a few + 복수 명사**'는 복수 주어로 취급하기 때문에 뒤에 **복수 동사**가 와요.

Several mangoes / are / in the basket. 몇몇 망고들이 / 있다 / 바구니 안에
<u>　Several + 복수 명사</u>　복수 동사

Many people / work / in the marketing industry. 많은 사람들이 / 일한다 / 마케팅 산업에서
<u>　Many + 복수 명사</u>　복수 동사

A few options / are / available. 몇 가지 선택권들이 / 이용 가능하다
<u>　A few + 복수 명사</u>　복수 동사

3주 1일

3주 2일

3주 3일

3주 4일

3주 5일

3주 6일

해커스 토익 왕기초 Reading

실력 UP! 연습문제

주어진 우리말 문장을 보고 괄호에서 알맞은 것을 고르세요.

> (!) **힌트:** Factories(공장들)는 복수 주어예요.

01 공장들은 오염을 발생시킨다.　　　Factories (cause, causes) pollution.

02 그 문들은 자동으로 잠긴다.　　　The doors (lock, locks) automatically.

03 몇몇 도시들이 같은 문제를 가지고 있다.　　　Several cities (has, have) the same problem.

04 Mike와 Jay는 같은 학교에 다닌다.　　　Mike and Jay (go, goes) to the same school.

괄호에서 알맞은 것을 고르세요.

05 People (is, are) waiting for the bus. ⟶ (!) **힌트:** 괄호는 주어 뒤 동사 자리예요. 주어 자리에
　　　　　　　　　　　　　　　　　　　　　복수 명사 People(사람들)이 왔어요.

06 Many children (hate, hates) onions.

07 A few stores (carry, carries) this item.

08 Sarah and Jane (volunteers, volunteer) at the community center.

자신감 UP! 실전문제

밑줄 친 부분에 들어갈 가장 적절한 것을 고르세요.

09 Several studies ------- the benefits of deep sleep.

(A) shows　　　　　(B) showing

(C) to show　　　　(D) show

> ⟶ (!) **힌트:** 빈칸은 주어 뒤의 동사 자리예요. 주어 자리에
> 'Several + 복수 명사(studies)'가 왔어요.
> 동사 자리에는 무엇이 와야 할지 생각해 보세요.

10 The special events ------- many people to the city.

(A) attract　　　　(B) attracting

(C) attracts　　　　(D) attraction

정답 ■ 해석 ■ 해설 **p.55**

이 어휘, 이런 뜻이에요!

01 factory 圆 공장　pollution 圆 오염　**02** lock 튐 잠기다　automatically 틘 자동으로　**03** same 圈 같은　**05** wait for ~을 기다리다
06 hate 튐 싫어하다　onion 圆 양파　**07** carry 튐 (상품을) 취급하다　item 圆 상품　**08** volunteer 튐 자원봉사를 하다　community center 주민 센터
09 study 圆 연구; 튐 공부하다　benefit 圆 이점　deep sleep 숙면　show 튐 증명하다, 보여 주다
10 special 圈 특별한　attract 튐 끌어들이다　attraction 圆 끌림, 명소

3 | 주의해야 할 주어 – 동사 수일치

Visitors to the museum (look, looks) at the paintings.
미술관의 방문객들이 그림들을 본다.

단수 명사 museum이 아닌 복수 명사 Visitors가 주어이기 때문에 괄호 안에는 복수 동사 look
이 와야 해요. 이처럼 동사 앞에 주어처럼 보이는 것이 여러 개가 있을 때는 **진짜 주어**를 찾은 후,
그 주어에 동사를 맞춰 **수일치**시켜야 해요.

포인트 1 | 주어와 동사 사이에 수식어가 온 경우

주어와 동사 사이에 온 **수식어**는 주어와 동사의 수일치에 전혀 영향을 주지 않아요.

The bus / [for the guests] / (are, is) / ready. 버스가 / 손님들을 위한 / 준비되어 있다
　　단수 주어　　　　수식어　　　복수(×) 단수(○)

The players / [on the team] / (has, have) / many fans. 선수들은 / 그 팀에 있는 / 가지고 있다 / 많은 팬들을
　　복수 주어　　　　수식어　　　단수(×) 복수(○)

포인트 2 | 'all / most / some + of + the 명사'가 주어로 온 경우

of the 뒤의 명사가 **단수 또는 불가산**이면 단수 주어로 취급되어 뒤에 **단수 동사**가 오고, **of the 뒤의 명사가 복수**이
면 **복수 주어**로 취급되어 뒤에 **복수 동사**가 와요.

all / most / some	+ of + the +	단수 / 불가산 명사 + 단수 동사
		복수 명사 + 복수 동사

All of the information / (seem, seems) / correct. 모든 정보가 / 보인다 / 정확해
　　　　　불가산　　　　복수(×)　단수(○)

Most of the fruits / (is, are) / sweet. 과일들의 대부분은 / 달다
　　　　복수　단수(×) 복수(○)

Some of the stores / (sells, sell) / their products / online. 상점들 중 몇몇은 / 판매한다 / 그들의 상품을 / 온라인으로
　　　　　복수　　단수(×) 복수(○)

3주 1일
3주 2일
3주 3일
3주 4일
3주 5일
3주 6일

해커스 토익 왕기초 Reading

실력 UP! 연습문제

주어진 우리말 문장을 보고 괄호에서 알맞은 것을 고르세요.

> (!) **힌트:** 주어와 동사 사이에 오는 수식어(on this shelf)는
> 주어와 동사의 수일치에 영향을 주지 않아요.

01 이 선반에 있는 물품들은 할인 중이다.   The items on this shelf (are, is) on sale.

02 대부분의 방들은 수리가 필요하다.   Most of the rooms (require, requires) repairs.

03 모든 세부 사항들은 이 파일 안에 있다.   All of the details (are, is) in this file.

04 이 쿠키 상자는 4달러이다.   This box of cookies (costs, cost) $4.

괄호에서 알맞은 것을 고르세요.

05 Most of the patients (wait, waits) for a long time. ──→ (!) **힌트:** 괄호는 주어 뒤의 동사 자리예요. Most of the
뒤에 오는 명사에 따라 단수 동사가 올지 복수 동사가
올지 정해져요.

06 Some of the advice (is, are) useful.

07 My friends in Canada (invites, invite) me every year.

08 A list of our products (is, are) on the Web site.

자신감 UP! 실전문제

밑줄 친 부분에 들어갈 가장 적절한 것을 고르세요.

09 The schedule for employees ------- a lunch
break.

(A) includes   (B) include

(C) are including   (D) including

> (!) **힌트:** 빈칸은 주어 뒤의 동사 자리예요. 주어와 동사
> 사이에 온 수식어(for employees)는 주어와
> 동사의 수일치에 영향을 주지 않아요.

10 All of the flights between London and New
York ------- canceled due to the storm.

(A) has   (B) is

(C) was   (D) are

정답 ■ 해석 ■ 해설 **p.56**

이 어휘, 이런 뜻이에요!

01 shelf 몝 선반 **on sale** 할인 중인 **02** require 툉 필요하다 **repair** 몝 수리; 툉 수리하다 **03** detail 몝 세부 사항
04 cost 툉 (값이) ~이다; 몝 가격 **05** patient 몝 환자 **06** advice 몝 조언 **useful** 혱 도움이 되는 **07** invite 툉 초대하다
08 list 몝 목록, 표 **09** lunch break 점심시간 **include** 툉 포함하다 **10** flight 몝 비행 편 **cancel** 툉 취소하다 **storm** 몝 폭풍(우)

수일치 문장 해석하기

1 | 수량 형용사가 있는 수일치 문장 해석하기

Many students are on the bus. 많은 학생들이 버스 안에 있다.
　　　복수 명사　복수 동사

Many 뒤에 students가 와서 '많은 학생들'이라고 해석되는 것처럼, many는 '**많은**'이라는 뜻이에요. many 뒤에는 항상 복수 명사가 오고, '**many + 복수 명사**'는 복수 주어로 **취급**되므로 항상 **복수 동사**가 따라온답니다. 이처럼 명사 앞에 어떤 수량 형용사가 오는지에 따라 주어와 동사의 수가 결정되기도 해요.

every(모든)/each(각각의) + 단수 명사 + 단수 동사	much(많은) + 불가산 명사 + 단수 동사
several(몇몇의)/many(많은) + 복수 명사 + 복수 동사	

문장 해석 연습

수량 형용사가 있는 문장의 수일치에 유의하여 다음 문장을 우리말로 해석하세요.
(문장의 동사에 동그라미, 주어에 밑줄을 치세요.)

01 <u>Each classroom</u> (has) a computer. 각각의 교실에는 컴퓨터가 있다.

02 Every shop in the downtown area is closed today.

03 Several tickets are left for the game.

04 On weekends, many people have dinner in my restaurant.

05 Every tourist has to apply for a visa.

06 Each candidate has a different point of view on the matter.

07 Several employees are using the conference room for a project.

08 Many passengers are waiting on the platform.

09 Every student in our school lives in the dormitory.

10 Too much salt is not good for your health.

정답 ■ 해석 ■ 해설 **p.57**

이 어휘, 이런 뜻이에요!

01 classroom 圏 교실　**02** downtown 囲 시내에　closed 圏 (상점 등이) 문을 닫은　**05** tourist 圏 관광객　apply for ~을 신청하다, 지원하다
06 candidate 圏 후보자　point of view 견해　matter 圏 문제　**07** several 圏 몇몇의　conference room 회의실
08 passenger 圏 승객　platform 圏 (기차역의) 플랫폼　**09** dormitory 圏 기숙사　**10** health 圏 건강

2 | a number of와 the number of 해석하기

A number of <u>students</u> <u>are</u> on the bus. 많은 학생들이 버스 안에 있다.
　　　　　　복수 명사　복수 동사

The number of <u>students</u> <u>is</u> eight. 학생들의 수는 여덟이다.
　　　　　　　복수 명사　단수 동사

첫 번째 문장의 **a number of** 뒤에 복수 명사 students가 와서 '**많은 학생들**'이라고 해석되고, 두 번째 문장의 **the number of** 뒤에 복수 명사 students가 와서 '**학생들의 수**'라고 해석되는 것처럼, number of 앞에 a와 the 중 무엇이 오느냐에 따라 해석이 달라진답니다. **a number of(많은)** 뒤에는 항상 '**복수 명사 + 복수 동사**'가 오고, **the number of(~의 수)** 뒤에는 '**단수/복수 명사 + 단수 동사**'가 온다는 것도 기억해 두세요..

문장 해석 연습

a number of와 the number of의 의미와 수일치에 유의하여 다음 문장을 우리말로 해석하세요.
(문장의 동사에 동그라미, 주어에 밑줄을 치세요.)

01　<u>A number of people</u> (are) on the street. 많은 사람들이 거리에 있다.

02　The number of students per class is about 20.

03　Every year, a number of travelers visit London.

04　A number of teenagers use smartphones these days.

05　A number of books in the library are new.

06　Recently, the number of complaints increased.

07　The number of seats in the theater is 100.

08　A number of companies advertise online.

09　The number of visitors is strictly limited.

10　During summer, a number of hotels are fully booked.

정답 ▪ 해석 ▪ 해설 p.58

이 어휘, 이런 뜻이에요!

02 per 젠 ~당, 마다　about 뮈 약　**03** every year 해마다　traveler 몡 여행객　visit 툉 방문하다　**04** teenager 몡 십 대　these days 요즘
06 complaint 몡 항의, 불평　increase 툉 증가하다　**07** seat 몡 좌석, 자리　theater 몡 극장　**08** advertise 툉 광고하다
09 visitor 몡 방문객　strictly 뮈 엄격히, 엄하게　limit 툉 제한하다　**10** during 젠 ~ 동안　fully 뮈 완전히　book 툉 예약하다

3주 2일

시제 | Part 5 • 6 | 문법

1. 현재/과거/미래
2. 현재 진행/과거 진행/미래 진행
3. 현재 완료/과거 완료/미래 완료

시제 해석하기 | Part 7 | 리딩 – 구문 독해

1. 진행 시제 해석하기
2. 완료 시제 해석하기

기초부터 차근차근! ✏️

◉ 시제란 무엇인가요?

선물을 주었다.	선물을 준다.	선물을 줄 것이다.
동사(과거)	동사(현재)	동사(미래)

동사 '주다'는 '주었다', '준다', '줄 것이다'처럼 시간의 변화에 따라 다양한 형태로 바뀔 수 있어요. 이처럼 동사의 형태를 바꾸어 어떤 행동이나 사건이 일어난 시간을 표현하는 것을 시제라고 해요.

◉ 시제의 종류는 무엇이 있나요?

시제는 크게 단순, 진행, 완료 시제로 나뉘어요. 이 각각의 시제는 또한, 현재, 과거, 미래로 나뉘어요.

단순 시제	특정한 시간에 발생한 일이나 상태를 나타내는 시제	현재 시제	동사원형 + (e)s
		과거 시제	동사원형 + ed
		미래 시제	will/be going to + 동사원형
진행 시제	주어진 시점에서 동작이 계속 진행되고 있는 것을 나타내는 시제	현재 진행 시제	am/is/are + ing
		과거 진행 시제	was/were + ing
		미래 진행 시제	will be + ing
완료 시제	기준 시점보다 앞선 시점부터 발생한 일이나 상태가 기준 시점에 완료되거나 계속되는 것을 나타내는 시제	현재 완료 시제	have/has + p.p.
		과거 완료 시제	had + p.p.
		미래 완료 시제	will have + p.p.

시제

1 | 현재/과거/미래

그녀는 보통 아침에 신문을 읽는다. 어제도 읽었다. 내일도 읽을 것이다.

아침에 신문을 읽는 습관은 '읽는다'로, 어제 읽은 것은 '읽었다'로, 내일 읽을 예정인 것은 '읽을 것이다'로 표현할 수 있어요. 이처럼 현재, 과거, 미래와 같은 특정 시점에 발생한 일을 나타낼 때 영어에서도 **현재, 과거, 미래 시제**를 써요.

현재(동사원형 + (e)s)

반복되는 일이나 **습관, 일반적인 사실**을 표현할 때 써요. 특히 아래의 표현이 현재 시제와 함께 자주 쓰여요.

usually 보통	often 자주, 종종	every day 매일	these days 요즘

She / <u>usually</u> / <u>reads</u> / newspapers / in the morning. 그녀는 / 보통 / 읽는다 / 신문을 / 아침에
　　　　　　　　현재 시제

과거(동사원형 + ed)

과거에 일어난 일이나 **과거의 동작, 상태**를 표현할 때 써요. 특히 아래의 표현이 과거 시제와 함께 자주 쓰여요.

yesterday 어제	시간 표현 + ago ~ 전에	last + week / month / year 지난주/달/해에	in + 과거 연도 ~년에

Oil prices / <u>increased</u> / <u>yesterday</u>. 석유 가격이 / 올랐다 / 어제
　　　　　　 과거 시제

미래(will/be going to + 동사원형)

미래의 상황에 대한 추측·예상이나 **의지, 계획** 등을 표현할 때 써요. 특히 아래의 표현이 미래 시제와 함께 자주 쓰여요.

tomorrow 내일	next + week / month / year 다음 주/달/해에	by/until + 미래 시간 표현 ~까지

I / <u>will take</u> / an art class / <u>next month</u>. 나는 / 들을 것이다 / 미술 수업을 / 다음 달에
　　미래 시제

Melissa / <u>is going to finish</u> / her homework / <u>by tomorrow</u>. Melissa는 / 끝낼 것이다 / 그녀의 숙제를 / 내일까지
　　　　미래 시제

3주 1일

3주 2일

3주 3일

3주 4일

3주 5일

3주 6일

해커스 토익 왕기초 Reading

실력 UP! 연습문제

주어진 우리말 문장을 보고 괄호에서 알맞은 것을 고르세요.

> (!) **힌트:** usually(보통)는 현재 시제와 함께 자주 쓰여요.

01 패스트푸드에는 보통 많은 염분이 들어 있다.   Fast food usually (has, had) a lot of salt.

02 그는 다음 주에 돈을 기부할 것이다.   He (will donate, donated) money next week.

03 그들은 작년에 새 프린터를 출시했다.   They (launched, will launch) a new printer last year.

04 사람들은 요즘 온라인으로 표를 예매한다.   People (reserved, reserve) tickets online these days.

괄호에서 알맞은 것을 고르세요.

05 She (went, will go) to a concert tomorrow. ⟶ (!) **힌트:** tomorrow(내일)는 미래 시제와 함께 자주 쓰여요.

06 It often (rains, will rain) in this country.

07 The company (will close, closed) its factory in Mexico next April.

08 A customer (complained, complain) about the restaurant's service yesterday.

자신감 UP! 실전문제

밑줄 친 부분에 들어갈 가장 적절한 것을 고르세요.

09 Ms. Hanson ------- from her job next month.

(A) will retire   (B) retiring

(C) to retire   (D) retired

> (!) **힌트:** 빈칸은 동사 자리예요. 문장에 있는 next month(다음 달)가 어떤 시제와 함께 쓰이는지 생각해 보세요.

10 Many people ------- the new exhibit yesterday.

(A) will view   (B) viewing

(C) view   (D) viewed

정답 ■ 해석 ■ 해설 **p.59**

이 어휘, 이런 뜻이에요!

01 salt 圈 염분, 소금 **02** donate 圄 기부하다 **03** launch 圄 출시하다 **04** reserve 圄 예매하다 **06** country 圈 나라, 국가 **07** factory 圈 공장
08 complain 圄 불평하다 **09** retire 圄 은퇴하다 **10** exhibit 圈 전시회; 圄 전시하다   view 圄 관람하다

2 | 현재 진행/과거 진행/미래 진행

아까 길에서 핫도그를 **팔고 있었다.** 나는 지금 그것을 사러 밖으로 **가고 있다.**

과거 특정 시점에 진행되고 있었던 동작은 '~하고 있었다', 현재 진행 중인 동작은 '~하고 있다'
로 표현할 수 있어요. 이처럼 진행 중인 일을 나타낼 때 영어에서도 **현재 진행, 과거 진행, 미래
진행 시제**를 써요.

현재 진행(am/is/are + ing)
포인트 1

현재 진행 중인 일이나 **동작**을 표현할 때 써요. 특히 **now(지금), right now(지금 바로), at the moment(지금)**가
현재 진행 시제와 함께 자주 쓰여요.

I / <u>am going</u> / <u>outside</u> / <u>now</u>. 나는 / 가고 있다 / 밖으로 / 지금
　　현재 진행

과거 진행(was/were + ing)
포인트 2

과거의 **특정 시점에** 진행되고 있었던 일이나 **동작**을 표현할 때 써요. 주로 과거 시점을 나타내는 시간 표현이 함께
나와요.

She / <u>was sleeping</u> / <u>last night</u>. 그녀는 / 자고 있었다 / 어젯밤에
　　　과거 진행

미래 진행(will be + ing)
포인트 3

미래의 **특정 시점에** 진행되고 있을 일이나 **동작**을 표현할 때 써요. 주로 미래 시점을 나타내는 시간 표현이 함께
나와요.

Ms. Carter / <u>will be training</u> / <u>new employees</u> / <u>tomorrow morning</u>.
　　　　　　미래 진행
Ms. Carter는 / 교육하고 있을 것이다 / 신입 직원들을 / 내일 아침에

3주 1일

3주 2일

3주 3일

3주 4일

3주 5일

3주 6일

해커스 토익 왕기초 Reading

실력 UP! 연습문제

주어진 우리말 문장을 보고 괄호에서 알맞은 것을 고르세요.

> ! **힌트:** now(지금)는 현재 진행 시제와 함께 자주 쓰여요.

01   나는 지금 요가를 하고 있다.   I (am doing, was doing) yoga now.

02   나는 내일 오후에 공부하고 있을 것이다.   I (was studying, will be studying) tomorrow afternoon.

03   Chris는 내일 밤에 일하고 있을 것이다.   Chris (will be working, was working) tomorrow night.

04   그녀는 방금 전에 내 컴퓨터를 고치고 있었다.   She (is repairing, was repairing) my computer a minute ago.

괄호에서 알맞은 것을 고르세요.

05   She (is packing, was packing) her lunch box at the moment. → ! **힌트:** at the moment(지금)는 현재 진행 시제와 함께 자주 쓰여요.

06   We (were staying, will be staying) at a hotel during our next trip.

07   A customer (is waiting, was waiting) for Mr. Bell now.

08   Mr. Coleman (was talking, will be talking) on the phone an hour ago.

자신감 UP! 실전문제

밑줄 친 부분에 들어갈 가장 적절한 것을 고르세요.

09   Ms. Branson ------- a presentation to the staff next Friday.

(A) was making   (B) to make

(C) made   (D) will be making

> ! **힌트:** 빈칸은 동사 자리예요. 문장에 있는 next Friday(다음 주 금요일)가 어떤 시제와 함께 쓰이는지 생각해 보세요.

10   The store ------- shoes at a 50 percent discount last week.

(A) is selling   (B) will be selling

(C) sells   (D) was selling

정답 ▪ 해석 ▪ 해설 **p.60**

이 어휘, 이런 뜻이에요!

01 yoga 명 요가   **04** repair 통 고치다, 수리하다   **05** pack 통 싸다   lunch box 점심 도시락   **06** stay 통 머무르다, 숙박하다
09 make a presentation 프레젠테이션을 하다   **10** discount 명 할인(가)   sell 통 팔다

Jin은 작년부터 마술을 배워 왔다. 연말까지 모든 마술을 다 배우게 될 것이다.

과거부터 현재까지 동작이 계속된 경우 '~해 왔다'를, 현재나 과거부터 지속되던 동작이 미래의 어떤 시점에 끝날 경우 '~하게 될 것이다'로 표현할 수 있어요. 이처럼 영어에서는 기준 시점보다 앞선 시점에 발생한 일이나 상태가 기준 시점에 완료되거나 계속되는 것을 나타낼 때 **현재 완료, 과거 완료, 미래 완료 시제**를 써요.

현재 완료(have/has + p.p.)

포인트 1

과거에 발생한 일이나 상태가 현재에 계속되고 있거나 완료된 것을 표현할 때 써요. 특히 아래의 표현이 현재 완료 시제와 함께 자주 쓰여요.

since + 과거 시점 ~ 이래로	over the last/past + 기간 지난 ~ 동안	for + 기간 ~ 동안

Jin / has learned / magic / since last year.   Jin은 / 배워 왔다 / 마술을 / 작년부터
      현재 완료

과거 완료(had + p.p.)

포인트 2

과거의 어떤 시점을 기준으로 그보다 더 앞선 시간에 발생된 일을 표현할 때 써요. 이때, **과거의 특정 시점을 나타내는 표현**이 함께 나와요.

The meeting / had started / before the speaker arrived.   회의는 / 시작되었다 / 연설자가 도착하기 전에
        과거 완료   과거의 특정 시점(연설자가 도착한 시점)

미래 완료(will have + p.p.)

포인트 3

현재나 과거에 발생한 동작이 미래의 어떤 시점에 완료될 것임을 표현할 때 써요. 특히 아래의 표현이 미래 완료 시제와 함께 자주 쓰여요.

by next + 시간 표현 다음 ~까지	by the end of + 시간 표현 ~ 말까지	next + 시간 표현 다음 ~에

Kim / will have finished / the project / by the end of the week.
        미래 완료
Kim은 / 끝내게 될 것이다 / 프로젝트를 / 이번 주말까지

3주 1일

3주 2일

3주 3일

3주 4일

3주 5일

3주 6일

해커스 토익 왕기초 Reading

실력 UP! 연습문제

주어진 우리말 문장을 보고 괄호에서 알맞은 것을 고르세요.

> (!) **힌트:** 'since + 과거 시점(~ 이래로)'은 현재 완료
> 시제와 함께 자주 쓰여요.

01 그녀는 2010년 이래로 이 가게를 운영해 왔다.　　She (has run, had run) this shop since 2010.

02 나는 페루에서 살기 전에 스페인에서 살았다.　　I (had lived, have lived) in Spain before I lived in Peru.

03 나는 내년이면 졸업하게 될 것이다.　　I (will have graduated, have graduated) by next year.

04 그는 지금껏 10년 동안 일해 왔다.　　He (has worked, had worked) for 10 years so far.

괄호에서 알맞은 것을 고르세요.

> (!) **힌트:** 'by next + 시간 표현(다음 ~까지)'은
> 미래 완료 시제와 함께 자주 쓰여요.

05 I (have completed, will have completed) this work by next weekend.

06 I (had ordered, will have ordered) a salad, but the waiter brought me soup.

07 Technology (has improved, improves) over the past 20 years.

08 The parade was canceled today because it (had snowed, will snow) last night.

자신감 UP! 실전문제

밑줄 친 부분에 들어갈 가장 적절한 것을 고르세요.

09 The business ------- over the last few years.

(A) grows　　　　(B) is growing

(C) will grow　　　(D) has grown

> (!) **힌트:** 빈칸은 동사 자리예요. 'over the
> last + 기간(지난 ~ 동안)'이 어떤
> 시제와 함께 쓰이는지 생각해 보세요.

10 Blair ------- alone for months until she finally got a roommate.

(A) lives　　　　(B) will live

(C) had lived　　(D) will have lived

정답 ■ 해석 ■ 해설 **p.61**

이 어휘, 이런 뜻이에요!

01 run ⑧ 운영하다　**03** graduate ⑧ 졸업하다　**04** so far 지금껏, 여태껏　**05** complete ⑧ 완료하다, 끝내다
07 technology ⑲ 기술　improve ⑧ 발전하다　**08** parade ⑲ 행진, 퍼레이드　cancel ⑧ 취소하다　**09** grow ⑧ 성장하다
10 alone ⑨ 혼자　until ⑩ ~할 때까지, ⑪ ~까지　finally ⑨ 마침내, 결국　roommate ⑲ 룸메이트

1 | 진행 시제 해석하기

Tyler is dancing. Tyler가 춤추고 있다.
　　　be동사　ing

위 문장의 is dancing이 '춤추고 있다'라고 해석되는 것처럼, 진행 시제는 특정 시점에 진행되고 있는 일이나 동작을 나타내요. 현재 진행 시제(am/is/are + ing)는 '~하고 있다', 과거 진행 시제(was/were + ing)는 '~하고 있었다', 미래 진행 시제(will be + ing)는 '~하고 있을 것이다'로 해석해요.

문장 해석 연습

진행 시제에 유의하여 다음 문장을 우리말로 해석하세요. (문장의 동사에 동그라미, 주어에 밑줄을 치세요.)

01 <u>Amy</u> (is painting) the walls. Amy는 벽에 페인트칠을 하고 있다.

02 Jeremy was listening to music.

03 Ms. Holden is teaching a class.

04 Brian was sleeping on the couch.

05 Someone is ringing the doorbell.

06 Our team was practicing on the field.

07 I will be shopping for shoes then.

08 The employees are working hard.

09 Everyone will be coming to the party at around 6 P.M.

10 The company is expanding.

정답 ▪ 해석 ▪ 해설 **p.62**

이 어휘, 이런 뜻이에요!

01 paint 图 페인트칠을 하다　wall 圆 벽　**03** teach 图 가르치다　**04** couch 圆 소파　**05** ring 图 (초인종 등을) 누르다　doorbell 圆 초인종
06 practice 图 연습하다; 圆 연습　field 圆 경기장　**08** hard 凰 열심히　**09** around 凰 ~쯤, 약　**10** expand 图 확장되다, 확대되다

3주 1일
3주 2일
3주 3일
3주 4일
3주 5일
3주 6일

해커스 토익 왕기초 Reading

2 | 완료 시제 해석하기

I <u>have been</u> sick since last night. 나는 지난밤부터 아파 왔다.
　have동사　p.p.

위 문장의 have been sick이 '아파 왔다'라고 해석되는 것처럼, 완료 시제는 앞서 발생한 일이 기준 시점에 '완료'되거나 '계속'되는 상황을 나타내요. 현재 완료 시제(have/has + p.p)는 '~했다[완료]', '~해 왔다[계속]', 과거 완료 시제(had + p.p)는 '(과거 시점보다 이전 시점에) ~했다', 미래 완료 시제(will have + p.p.)는 '(미래에) ~하게 될 것이다'로 해석해요.

문장 해석 연습

완료 시제에 유의하여 다음 문장을 우리말로 해석하세요. (문장의 동사에 동그라미, 주어에 밑줄을 치세요.)

01 <u>My husband</u> (has cleaned) the living room.　나의 남편은 거실을 청소했다.

02 I have lived in Seoul for nine years.

03 Rebecca has lost her job.

04 I have not seen Jimmy since last month.

05 He has not finished his dinner yet.

06 Daisy has broken my camera.

07 The bank will have closed by 4 P.M.

08 Matt had already left when we arrived.

09 I had gotten a job before I graduated.

10 The mechanic will have repaired the car by next Friday.

정답 ■ 해석 ■ 해설 **p.63**

이 어휘, 이런 뜻이에요!

01 living room 거실　**03** lose a job 일자리를 잃다　**04** see ⑧ (사람을) 보다, 만나다　last month 지난달　**05** finish ⑧ 마치다, 끝내다
06 break ⑧ 망가뜨리다　**09** get a job 일자리를 구하다　**10** mechanic ⑧ 정비공

3주 3일

능동태·수동태 Part 5 • 6 | 문법

1. 능동태와 수동태 구별
2. 수동태의 짝표현

수동태 해석하기 Part 7 | 리딩 – 구문 독해

1. 수동태 문장 해석하기
2. 조동사가 있는 수동태 문장 해석하기

기초부터 차근차근! ✏️

● 능동태와 수동태란 무엇인가요?

Kate가 공을 <u>던졌다</u>.
능동태

공이 Kate에 의해 <u>던져졌다</u>.
수동태

'Kate가 공을 던졌다'에서 Kate는 공을 던진 행위의 주체예요. 이처럼 주어가 행위의 주체가 되는 것을 **능동태**라고 해요. '공이 Kate에 의해 던져졌다'에서 주어인 '공'은 Kate에 의해서 던짐을 당하는 대상이에요. 이처럼 주어가 다른 대상으로부터 행위를 당하는 것을 **수동태**라고 해요.

● 수동태는 어떤 형태를 가지고 있나요?

수동태의 기본 형태는 'be동사(am/are/is 등) + p.p.(과거분사)'예요.

The ball / <u>was thrown</u> / by Kate. 공이 / 던져졌다 / Kate에 의해
be동사 + p.p.

● 능동태 문장을 수동태 문장으로 어떻게 바꾸나요?

능동태 문장의 목적어는 수동태 문장에서 주어가 되고, 능동태 문장의 주어는 수동태 문장에서 보통 'by + 목적격'으로 바뀌어요. 수동태 문장으로 바꿀 때, 동사는 반드시 목적어가 있는 타동사여야 해요.

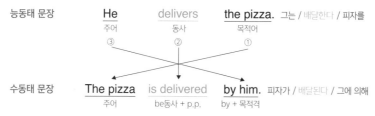

능동태 문장   He   delivers   the pizza. 그는 / 배달한다 / 피자를
　　　　　　주어　　동사　　　목적어
　　　　　　③　　　②　　　　①

수동태 문장   The pizza   is delivered   by him. 피자가 / 배달된다 / 그에 의해
　　　　　　주어　　　be동사 + p.p.　by + 목적격

① 능동태 문장의 목적어 the pizza를 수동태 문장의 주어 자리에 놓아요.
② 능동태 문장의 동사 delivers를 'be동사 + p.p.' 형태인 is delivered로 바꾸어 동사 자리에 놓아요.
③ 능동태 문장의 주어 He를 'by + 목적격' 형태인 by him으로 바꿔요. 단, 'by + 목적격'은 생략할 수도 있어요.

1 | 능동태와 수동태 구별

오토바이가 (주차했다, 주차되었다).

괄호 안에는 능동의 의미인 '주차했다'가 아닌 수동의 의미인 '주차되었다'를 써야
자연스러워요. 이처럼 영어에서도 **능동태와 수동태를 구별**하여 써야 해요.

포인트 1

능동태와 수동태 구별 방법

동사 자리에 능동태가 올지 수동태가 올지는 타동사 뒤에 목적어가 있는지 없는지에 따라 결정돼요. 타동사 뒤에
목적어가 있으면 능동태, 타동사 뒤에 **목적어가 없으면 수동태**가 와요.

능동태   He / (is used, uses) / a smartphone.   그는 / 사용한다 / 스마트폰을
                             수동태(×)   능동태(○)   목적어

                 The hotel / (is provided, provides) / good service / to customers.
                                    수동태(×)   능동태(○)   목적어
                 그 호텔은 / 제공한다 / 좋은 서비스를 / 고객들에게

수동태   A motorcycle / (parked, was parked).   오토바이가 / 주차되었다
                             능동태(×)   수동태(○)

                 The light bulb / (invented, was invented) / by Thomas Edison.
                                능동태(×)   수동태(○)
                 전구는 / 발명되었다 / 토머스 에디슨에 의해

주어진 우리말 문장을 보고 괄호에서 알맞은 것을 고르세요.

> ⟶ ⓘ **힌트:** 괄호 뒤에 목적어 a book이 왔어요.

01 나는 책을 빌릴 것이다.   I (will be borrowed, will borrow) a book.

02 그 사진은 Serena에 의해 찍혔다.   The photo (was taken, took) by Serena.

03 그녀는 그녀의 가방을 잃어버렸다.   She (lost, was lost) her bag.

04 나는 Kay에 의해 초대받았다.   I (invited, was invited) by Kay.

괄호에서 알맞은 것을 고르세요.

05 Shawn (was played, played) video games. ⟶ ⓘ **힌트:** 괄호 뒤에 목적어 video games가 왔어요.

06 English (speaks, is spoken) in many countries.

07 We (exchanged, were exchanged) messages.

08 The class (was canceled, canceled) today.

밑줄 친 부분에 들어갈 가장 적절한 것을 고르세요.

09 The building ------- by a famous architect.

     (A) designed   (B) to design

     (C) designs   (D) was designed

> ⟶ ⓘ **힌트:** 동사 자리인 빈칸 뒤에 목적어가 없고, 'by + 목적격'이 왔어요.

10 The manager ------- good results from the customer survey.

     (A) expectation   (B) expects

     (C) is expected   (D) to expect

정답 ▪ 해석 ▪ 해설 p.64

이 어휘, 이런 뜻이에요!

01 borrow 图 빌리다   04 invite 图 초대하다   07 exchange 图 주고받다, 교환하다   08 cancel 图 취소하다
09 architect 圏 건축가   design 图 설계하다   10 customer survey 고객 여론 조사   expectation 圏 기대   expect 图 기대하다, 예상하다

2 | 수동태의 짝표현

I am interested (in, by) fashion. 나는 패션에 관심이 있다.

괄호 안에는 일반적으로 수동태와 함께 쓰이는 전치사 by가 아닌 interested와 함께 쓰이는 전치사 in을 써야 해요. 이처럼 **수동태**는 전치사 by뿐만 아니라 **다양한 전치사와 함께 쓰일** 수 있어요.

포인트 1

by가 아닌 다른 전치사와 함께 쓰는 수동태 표현

○ **전치사 in**과 함께 쓰이는 수동태 표현을 의미와 함께 알아두세요.

be engaged in ~에 종사하다, 참여하다	be interested in ~에 관심이 있다	be involved in ~에 관련되다

Mr. Han / was involved / in **this decision.** Mr. Han이 / 관련되어 있다 / 이 결정에

○ **전치사 to**와 함께 쓰이는 수동태 표현을 의미와 함께 알아두세요.

be dedicated to ~에 헌신하다, 전념하다	be exposed to ~에 노출되다	be related to ~과 관계가 있다

Science / is related / to **math.** 과학은 / 관계가 있다 / 수학과

○ **전치사 at**과 함께 쓰이는 수동태 표현을 의미와 함께 알아두세요.

be shocked at ~에 충격을 받다	be surprised at ~에 놀라다	be frightened at ~에 놀라다

Everyone / was surprised / at **the news.** 모두가 / 놀랐다 / 그 소식에

○ **전치사 with**와 함께 쓰이는 수동태 표현을 의미와 함께 알아두세요.

be covered with ~으로 덮이다	be faced with ~에 직면하다	be impressed with ~에 감명받다
be equipped with ~을 갖추고 있다	be (dis)satisfied with ~에 (불)만족하다	be pleased with ~에 기뻐하다

He / was impressed / with **the movie.** 그는 / 감명받았다 / 그 영화에

Mr. Holt / was satisfied / with **the product sample.** Mr. Holt는 / 만족했다 / 제품 샘플에

주어진 우리말 문장을 보고 괄호에서 알맞은 것을 고르세요.

> ! **힌트:** 수동태 be pleased는 전치사 with와 함께 쓰여요.

01 Ruby는 그녀의 시험 점수에 기뻐했다.   Ruby was pleased (in, with) her test score.

02 고속도로가 눈으로 덮여 있다.   The highway is covered (with, at) snow.

03 과학자들은 그 발견에 충격을 받았다.   Scientists were shocked (to, at) the discovery.

04 Mr. Miller는 대화에 참여했다.   Mr. Miller was engaged (to, in) conversation.

괄호에서 알맞은 것을 고르세요.

05 This job is related (to, in) my major. → ! **힌트:** 수동태 be related는 전치사 to와 함께 쓰여요.

06 My house is equipped (in, with) new furniture.

07 Ms. Fox is impressed (with, to) the book.

08 Many company employees are interested (in, at) this program.

밑줄 친 부분에 들어갈 가장 적절한 것을 고르세요.

09 Ms. Quinn is satisfied ------- her salary.

   (A) with   (B) in

   (C) at   (D) to

> ! **힌트:** 'Ms. Quinn은 급여에 만족한다'라는 문장이 되어야 자연스러워요. '~에 만족하다'에 해당하는 표현을 생각해 보세요.

10 Wear sunglasses when you are ------- the sun.

   (A) exposed   (B) exposing

   (C) exposed to   (D) exposes

정답 ■ 해석 ■ 해설 **p.65**

이 어휘, 이런 뜻이에요!

01 score 몡 점수   02 highway 몡 고속도로   03 scientist 몡 과학자   discovery 몡 발견   04 conversation 몡 대화   05 major 몡 전공
06 furniture 몡 가구   09 salary 몡 급여

해커스 토익 왕기초 Reading

1 | 수동태 문장 해석하기

Honey is made by bees. 꿀은 벌들에 의해 만들어진다.
　　　　be동사　p.p.

위 문장의 is made가 '만들어진다'라고 해석되는 것처럼, **수동태(be동사 + p.p.)**는 우리말의
'**~되다/~해지다**'에 해당해요. 동작의 주체를 드러내기 위해 종종 by와 함께 '**be동사 + p.p. +
by 목적격**'의 형태로 쓰이며, 이 경우 '**~에 의해 ~되다/~해지다**'로 해석해요.

문장 해석 연습

수동태에 유의하여 다음 문장을 우리말로 해석하세요. (문장의 동사에 동그라미, 주어에 밑줄을 치세요.)

01 <u>Milk</u> (is delivered) every morning. 우유가 매일 아침 배달된다.

02 Gary was fired.

03 This cake was made by Joe.

04 Wood is used in many ways.

05 A speech was given by the CEO.

06 My house was decorated by my husband.

07 This event is held every year.

08 Cereals are produced in this factory.

09 Files are stacked on the shelves.

10 This poem was written by an unknown poet.

정답 ■ 해석 ■ 해설 **p.66**

이 어휘, 이런 뜻이에요!

01 deliver 图 배달하다　**02** fire 图 해고하다　**04** wood 圆 나무, 목재　way 圆 용도, 방법　**05** speech 圆 연설　**06** decorate 图 꾸미다, 장식하다
07 event 圆 행사　hold 图 개최하다, 열다　**08** produce 图 생산하다　factory 圆 공장　**09** stack 图 쌓다; 圆 무더기　shelf 圆 선반
10 poem 圆 시　unknown 圈 무명의, 유명하지 않은　poet 圆 시인

2 | 조동사가 있는 수동태 문장 해석하기

All bags <u>must be checked</u>. 모든 가방은 확인되어야 한다.
　　　　　조동사　be동사　　p.p.

위 문장의 must be checked가 '확인되어야 한다'라고 해석되는 것처럼, '**must + be동사 + p.p.**'는 '**~되어야 한다**'로 해석해요. 이와 같이 조동사가 있는 수동태 문장은, 조동사와 수동의 의미를 모두 살려 해석해야 해요.

can + be동사 + p.p. ~될 수 있다	will + be동사 + p.p. ~될 것이다
must + be동사 + p.p. ~되어야 한다	should + be동사 + p.p. ~되어야 한다

문장 해석 연습

조동사와 수동태에 유의하여 다음 문장을 우리말로 해석하세요. (문장의 동사에 동그라미, 주어에 밑줄을 치세요.)

01 <u>Our flight</u> (can be delayed). 우리 항공편은 지연될 수 있다.

02 Anything can be ordered online.

03 This sweater should be washed in cold water.

04 Your homework should be done at home.

05 Dinner will be served within 10 minutes.

06 Details can be viewed on the Web site.

07 ID cards must be shown at the front door.

08 The winner will be announced soon.

09 Mr. Polk will be rewarded with an award.

10 Personal information should be protected.

정답 ■ 해석 ■ 해설 **p.67**

이 어휘, 이런 뜻이에요!

01 flight 몡 항공편　delay 동 지연시키다, 지체하게 하다　**02** order 동 주문하다　online 뷔 온라인으로　**03** sweater 몡 스웨터
05 serve 동 (음식을) 제공하다　within 젠 (특정한 기간) 이내로　**06** detail 몡 세부 사항　view 동 보다
07 ID card 신분증　show 동 제시하다, 보여 주다　**08** winner 몡 우승자　announce 동 발표하다
09 reward 동 상을 주다, 보상하다　award 몡 상　**10** personal information 개인 정보　protect 동 보호하다

3주 4일

to 부정사　Part 5 • 6 | 문법

1. to 부정사 자리

2. to 부정사 역할

3. to 부정사와 함께 쓰는 동사·명사·형용사

to 부정사 해석하기　Part 7 | 리딩 – 구문 독해

1. '가짜 주어 it – 진짜 주어 to 부정사' 해석하기

2. 목적을 나타내는 to 부정사 해석하기

기초부터 차근차근!

◉ to 부정사란 무엇인가요?

나는 책을 읽는 것을 좋아한다. (읽는 것: 명사 역할)　　읽을 책이 많다. (읽을: 형용사 역할)　　책을 읽기 위해서 카페에 갔다. (읽기 위해서: 부사 역할)

동사 '읽다'가 '읽는 것', '읽을', '읽기 위해서' 등으로 바뀌어 문장에서 여러 역할을 하고 있어요. 영어에서는 동사 앞에 to가 붙어 문장 속에서 이러한 여러 역할(명사, 형용사, 부사)을 하는데, 이것을 **to 부정사**라고 해요.

◉ to 부정사는 어떤 형태를 가지고 있나요?

to 부정사의 형태는 'to + 동사원형'이에요.

동사원형	to 부정사
read sing	to read to sing

◉ to 부정사는 동사의 성질을 가지고 있나요?

네, to 부정사는 문장에서 동사의 역할을 하지는 않지만 동사의 성질을 가지고 있어서, 동사에 준한다는 의미로 동명사, 분사와 함께 준동사라고 불려요. 예를 들어 to read books처럼 to 부정사가 뒤에 목적어나 보어를 가질 수도 있고, to sing well처럼 to 부정사가 부사의 꾸밈을 받기도 해요.

I / like / to read books. 나는 / 좋아한다 / 책을 읽는 것을
(to read: to 부정사, books: to 부정사의 목적어)

I / want / to sing well. 나는 / 원한다 / 노래를 잘 부르기를
(to sing: to 부정사, well: 부사)

to 부정사

1 | to 부정사 자리

영어를 가르치는 것이 내 직업이다.

동사 '가르치다'에 '~하는 것'이 붙은 '영어를 가르치는 것'이라는 긴말 덩어리가 주어 자리에 왔어요. 영어에서는 동사 앞에 to가 붙은 **to 부정사**가 포함된 긴말 덩어리가 문장의 주어 자리를 포함하여 **다양한 자리**에 올 수 있어요.

 포인트 1

to 부정사의 자리

to 부정사는 문장에서 **주어, 목적어, 보어, 수식어** 자리에 와요.

주어 자리 <u>To teach English</u> / is / my job. 영어를 가르치는 것이 / 나의 직업이다
       주어

목적어 자리 I / want / <u>to drink some cold water.</u> 나는 / 원한다 / 약간의 찬물을 마시는 것을
          목적어

보어 자리 My wish / is / <u>to have a cat.</u> 나의 소원은 / 고양이를 갖는 것이다
         보어

수식어 자리 She / trained / hard / <u>to win a gold medal.</u> 그녀는 / 훈련했다 / 열심히 / 금메달을 따기 위해서
            수식어

 포인트 2

to 부정사 자리에 올 수 없는 것

to 부정사가 와야 하는 자리에 **동사**나 **명사**는 올 수 없어요.

He / wants / (~~buy~~, to buy) / a new phone. 그는 / 원한다 / 사기를 / 새 전화기를
      동사(×) to 부정사(○)

→ to 부정사가 와야 하는 목적어 자리에 동사는 올 수 없어요.

Politics / is / a sensitive issue / (~~discussion~~, to discuss). 정치는 / 민감한 주제이다 / 논의하기에
          명사(×)   to 부정사(○)

→ to 부정사가 와야 하는 수식어 자리에 명사는 올 수 없어요.

실력 UP! 연습문제

주어진 우리말 문장을 보고 괄호에서 알맞은 것을 고르세요.

> **힌트:** 동사는 보어 자리에 올 수 없어요.

01 나의 바람은 그녀를 다시 보는 것이다.　My hope is (to see, see) her again.

02 Tara는 집을 팔기를 원한다.　Tara wants (sell, to sell) the house.

03 나는 앞줄에 앉기 위해서 일찍 도착했다.　I arrived early (to sit, sit) in the front row.

04 그 이유를 설명하는 것은 어렵다.　(Explanation, To explain) the reason is difficult.

괄호에서 알맞은 것을 고르세요.

05 (Climb, To climb) a mountain seems fun. → **힌트:** 괄호는 주어 자리예요. 동사는 주어 자리에 올 수 없어요.

06 Ms. Ford went to the post office (to mail, mail) a letter.

07 My plan was (to win, win) first prize.

08 The company needs feedback (improvement, to improve) its products.

자신감 UP! 실전문제

밑줄 친 부분에 들어갈 가장 적절한 것을 고르세요.

09 We will do anything ------- our customers.

(A) please　(B) pleasure
(C) to please　(D) pleases

> **힌트:** 문장에 주어(We), 동사(will do), 목적어 (anything)가 모두 왔어요. 따라서 빈칸에는 수식어 자리에 올 수 있는 것이 와야 해요.

10 They hope ------- the cause of the problem.

(A) finds　(B) to find
(C) find　(D) found

정답 ▪ 해석 ▪ 해설 **p.68**

이 어휘, 이런 뜻이에요!

01 hope 圐 바람, 희망; 圐 바라다　02 sell 圐 팔다　03 row 圐 줄　04 explanation 圐 설명　explain 圐 설명하다　reason 圐 이유
05 climb 圐 오르다　seem 圐 ~해 보이다　06 post office 우체국　mail 圐 (우편물을) 보내다; 圐 우편물　07 first prize 1등상
08 feedback 圐 피드백, 의견　improvement 圐 개선　improve 圐 개선하다, 향상시키다　product 圐 제품
09 please 圐 기쁘게 하다, 만족시키다　pleasure 圐 기쁨　10 cause 圐 원인; 圐 야기하다

2 | to 부정사 역할

야구하는 것은 재미있다. 야구하기 위해서 나는 매일 운동장에 간다.

'야구하다'라는 동사에 '~하는 것'이 붙어 문장에서 명사 역할을 하고, '~하기 위해서'가 붙어 부사 역할을 하고 있어요. 영어에서는 동사 앞에 to가 붙은 **to 부정사**가 문장에서 **명사, 형용사, 부사 역할**을 할 수 있어요.

 명사 역할

포인트 1

○—— to 부정사는 명사처럼 문장에서 **주어, 목적어, 보어 역할**을 하며, '**~하는 것, ~하기**'로 해석해요.

주어 역할   <u>To play baseball</u> / is / fun. 야구하는 것은 / 재미있다
                 주어

목적어 역할   He / chose / <u>to rent a room</u>. 그는 / 선택했다 / 방을 빌리기를
                        목적어

보어 역할   Her goal / is / <u>to learn Russian</u>. 그녀의 목표는 / 러시아어를 배우는 것이다
                         보어

> ✅ **잠깐!**
>
> 주어 역할을 하는 to 부정사가 오면, 보통 to 부정사 대신에 가짜 주어 it을 주어 자리에 놓고, 진짜 주어인 to 부정사를 문장 뒤로 보내요.
>
> <u>To play baseball</u> / is / fun. → It / is / fun / <u>to play baseball</u>. 야구하는 것은 / 재미있다
>   to 부정사   가짜 주어 it   진짜 주어 to 부정사

 형용사 역할

포인트 2

○—— to 부정사는 형용사처럼 **명사 뒤에서 명사를 수식**하며, '**~해야 할, ~할**'로 해석해요.

명사 수식   Ms. Yang / has / <u>work</u> / to do. Ms. Yang은 / 있다 / 일이 / 해야 할
                     명사↑

 부사 역할

포인트 3

○—— to 부정사는 부사처럼 **문장의 앞이나 동사 뒤에서 문장이나 동사를 수식**하며, 행위의 목적을 나타내어 '**~하기 위해서**'로 해석해요. **부사 역할을 하는 to 부정사의 to는 in order to**로 바꾸어 표현할 수도 있어요.

문장 수식   <u>To become healthy</u>, / you / should exercise. 건강해지기 위해서 / 당신은 / 운동해야 한다
              = In order to become healthy   ↑ 문장

동사 수식   Kent / travels / <u>to meet new people</u>. Kent는 / 여행한다 / 새로운 사람들을 만나기 위해서
                동사↑   = in order to meet new people

주어진 우리말 문장을 보고 괄호에서 알맞은 것을 고르세요.

→ ⚠ **힌트:** 동사는 목적어 자리에 올 수 없어요.

01 당신의 손을 씻는 것을 잊지 마세요. Don't forget (wash, to wash) your hands.

02 나는 요리할 시간이 없다. I don't have time (to cook, cook).

03 한 비평가가 식당을 비평하기 위해서 왔다. A critic came (review, to review) the restaurant.

04 예약하기 위해서는, 저희 웹 사이트를 방문하세요. (Book, To book) an appointment, visit our Web site.

괄호에서 알맞은 것을 고르세요.

05 Katherine has some good news (share, to share). → ⚠ **힌트:** 동사는 명사 news를 뒤에서 수식할 수 없어요.

06 Ms. Scott's goal is (to become, become) a designer.

07 I don't have any money (to spend, spend).

08 They are working (to handle, handle) the recent problems.

밑줄 친 부분에 들어갈 가장 적절한 것을 고르세요.

09 One of Mr. Leon's responsibilities is ------- with other teams.

(A) communicated   (B) to communicate

(C) communicate   (D) communicates

→ ⚠ **힌트:** 'Mr. Leon의 책무들 중 하나는 다른 팀들과 의사소통하는 것이다'라는 문장이 되어야 자연스러워요. '~하는 것'으로 해석되는 것을 생각해 보세요.

10 Ms. Neil has a speech ------- for the next meeting.

(A) will prepare   (B) prepare

(C) to prepare   (D) prepares

정답 ▪ 해석 ▪ 해설 **p.69**

이 어휘, 이런 뜻이에요!

03 critic 圏 비평가 review 图 비평하다 **04** book an appointment 예약하다 **05** share 图 공유하다
08 handle 图 처리하다, 다루다 recent 圏 최근의 **09** responsibility 圏 책무 communicate 图 의사소통하다
10 speech 圏 발표 prepare 图 준비하다

3 | to 부정사와 함께 쓰는 동사·명사·형용사

I want (to get, getting) a discount. 나는 할인을 받기를 원한다.

괄호 안에는 동사 want 뒤에 올 수 있는 to 부정사 to get을 써야 해요. 이처럼 **뒤에 to 부정사가 오는** 여러 **동사, 명사, 형용사**가 있어요.

동사 + to 부정사
포인트 1

○ to 부정사를 목적어로 가지는 동사들을 유의해서 알아두세요.

afford to ~할 여유가 있다	**decide to** ~하기로 결정하다	**offer to** ~하기를 제안하다	**want to** ~하기를 원하다
choose to ~하기로 선택하다	**fail to** ~하지 못하다	**promise to** ~하기로 약속하다	**wish to** ~하기를 바라다

Troy / <u>promised</u> / to come home / by 12 A.M.   Troy는 / 약속했다 / 집에 오기로 / 오전 12시까지
　　　　　동사

동사 + 목적어 + to 부정사
포인트 2

○ to 부정사를 목적격 보어로 가지는 동사들을 유의해서 알아두세요.

advise 목적어 to ~에게 –할 것을 권하다	**ask 목적어 to** ~에게 –해 줄 것을 부탁하다	**expect 목적어 to** ~가 –하기를 기대하다
allow 목적어 to ~가 –하게 허락하다	**cause 목적어 to** ~가 –하게 하다	**remind 목적어 to** ~에게 –할 것을 상기시키다

Jackson / <u>asked</u> / <u>me</u> / to help him.   Jackson은 / 부탁했다 / 나에게 / 자신을 도와줄 것을
　　　　　동사　목적어

명사/형용사 + to 부정사
포인트 3

○ 바로 뒤에 to 부정사가 올 수 있는 명사와 형용사들을 유의해서 알아두세요.

명사	**ability to** ~할 능력	**effort to** ~하려는 노력	**plan to** ~할 계획
	chance to ~할 기회	**opportunity to** ~할 기회	**way to** ~할 방법
형용사	**be about to** 막 ~하려 하다	**be ready to** ~할 준비가 되어 있다	**be welcome to** 마음껏 ~해도 되다
	be likely to ~할 것 같다	**be sure to** 반드시 ~하다	**be willing to** 기꺼이 ~하다

This / is / a <u>chance</u> / to change the situation.   이것은 / 기회이다 / 상황을 바꿀
　　　　　　　명사

People / <u>are</u> / <u>willing</u> / to pay / for good products.   사람들은 / 기꺼이 돈을 지불한다 / 좋은 상품에
　　　　　　　　형용사

주어진 우리말 문장을 보고 괄호에서 알맞은 것을 고르세요.

→ ! **힌트:** 동사 want는 목적어로 to 부정사를 가질 수 있어요.

01 그녀는 직장을 그만두기를 원한다.　　She wants (quitting, to quit) her job.

02 그는 그의 여자친구와 결혼하기로 결정했다.　He decided (marry, to marry) his girlfriend.

03 나에게 비용을 줄일 방법이 있다.　　　I have a way (reducing, to reduce) costs.

04 나는 막 떠나려 했다.　　　　　　　I was about (to leave, leaving).

괄호에서 알맞은 것을 고르세요.

05 Ms. Fletcher expects you (to call, call) her back. → ! **힌트:** 동사 expect는 목적격 보어로 to 부정사를 가질 수 있어요.

06 Chloe made plans (to spend, spending) her vacation at the beach.

07 We are always ready (to help, helping) our guests.

08 Mr. Crosby has the ability (multitasking, to multitask).

밑줄 친 부분에 들어갈 가장 적절한 것을 고르세요.

09 Jacob failed ------- the exam.

(A) pass　　　　　　(B) passed

(C) passing　　　　 (D) to pass

→ ! **힌트:** 빈칸 앞에 동사 failed가 왔어요.
동사 fail이 무엇을 목적어로 가질
수 있는지 생각해 보세요.

10 We remind passengers ------- their bags with them.

(A) keeping　　　　 (B) to keep

(C) keep　　　　　 (D) kept

정답 ▪ 해석 ▪ 해설 **p.70**

이 어휘, 이런 뜻이에요!

01 quit ⑧ 그만두다　**02** marry ⑧ ~와 결혼하다　**03** reduce ⑧ 줄이다　cost ⑲ 비용　**08** multitask ⑧ 동시에 여러 가지 일을 하다
09 exam ⑲ 시험　pass ⑧ 통과하다　**10** remind ⑧ 상기시키다　passenger ⑲ 승객　keep ⑧ 가지고 있다

1 | '가짜 주어 it – 진짜 주어 to 부정사' 해석하기

<u>To read comic books</u> is fun.
　　　　to 부정사

It is fun <u>to read comic books</u>. 만화책을 읽는 것은 재미있다.
가짜 주어 it　　　　진짜 주어 to 부정사

위 문장의 to read comic books처럼 주어 자리에 to 부정사가 오면, 주어 자리에 **가짜 주어 it**을 쓰고 진짜 주어인 to 부정사를 문장 뒤로 보내요. 이때, **가짜 주어 it은 해석하지 않고** 뒤에 있는 진짜 주어인 **to 부정사**를 주어 자리에 넣어 '~하는 것/~하기'라고 해석해요.

문장 해석 연습

to 부정사에 유의하여 다음 문장을 우리말로 해석하세요. (문장의 동사에 동그라미, 주어에 밑줄을 치세요.)

01 It ⓘⓢ fun <u>to swim</u>. 수영하는 것은 재미있다.

02 It was great to travel with my family.

03 It is terrible to work late every day.

04 It takes time to finish assignments.

05 It is exciting to watch a baseball game.

06 It is important to make a good decision.

07 It requires practice to play the drums well.

08 It costs a lot of money to buy a new car.

09 Sometimes, it is difficult to express my feelings.

10 It was hard to find an empty seat at the library.

정답 ▪ 해석 ▪ 해설 **p.71**

이 어휘, 이런 뜻이에요!

01 fun 혱 재미있는　**03 terrible** 혱 끔찍한　**04 assignment** 혱 과제　**06 make a decision** 결정을 내리다
07 require 통 필요로 하다, 요구하다　**practice** 혱 연습, 통 연습하다　**08 cost** 통 (비용이) 들다　**09 express** 통 표현하다　**feeling** 혱 감정
10 empty 혱 비어 있는　**seat** 혱 자리　**library** 혱 도서관

| 3주 1일 |
| 3주 2일 |
| 3주 3일 |
| 3주 4일 |
| 3주 5일 |
| 3주 6일 |

해커스 토익 왕기초 Reading

2 | 목적을 나타내는 to 부정사 해석하기

To go to school, she took the subway.
학교에 가기 위해서, 그녀는 지하철을 탔다.

위 문장의 To go to school이 '학교에 가기 위해서'라고 해석되는 것처럼, **to 부정사**가 문장에서 **목적을 나타내는 부사 역할**을 하기도 해요. 이 경우 to 부정사는 '**~하기 위해서**'로 해석되며, '**in order to + 동사원형**'도 같은 의미로 자주 쓰인답니다.

문장 해석 연습

to 부정사에 유의하여 다음 문장을 우리말로 해석하세요. (문장의 동사에 동그라미, 주어에 밑줄을 치세요.)

01 <u>Laura</u> (bought) a pen to write the letter.   Laura는 편지를 쓰기 위해서 펜을 샀다.

02 Tim went to the supermarket to buy some food.

03 To have a party, we need more chairs.

04 Wendy visited the bookstore to buy a guidebook.

05 You need a credit card to book a hotel room.

06 In order to graduate, he must take this class.

07 I ride a bicycle in order to save time.

08 We should move the furniture to make some room.

09 Jim got a second job in order to make more money.

10 In order to join the program, please fill out this form.

정답 ■ 해석 ■ 해설 **p.72**

이 어휘, 이런 뜻이에요!

03 have a party 파티를 열다   **04** bookstore 몡 서점   guidebook 몡 (여행) 안내서   **05** credit card 신용 카드   book 통 예약하다, 몡 책
06 graduate 통 졸업하다   **07** ride 통 타다   save 통 절약하다   **08** move 통 옮기다, 이사하다   furniture 몡 가구   make room 공간을 만들다
09 second job 부업   **10** join 통 참가하다, 가입하다   fill out (양식·서식을) 작성하다   form 몡 신청서, 지원서

3주 5일

동명사   Part 5 • 6 | 문법

1. 동명사 자리
2. 동명사와 함께 쓰는 동사

동명사 해석하기   Part 7 | 리딩 – 구문 독해

1. 명사 역할을 하는 동명사 해석하기
2. 동명사 관용 표현 해석하기

기초부터 차근차근! ✏

◉ 동명사란 무엇인가요?

나는 엽서를 <u>모으는 것</u>을 좋아한다.
명사 역할

동사 '모으다'에 '~하는 것'이 붙은 '모으는 것'이 문장에서 명사 역할을 하고 있어요. 영어에서는 동사 뒤에 ing가 붙어 이러한 명사 역할을 하는데, 이것을 **동명사**라고 해요.

◉ 동명사는 어떤 형태를 가지고 있나요?

동명사의 형태는 '동사원형 + ing'예요.

동사원형	동명사
collect	collecting
eat	eating

◉ 동명사는 동사의 성질을 가지고 있나요?

네, 동명사는 문장에서 동사의 역할을 하지는 않지만 동사의 성질을 그대로 가지고 있어서, 동사에 준한다는 의미로 to 부정사, 분사와 함께 준동사라고 불려요. 예를 들어 collecting postcards처럼 동명사가 뒤에 목적어나 보어를 가질 수도 있고, eating fast처럼 동명사가 부사의 꾸밈을 받기도 해요.

I / like / collecting postcards. 나는 / 좋아한다 / 엽서를 모으는 것을
　　　　　동명사　　동명사의 목적어

I / don't like / eating fast. 나는 / 좋아하지 않는다 / 빠르게 먹는 것을
　　　　　　　동명사　부사

◉ 동명사와 명사의 차이점은 무엇인가요?

동명사는 목적어를 가질 수 있지만, 명사는 목적어를 가질 수 없어요. 또한, 동명사 앞에는 관사를 쓸 수 없지만, 명사 앞에는 관사를 쓸 수 있어요.

	동명사	명사
목적어	○	×
관사(a, an, the)	×	○

I / like / collecting postcards. 나는 / 좋아한다 / 엽서를 모으는 것을
　　　　　동명사　　동명사의 목적어

I / bought / a postcard. 나는 / 샀다 / 엽서 한 장을
　　　　　관사　명사

동명사

1 | 동명사 자리

스키 타는 것이 나의 취미이다.

동사 '스키 타다'에 '~하는 것'이 붙은 '스키 타는 것'이라는 긴말 덩어리가 주어 자리에 왔어요. 영어에서는 동사 뒤에 ing가 붙은 **동명사**가 포함된 긴말 덩어리가 주어 자리를 포함하여 **다양한 자리**에 올 수 있어요.

포인트 1

동명사의 자리

동명사는 문장에서 **주어, 목적어, 보어 자리와 전치사**의 바로 뒤에 오고, '~하는 것, ~하기'로 해석해요.

| 주어 자리 | <u>Skiing</u> / is / my hobby. 스키 타는 것이 / 나의 취미이다 |
| | 주어 |

주어 자리   <u>Skiing</u> / is / my hobby.   스키 타는 것이 / 나의 취미이다
          주어

목적어 자리   She / enjoys / <u>reading e-books</u>.   그녀는 / 즐긴다 / 전자책을 읽는 것을
                  목적어

보어 자리   His hobby / is / <u>collecting toys</u>.   그의 취미는 / 장난감을 모으는 것이다
                  보어

전치사 뒤   I / am / good / <u>at</u> swimming.   나는 / 잘한다 / 수영하는 것을
                 전치사

포인트 2

동명사 자리에 올 수 없는 것

동명사가 와야 하는 주어, 목적어, 보어 자리에 **동사**는 올 수 없어요.

(~~Suggest~~, Suggesting) new ideas / is / not easy.   새로운 아이디어를 제안하는 것은 / 쉽지 않다
   동사(×)   동명사(O)

→ 동명사가 와야 하는 주어 자리에 동사는 올 수 없어요.

동명사가 와야 하는 전치사 바로 뒷자리에 **동사나 to 부정사**는 올 수 없어요.

She / worries / <u>about</u> (~~lose~~, ~~to lose~~, losing) her job.   그녀는 / 걱정한다 / 그녀의 직장을 잃는 것에 대해
           전치사   동사(×)   to 부정사(×)   동명사(O)

→ 동명사가 와야 하는 전치사 바로 뒷자리에 동사나 to 부정사는 올 수 없어요.

실력 UP! 연습문제

주어진 우리말 문장을 보고 괄호에서 알맞은 것을 고르세요.

(!) 힌트: 동사는 목적어 자리에 올 수 없어요.

01 나는 주말에 일찍 일어나는 것을 싫어한다. I hate (wake, waking) up early on weekends.

02 내가 가장 좋아하는 활동은 축구하는 것이다. My favorite activity is (playing, play) soccer.

03 제 질문에 답해 주신 것에 감사합니다. Thank you for (responding, respond) to my question.

04 신용 카드를 사용하는 것은 편리하다. (Using, Use) a credit card is convenient.

괄호에서 알맞은 것을 고르세요.

05 (Looking, Look) for a job can be stressful. → (!) 힌트: 동사는 주어 자리에 올 수 없어요.

06 Mr. Field's problem is (arrive, arriving) at the office late.

07 The position involves (promote, promoting) our services.

08 My parents are thinking about (buy, buying) a new car.

자신감 UP! 실전문제

밑줄 친 부분에 들어갈 가장 적절한 것을 고르세요.

09 ------- a language takes lots of effort.

(A) Learn (B) Learning
(C) Learned (D) Learner

(!) 힌트: 빈칸은 주어 자리이고 문장은 '언어를 배우는 것은 많은 노력을 필요로 한다'라는 의미가 되어야 해요.

10 The two companies have talked about ------- with each other.

(A) cooperating (B) to cooperate
(C) cooperates (D) cooperated

정답 ▪ 해석 ▪ 해설 p.73

이 어휘, 이런 뜻이에요!

01 wake up 일어나다 early 부 일찍 02 favorite 형 가장 좋아하는 activity 명 활동 03 respond 동 답하다
04 convenient 형 편리한 05 look for ~을 찾다 stressful 형 스트레스가 많은 06 late 부 늦게; 형 늦은
07 involve 동 수반하다 promote 동 홍보하다 09 take 동 필요하다 effort 명 노력 10 each other 서로 cooperate 동 협력하다

2 | 동명사와 함께 쓰는 동사

I enjoy (playing, to play) games. 나는 게임하는 것을 즐긴다.

괄호 안에는 동사 enjoy의 목적어로 올 수 있는 동명사 playing을 써야 해요. 이처럼 뒤에 **동명사를 목적어로 가지는 여러 동사**들이 있어요.

포인트 1 동사 + 동명사

○ 동명사를 목적어로 가지는 동사들을 유의해서 알아두세요.

avoid -ing ~을 피하다	enjoy -ing ~을 즐기다	postpone -ing ~을 연기하다, 미루다
consider -ing ~을 고려하다	finish -ing ~을 끝내다	recommend -ing ~을 권(장)하다
deny -ing ~을 부인하다	give up -ing ~을 포기하다, 그만두다	suggest -ing ~을 제안하다

Claire / finished / cleaning the bathroom. Claire는 / 끝냈다 / 화장실을 청소하는 것을
　　　　　동사

We / recommend / changing your password. 우리는 / 권장한다 / 당신의 비밀번호를 변경하는 것을
　　　　동사

포인트 2 동사 + 동명사 / to 부정사

○ 동명사와 to 부정사를 모두 목적어로 가질 수 있는 동사들을 유의해서 알아두세요.

attempt 시도하다	hate 싫어하다	love 사랑하다, 대단히 좋아하다
begin 시작하다	intend 의도하다	prefer 선호하다
continue 계속하다	like 좋아하다	start 시작하다

Marcus / prefers / drinking tea. Marcus는 / 선호한다 / 차를 마시는 것을
　　　　동사

= Marcus / prefers / to drink tea.
　　　　　동사

He / started / talking about the news. 그는 / 시작했다 / 그 소식에 대해 이야기하기를
　　　동사

= He / started / to talk about the news.
　　　동사

실력 UP! 연습문제

주어진 우리말 문장을 보고 괄호에서 알맞은 것을 고르세요.

→ ⓘ **힌트:** 동사 enjoy는 동명사를 목적어로 가지는 동사예요.

01 나는 라디오를 듣는 것을 즐긴다.   I enjoy (listening, to listen) to the radio.

02 그녀는 무언가를 말하기 시작했다.   She started (to say, say) something.

03 Mr. Gray는 커피 마시는 것을 그만뒀다.   Mr. Gray gave up (drink, drinking) coffee.

04 Carl은 선생님께 거짓말한 것을 부인했다.   Carl denied (lying, to lie) to his teacher.

괄호에서 알맞은 것을 고르세요.

05 I should begin (to write, write) my résumé. → ⓘ **힌트:** 동사 begin은 동명사와 to 부정사를 모두 목적어로 가질 수 있는 동사예요.

06 The company's sales continue (to improve, improve).

07 Mr. Peters likes (help, to help) other people.

08 Ms. Davis postponed (leaving, to leave) the hotel because of the storm.

자신감 UP! 실전문제

밑줄 친 부분에 들어갈 가장 적절한 것을 고르세요.

09 Doctors recommend ------- lots of water.

    (A) drink   (B) to drink

    (C) drank   (D) drinking

    → ⓘ **힌트:** 빈칸 앞에 동사 recommend가 왔어요. recommend가 무엇을 목적어로 가질 수 있는지 생각해 보세요.

10 Ms. Liu considered ------- a new bike.

    (A) to purchase   (B) purchasing

    (C) purchases   (D) purchased

정답 ■ 해석 ■ 해설 **p.74**

이 어휘, 이런 뜻이에요!

03 give up ~을 그만두다, 포기하다   **04 deny** 동 부인하다   **lie** 동 거짓말하다, 눕다; 명 거짓말   **05 résumé** 명 이력서   **06 improve** 동 향상되다, 향상시키다
07 help 동 돕다; 명 도움   **08 postpone** 동 연기하다   **storm** 명 폭풍   **10 purchase** 동 구입하다; 명 구입품, 구매품

동명사 해석하기

1 | 명사 역할을 하는 동명사 해석하기

Sleeping **well is important.** 잘 자는 것은 중요하다.

위 문장의 Sleeping이 '자는 것'이라고 해석되는 것처럼, **동명사**는 명사 역할(주어, 목적어, 보어)을 하며 '~**하는 것/~하기**'로 해석돼요. Sleeping 뒤에 온 부사 well이 동명사를 수식하는 것처럼, 동명사는 부사의 수식을 받기도 하고 목적어를 갖기도 한답니다.

문장 해석 연습

동명사에 유의하여 다음 문장을 우리말로 해석하세요. (문장의 동사에 동그라미, 주어에 밑줄을 치세요.)

01 I (finished) washing the dishes. 나는 설거지하는 것을 끝냈다.

02 My father enjoys playing golf.

03 Tommy likes reading magazines.

04 Her job is repairing cars.

05 My hobby is collecting coins.

06 Danny loves shopping at department stores.

07 Living in a city requires a lot of money.

08 I prefer studying alone.

09 Making new friends takes time.

10 Wearing a seatbelt protects passengers' lives.

정답 ■ 해석 ■ 해설 **p.75**

이 어휘, 이런 뜻이에요!

01 wash the dishes 설거지하다 **04** repair 圖 수리하다 **05** collect 圖 수집하다, 모으다 coin 圓 동전 **06** department store 백화점
07 require 圖 필요로 하다 **08** prefer 圖 선호하다 alone 閉 혼자 **09** take time 시간이 걸리다
10 wear a seatbelt 안전벨트를 매다 protect 圖 보호하다, 지키다 passenger 圓 승객 life 圓 생명, 삶

2 | 동명사 관용 표현 해석하기

I feel like taking a shower. 나는 샤워를 하고 싶다.

위 문장의 feel like taking a shower가 '샤워를 하고 싶다'라고 해석되는 것처럼, **feel like -ing**는 '**~하고 싶다**'로 해석돼요. 이와 같이 동명사가 들어간 관용 표현으로는 다음과 같은 것들이 있어요.

be busy -ing ~하느라 바쁘다	be worth -ing ~할 만한 가치가 있다
feel like -ing ~하고 싶다	have difficulty/trouble -ing ~하는 데 어려움을 겪다
keep -ing 계속 ~하다	spend 시간/돈 -ing ~하는 데 시간/돈을 쓰다

문장 해석 연습

동명사 관용 표현에 유의하여 다음 문장을 우리말로 해석하세요. (문장의 동사에 동그라미, 주어에 밑줄을 치세요.)

01 <u>Joe</u> (is) busy studying. Joe는 공부하느라 바쁘다.

02 I feel like playing tennis.

03 We kept smiling for the picture.

04 Olivia spends too much time watching TV.

05 Jasmine has difficulty chewing food.

06 Ellie usually spends her weekends exercising.

07 Chris keeps asking me the same question.

08 This book is worth reading several times.

09 Some students have trouble doing their homework.

10 Ms. Clark's plan is worth considering.

정답 ■ 해석 ■ 해설 **p.76**

이 어휘, 이런 뜻이에요!

03 picture 몡사진, 그림 **04** spend 동(시간·돈을) 쓰다 **05** chew 동(음식을) 씹다
06 usually 뮈보통, 주로 weekend 몡주말 exercise 동운동하다 **07** question 몡질문 **08** several times 여러 번
09 do one's homework 숙제를 하다 **10** plan 몡계획; 동계획하다 consider 동고려하다

3주 6일

무료 토익 학습자료·취업정보 제공

Hackers.co.kr

광고·공고

1 | 광고

KLY 잡지사에서 보조 직원을 구합니다. ⎧ 구인/광고 대상

보조 직원의 담당 업무는 월간지의 기사를 교정하는 것입니다. 전공은 상관없지 ⎫
만, 1년 이상의 관련 업무 경험이 있는 지원자를 선호합니다. ⎬ 세부 내용

지원하시려면 10월 2일까지 이력서를 recruit@kly.com으로 보내세요. ⎭

위 지문은 잡지사에서 보조 직원을 구하는 구인 광고예요. 이처럼 광고는 함께 일할 사람을 구하거나 홍보하려는 대상
에 대해 알리는 지문 유형이랍니다. 그럼 광고에 대해 좀 더 알아볼까요?

🔊 토익에 이렇게 나와요!

◎ 평균 0~1지문이 출제되고, 상품, 서비스, 상점, 부동산 등을 광고하는 일반 광고와 일할 사람을 찾는 구인 광고가
등장해요.

◎ 광고에 언급된 세부 사항을 묻거나 언급된 내용과 다른 것을 묻는 문제가 자주 출제돼요.

예> 사람들이 이 직무에 어떻게 지원할 수 있는가? (= How can people apply for the position?)

예> 광고에 따르면, 직책의 책무가 아닌 것은? (= According to the advertisement, what is NOT a responsibility of the job?)

◎ 광고하려는 대상이 무엇인지를 밝히기 위해 다음과 같은 표현들이 자주 쓰여요.

광고 대상	· Are you looking for ~? ~을 찾고 계신가요? · Take advantage of ~ ~을 이용해 보세요
구인 대상	· 회사/기관 is looking for ~ 회사/기관이 ~을 찾습니다 · 회사/기관 is seeking ~ 회사/기관이 ~을 구합니다

🔋 이 어휘가 자주 나와요!

광고에 자주 나오는 어휘를 익혀두면 지문을 정확히 해석하고 이해하는 데 큰 도움이 돼요. 다음의 어휘를 암기하고
퀴즈를 풀어 보세요.

일반 광고

☐ additional 혱 추가의	☐ franchise 몡 체인점, 프랜차이즈
☐ at no charge 무료로	☐ furnished 혱 가구가 비치된
☐ be equipped with ~을 갖추다	☐ look for ~을 찾다
☐ be known for ~으로 알려져 있다	☐ rent 동 빌리다, 임대하다
☐ be located 위치해 있다	☐ repair 동 수리하다
☐ be made of ~으로 만들어지다	☐ scenery 몡 풍경, 경치
☐ cozy 혱 아늑한, 포근한	☐ voucher 몡 상품권, 교환권, 할인권

구인 광고

☐ be able to ~을 할 수 있다	☐ internship 몡 인턴직
☐ candidate 몡 지원자	☐ interview 몡 면접; 동 면접을 보다
☐ cover letter 자기소개서	☐ opening 몡 (일자리의) 공석, 빈자리
☐ degree 몡 학위	☐ part-time 혱 시간제의, 파트타임의
☐ employment 몡 취업, 고용	☐ responsibility 몡 책무, 맡은 일
☐ experience 몡 경력, 경험	☐ requirement 몡 요구 사항
☐ incentive 몡 장려금, 인센티브	☐ résumé 몡 이력서

🔍QUIZ 다음 영어 어휘의 알맞은 뜻을 찾아 연결하세요.

01 repair   ⓐ 수리하다
02 be equipped with   ⓑ 빌리다, 임대하다
03 rent   ⓒ ~을 갖추다

04 candidate   ⓓ (일자리의) 공석, 빈자리
05 experience   ⓔ 경력, 경험
06 opening   ⓕ 지원자

정답 **01** ⓐ **02** ⓒ **03** ⓑ **04** ⓕ **05** ⓔ **06** ⓓ

다음 지문을 읽고, 질문에 가장 적절한 보기를 고르세요.

[임대할 수 있는 아파트를 소개하는 광고]

❶ Are you looking for a cozy living space?　　　　　　　　　┐ 광고 대상

❷ This one-bedroom apartment is now available for rent. ❸ It is located on the 12th floor of the Melody Building in Kennedy Town.

　　　　→ ⚠ **힌트:** 아파트의 각 특징들을 하나씩 정확히 파악하며 읽으세요.

• Fully furnished
• Close to a subway station
• Costs $700 a month
• Deposit is $2,000　→ ⚠ **힌트:** 금액이 2번 나왔어요. 각 금액이 무엇에 대한 것인지 확인하세요.

세부 내용

01 이 아파트의 한 달 임대료는 얼마인가?

(A) 700달러

(B) 2,000달러

02 아파트에 대해 사실이 아닌 것은 무엇인가?

(A) 임대료 외에는 비용이 들지 않는다.

(B) 대중교통 시설과 가깝다.

정답 ▪ 해석 ▪ 해설 **p.77**

이 어휘, 이런 뜻이에요!

01-02　cozy 웹아늑한　living space 생활 공간　one-bedroom 웹침실 1개짜리의　available 웹이용 가능한　be located 위치해 있다
floor 웹층　fully 및완전히　furnished 웹가구가 비치된　close to ~과 가까운　subway station 지하철역　cost 통(비용이) 들다; 웹비용
deposit 웹보증금

지문을 다시 한번 읽어 볼까요? 이번에는 문장을 의미 덩어리로 끊어 읽으며 해석해 보세요.
(각 문장의 동사에는 동그라미를, 주어에는 밑줄을 함께 표시해 보아요.)

❶ (Are) / you / (looking for) / a cozy living space?
　　　　 찾고 계신가요 　　아늑한 생활 공간을

광고 대상을 나타낼 때 사용되는 표현인 Are you looking for ~?(~을 찾고 계신가요?)가 왔어요. 이 표현 뒤로 광고하려는 대상이 나오기 때문에 주의 깊게 읽어야 해요.

❷ This one-bedroom apartment / (is) / now available / for rent.
　 이 침실 1개짜리 아파트가 　　　　 현재 이용 가능합니다 　임대로

❸ It / (is located) / on the 12th floor / of the Melody Building / in Kennedy Town.
　그것은 위치해 있습니다 　　12층에 　　　　　Melody 빌딩의 　　　　 Kennedy Town에 있는

지문을 읽고, 질문에 가장 적절한 보기를 고르세요.

Questions 03 - 04 refer to the following advertisement.

Software Programmer

Sunny Software in Austin is looking for software programmers. There are six job openings for the position.

힌트: 직책의 요구 사항을 확인하세요.

Responsibilities:
- Designing software programs
- Working with team members

Requirements:
- Two years' experience in a similar role
- Four-year degree in computer science

To apply, e-mail your résumé to jobs@sunnysw.com.

---

03 **What is true about Sunny Software?** **힌트:** Sunny Software사에 대해 사실인 것을 묻고 있네요. 각 보기를 지문의 내용과 대조하며 정답을 찾아볼까요?

(A) It designs computer games.

(B) It recently expanded into Austin.

(C) It will hire several new people.

(D) It requires applicants to visit its office.

04 **What is a requirement for the position?** **힌트:** 직책의 요구 사항을 묻고 있네요.

(A) An interest in fashion design

(B) A knowledge of marketing

(C) Experience as a team leader

(D) A degree in a specific major

정답 ■ 해석 ■ 해설 **p.77**

이 어휘, 이런 뜻이에요!

03-04 **look for** ~을 찾다 **job opening** 일자리 **position** 圆 직책, 일자리 **responsibility** 圆 책무, 맡은 일 **design** 圄 설계하다, 디자인하다 **requirement** 圆 요구 사항 **experience** 圆 경력, 경험 **role** 圆 역할 **degree** 圆 학위 **computer science** 컴퓨터 공학 **apply** 圄 지원하다 **résumé** 圆 이력서 **recently** 囝 최근에 **expand** 圄 확장하다 **hire** 圄 고용하다 **applicant** 圆 지원자 **interest** 圆 흥미 **knowledge** 圆 지식 **specific** 圆 특정한 **major** 圆 전공

It's Back-to-School Time at
Chappi
India's No. 1 Online School Supplies Store

Visit www.chappi.com from May 1 to June 30 and take advantage of discounts. Enjoy up to 50 percent off on items like school bags, notebooks, pencil cases, and more. Log in with your Chappi membership number and get an additional 5 percent off. As always, we will offer free delivery on all orders above $30.

→ ① **힌트:** Chappi 회원 번호로 로그인하면 무엇을 받을 수 있는지 확인하세요.

→ ① **힌트:** 무료 배송이 제공되는 경우를 확인하세요.

05 What can Chappi members receive? ⟶ ① **힌트:** Chappi 회원들이 받을 수 있는 것을 묻고 있네요.

(A) A free pencil case

(B) An additional discount

(C) A voucher

(D) A product catalog

06 How can customers get free delivery? ⟶ ① **힌트:** 고객들이 어떻게 무료 배송을 받을 수 있는지 묻고 있네요.

(A) By becoming a member of Chappi

(B) By ordering before June 30

(C) By spending over $30

(D) By buying items in cash

정답 ■ 해석 ■ 해설 p.78

이 어휘, 이런 뜻이에요!

05-06 back-to-school 圈신학기의 school supplies 학용품 take advantage of ~을 이용하다 discount 圆할인 enjoy 图누리다, 즐기다 up to ~까지 log in 로그인하다 membership 圆회원 additional 圈추가의 offer 图제공하다 free delivery 무료 배송 order 圆주문 (상품); 图주문하다 voucher 圆상품권 catalogue 圆카탈로그 spend 图 (돈 등을) 쓰다 in cash 현금으로

공고: Grand 의류점의 모든 고객님들께 ▢ 공고의 대상

반품 및 환불에 대한 변경된 방침이 다음 달부터 시행될 예정임을 알리고자 합니다. ▢ 공고의 주제/목적

4월 1일부터는 매장에서 직접 구매한 상품뿐만 아니라, 공식 온라인 쇼핑몰에서 구매 ▢ 세부 내용
한 상품도 매장에서 반품 및 환불이 가능합니다.

위 지문은 의류점의 새로운 반품 및 환불 방침에 대한 공고예요. 이처럼 공고는 다수의 사람들에게 규정이나 방침,
행사 등에 대해 공식적으로 알리는 지문 유형이랍니다. 그럼 공고에 대해 좀 더 알아볼까요?

토익에 이렇게 나와요!

- 평균 0~1지문이 출제되고, 상품 교환 및 환불, 대중교통이나 각종 시설 이용 등과 관련된 일반 공고와 회사의 새로운
  방침이나 사내 행사 등을 공지하는 사내 공고가 등장해요.

- 공고가 쓰인 목적이나 공고에 언급된 세부 사항을 묻는 문제가 자주 출제돼요.

  예> 공고의 목적은 무엇인가? (= What is the purpose of the notice?)

  예> 고객들은 어떻게 환불을 받을 수 있는가? (= How can customers get a refund?)

- 공고의 주제/목적을 밝히고, 구체적인 공지 사항을 나타내기 위해 다음과 같은 표현들이 자주 쓰여요.

주제/목적	·사람/기관/지역 has decided to ~ 사람/기관/지역이 ~하기로 결정했습니다
	·사람/기관/지역 will be holding ~ 사람/기관/지역이 ~을 열 것입니다
요청	·Please make sure ~ 반드시 ~해 주십시오 ·You must ~ 여러분은 꼭 ~해야 합니다

이 어휘가 자주 나와요!

공고에 자주 나오는 어휘를 익혀두면 지문을 정확히 해석하고 이해하는 데 큰 도움이 돼요. 다음의 어휘를 암기하고 **퀴즈** 를 풀어 보세요.

일반 공고

- [ ] anniversary 명 기념일, 기념제
- [ ] announce 동 발표하다, 알리다
- [ ] award 명 상; 동 수여 하다
- [ ] celebrate 동 기념하다, 축하하다
- [ ] check 동 확인하다, 점검하다
- [ ] construction 명 건설, 공사
- [ ] draw 동 (손님을) 끌다
- [ ] exchange 동 교환하다
- [ ] inform 동 알리다, 통지하다
- [ ] notice 명 공고; 동 공지하다
- [ ] official 형 공식적인
- [ ] policy 명 정책, 방침
- [ ] refund 명 환불
- [ ] volunteer 동 자원봉사로 하다

사내 공고

- [ ] approve 동 승인하다, 찬성하다
- [ ] conference 명 회의, 학회, 회담
- [ ] debate 동 논의하다, 토론하다
- [ ] duty 명 의무, 직무
- [ ] handle 동 다루다, 처리하다
- [ ] instruction 명 설명, 지도, 지시
- [ ] investor 명 투자자
- [ ] negotiate 동 협상하다
- [ ] object to ~에 반대하다
- [ ] persuade 동 설득하다
- [ ] seminar 명 세미나, 교육
- [ ] staff 명 직원
- [ ] task 명 일, 과업
- [ ] work with ~와 함께 일하다

3주 1일

3주 2일

3주 3일

3주 4일

3주 5일

3주 6일

해커스 토익 왕기초 Reading

QUIZ 다음 영어 어휘의 알맞은 뜻을 찾아 연결하세요.

01 announce   ⓐ 발표하다, 알리다

02 refund   ⓑ 정책, 방침

03 policy   ⓒ 환불

04 approve   ⓓ 승인하다, 찬성하다

05 work with   ⓔ ~와 함께 일하다

06 object to   ⓕ ~에 반대하다

정답   01 ⓐ   02 ⓒ   03 ⓑ   04 ⓓ   05 ⓔ   06 ⓕ

다음 지문을 읽고, 질문에 가장 적절한 보기를 고르세요.

[도로 건설 공사에 대한 공고]

Public Notice

공고의 대상

> (!) **힌트:** 공고의 주제/목적을 나타내는 문장들은 주로 지문의 초반에 나와요.

❶ Lawren City has decided to start a road construction project. ❷ Construction will take place along Iowa Street from 4th Avenue to 15th Avenue. ❸ Due to the construction, there will be changes to a bus route and schedule. ❹ Please visit Lawrencity.com to check the new timetable. ❺ Work will begin on March 25 and end on April 25. → (!) **힌트:** 웹 사이트를 방문하면 무엇을 확인할 수 있는지를 확인하세요.

공고의 주제/목적

세부 내용

01 이 공고의 목적은 무엇인가?

(A) 공사 소음에 대해 주의를 주기 위해

(B) 공사로 인한 변경 사항에 대해 알리기 위해

02 웹 사이트에서 알 수 있는 것은 무엇인가?

(A) 버스 운행 일정

(B) 공사 비용

정답 ▪ 해석 ▪ 해설 **p.79**

이 어휘, 이런 뜻이에요!

01-02 **public** 혱 대중을 위한, 공공의 **construction** 몡 공사, 건설 **take place** (일·사건 등이) 있다, 일어나다 **along** 젠 ~을 따라 **due to** ~ 때문에 **route** 몡 경로, 길 **schedule** 몡 일정, 시간표 **timetable** 몡 시간표 **begin** 통 시작하다

✂ 끊어 읽기

지문을 다시 한번 읽어 볼까요? 이번에는 문장을 의미 덩어리로 끊어 읽으며 해석해 보세요.
(각 문장의 동사에는 동그라미를, 주어에는 밑줄을 함께 표시해 보아요.)

❶ Lawren City / (has decided) / to start a road construction project.
　　Lawren시는　　　결정했습니다　　　　도로 공사 프로젝트를 시작하기로

공고의 주제/목적을 나타낼 때 사용되는 표현인 '사람/기관/지역 has decided to(사람/기관/지역이 ~하기로 결정했습니다)'가 왔어요. 이 표현 뒤로 공고의 주제나 목적이 나오기 때문에 주의 깊게 읽어야 해요.

❷ Construction / (will take place) / along Iowa Street / from 4th Avenue to 15th Avenue.
　　공사는　　　　　있을 예정입니다　　　Iowa 거리를 따라　　　　4번가부터 15번가까지

❸ Due to the construction, / there (will be) / changes / to a bus route and schedule.
　　공사 때문에　　　　　　　　변경 사항들이 있을 것입니다　　　버스 경로와 일정에

'there + be동사(will be) + 명사(changes)' 구문이 쓰인 문장에서 주어는 be동사 뒤의 명사라는 것을 기억하세요. there는 특별히 해석하지 않아요.

❹ Please / (visit) / Lawrencity.com / to check the new timetable.
　　방문하세요　Lawrencity.com을　　　새로운 시간표를 확인하시려면

❺ Work / (will begin) / on March 25 / and / (end) / on April 25.
　　공사는　시작할 것입니다　3월 25일에　그리고 끝날 것입니다　4월 25일에

지문을 읽고, 질문에 가장 적절한 보기를 고르세요.

Questions 03 - 04 refer to the following notice.

NOTICE TO STAFF

> (!) **힌트:** 공고의 주제/목적을 나타내는 문장이에요.

Fermacorp will be holding a seminar for our employees on July 2. It will include lectures about leadership, communication, teamwork, and problem solving. Each lecture will last for two hours. To attend, please complete a request form. This request must be approved by a manager. ⟶ (!) **힌트:** 직원들이 무엇을 해야 하는지를 나타내는 문장이에요.

03 **Why was the notice written?** ⟶ (!) **힌트:** 공고가 쓰인 목적을 묻고 있네요.

(A) To report on employee performance

(B) To share details about a class

(C) To announce a change in a policy

(D) To explain the importance of leadership

04 **What are employees asked to do?** ⟶ (!) **힌트:** 직원들이 무엇을 하도록 요청받는지를 묻고 있네요.

(A) Solve a current problem

(B) Attend regular meetings

(C) Get approval from a boss

(D) Decide the date of a seminar

정답 ■ 해석 ■ 해설 **p.79**

이 어휘, 이런 뜻이에요!

03-04 hold ⑧ 열다, 개최하다 seminar ⑨ 세미나, 교육 employee ⑨ 직원, 고용자 include ⑧ 포함하다 lecture ⑨ 강의, 수업 communication ⑨ 의사소통 problem solving 문제 해결 last ⑧ 계속되다, 지속되다 attend ⑧ 참석하다 complete ⑧ 작성하다 request form 신청서 approve ⑧ 승인하다 report ⑧ 알리다 performance ⑨ 성과, 실적 share ⑧ 공유하다 detail ⑨ 세부 사항 announce ⑧ 알리다 policy ⑨ 정책 importance ⑨ 중요성 solve ⑧ 해결하다, 풀다 regular ⑩ 정기적인 approval ⑨ 승인, 허락

NOTICE: For Customers of Gianni's Gelato

We are raising the prices of our ice cream. The cost of milk has increased a lot recently. Therefore, we have no choice but to make this decision. Please understand that this decision was necessary to maintain the quality of our ice cream. The change will happen on January 14. → (!) **힌트:** 1월 14일에 일어나는 The changes가 무엇을 말하는지 확인하세요.

05 What is true about Gianni's Gelato? → (!) **힌트:** Gianni's Gelato에 대해 사실인 것을 묻고 있네요.
각 보기를 지문의 내용과 대조하며 정답을 찾아볼까요?

(A) It plans to make new flavors.

(B) It has lost some customers.

(C) It uses milk.

(D) It has more than one location.

06 What will happen on January 14? → (!) **힌트:** 1월 14일에 일어날 일을 묻고 있네요.

(A) A store will be closed.

(B) Menu items will be removed.

(C) Food quality will be checked.

(D) Menu prices will be increased.

정답 ■ 해석 ■ 해설 **p.80**

이 어휘, 이런 뜻이에요!

05-06 raise ⑧ 올리다, 인상하다 cost ⑲ 가격, 비용 increase ⑧ 오르다, 상승시키다 recently ⑲ 최근에 have no choice but to ~할 수밖에 없다
understand ⑧ 이해하다 decision ⑲ 결정 necessary ⑲ 필수적인 maintain ⑧ 유지하다 quality ⑲ 품질, 질 happen ⑧ 일어나다
flavor ⑲ 맛 customer ⑲ 고객 location ⑲ 지점 remove ⑧ 없애다 check ⑧ 점검하다, 확인하다

4주 1일

기초부터 차근차근! ✏️

◉ 분사란 무엇인가요?

잠긴 문
형용사 역할 ↑

동사 '잠그다'가 '잠긴'으로 바뀌어 명사 '문'을 꾸며주는 형용사 역할을 하고 있어요. 영어에서는 동사 뒤에 ing나 ed가 붙어 이러한 형용사 역할을 하는데, 이것을 분사라고 해요.

◉ 분사는 어떤 형태를 가지고 있나요?

분사에는 현재분사와 과거분사가 있으며, 이들은 서로 다른 형태를 가지고 있어요. 현재분사는 '동사원형 + ing'의 형태로 능동의 의미를 나타내고, 과거분사는 '동사원형 + ed'의 형태로 수동의 의미를 나타내요.

현재분사	동사원형 + ing	~한, ~하는(능동)
과거분사	동사원형 + ed / 불규칙 형태	~된(수동)

I / saw / a singing bird. 나는 / 보았다 / 노래하는 새를
　　　　　　현재분사(능동의 의미)

She / opened / the locked door. 그녀는 / 열었다 / 잠긴 문을
　　　　　　　　　과거분사(수동의 의미)

◉ 분사는 동사의 성질을 가지고 있나요?

네, 분사는 to 부정사, 동명사와 마찬가지로, 문장에서 동사의 역할을 하지는 않지만 동사의 성질을 그대로 가지고 있어요. 즉, 동사처럼 목적어나 보어를 가질 수도 있고, 부사의 꾸밈을 받을 수도 있어요. 따라서, 분사를 동사에 준한다는 의미로 to 부정사, 동명사와 함께 준동사라고 부르기도 해요.

The man / wearing a hat / is Thomas. 남자는 / 모자를 쓴 / Thomas이다
　　　　　　분사　　분사의 목적어

→ 동사 뒤에 목적어가 올 수 있는 것처럼, 분사(wearing) 뒤에도 목적어(a hat)가 올 수 있어요.

The man / talking quietly / is Thomas. 남자는 / 조용히 이야기하는 / Thomas이다
　　　　　　분사　　　부사

→ 동사가 부사의 꾸밈을 받을 수 있는 것처럼, 분사(talking)도 부사(quietly)의 꾸밈을 받을 수 있어요.

분사

1 | 분사의 자리와 역할

방 안에 우는 아기가 있다.

동사 '울다' 뒤에 '~하는'이 붙은 '우는'이 뒤에 나온 명사 '아기'를 꾸며 주는 형용사 역할을 하고 있어요. 영어에서는 동사 뒤에 ing나 ed가 붙은 **분사**가 **형용사 역할**을 할 수 있어요. 이러한 분사는 명사 앞을 포함하여 **몇몇 자리**에 올 수 있어요.

포인트 1 분사가 오는 자리

분사는 **형용사 역할**을 하기 때문에 형용사처럼 **명사 앞**이나 **보어 자리**에 와요. 분사 뒤에 수식어가 붙어 길어지면 **명사 뒤**에도 올 수 있어요.

| 명사 앞 | The company / will check / <u>returned</u> <u>products</u>. 그 회사는 / 점검할 것이다 / 반품된 상품들을 |
| | 명사 |

| 명사 뒤 | There / is / <u>a baby</u> / <u>crying</u> loudly in the room. 아기가 있다 / 방 안에서 큰 소리로 우는 |
| | 명사 |

| 보어 자리 | The game / is / <u>exciting</u>. 그 게임은 / 재미있다 |
| | 보어 |

포인트 2 분사 자리에 올 수 없는 것

분사가 와야 하는 자리에 **동사**나 **명사**는 올 수 없어요.

The (~~collect~~, collected) <u>money</u> / will be used / for the party. 모인 돈은 / 사용될 것이다 / 그 파티를 위해
　　동사(×)　분사(○)　명사

→ 분사가 와야 하는 명사 앞자리에 동사는 올 수 없어요.

The <u>guests</u> / (~~attendance~~, attending) the wedding / are wearing / formal clothes.
　　명사　　　　명사(×)　　　분사(○)
손님들은 / 결혼식에 참석하는 / 입고 있다 / 격식 차린 옷을

→ 분사가 와야 하는 명사 뒷자리에 명사는 올 수 없어요.

주어진 우리말 문장을 보고 괄호에서 알맞은 것을 고르세요.

└─→ ⓘ **힌트:** 동사나 명사는 명사를 꾸며 줄 수 없어요.

01 우리는 흥미로운 대화를 가졌다.   We had an (interest, interesting) conversation.

02 해변에서 뛰고 있는 남자는 Gary이다.   The man (run, running) on the beach is Gary.

03 나는 번역된 책자가 필요하다.   I need a (translated, translate) brochure.

04 우리는 매우 재미있는 영화를 보았다.   We saw a very (entertaining, entertainment) movie.

괄호에서 알맞은 것을 고르세요.

05 Jim handed out the (updated, update) schedule. ⟶ ⓘ **힌트:** 형용사처럼 명사를 앞에서 꾸며 줄 수 있는 것이 무엇인지 생각해 보세요.

06 There is a seat (saved, save) for you.

07 I don't drink fruit juices (contain, containing) a lot of sugar.

08 The (expectation, expected) results didn't happen.

밑줄 친 부분에 들어갈 가장 적절한 것을 고르세요.

09 The ------- employees need some rest.

(A) tires   (B) tired

(C) tire   (D) has tired

└─→ ⓘ **힌트:** 빈칸 뒤에 명사 employees가 왔어요. 명사를 앞에서 꾸며 줄 수 있는 것이 무엇인지 생각해 보세요.

10 The technician ------- today will repair the computer.

(A) visitor   (B) visit

(C) visits   (D) visiting

정답 ▪ 해석 ▪ 해설 **p.81**

이 어휘, 이런 뜻이에요!

01 interest 통 흥미를 일으키다; 명 흥미 interesting 형 흥미로운 conversation 명 대화
03 translate 통 번역하다 brochure 명 책자 04 entertaining 형 재미있는 entertainment 명 오락
05 hand out ~을 나눠주다 update 통 업데이트하다; 명 업데이트 06 save 통 남겨 두다 07 contain 통 ~이 들어 있다, 포함하다
08 expectation 명 예상, 기대 expect 통 예상하다, 기대하다 happen 통 일어나다
09 rest 명 휴식 tire 통 지치게 하다; 명 고무 타이어 10 technician 명 기술자 repair 통 수리하다; 명 수리

James가 **아내를 기다리는 동안에**, 그는 **설거지를 했다**.
= **아내를 기다리면서**, James는 **설거지를 했다**.

두 문장에서 중복되는 부분(그는)을 줄이고 간단히 나타냈어요. 영어에서도 중복되는
부분을 줄이고 문장을 간단히 나타낼 때 **분사구문**을 사용할 수 있어요.

분사구문의 형태

포인트 1

분사구문은 '**(부사절 접속사 +) 분사**'의 형태예요. 이것은 '**부사절 접속사 + 주어 + 동사 ~**'로 되어 있는 부사절을 줄
인 것이에요. 부사절을 분사구문으로 바꾸는 과정은 아래와 같아요.

Step 1 부사절 접속사를 생략해요. ~~While~~ James waited for his wife, he washed the dishes.

(단, 접속사를 생략했을 때 의미가 모호해질
경우에는 접속사를 그대로 두어요.)

↓

Step 2 부사절 주어를 생략해요. ~~While James~~ waited for his wife, he washed the dishes.

(부사절 주어와 주절의 주어가 일치할 경우
에만 생략해요.)

↓

Step 3 부사절의 동사원형에 ing를 붙여요. <u>Waiting</u> for his wife, he washed the dishes.

(동사원형 Wait + ing)
아내를 기다리면서, 그는 설거지를 했다.

~~While I~~ <u>watched</u> TV, / I / ate / potato chips.

⇒ <u>Watching</u> TV, / I / ate / potato chips. TV를 보면서 / 나는 / 먹었다 / 감자 칩을
(동사원형 Watch + ing)

~~Because she~~ <u>arrived</u> late, / she / apologized.

⇒ <u>Arriving</u> late, / she / apologized. 늦게 도착해서 / 그녀는 / 사과했다
(동사원형 Arrive + ing)

분사구문 자리에 올 수 없는 것

포인트 2

분사구문의 분사가 와야 하는 자리에 **동사**나 **명사**는 올 수 없어요.

(~~Please, Pleasure,~~ Pleased) with Eric's performance, / his boss / complimented / him.
　동사(×)　　명사(×)　　분사(O)
Eric의 성과에 만족하여 / 그의 상사는 / 칭찬했다 / 그를

4주 1일
4주 2일
4주 3일
4주 4일
4주 5일
4주 6일

해커스 토익 왕기초 Reading

실력 UP! 연습문제

주어진 우리말 문장을 보고 괄호에서 알맞은 것을 고르세요.

→ **❗힌트:** 분사구문의 분사 자리에 동사는 올 수 없어요.

01 음악을 듣는 동안, Sam은 춤을 췄다.
While (listening, listen) to music, Sam danced.

02 보고서를 확인할 때, Ms. Jin은 오류를 발견했다.
When (checking, check) the report, Ms. Jin found an error.

03 서비스에 실망해서, 나는 항의했다.
(Disappoint, Disappointed) with the service, I complained.

04 게임이 지루해서, 그는 방을 떠났다.
(Bore, Bored) with the game, he left the room.

괄호에서 알맞은 것을 고르세요.

05 (Excitement, Excited) about his trip, Tim started packing. ⟶ **❗힌트:** 분사구문의 분사 자리에 명사는 올 수 없어요.

06 (Book, Booking) a flight, Sara booked a hotel room.

07 While (reading, read) the newspaper, I noticed an interesting article.

08 (Respected, Respect) by employees, Sandra will be a good boss.

자신감 UP! 실전문제

밑줄 친 부분에 들어갈 가장 적절한 것을 고르세요.

09 When -------, you should keep the speed limit.

(A) drive   (B) drives
(C) driving   (D) drove

└→ **❗힌트:** 분사구문은 '(접속사 +) 분사' 형태예요.

10 After ------- dinner, Katy had cheese cake for dessert.

(A) ate   (B) eats
(C) eat   (D) eating

정답 ▪ 해석 ▪ 해설 **p.82**

이 어휘, 이런 뜻이에요!

02 check ⑤ 확인하다 report ⑲ 보고서 03 disappoint ⑤ 실망시키다 complain ⑤ 항의하다 04 bore ⑤ 지루하게 하다
05 excitement ⑲ 흥분, 신남 pack ⑤ 짐을 싸다 06 book ⑤ 예약하다; ⑲ 책 07 notice ⑤ 주목하다, 알아차리다 article ⑲ 기사
08 respect ⑤ 존경하다 boss ⑲ 상사 09 speed limit 제한 속도 10 dessert ⑲ 디저트

3 | 현재분사와 과거분사

크리스마스트리를 장식하는 **아이들,** 장식된 **트리**

'크리스마스트리'는 스스로 '장식하는' 것이 아니라, 사람(아이들)에 의해 '장식되는' 것이고, 아이들은 트리를 '장식되는' 것이 아니라, '장식하는' 것이에요. 이처럼 **능동**의 의미이면 **현재분사**로, **수동**의 의미이면 **과거분사**로 구별하여 써요.

포인트 1

현재분사와 과거분사 구별

────○ 꾸밈을 받는 명사와 분사가 '~한, ~하는, ~하고 있는'이라고 해석되는 **능동 관계**이면 **현재분사**를, '~된, ~되는, ~되어 있는'이라고 해석되는 **수동 관계**이면 **과거분사**를 써요.

The man / (edited, editing) the video / is / my colleague. 그 남자는 / 영상을 편집하는 / 나의 동료이다
　　　　　　과거분사(×)　현재분사(O)

→ 꾸밈을 받는 명사(The man)와 분사가 '영상을 편집하는 남자'라는 의미의 능동 관계이기 때문에 현재분사가 와야 해요.

There / is / a (decorating, decorated) Christmas tree / in the room. 장식된 크리스마스트리가 있다 / 방 안에
　　　　　　　　　현재분사(×)　　　과거분사(O)

→ 꾸밈을 받는 명사(Christmas tree)와 분사가 '장식된 크리스마스트리'라는 의미의 수동 관계이기 때문에 과거분사가 와야 해요.

────○ **현재분사** 뒤에는 **목적어**가 올 수 있지만, 과거분사 뒤에는 목적어가 올 수 없어요. 따라서 뒤에 목적어가 나오면 반드시 현재분사가 와요.

People / (visited, visiting) the museum / should not take / pictures.
　　　　　　과거분사(×) 현재분사(O)　　목적어
사람들은 / 박물관을 방문하는 / 찍으면 안 된다 / 사진을

주어진 우리말 문장을 보고 괄호에서 알맞은 것을 고르세요.

> (!) **힌트:** 과거분사 뒤에는 목적어가 올 수 없어요.

01 바구니를 든 소녀가 꽃을 땄다.

The girl (held, holding) the basket picked flowers.

02 그녀에 의해 그려진 그림들은 인기가 있다.

Pictures (drawn, drawing) by her are popular.

03 이탈리아어를 말하는 그 남자는 Sean이다.

The man (speaking, spoke) Italian is Sean.

04 진열장에 진열된 상품들은 비싸다.

The products (displaying, displayed) in the showcase are expensive.

괄호에서 알맞은 것을 고르세요.

05 People (living, lived) in the countryside seem peaceful. →(!) **힌트:** '시골에 사는 사람들'이라는 의미가 되어야 자연스러워요.

06 Items (purchasing, purchased) at this store can be returned.

07 The instructor (trained, training) new staff is Mr. Dosh.

08 The newly (made, making) wireless speaker has many functions.

밑줄 친 부분에 들어갈 가장 적절한 것을 고르세요.

09 You can find shops ------- food and beverages in the amusement park.

    (A) sell   (B) sold

    (C) sale   (D) selling

> (!) **힌트:** 빈칸은 '음식과 음료를 파는 가게들'이라는 의미를 완성해야 자연스러워요.

10 Ms. Hill ordered the books ------- by her friends.

    (A) recommending   (B) recommends

    (C) recommended   (D) recommend

정답 ■ 해석 ■ 해설 **p.83**

이 어휘, 이런 뜻이에요!

01 hold ⑧ 들다, 잡다 pick ⑧ 따다 04 display ⑧ 진열하다 showcase ⑲ 진열장 05 countryside ⑲ 시골 peaceful ⑲ 평화로운
06 purchase ⑧ 구입하다; ⑲ 구입 return ⑧ 반품하다 07 instructor ⑲ 지도자, 강사
08 newly ⑨ 새로 wireless ⑲ 무선의 function ⑲ 기능; ⑧ 작동하다
09 beverage ⑲ 음료 amusement park 놀이공원 10 order ⑧ 주문하다 recommend ⑧ 추천하다

1 현재분사 해석하기

She caught a <u>falling</u> leaf. 그녀는 떨어지는 낙엽을 잡았다.

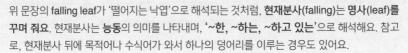

위 문장의 falling leaf가 '떨어지는 낙엽'으로 해석되는 것처럼, **현재분사**(falling)는 **명사**(leaf)를 **꾸며 줘요.** 현재분사는 **능동**의 의미를 나타내며, '**~한, ~하는, ~하고 있는**'으로 해석해요. 참고로, 현재분사 뒤에 목적어나 수식어가 와서 하나의 덩어리를 이루는 경우도 있어요.

문장 해석 연습

명사를 꾸며 주는 현재분사 덩어리에 괄호를 치고, 다음 문장을 우리말로 해석하세요.
(문장의 동사에 동그라미, 주어에 밑줄을 치세요.)

01 <u>I</u> (know) the girl [dancing on the stage]. 나는 무대 위에서 춤추고 있는 소녀를 안다.

02 Flying pigeons scare me.

03 The man standing over there is my uncle.

04 I called the cat hiding under the car.

05 We surveyed people passing by on the street.

06 Passengers taking long flights often feel tired.

07 He works for a company producing cars.

08 We expect rising sales this year.

09 People attending the opening event will get a free gift.

10 The customers waiting in line are getting angry.

정답 ■ 해석 ■ 해설 **p.84**

이 어휘, 이런 뜻이에요!

01 stage 몡 무대 **02** pigeon 몡 비둘기 scare 통 놀라게 하다, 겁먹게 하다 **03** over there 저기에 **04** hide 통 숨다
05 survey 통 (설문) 조사하다 pass by 지나가다 **06** passenger 몡 승객 flight 몡 비행 **07** produce 통 생산하다
08 expect 통 기대하다 rise 통 상승하다 sales 몡 매출 **09** event 몡 행사, 사건 **10** wait in line 줄을 서서 기다리다

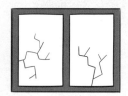
4주 1일

4주 2일

4주 3일

4주 4일

4주 5일

4주 6일

해커스 토익 왕기초 Reading

2 | 과거분사 해석하기

I will fix the <u>broken</u> <u>window</u>. 나는 깨진 유리창을 고칠 것이다.

위 문장의 broken winow가 '깨진 유리창'으로 해석되는 것처럼, **과거분사(broken)**는
명사(window)를 꾸며 줘요. 과거분사는 **수동의** 의미를 나타내며, '**~된, ~되는, ~되
어 있는**' 등으로 해석해요. 참고로, 과거분사 뒤에 수식어가 와서 하나의 덩어리를 이
루는 경우도 있어요.

문장 해석 연습

명사를 꾸며 주는 과거분사 덩어리에 괄호를 치고, 다음 문장을 우리말로 해석하세요.
(문장의 동사에 동그라미, 주어에 밑줄을 치세요.)

01 <u>That house</u> [painted blue] (is) beautiful. 파란색으로 페인트칠 된 저 집은 아름답다.

02 I can't understand this message written in German.

03 The food served at the party was good.

04 These cards are made from recycled paper.

05 We had grilled steak for dinner.

06 They check the finished products.

07 It is a reserved seat.

08 She is wearing a hat decorated with a ribbon.

09 I read the newspaper placed on the table.

10 Decisions made by Mr. Wright are usually correct.

정답 ▪ 해석 ▪ 해설 p.85

이 어휘, 이런 뜻이에요!

01 paint ⑧ 페인트를 칠하다; ⑲ 페인트 **03** serve ⑧ 제공하다, 차려 내다 **04** recycle ⑧ 재활용하다 **05** grill ⑧ (불에) 굽다
06 product ⑲ 제품, 상품 **07** reserve ⑧ 예약하다 **08** decorate ⑧ 장식하다, 꾸미다 **09** place ⑧ 놓다, 두다
10 decision ⑲ 결정, 판단 usually ⑨ 대개, 보통 correct ⑱ 옳은

4주 2일

기초부터 차근차근! ✏️

◉ **명사절이란 무엇인가요?**

나는 <u>네가 나를 좋아한다는 것</u>을 알고 있다.
명사절

'네가 나를 좋아한다는 것'이라는 절이 '나는 알고 있다'라는 문장에 포함되어 문장의 목적어 자리에 왔어요. 이처럼 명사가 와야 하는 자리에 온 절을 **명사절**이라고 해요.

◉ **명사절은 어떤 형태를 가지고 있나요?**

명사절의 기본적인 형태는 '명사절 접속사 + 주어 + 동사 ~'예요.

I / know / that you like me. 나는 / 알고 있다 / 네가 너를 좋아한다는 것을
명사절 접속사(that) + 주어(you) + 동사(like) ~ = 명사절

◉ **명사절을 이끄는 접속사에는 어떤 것이 있나요?**

명사절 접속사는 의미에 따라 크게 세 가지로 나눌 수 있어요.

명사절 접속사	의미		
that	~라는 것		
whether/if	~인지 아닌지		
의문사	who 누가/누구를 ~하는지	when 언제 ~하는지	where 어디서 ~하는지
	what 무엇이/무엇을 ~하는지, ~한 것	which 어느 것이/어느 것을 ~하는지	
	how 어떻게 ~하는지	why 왜 ~하는지	

Everyone / knows / that he is a nice person. 모두가 / 알고 있다 / 그가 좋은 사람이라는 것을
명사절 접속사(that)

Why she wrote this letter / is / clear. 왜 그녀가 이 편지를 썼는지는 / 명백하다
명사절 접속사(의문사 Why)

1 | 명사절 자리

나는 그녀가 학교를 졸업했다는 것을 들었다.

'그녀가 학교를 졸업했다는 것'이라는 명사절이 문장의 목적어 자리에 왔어요. 이처럼 **명사절**은 목적어 자리를 포함하여 **다양한 자리**에 올 수 있어요.

명사절이 오는 자리
포인트 1

명사절은 명사 역할을 하기 때문에 **주어, 목적어, 보어 자리**와 **전치사 뒤**에 와요.

주어 자리	When Tiffany will return / is / a secret. Tiffany가 언제 돌아올지는 / 비밀이다
	주어
목적어 자리	I / heard / that she graduated from the school. 나는 / 들었다 / 그녀가 학교를 졸업했다는 것을
	목적어
보어 자리	The problem / is / whether they will agree with us. 문제는 / 그들이 우리에게 동의할지 안 할 지이다
	보어
전치사 뒤	We / talked / about what he did today. 우리는 / 이야기했다 / 그가 오늘 한 것에 대해
	전치사

명사절 접속사 자리에 올 수 없는 것
포인트 2

명사절을 이끄는 명사절 접속사 자리에 **전치사**나 **대명사**는 올 수 없어요.

Hannah / said / (about, it, that) she was sick. Hannah는 / 말했다 / 그녀가 아팠다는 것을

→ 전치사(about)나 대명사(it)는 절(she was sick)을 이끌 수 없기 때문에, 절을 이끌 수 있는 명사절 접속사 that(~라는 것)이 와야 해요.

4주 1일

4주 2일

4주 3일

4주 4일

4주 5일

4주 6일

해커스 토익 왕기초 Reading

실력 UP! 연습문제

주어진 우리말 문장을 보고 괄호에서 알맞은 것을 고르세요.

> **힌트:** 명사절(Tony said)을 이끄는 명사절 접속사 자리에 대명사는 올 수 없어요.

01 Tony가 말한 것은 나를 행복하게 만들었다.

(What, He) Tony said made me happy.

02 어느 맛이 가장 맛있는지 제게 말해 주세요.

Tell me (which, it) flavor tastes the best.

03 그는 누가 책임이 있는지를 물었다.

He asked (who, me) was responsible.

04 우리는 어디서 만날지를 정해야 한다.

We should decide (where, at) we will meet.

괄호에서 알맞은 것을 고르세요.

05 I don't know (whether, about) he will come. → **힌트:** 명사절(he will come)을 이끄는 명사절 접속사 자리에 전치사는 올 수 없어요.

06 (He, Who) painted this picture is not known.

07 Linda explained (why, for) she missed her flight.

08 Ms. Smythe is familiar with (how, by) the software works.

자신감 UP! 실전문제

밑줄 친 부분에 들어갈 가장 적절한 것을 고르세요.

09 Mr. Dorval mentioned ------- he wanted to change jobs.

(A) that   (B) it

(C) about   (D) of

> **힌트:** 빈칸에는 동사 mentioned의 목적어 자리에 온 절(he wanted ~)을 이끄는 것이 와야 해요.

10 People are guessing ------- will win the Best Actor award this year.

(A) who   (B) those

(C) for   (D) them

정답 ■ 해석 ■ 해설 **p.86**

이 어휘, 이런 뜻이에요!

02 flavor 몡 맛 **taste** 동 ~한 맛이 나다 **03 responsible** 뒝 책임이 있는 **06 paint** 동 (그림을) 그리다
07 explain 동 설명하다 **miss** 동 놓치다, 그리워하다 **flight** 몡 비행기 **08 familiar** 뒝 잘 알고 있는, 익숙한 **work** 동 작동하다
09 mention 동 언급하다 **10 guess** 동 추측하다; 몡 추측 **win an award** 상을 받다

2 | 명사절 접속사

(That, If) you got a job is good news. 네가 직장을 얻었다는 것은 좋은 소식이다.

괄호 안에는 '~인지 아닌지'라는 뜻의 If가 아니라 '~라는 것'이라는 뜻의 That을 써야 자연
스러워요. 이처럼 **명사절 접속사**는 문맥에 맞는 것을 사용해야 해요.

that
포인트 1

명사절 접속사 that이 이끄는 명사절은 **확실한 사실**을 전달할 때 쓰며 '**~라는 것**'이라고 해석해요.

I / heard / that she became a tour guide. 나는 / 들었다 / 그녀가 여행 가이드가 되었다는 것을
　　　　　　 확실한 사실(그녀가 여행 가이드가 되었다는 것)

That he can speak English / is / helpful / for this project. 그가 영어를 말할 수 있다는 것은 / 도움이 된다 / 이 프로젝트에
확실한 사실(그가 영어를 말할 수 있다는 것)

if / whether
포인트 2

명사절 접속사 if나 whether가 이끄는 명사절은 **불확실한 사실**을 전달할 때 쓰며 '**~인지 아닌지**'라고 해석해요.

I / do not know / if the meeting will be delayed. 나는 / 모른다 / 회의가 지연될지 안 될지를
　　　　　　　　 불확실한 사실(회의가 지연될지 안 될지)

My worry / is / whether he will like my gift. 나의 걱정은 / 그가 나의 선물을 좋아할지 아닐 지이다
　　　　　　 불확실한 사실(그가 선물을 좋아할지 아닐지)

의문사
포인트 3

명사절 접속사 who, when, where, what, which, why, how와 같은 의문사가 이끄는 명사절은 각각 '**누가(누구를)/언제/어디서/무엇이(을)/어느 것이(을)/왜/어떻게 ~하는지**'라고 해석해요.

Who left this memo / is / unknown. 누가 이 메모를 남겼는지는 / 알 수 없다

She / told / us / when the meeting starts. 그녀는 / 말해 주었다 / 우리에게 / 언제 회의가 시작되는지

He / asked / me / where I live. 그는 / 물었다 / 나에게 / 내가 어디서 사는지

 잠깐!

명사절의 기본적인 형태는 '명사절 접속사 + 주어 + 동사 ~'이지만, 명사절 접속사 자리에 의문사 who/what/which가 올 경우, who/
what/which가 명사절의 주어 역할을 하여 'who/what/which + 동사 ~' 형태의 명사절을 만들기도 해요.

• I / know / who likes me. 나는 / 알고 있다 / 누가 나를 좋아하는지를
　　　　　 명사절 접속사(who) + 동사(likes) ~ = 명사절

4주 1일

4주 2일

4주 3일

4주 4일

4주 5일

4주 6일

해커스 토익 왕기초 Reading

실력 UP! 연습문제

주어진 우리말 문장을 보고 괄호에서 알맞은 것을 고르세요.

> ! **힌트:** 명사절 접속사 what은 '무엇이(을) ~하는지', whether는 '~인지 아닌지'라는 뜻이에요.

01 무엇이 일어났는지 잊지 마라.   Do not forget (whether, what) happened.

02 누가 나의 돈을 훔쳤는지 알아낼 것이다.   I will find out (who, that) stole my money.

03 나는 그가 나를 신뢰하는지 아닌지 모른다.   I don't know (if, which) he trusts me.

04 우리는 당신이 바쁘다는 것을 이해한다.   We understand (which, that) you are busy.

괄호에서 알맞은 것을 고르세요.

05 He decided (where, what) he should stay in Chicago.   ⟶ ! **힌트:** 명사절 접속사 where는 '어디서 ~하는지', what은 '무엇이(을) ~하는지'라는 뜻이에요.

06 They just heard (that, who) Nick is Tina's brother.

07 The study is about (who, why) customers prefer certain brands.

08 I don't know (what, whether) I should cancel the appointment.

자신감 UP! 실전문제

밑줄 친 부분에 들어갈 가장 적절한 것을 고르세요.

09 ------- the event will be held will be decided soon.

(A) Which   (B) About

(C) Who   (D) When

> ! **힌트:** '언제 행사가 열릴지는 곧 결정될 것이다'라는 문장이 되어야 자연스러워요.

10 They are discussing ------- they will build a new community center.

(A) whether   (B) which

(C) who   (D) with

정답 ■ 해석 ■ 해설 **p.87**

이 어휘, 이런 뜻이에요!

01 happen 통 일어나다 **02** find out ~을 알아내다   steal 통 훔치다 **03** trust 통 신뢰하다 **04** understand 통 이해하다
05 stay 통 묵다, 머무르다 **07** study 명 연구; 통 공부하다   prefer 통 선호하다   certain 형 특정한
08 cancel 통 취소하다   appointment 명 약속 **09** hold 통 열다 **10** discuss 통 논의하다   community center 시민 회관

1 | that이 이끄는 명사절 해석하기

I know that Sean speaks three languages.
나는 Sean이 3개의 언어를 말한다는 것을 알고 있다.

위 문장의 that Sean speaks three languages가 'Sean이 3개의 언어를 말한다는 것'이
라고 해석되는 것처럼, **'that + 주어 + 동사 ~'** 형태의 **that이 이끄는 명사절**은 **'~이 -라
는/-하는 것'**이라고 해석해요. 참고로, that이 이끄는 명사절이 목적어 자리에 오면 that은
생략될 수 있답니다.

(문장 해석 연습)

명사절에 유의하여 다음 문장을 우리말로 해석하세요. (문장의 동사에 동그라미, 주어에 밑줄을 치세요.)

01 <u>That Rachel was fired</u> (is) shocking. Rachel이 해고당했다는 것은 충격적이다.

02 That Miranda swims every morning is amazing.

03 I can't believe he did such a thing.

04 Jimmy said that he paid his bill.

05 That Vicky got a scholarship made her parents happy.

06 I just remembered that I have a quiz tomorrow.

07 That people vote is important.

08 An applicant said that she had enough experience.

09 The manager told us that he would retire in September.

10 The store informed me that my order was delayed.

정답 ■ 해석 ■ 해설 **p.88**

이 어휘, 이런 뜻이에요!

01 fire (동) 해고하다 **shocking** (형) 충격적인 **03 believe** (동) 믿다 **04 pay** (동) 지불하다 **bill** (명) 청구서 (요금) **05 scholarship** (명) 장학금
06 remember (동) 기억하다 **quiz** (명) 간단한 시험, 퀴즈 **07 vote** (동) 투표하다 **important** (형) 중요한
08 applicant (명) 지원자 **experience** (명) 경험; (동) 경험하다 **09 manager** (명) 관리자 **10 inform** (동) 알리다 **order** (명) 주문

4주 1일

4주 2일

4주 3일

4주 4일

4주 5일

4주 6일

해커스 토익 왕기초 Reading

2 | if/whether가 이끄는 명사절 해석하기

My friend asked me if I like noodles.
내 친구는 나에게 내가 면 요리를 좋아하는지 아닌지 물었다.

위 문장의 if I like noodles가 '내가 면 요리를 좋아하는지 아닌지'라고 해석되는 것처럼,
'if/whether + 주어 + 동사 ~' 형태의 if/whether가 이끄는 명사절은 '~이 -인지 아닌지'
라고 해석해요.

문장 해석 연습

명사절에 유의하여 다음 문장을 우리말로 해석하세요. (문장의 동사에 동그라미, 주어에 밑줄을 치세요.)

01 <u>I</u> don't know if this jacket looks good on me.   나는 이 재킷이 나에게 잘 어울리는지 아닌지 모르겠다.

02 Lucas doubts if he can wake up early.

03 Whether it's true or not isn't important.

04 The teacher asked me if I could answer the question.

05 They don't know if they can come to the party.

06 I wonder whether Joan speaks French.

07 Patrick can't remember whether he turned off the light.

08 Abigail doubts whether she can win the prize.

09 I don't know whether this book is worth buying.

10 Whether the race continues depends on the weather.

정답 ■ 해석 ■ 해설 **p.89**

이 어휘, 이런 뜻이에요!

02 doubt 통 확신하지 못하다, 의문을 갖다 **wake up** 일어나다 **early** 부 일찍 **06 wonder** 통 궁금하다, 궁금해하다 **French** 명 프랑스어
07 turn off (불을) 끄다 **08 win a prize** 상을 받다 **09 be worth -ing** ~할 가치가 있다 **10 continue** 통 계속되다 **depend on** ~에 달려 있다

4주 3일

기초부터 차근차근! ✏️

◉ 부사절이란 무엇인가요?

<u>스무 살이었을 때</u> 나는 세계 여행을 떠났다.
부사절

'스무 살이었을 때 나는 세계 여행을 떠났다'에서 주절은 '나는 세계 여행을 떠났다'예요. 앞에 있는 '스무 살이었을 때'는 내가 언제 세계 여행을 떠났는지를 부가적으로 나타내는 종속절이에요. 이처럼 주절을 꾸며주면서 이유, 조건, 시간 등의 부가적인 정보를 제공해 주는 절을 **부사절**이라고 해요.

◉ 부사절은 어떤 형태를 가지고 있나요?

부사절의 형태는 '부사절 접속사 + 주어 + 동사 ~'예요.

I / traveled / around the world / when I was 20 years old.
부사절 접속사(when) + 주어(I) + 동사(was) ~ = 부사절
나는 / 여행했다 / 세계를 / 내가 스무 살이었을 때

◉ 부사절을 이끄는 접속사의 종류에는 무엇이 있나요?

부사절 접속사에는 시간 접속사, 조건 접속사, 양보 접속사, 이유 접속사가 있어요.

시간 접속사	when I went to the zoo 내가 동물원에 갔을 때 before you leave 당신이 떠나기 전에 after he arrived 그가 도착한 후에
조건 접속사	if it rains tomorrow 만약 내일 비가 온다면 unless you practice 만약 네가 연습하지 않는다면
양보 접속사	although she seems cold 비록 그녀는 차가워 보이지만
이유 접속사	because the machine broke down 기계가 고장 났기 때문에

부사절

1 | 부사절 자리

아팠기 때문에, 수지는 병원에 갔다.

'아팠기 때문에'라는 부사절이 문장 앞에 왔어요. 영어에서는 **부사절**이 **주절** 앞에 오거나 **뒤**에 올 수 있어요.

포인트 1 · 부사절이 오는 자리

부사절은 문장에서 **주절의 앞**이나 **뒤**에 와요. 주절의 앞에 올 때는 부사절 뒤에 반드시 쉼표(,)를 붙여요.

주절 앞   [Because Susie was sick], / she / went / to the hospital.
                                          주절

              Susie가 아팠기 때문에 / 그녀는 / 갔다 / 병원에

주절 뒤   Susie / ate / seafood / [before she got sick]. Susie는 / 먹었다 / 해산물을 / 그녀가 아프기 전에
                    주절

포인트 2 · 부사절 접속사 자리에 올 수 없는 것

부사절을 이끄는 부사절 접속사 자리에 **전치사**는 올 수 없어요. 비슷한 의미를 가진 접속사와 전치사를 구분하여 알아두어, 전치사를 부사절 접속사 자리에 쓰지 않도록 유의하세요.

의미	부사절 접속사	전치사
~하는 동안 비록 ~이지만 ~ 때문에	while although, even though because, since	during, for despite, in spite of because of, due to

Ms. Benson / listens / to music / (~~during~~, while) she runs. Ms. Benson은 / 듣는다 / 음악을 / 그녀가 달리는 동안
                              전치사(×) 부사절 접속사(○)

Nobody / blamed / him / (~~in spite of~~, although) he made a mistake.
                          전치사(×) 부사절 접속사(○)
누구도 / 탓하지 않았다 / 그를 / 비록 그가 실수를 했지만

부사절을 이끄는 부사절 접속사 자리에 **부사**는 올 수 없어요.

[(~~Even~~, When) I'm bored], / I / read / comic books. 내가 지루할 때 / 나는 / 읽는다 / 만화책을
    부사(×) 부사절 접속사(○)

실력 UP! 연습문제

주어진 우리말 문장을 보고 괄호에서 알맞은 것을 고르세요.

> ⓘ **힌트:** Although는 접속사, Despite은 전치사예요.

01 비록 그 차는 오래됐지만, 잘 작동한다. (Although, Despite) the car is old, it works well.

02 내가 출발할 때 당신에게 말해 주겠다. I will tell you (next, when) I leave.

03 만약 도움이 필요하면, 당신은 내게 전화해도 된다. (If, Along) you need any help, you can call me.

04 네가 자는 동안, 나는 숙제를 했다. I did my homework (while, for) you slept.

괄호에서 알맞은 것을 고르세요.

05 I will clean my room (because, due to) it is dirty. ⟶ ⓘ **힌트:** 부사절을 이끄는 접속사 자리에 전치사는 올 수 없어요.

06 We can change the date (if, with) you can't come to the meeting.

07 You should sign your name (when, at) the package arrives.

08 Ms. Paulson checked her e-mail carefully (by, before) she sent it.

자신감 UP! 실전문제

밑줄 친 부분에 들어갈 가장 적절한 것을 고르세요.

09 You must focus on the presentation ------- the speaker is presenting.

(A) while   (B) during

(C) about   (D) quite

> ⟶ ⓘ **힌트:** 빈칸 뒤에 절(the speaker is ~)이 왔어요.
> 절을 이끌 수 있는 것이 무엇인지 생각해 보세요.

10 Mr. Mason had trouble selling the house ------- it had a beautiful view.

(A) despite   (B) what

(C) to   (D) even though

정답 ▪ 해석 ▪ 해설 **p.90**

이 어휘, 이런 뜻이에요!

01 **work** 툉 작동하다 05 **clean** 툉 청소하다 **dirty** 혱 더러운 06 **date** 몡 날짜 07 **sign** 툉 서명하다 **package** 몡 소포
08 **check** 툉 확인하다 **carefully** 뷔 주의 깊게 09 **focus on** ~에 집중하다 **presentation** 몡 발표 **present** 툉 발표하다
10 **view** 몡 전망

2 | 부사절 접속사

I brush my teeth (before, although) I go to bed.
잠을 자기 전에 나는 양치를 한다.

괄호 안에는 '비록 ~하지만'이라는 뜻의 **although**가 아니라 '~하기 전에'라는 뜻의 **before**를 써야 자연스러워요. 이처럼 **부사절 접속사**는 문맥에 맞는 것을 사용해야 해요.

시간/조건 접속사
포인트 1

○— 부사절이 '**~할 때/~할 때까지**' 등 **시간**의 의미를 나타낼 때, 다음의 **시간 접속사**를 써요.

before ~하기 전에	**as** ~할 때, ~함에 따라	**when** ~할 때	**since** ~한 이래로
after ~한 후에	**as soon as** ~하자마자	**while** ~하는 동안	**until** ~할 때까지

We / go / to the beach / [(until, when) summer comes]. 우리는 / 간다 / 해변에 / 여름이 올 때

→ 부사절이 '여름이 올 때'라는 의미가 되어야 자연스럽기 때문에 '~할 때'를 의미하는 **when**이 와야 해요.

○— 부사절이 '**~한다면/~하지 않는다면**' 등 **조건**의 의미를 나타낼 때, 다음의 **조건 접속사**를 써요.

if 만약 ~한다면	**unless** 만약 ~하지 않는다면	**once** 일단 ~하면	**as long as** ~하는 한

[(Unless, If) you like cheese], / you / should try / our cheese pizza.
만약 당신이 치즈를 좋아한다면 / 당신은 / 먹어 보아야 한다 / 우리의 치즈피자를

→ 부사절이 '만약 당신이 치즈를 좋아한다면'이라는 의미가 되어야 자연스럽기 때문에 '만약 ~한다면'을 의미하는 **if**가 와야 해요.

양보/이유 접속사
포인트 2

○— 부사절이 '**비록 ~하지만/~한 반면에**' 등 **양보**의 의미를 나타낼 때, 다음의 **양보 접속사**를 써요.

although/though/even though/even if 비록 ~하지만	**while** ~한 반면에

She / went / to work / [even though she was sick]. 그녀는 / 갔다 / 직장에 / 비록 아팠지만
The wall / is / black, / [while the floor is white]. 벽은 / 검은색이다 / 바닥은 흰색인 반면에

○— 부사절이 '**~하기 때문에/~해서**' 등 **이유**의 의미를 나타낼 때, 다음의 **이유 접속사**를 써요.

because ~하기 때문에	**since** ~하기 때문에

I / studied / in the café / [because it has free Wi-Fi]. 나는 / 공부했다 / 카페에서 / 무료 와이파이가 있기 때문에
He / couldn't lift / the box / [since it was very heavy]. 그는 / 들 수 없었다 / 상자를 / 아주 무거웠기 때문에

4주 1일

4주 2일

4주 3일

4주 4일

4주 5일

4주 6일

해커스 토익 왕기초 Reading

실력 UP! 연습문제

주어진 우리말 문장을 보고 괄호에서 알맞은 것을 고르세요.

> (!) **힌트:** as soon as는 '~하자마자', 'unless는 '만약 ~하지 않는다면'이라는 뜻이에요.

01　Julie는 집에 도착하자마자 저녁을 먹었다.　　Julie had dinner (as soon as, unless) she got home.

02　만약 당신이 원한다면 당신을 위해 노래하겠다.　　I will sing for you (if, although) you want.

03　Louis는 잘 자지 못했기 때문에 피곤했다.　　Louis was tired (although, since) he didn't sleep well.

04　노트북을 사용하기 전에 당신은 노트북의
　　플러그를 꽂아야 한다.　　You should plug in the laptop (before, until) you use it.

괄호에서 알맞은 것을 고르세요.

05　I skipped lunch (because, though) I was busy.　──→ (!) **힌트:** because는 '~하기 때문에', though는 '비록 ~하지만'이라는 뜻이에요.

06　(Unless, As) you apologize, I will not talk to you.

07　You can get a refund (as long as, unless) you bring your receipt.

08　(Once, Even though) the product is on sale, no one is buying it.

자신감 UP! 실전문제

밑줄 친 부분에 들어갈 가장 적절한 것을 고르세요.

09　I will reply to your e-mail ------- I receive it.

　　(A) though　　　　(B) once

　　(C) just　　　　　(D) but

> (!) **힌트:** '일단 당신의 이메일을 받으면 답장할 것이다'
> 라는 문장이 되어야 자연스러워요.

10　The team members must stay in the office
　　------- this presentation is finished.

　　(A) because　　　(B) until

　　(C) despite　　　 (D) for

정답 ■ 해석 ■ 해설 **p.92**

이 어휘, 이런 뜻이에요!

03 tired 園 피곤한　04 plug in ~의 플러그를 꽂다　laptop 園 노트북　05 skip 園 거르다, 건너뛰다　06 apologize 園 사과하다
07 refund 園 환불　receipt 園 영수증　08 on sale 할인 중인　10 stay 園 계속 있다, 남다

부사절 해석하기

1 │ 시간/조건의 부사절 해석하기

When William was young, he lived in Tokyo.
William이 어렸을 때, 그는 도쿄에 살았다.

위 문장의 When William was young이 'William이 어렸을 때'라고 해석되는 것처럼, **when**이
이끄는 시간의 부사절이 오면 **'~할 때'**라고 해석해요. 이와 같이 시간이나 조건을 나타내는 부사
절이 오면, 부사절을 이끄는 부사절 접속사의 의미를 살려 해석한답니다.

before ~하기 전에	**when** ~할 때	**since** ~한 이래로	**if** 만약 ~한다면	**once** 일단 ~하면
after ~한 후에	**while** ~하는 동안	**until** ~할 때까지	**unless** 만약 ~하지 않는다면	**as long as** ~하는 한

문장 해석 연습

부사절 접속사의 의미에 유의하여 다음 문장을 우리말로 해석하세요. (문장의 동사에 동그라미, 주어에 밑줄을 치세요.)

01 <u>Connie</u> (listens to) music when she studies. Connie는 공부할 때 노래를 듣는다.

02 I turn off the light before I go to sleep.

03 Once you try this game, you will love it.

04 I go to the gym every day after I finish work.

05 Please let me know if Monica drops by.

06 Would you like to drink something while you wait?

07 I kept calling until somebody answered the phone.

08 We haven't traveled since we got married.

09 You can get a discount as long as you spend more than $10.

10 They don't charge you unless you return a book late.

정답 ■ 해석 ■ 해설 **p.94**

이 어휘, 이런 뜻이에요!

02 turn off (전기 등을) 끄다 **03 try** ⑧ 해 보다, 시도하다 **04 every day** 매일 **05 drop by** ~에 들르다 **07 answer the phone** 전화를 받다
08 travel ⑧ 여행하다 **get married** 결혼하다 **09 get a discount** 할인을 받다
10 charge ⑧ (요금을) 청구하다 **return** ⑧ 반납하다 **late** ⑨ 늦게; ⑩ 늦은

2 | 양보/이유의 부사절 해석하기

Since she missed the bus, she took a taxi.

버스를 놓쳤기 때문에, 그녀는 택시를 탔다.

위 문장의 Since she missed the bus가 '버스를 놓쳤기 때문에'라고 해석되는 것처럼, since가 이끄는 이유의 부사절이 오면 '**~하기 때문에**'라고 해석해요. 이와 같이 이유나 양보를 나타내는 부사절이 오면, 부사절을 이끄는 부사절 접속사의 의미를 살려 해석한답니다.

| although/though/even though/even if 비록 ~하지만, ~이라 하더라도 | while ~한 반면에 | because/since ~하기 때문에 |

문장 해석 연습

부사절 접속사의 의미에 유의하여 다음 문장을 우리말로 해석하세요. (문장의 동사에 동그라미, 주어에 밑줄을 치세요.)

01 <u>Emily</u> (is) short, while both of her parents are tall. Emily의 부모님은 두 분 다 키가 크신 반면에, 그녀는 작다.

02 Even if that shirt is cheap, I won't buy it.

03 Benjamin borrowed my pen because he lost his.

04 Sophia stopped walking since she was tired.

05 We had fun even though we didn't know anyone at the party.

06 Stella decided to move because her house is small.

07 The secretary left early because she was sick.

08 Although Samantha made a big mistake, her boss didn't get angry.

09 Since it was noisy outside, Mr. Park closed the window.

10 Though Logan was young, he became a successful politician.

정답 ■ 해석 ■ 해설 **p.95**

이 어휘, 이런 뜻이에요!

03 borrow 동 빌리다 lose 동 잃어버리다 **06** decide 동 결심하다 move 동 이사하다
07 secretary 명 비서 early 부 일찍 **08** make a mistake 실수하다 **09** noisy 형 시끄러운 outside 부 밖에
10 successful 형 성공적인 politician 명 정치인, 정치가

4주 4일

형용사절 Part 5 • 6 | 문법

1. 형용사절 자리
2. 관계대명사

형용사절 해석하기 Part 7 | 리딩 - 구문 독해

1. who/whose가 이끄는 형용사절 해석하기
2. which/that이 이끄는 형용사절 해석하기

기초부터 차근차근! ✏️

◉ 형용사절이란 무엇인가요?

내가 만든 지갑
형용사절

'내가 만든'이라는 절이 명사인 '지갑'을 꾸며 주고 있어요. 이처럼 명사를 꾸며 주는 형용사 역할을 하는 절을 **형용사절**이라고 해요.

◉ 형용사절은 어떤 형태를 가지고 있나요?

형용사절의 형태는 '형용사절 접속사 + (주어) + 동사 ~'예요. 형용사절은 관계절로, 형용사절 접속사는 관계대명사라고 부르기도 해요. 참고로, 관계대명사에는 who, which, that 등이 있어요.

I / have / a wallet / which I made. 나는 / 가지고 있다 / 지갑을 / 내가 만든
　　　　　명사　　　　관계대명사(which) + 주어(I) + 동사(made) = 형용사절

◉ 형용사절은 어떻게 만드나요?

두 문장에서 공통되는 명사 중 하나를 관계대명사로 바꿔 한 문장으로 만들 수 있어요. 이때 관계대명사는 두 문장을 연결하는 접속사 역할을 하는 동시에, 두 번째 문장의 대명사를 대신하는 역할을 해요.

I have a wallet. + I made it. 나는 지갑을 가지고 있다. + 내가 그것을 만들었다.
　　　　　└────── 동일한 대상 ──────┘

→ 첫 문장의 명사(a wallet)와 두 번째 문장의 대명사(it)는 동일한 대상이에요.

↓

I have a wallet which I made. 나는 내가 만든 지갑을 가지고 있다.
　　　　　명사　　관계대명사

→ 공통되는 명사 중 대명사(it)를 관계대명사(which)로 바꾸어 두 문장을 하나로 연결해요.

형용사절

1 | 형용사절 자리

1층에 사는 **사람은 과학자이다.**

'1층에 사는'이라는 형용사절이 명사인 '사람' 앞에 왔어요. 우리말에서는 형용사절이 명사 앞에 오지만, 영어에서는 **형용사절**이 **명사 뒤**에 와요.

포인트 1

형용사절이 오는 자리

—○ 형용사절(= 관계절)은 **명사 뒤**에 와요.

The <u>person</u> / [who lives on the first floor] / is / a scientist. 그 사람은 / 1층에 사는 / 과학자이다
　　　명사

This / is / an <u>apartment</u> / [which I bought]. 이것은 / 아파트이다 / 내가 산
　　　　　　　　명사

포인트 2

관계대명사 자리에 올 수 없는 것

—○ 형용사절을 이끄는 관계대명사 자리에 **대명사**는 올 수 없어요.

Employees / [(they, who) have any questions] / can contact / me.
　　　　　　대명사(×)　관계대명사(○)
직원들은 / 어떤 질문이 있는 / 연락하면 된다 / 나에게

→ 명사 Employees를 뒤에서 꾸며 주는 형용사절을 이끄는 관계대명사 자리에 대명사는 올 수 없어요.

주어진 우리말 문장을 보고 괄호에서 알맞은 것을 고르세요.

> (!) **힌트:** 명사 a son을 뒤에서 꾸며 주는 형용사절을 이끄는
> 관계대명사 자리에 대명사는 올 수 없어요.

01 나는 10대인 아들이 있다.   I have a son (who, he) is a teenager.

02 Max는 좋은 전망을 가진 방을 예약했다.   Max booked a room (which, it) has a great view.

03 나는 Mady가 나에게 준 양말이 마음에 든다.   I like the socks (that, they) Mady gave me.

04 그곳은 신선한 채소를 파는 가게이다.   It is a store (it, which) sells fresh vegetables.

괄호에서 알맞은 것을 고르세요.

05 Matthew likes the photo (that, he) I took. ⟶ (!) **힌트:** 명사 the photo를 뒤에서 꾸며 주는 형용사절을
                                                      이끄는 관계대명사 자리에 대명사는 올 수 없어요.

06 The secretary (who, she) we hired is smart.

07 The workers (they, who) will renovate the kitchen have just arrived.

08 Mr. Cohen works for a company (that, it) trades with foreign countries.

밑줄 친 부분에 들어갈 가장 적절한 것을 고르세요.

09 We are seeking a chef ------- has two years   10 Ken Group filmed an advertisement -------
    of experience.   will be shown on television.

    (A) it   (B) they   (A) this   (B) it

    (C) who   (D) he   (C) they   (D) which

    ⟶ (!) **힌트:** '우리는 2년의 경력을 가지고 있는 요리사를
                     찾고 있다'라는 문장이 되어야 자연스러워요.

정답 ▪ 해석 ▪ 해설 **p.96**

이 어휘, 이런 뜻이에요!

01 teenager 몡 10대 **04** fresh 혱 신선한 vegetable 몡 채소 **06** secretary 몡 비서 hire 동 고용하다 smart 혱 똑똑한
07 renovate 동 수리하다 arrive 동 도착하다 **08** trade 동 거래하다, 무역하다; 몡 무역 foreign 혱 해외의
09 seek 동 찾다 chef 몡 요리사 **10** film 동 찍다, 촬영하다

2 | 관계대명사

I know a woman (who, which) is a reporter. 나는 리포터인 한 여자를 안다.

괄호 앞에 사람 명사인 **a woman**이 왔고, 형용사절 내에 주어가 없으므로 관계대명사 **which**가
아닌 **who**가 와야 해요. 이처럼 **관계대명사**는 앞에 나온 명사의 종류와 형용사절 내에서의 역할
에 따라 각각 다른 관계대명사를 사용해야 해요.

포인트 1

관계대명사의 종류와 쓰임

○ 형용사절 앞에 나온 명사가 사람인지 사물인지에 따라, 그리고 관계대명사가 형용사절 내에서 주격, 목적격, 소유격
중 어느 것으로 쓰이는지에 따라 각각 다른 관계대명사를 써요.

앞에 나온 명사　　　　격	주격	목적격	소유격
사람	who	who(m)	whose
사물, 동물	which	which	whose / of which
사람, 사물, 동물	that	that	-

○ 형용사절 앞에 나온 명사가 **사람**일 때는 관계대명사 **who나 that**, 사람 이외의 **사물, 동물**일 때는 **which나 that**이
와요.

The students / [(which, who) will take the exam] / should arrive / by 9 A.M.
　　　　　사람
학생들은 / 시험을 칠 / 도착해야 한다 / 오전 9시까지

The rainbow / [(who, which) I saw] / was / beautiful. 무지개는 / 내가 본 / 아름다웠다
　　　사물

○ 형용사절 안에 **주어가 없으면** 주격 관계대명사 **who/which/that**을, **목적어가 없으면** 목적격 관계대명사 **who(m)/
which/that**을 써요. 이때, 목적격 관계대명사는 생략할 수 있어요.

The phone / [which has three cameras] / is / popular. 그 전화기는 / 3개의 카메라가 달린 / 인기가 있다

→ 형용사절 내에 주어가 없으므로 주격 관계대명사 which가 왔어요.

She / is / a guest / [(whom) I invited]. 그녀는 / 손님이다 / 내가 초대한

→ 형용사절 내에 목적어가 없으므로 목적격 관계대명사 whom이 왔어요. 이때, whom은 생략할 수 있어요.

○ 관계대명사 **바로 뒤에 명사**가 오고 '**~의**'로 해석되면 소유격 관계대명사 **whose**를 써요.

The employees / [whose performance was great] / received / a bonus.
직원들은 / 그들의 성과가 좋은 / 받았다 / 성과급을

→ 관계대명사 바로 뒤에 명사 performance가 왔고 관계대명사가 형용사절 안에서 '~의'로 해석되므로 소유격 관계대명사
　whose가 왔어요.

주어진 우리말 문장을 보고 괄호에서 알맞은 것을 고르세요.

힌트: 명사 a person을 꾸며 주는 형용사절 내에
주어가 없어요.

01 나는 스포츠를 좋아하는 사람이다.　　　　　　　I am a person (who, whom) likes sports.

02 그녀는 내가 함께 일하는 변호사이다.　　　　　　She is the lawyer (which, whom) I work with.

03 내가 본 그 콘서트는 굉장했다.　　　　　　　　The concert (that, whose) I watched was amazing.

04 그는 20퍼센트 할인을 해 주는 쿠폰을 가지고 있다.　He has a coupon (who, which) gives a 20% discount.

괄호에서 알맞은 것을 고르세요.

05 Heidi is a girl (whom, whose) I know.　　힌트: 명사 a girl을 꾸며 주는 형용사절 내에 목적어가 없어요.

06 There's a small store (who, which) sells jewelry.

07 Anyone (whose, who) hobby is photography can join our club.

08 Please check the schedule (whom, that) is posted on our Web site.

밑줄 친 부분에 들어갈 가장 적절한 것을 고르세요.

09 The art gallery will collect money for artists
------- need help.

(A) who　　　　　　　(B) how

(C) of which　　　　　(D) whose

힌트: 빈칸 뒤에 주어 없이 동사(need)와
목적어(help)가 왔어요.

10 A police officer gave a ticket to the drivers
------- car was parked on the sidewalk.

(A) whom　　　　　　(B) whose

(C) who　　　　　　　(D) what

정답 ■ 해석 ■ 해설 **p.98**

이 어휘, 이런 뜻이에요!

02 lawyer 몡 변호사　03 concert 몡 콘서트　amazing 혱 굉장한　04 coupon 몡 쿠폰　discount 몡 할인　06 jewelry 몡 보석
07 photography 몡 사진 찍기　join 통 가입하다　08 check 통 확인하다　schedule 몡 일정표　post 통 게시하다
09 art gallery 미술관　collect 통 모으다　artist 몡 예술가　10 give a ticket 딱지를 떼다　sidewalk 몡 인도, 보도

형용사절 해석하기

1 | who/whose가 이끄는 형용사절 해석하기

I have a friend who is rich. 나에게는 부유한 친구가 있다.

위 문장의 friend who is rich가 '부유한 친구'로 해석되는 것처럼, **who가 이끄는 형용사절**은 앞에 나온 **사람 명사**를 꾸며 주며, '~한, ~하는 (사람)'이라고 해석해요. **whose가 이끄는 형용사절**이 온 경우, whose를 '(앞에 나온 명사)의'라고 생각하면 형용사절을 쉽게 해석할 수 있어요.

문장 해석 연습

명사를 꾸며 주는 형용사절에 괄호를 치고, 형용사절에 유의하여 다음 문장을 우리말로 해석하세요.
(문장의 동사에 동그라미, 주어에 밑줄을 치세요.)

01 <u>That lady</u> [who is wearing a hat] (is) my coworker. 모자를 쓰고 있는 저 여자는 나의 동료이다.

02 We met a couple who recently moved to our town.

03 Jeff knows someone who designs furniture.

04 We invited a speaker who teaches at a college.

05 Ezra is one of my old friends who I miss.

06 I saw a girl whose hair was green.

07 The board members who donated will be listed in the newspaper.

08 ABC Corp. gives a bonus to employees who work hard.

09 The hotel apologized to the guests who had to wait.

10 Companies whose sales are high attract more investors.

정답 ▪ 해석 ▪ 해설 **p.99**

이 어휘, 이런 뜻이에요!

01 coworker 圆 동료 **02** couple 圆 부부 recently 凰 최근에 move 图 이사하다 **03** furniture 圆 가구
04 invite 图 초대하다 teach 图 (학생들을) 가르치다 **05** old 圆 오래된, 늙은 miss 图 그리워하다
07 board 圆 이사회 donate 图 기부하다 list 图 기재하다, 열거하다; 圆 목록 **08** bonus 圆 성과급, 보너스 employee 圆 직원
09 apologize 图 사과하다 guest 圆 투숙객, 손님 **10** sales 圆 매출(량) attract 图 끌어모으다 investor 圆 투자자

which/that이 이끄는 형용사절 해석하기

Kiki has a <u>rabbit</u> which is tiny. Kiki에게는 아주 작은 토끼가 있다.

위 문장의 rabbit which is tiny가 '아주 작은 토끼'로 해석되는 것처럼, **which가 이끄는 형용사절**은 앞에 나온 **사물이나 동물 명사**를 꾸며 주며, '**~한, ~하는 (것)**'이라고 해석해요. **that이 이끄는 형용사절**은 **사람, 사물, 동물 명사**를 모두 꾸며 주며, '**~한, ~하는 (사람/것)**'이라고 해석해요. 참고로, 목적격 관계대명사 which/that은 생략될 수 있답니다.

（ 문장 해석 연습 ）

명사를 꾸며 주는 형용사절에 괄호를 치고, 형용사절에 유의하여 다음 문장을 우리말로 해석하세요.
(문장의 동사에 동그라미, 주어에 밑줄을 치세요.)

01 <u>Spring</u> ⓘs the season [that I love]. 봄은 내가 아주 좋아하는 계절이다.

02 This house which Mr. Durant designed is famous.

03 Florence lives in a building which is in downtown London.

04 The restaurant that just opened yesterday is excellent.

05 My grandfather has an old watch he bought 60 years ago.

06 The shirt which Daniel gave me doesn't fit.

07 The bag Isaac is holding looks expensive.

08 The comic books that are on the shelf are mine.

09 They developed a new product that is cheap and convenient.

10 I would like to get a refund on the item I bought a week ago.

정답 ■ 해석 ■ 해설 **p.100**

이 어휘, 이런 뜻이에요!

02 design 동 설계하다, 디자인하다 **famous** 형 유명한 **04 just** 분 막 **06 fit** 동 (크기가) 맞다 **07 hold** 동 들고 있다
08 comic book 만화책 **shelf** 명 선반 **09 develop** 동 개발하다 **product** 명 제품, 상품 **cheap** 형 (값이) 싼 **convenient** 형 편리한
10 get a refund 환불받다

4주5일

기초부터 차근차근! ✏️

◉ 비교 구문이란 무엇인가요?

남동생은 <u>나보다 키가 크다</u>. 우리 가족 중에서 남동생이 <u>가장 키가 크다</u>.
　　　　　　비교　　　　　　　　　　　　　　　　　　　　　　　비교

'남동생은 나보다 키가 크다', '우리 가족 중에서 남동생이 가장 키가 크다'와 같이 둘 이상의 대상을 서로 비교하는 구문을 **비교 구문**이라고 해요.

◉ 비교 구문의 종류에는 무엇이 있나요?

비교 구문에는 원급 구문, 비교급 구문, 최상급 구문이 있어요.

원급 구문	두 대상이 동등함	as 형용사/부사의 원급 as	as tall as ~만큼 키가 큰
비교급 구문	두 대상 중 하나가 우월하거나 열등함	형용사/부사의 비교급 + than	taller than ~보다 키가 큰
최상급 구문	셋 이상의 대상 중 하나가 가장 우월하거나 열등함	(the) + 형용사/부사의 최상급	the tallest 가장 키가 큰

◉ 비교급과 최상급은 어떻게 만드나요?

비교급과 최상급은 형용사와 부사의 형태를 변화시켜서 만드는데, 규칙 변화와 불규칙 변화가 있어요.

규칙 변화	1음절	뒤에 (e)r을 붙여 비교급을, (e)st를 붙여 최상급을 만들어요.	fast 빠른 – faster 더 빠른 – fastest 가장 빠른
	2음절 이상	앞에 more를 붙여 비교급을, most를 붙여 최상급을 만들어요.	famous 유명한 – more famous 더 유명한 – most famous 가장 유명한
불규칙 변화		규칙이 없기 때문에 각 형태를 암기해야 해요.	much 많은 – more 더 많은 – most 가장 많은 little 적은 – less 더 적은 – least 가장 적은

1 | 원급

나는 치타만큼 빠르게 달릴 수 있다.

'~만큼'이라는 것은 두 대상의 정도가 동일할 때 사용하는 표현이에요. 이처럼 영어에 서도 두 대상의 정도가 동일함을 나타내는 **원급** 표현이 있어요.

 포인트 1 원급 구문

원급 구문에서는 '**as + 형용사/부사의 원급 + as(~만큼 −한)**'를 써요.

Seoul / is / as big as / Singapore. 서울은 / 크다 / 싱가포르만큼
I / can run / as fast as / a cheetah. 나는 / 달릴 수 있다 / 빠르게 / 치타만큼

 포인트 2 원급을 포함한 표현

원급이 포함된 표현을 의미와 함께 알아두세요.

as + 원급 + as possible 가능한 한 ~한/하게	as + 원급 + as can be 더없이 ~한

Please call / Mr. Holmes / as soon as possible. 전화해 주세요 / Mr. Holmes에게 / 가능한 한 빠르게
My teacher / was / as kind as can be. 나의 선생님은 / 더없이 친절했다

주어진 우리말 문장을 보고 괄호에서 알맞은 것을 고르세요.

힌트: '~만큼 큰'이라는 원급의 의미를 완성시키는 것이 와야 해요.

01 저 차는 버스만큼 크다.   That car is as (big, bigger) as a bus.

02 아이들은 더없이 조용했다.   The children were as (quieter, quiet) as can be.

03 나의 가장 친한 친구는 나만큼 키가 크다   My best friend is as (taller, tall) as I am.

04 내가 그곳에 가능한 한 빨리 가겠다.   I will get there as (soon, sooner) as possible.

괄호에서 알맞은 것을 고르세요.

05 Our clients' information is as (safer, safe) as can be.   **힌트:** 괄호 앞에 as가, 괄호 뒤에 as can be가 왔어요.

06 You should drink water as (much, more) as possible.

07 This summer is (as, enough) hot as last summer.

08 Please pack this box as (carefully, most carefully) as possible.

밑줄 친 부분에 들어갈 가장 적절한 것을 고르세요.

09 That apartment is as ------- as this house.

  (A) cost   (B) more costly

  (C) costly   (D) most costly

  힌트: 빈칸 앞뒤에 as가 왔어요. 'as + 형용사/부사의 원급 + as'를 완성시키는 것이 와야 해요.

10 Mr. Stevens works ------- efficiently as experienced employees.

  (A) so   (B) as

  (C) very   (D) not

정답 ■ 해석 ■ 해설 **p.101**

2 | 비교급

책상이 의자보다 더 무겁다.

'~보다 더'라는 것은 하나의 대상이 다른 대상보다 우월하거나 열등할 때 사용하는 표현이에요. 이처럼 영어에서도 두 대상 중 하나의 대상이 다른 대상보다 어떤 정도가 우월하거나 열등함을 나타내는 **비교급** 표현이 있어요.

 포인트 1

비교급 구문

비교급 구문은 '**형용사/부사의 비교급 + than(~보다 더 –한)**'을 써요. 따라서 문장에 than이 나오면 앞에 형용사/부사의 비교급이 와야 해요.

The desk / is / (heavy, heavier) / <u>than</u> the chair.　책상이 / 더 무겁다 / 의자보다
　　　　　　원급(×)　비교급(○)

She / walks / (quickly, more quickly) / <u>than</u> the others walk.　그녀는 / 걷는다 / 더 빠르게 / 다른 사람들이 걷는 것보다
　　　　　　　원급(×)　　　비교급(○)

 포인트 2

비교급을 포함한 표현

비교급이 포함된 표현을 의미와 함께 알아두세요.

the + 비교급 ~, the + 비교급 – 더 ~할수록 더 –하다	the + 비교급 + of the two 둘 중 더 ~한

The earlier / you go to bed, / (early, the earlier) / you can wake up.　더 일찍 / 잘수록 / 더 일찍 / 일어날 수 있다
This class / is / (popular, the more popular) of the two.　이 수업이 / 둘 중 더 인기 있다

 포인트 3

비교급 강조

'**훨씬**'이라는 의미로 비교급을 강조하는 부사에는 **much, even, far, still**이 있어요.

Kerry / is / much <u>more active</u> / than Mason.　Kerry는 / 훨씬 더 활동적이다 / Mason보다
　　　　　　　　비교급

4주 1일
4주 2일
4주 3일
4주 4일
4주 5일
4주 6일

해커스 토익 읽기초 Reading

실력 UP! 연습문제

주어진 우리말 문장을 보고 괄호에서 알맞은 것을 고르세요.

> (!) **힌트**: '~보다 더 작은'이라는 비교급의 의미를
> 완성시키는 것이 와야 해요.

01 나의 신발은 너의 것보다 더 작다.

My shoes are (smaller, small) than yours.

02 그는 클래식 음악보다 랩을 더 많이 좋아한다.

He likes rap (much, more) than classical music.

03 Jack이 둘 중 나이가 더 많다.

Jack is (the older, the old) of the two.

04 그 공연은 내가 기대했던 것보다 훨씬 더 웃겼다.

The performance was (so, much) funnier than
I had expected.

괄호에서 알맞은 것을 고르세요.

05 A morning meeting would be (far, very) more convenient for me. ⟶ (!) **힌트**: 비교급(more convenient)
을 강조할 수 있는 부사가
와야 해요.

06 I think Asian food is spicier (as, than) Western food.

07 Regular seats cost (little, less) than VIP seats at a concert.

08 (Earlier, The earlier) you buy the ticket, the cheaper your ticket will be.

자신감 UP! 실전문제

밑줄 친 부분에 들어갈 가장 적절한 것을 고르세요.

09 The living room is ------- than the bathroom.

(A) largest   (B) large

(C) larger   (D) largely

> (!) **힌트**: 빈칸 뒤에 than이 왔어요. than과 함께 쓰이는
> 것을 생각해 보세요.

10 The theater company is trying to reach a
------- audience than before.

(A) widely   (B) widest

(C) wide   (D) wider

정답 ■ 해석 ■ 해설 **p.102**

이 어휘, 이런 뜻이에요!

02 rap 図 랩 classical 図 클래식의 04 performance 図 공연 funny 図 웃긴 expect 图 기대하다, 예상하다
05 convenient 図 편한, 편리한 06 spicy 図 매운 Western 図 서양의 09 living room 거실 bathroom 図 화장실
10 theater company 극단 try 图 노력하다, 시도하다 reach 图 다가가다 audience 図 관객 widely 冨 널리, 폭넓게 wide 図 폭넓은, 넓은

3 | 최상급

8월은 1년 중 가장 더운 달이다.

'가장'은 여러 대상들 중 최고임을 나타낼 때 사용하는 표현이에요. 이처럼 영어에서도 한 대상이 여러 대상들 중 어떤 정도가 가장 우월하거나 열등함을 나타내는 **최상급** 표현이 있어요.

최상급 구문

포인트 1

──○ 최상급 구문은 '**the + 형용사/부사의 최상급 + of ~/in ~/that절(~ 중에 가장 −한)**'을 써요.

August / is / the (hotter, **hottest**) month / of the year. 8월은 / 가장 더운 달이다 / 1년 중에
          비교급(×) 최상급(○)

The Amazon River / is / the (longer, **longest**) river / in the world. 아마존강은 / 가장 긴 강이다 / 세계에서
                   비교급(×) 최상급(○)

Tokyo / is / the (busier, **busiest**) place / that I've ever visited. 도쿄는 / 가장 바쁜 곳이다 / 이제껏 내가 방문해 본
             비교급(×) 최상급(○)

최상급을 포함한 표현

포인트 2

──○ 최상급이 포함된 표현을 알아두세요.

one of the 최상급 + 복수 명사 가장 ~한 사람들/것들 중 하나	the + 서수 + 최상급 몇 번째로 가장 ~한

Running / is / one of the (better, **best**) exercises. 달리기는 / 가장 좋은 운동들 중 하나이다
                비교급(×) 최상급(○)

This / is / the second (cheaper, **cheapest**) menu item / in our restaurant.
                비교급(×)   최상급(○)
이것은 / 두 번째로 가장 저렴한 메뉴이다 / 우리 식당에서

4주 1일
4주 2일
4주 3일
4주 4일
4주 5일
4주 6일

해커스 토익 왕기초 Reading

실력 UP! 연습문제

주어진 우리말 문장을 보고 괄호에서 알맞은 것을 고르세요.

> (!) **힌트:** '가장 추운'이라는 최상급의 의미를 완성시키는 것이 와야 해요.

01 어제가 연중 가장 추운 날이었다.   Yesterday was the (cold, coldest) day of the year.

02 Colin은 우리 팀에서 세 번째로 가장 빠른 주자이다.   Colin is the (third, thirdly) fastest runner in my team.

03 나는 상자에서 가장 큰 바나나를 먹었다.   I ate the (big, biggest) banana in the box.

04 그는 내가 만나 본 가장 흥미로운 사람이다.   He is the (most, more) interesting person that I've met.

괄호에서 알맞은 것을 고르세요.

05 That was the second (harder, hardest) test I've taken. → (!) **힌트:** 'the + 서수 + 최상급'을 완성시키는 것이 와야 해요.

06 It is the (old, oldest) university in Korea.

07 Gangnam station is the (most, much) crowded place that I know of.

08 Stockholm is one of the (clean, cleanest) cities in the world.

자신감 UP! 실전문제

밑줄 친 부분에 들어갈 가장 적절한 것을 고르세요.

09 Ms. Davis purchased the ------- dress in the shop.

(A) cheapest   (B) cheaply

(C) cheaper   (D) more cheaply

> (!) **힌트:** 최상급 구문인 'the + 최상급 + in ~'을 완성시키는 것이 와야 해요.

10 This is the ------- hotel that I have ever stayed in.

(A) amazing   (B) more amazing

(C) amazingly   (D) most amazing

정답 ▪ 해석 ▪ 해설 **p.103**

이 어휘, 이런 뜻이에요!

02 third 〔형〕세 번째의 **runner** 〔명〕주자 **04 interesting** 〔형〕흥미로운 **05 hard** 〔형〕어려운, 딱딱한; 〔부〕열심히 **06 university** 〔명〕대학교
07 crowded 〔형〕붐비는 **09 purchase** 〔동〕구입하다; 〔명〕구입품 **10 amazing** 〔형〕놀라운

1 | 비교급 구문 해석하기

China is smaller than **Russia.** 중국은 러시아보다 더 작다.

위 문장의 smaller than이 '~보다 더 작은'이라고 해석되는 것처럼, '비교급 + than'은 '~보다 더 -한'이라고 해석해요. 이와 같은 비교급이 사용된 구문으로는, 'the + 비교급 ~, the + 비교급 -(더 ~할수록 더 -하다)', 'the + 비교급 + of the two(둘 중 더 ~한)' 등이 있어요.

문장 해석 연습

비교급 구문에 유의하여 다음 문장을 우리말로 해석하세요. (문장의 동사에 동그라미, 주어에 밑줄을 치세요.)

01 <u>Dylan's bag</u> (is) heavier than yours. *Dylan의 가방은 너의 것보다 더 무겁다.*

02 That dress is the prettier of the two.

03 Your phone is newer than mine.

04 Thomas is the younger of the two siblings.

05 Steven studies harder than most of his friends.

06 Tomorrow, I have to wake up earlier than usual.

07 The weather is colder in December than in November.

08 Learning English is more difficult than learning math.

09 The older you get, the wiser you become.

10 The quicker we finish the work, the sooner we go home.

정답 ▪ 해석 ▪ 해설 **p.104**

이 **어휘,** 이런 뜻이에요!

04 sibling 몡 형제, 자매 **06 usual** 혱 평소의, 평상시의 **09 wise** 혱 지혜로운, 현명한 **10 home** 円 집으로; 몡 집

2 | 최상급 구문 해석하기

Mt. Everest is the highest mountain in the world.
에베레스트산은 세계에서 가장 높은 산이다.

위 문장의 the highest가 '가장 높은'이라고 해석되는 것처럼, 'the + 최상급'은 '가장 ~한'이라고 해석해요. 이와 같은 최상급이 사용된 구문으로는, 'one of the 최상급 + 복수 명사(가장 ~한 사람들/것들 중 하나)', 'the + 서수 + 최상급(몇 번째로 가장 ~한)' 등이 있어요.

MT. EVEREST

> ### 문장 해석 연습

최상급 구문에 유의하여 다음 문장을 우리말로 해석하세요. (문장의 동사에 동그라미, 주어에 밑줄을 치세요.)

01 <u>Ami</u> (is) the fastest girl in my school. Ami는 학교에서 가장 빠른 소녀이다.

02 New York is the busiest city in America.

03 Charlie is one of the smartest students in class.

04 Breakfast is the most important meal of the day.

05 Ms. Gordon is the fourth-richest person in the country.

06 This supermarket sells the freshest fruit.

07 The company is the second-largest food company in the state.

08 Terry is one of the happiest people I know.

09 Our hotel provides the best service.

10 It is the most delicious sandwich I have ever eaten.

정답 ▪ 해석 ▪ 해설 **p.105**

이 어휘, 이런 뜻이에요!

04 meal 몡 식사, 끼니 **06 sell** 통 판매하다 **fresh** 형 신선한 **07 state** 몡 주 **09 provide** 통 제공하다

4주 6일

안내문·회람 Part 7 | 리딩 – 지문 유형

1. 안내문

2. 회람

무료 토익 학습자료·취업정보 제공

Hackers.co.kr

안내문·회람

1 | 안내문

사용 설명서 – V203 무선 진공청소기

• 사용 전, 기기는 반드시 완전히 충전된 상태여야 합니다.

• 설정 버튼을 이용하여 청소할 장소(바닥/카펫/침구)를 선택합니다.

• 전원 버튼을 눌러 기기를 작동시키고, 청소기를 앞뒤로 가볍게 밀며 먼지를 빨
  아들입니다.

주제

세부 내용

위 지문은 청소기 사용법을 알려 주는 안내문이에요. 이처럼 안내문은 생활 속에서 자주 접할 수 있는 다양한 소재에 대해 정보를 제공하는 지문 유형이랍니다. 그럼 안내문에 대해 좀 더 알아볼까요?

📢 토익에 이렇게 나와요!

◎ 평균 0~1지문이 출제되고, 제품 사용 및 서비스 이용 방법에 대해 안내하는 일반 안내문과 사내 시설 이용이나 사내 정책 등에 대해 안내하는 사내 안내문이 등장해요.

◎ 안내문에 언급된 세부 사항을 묻거나 안내문을 통해 추론할 수 있는 것을 묻는 문제가 자주 출제돼요.

예> 사용자가 기기 사용 전 매번 해야 하는 것은? (= What should users do each time before using the machine?)

예> 안내문은 어디에서 볼 법한가? (= Where would the information most likely appear?)

◎ 안내문의 주제를 밝히고, 권장 사항이나 금지 사항과 같은 구체적인 정보를 나타내기 위해 다음과 같은 표현들이 자주 쓰여요.

주제	· Thank you for choosing / purchasing ~ ~을 선택해/구매해 주셔서 감사합니다
권장/금지 사항	· 상품 must be ~ 상품은 반드시 ~되어야 합니다 · Do not ~ ~하지 마십시오

4주 1일

4주 2일

4주 3일

4주 4일

4주 5일

4주 6일

해커스 토익 왕기초 Reading

🔍 이 어휘가 자주 나와요!

안내문에 자주 나오는 어휘를 익혀두면 지문을 정확히 해석하고 이해하는 데 큰 도움이 돼요. 다음의 어휘를 암기하고
퀴즈 를 풀어 보세요.

일반 안내문

- [ ] brand-new 형 완전 새것인
- [ ] brochure 명 책자
- [ ] charge 동 청구하다; 명 요금
- [ ] come in (상품 등이) 들어오다
- [ ] durable 형 내구성이 있는, 오래가는
- [ ] exceed 동 초과하다
- [ ] follow 동 따르다, 따라 하다

- [ ] manual 명 설명서; 형 수동의
- [ ] passenger 명 승객
- [ ] portable 형 휴대용의, 휴대가 쉬운
- [ ] purchase 동 구입하다
- [ ] set up ~을 설치하다
- [ ] up-to-date 형 최신의, 최신식의
- [ ] user-friendly 형 사용하기 쉬운

사내 안내문

- [ ] business trip 출장
- [ ] copy 동 복사하다
- [ ] factory 명 공장
- [ ] field 명 분야, 범위
- [ ] folder 명 서류철
- [ ] forecast 동 예상하다, 예측하다
- [ ] list 명 목록, 명부

- [ ] meeting room 회의실
- [ ] post 동 게시하다, 붙이다
- [ ] projector 명 프로젝터, 영사기
- [ ] receptionist 명 접수원, 접수 담당자
- [ ] retire 동 퇴직하다, 은퇴하다
- [ ] safety 명 안전
- [ ] workspace 명 작업 공간

🔍QUIZ 다음 영어 어휘의 알맞은 뜻을 찾아 연결하세요.

01 charge
02 durable
03 user-friendly

ⓐ 청구하다; 요금
ⓑ 내구성이 있는, 오래가는
ⓒ 사용하기 쉬운

04 copy
05 forecast
06 workspace

ⓓ 작업 공간
ⓔ 예상하다, 예측하다
ⓕ 복사하다

정답 **01** ⓐ **02** ⓑ **03** ⓒ **04** ⓕ **05** ⓔ **06** ⓓ

다음 지문을 읽고, 질문에 가장 적절한 보기를 고르세요.

[프린터 설치 방법을 알리는 안내문]

① Thank you for purchasing SkyTech's new color printer, the SkyTech VX.

주제

② To set up the printer, follow the steps below:

STEP 1: ③ Plug in the printer and press the power button.

STEP 2: ④ Connect the printer to your computer using the USB cable included.

세부 내용

STEP 3: ⑤ Lastly, print out a test page.

⑥ If you need any help setting up your printer, please call 555-9023.

01 SkyTech VX에 대해 사실인 것은 무엇인가?

(A) USB 케이블이 딸려 있다.

(B) 문서를 스캔할 수 있다.

02 SkyTech사에 대해 암시되는 것은 무엇인가?

(A) 고객 서비스를 위한 직통 전화 번호가 있다.

(B) 온라인 쇼핑몰을 운영하고 있다.

정답 ■ 해석 ■ 해설 **p.106**

이 어휘, 이런 뜻이에요!

01-02 purchase ⑧ 구매하다 set up ~을 설치하다 follow ⑧ 따르다, 따라 하다 step ⑲ 단계 plug in ~의 플러그를 꽂다 press ⑧ 누르다
power button 전원 버튼 connect ⑧ 연결하다 included ⑲ 포함된 print out ~을 출력하다

✂ 끊어 읽기

지문을 다시 한번 읽어 볼까요? 이번에는 문장을 의미 덩어리로 끊어 읽으며 해석해 보세요.
(각 문장의 주어에는 밑줄을, 동사에는 동그라미를 함께 표시해 보아요.)

① (Thank) you / for purchasing / SkyTech's new color printer, / the SkyTech VX.
　　감사합니다　　구매해 주셔서　　　SkyTech사의 신형 컬러 프린터인　　SkyTech VX를

> 안내문의 주제를 나타낼 때 사용되는 표현인 'Thank you for purchasing ~(~을 구매해 주셔서 감사합니다)'이 왔어요. 이 표현 뒤로 안내문의 주제가 나오기 때문에 주의 깊게 읽어야 해요.

② To set up the printer, / (follow) / the steps below:
　프린터를 설치하기 위해서는　따르세요　아래의 단계들을

> 문장의 주어가 없어서 놀라셨나요? 명령문을 읽거나 듣는 사람은 항상 2인칭(you)이기 때문에, 명령문에서 주어(you)는 주로 생략된다는 것을 알아두세요.

③ (Plug in) the printer / and / (press) the power button.
　프린터의 플러그를 꽂으세요　그리고　전원 버튼을 누르세요

> 문장에 동사가 두 번 나와서 놀라셨나요? 자세히 살펴보면, 두 개의 문장이 등위접속사 and로 연결되어 있답니다. 두 문장 모두 명령문이기 때문에 주어인 you가 생략되어 있어요.

④ (Connect) the printer / to your computer / using the USB cable included.
　프린터를 연결하세요　　　당신의 컴퓨터에　　　포함된 USB 케이블을 사용하여

⑤ Lastly, / (print out) a test page.
　마지막으로　시험 페이지를 출력하세요

⑥ If you need any help / setting up your printer, / please (call) / 555-9023.
　만약 도움이 필요하면　　　프린터를 설치하는 데　　　전화하세요　555-9023으로

지문을 읽고, 질문에 가장 적절한 보기를 고르세요.

Questions 03 - 04 refer to the following information.

Baggage Policies:

Thank you for choosing Super Jet Airlines, the best airline in Turkey. We have baggage rules for our passengers. Additional fees will be charged to passengers who exceed the limits.

Domestic flights:

• One bag

• Weight: up to 15kg

• Size: up to 203cm

International flights:

• Two bags

• Weight: up to 23kg

• Size: up to 273cm

03 **What is suggested about Super Jet Airlines?** ⟶ ⓘ **힌트:** Super Jet 항공에 대해 암시되는 것을 묻고 있네요.

(A) It has two airplanes.

(B) It charges less for passengers without bags.

(C) It cooperates with other companies in Turkey.

(D) It flies to other countries.

04 **What must passengers with three bags do?** ⟶ ⓘ **힌트:** 가방이 3개인 승객들이 무엇을 해야 하는지를 묻고 있네요.

(A) Take a domestic flight

(B) Pay more money

(C) Cancel the flight

(D) Upgrade the seat

정답 ▪ 해석 ▪ 해설 **p.106**

이 어휘, 이런 뜻이에요!

03-04 **baggage** 몡 수하물, 짐 **policy** 몡 정책 **airline** 몡 항공(사) **rule** 몡 규정, 법칙 **passenger** 몡 승객 **additional** 혱 추가의 **fee** 몡 요금 **charge** 됭 (요금을) 부과하다 **exceed** 됭 초과하다, 넘다 **limit** 몡 한도, 제한 **domestic** 혱 국내의 **weight** 몡 무게 **size** 몡 크기 **up to** ~까지 **international** 혱 국제의 **suggest** 됭 암시하다, 시사하다 **cooperate with** ~와 협업하다, 협력하다 **cancel** 됭 취소하다 **upgrade** 됭 업그레이드하다, 상위 등급으로 높이다

Important safety reminders for HY Auto factory employees:

- Always wear the gloves and safety glasses that we provide. Do not wear any jewelry because this can get caught in our equipment.
- Make sure your workspace is tidy. Clean up spilled liquids and keep work areas clear.
- If you see unsafe conditions, report them to a manager as soon as possible.

> ⓘ **힌트:** 지문에 tidy, clean up, clear와 같은 단어가 나와요.

05 What is suggested about HY Auto's employees? ⟶ ⓘ **힌트:** HY Auto사의 직원들에 대해 암시되는 것을 묻고 있네요.

(A) They work six days a week.

(B) They receive some items for work.

(C) They get regular training.

(D) They make safety products.

06 What are the employees encouraged to do? ⟶ ⓘ **힌트:** 직원들에게 권장되는 것을 묻고 있네요.

(A) Repair broken equipment

(B) Evaluate their coworkers

(C) Maintain a clean workplace

(D) Check the safety of the building

정답 ■ 해석 ■ 해설 **p.107**

이 어휘, 이런 뜻이에요!

05-06 safety 몡 안전 reminder 몡 알림, 생각나게 하는 것 factory 몡 공장 wear 동 착용하다 glove 몡 장갑 safety glasses 보안경 provide 동 제공하다 jewelry 몡 보석류 equipment 몡 장비 workspace 몡 작업 공간 tidy 혱 잘 정돈된 clean up ~을 치우다 spill 동 엎지르다, 쏟다 liquid 몡 액체 clear 혱 방해가 없는 unsafe 혱 위험한 condition 몡 상황, 환경 report 동 보고하다 manager 몡 관리자 regular 혱 정기적인 safety product 안전 제품 repair 동 수리하다 evaluate 동 평가하다

2 | 회람

수신자·발신자

제목

주제/목적

세부 내용

위 지문은 신입 사원 환영회를 알리는 회람이에요. 이처럼 회람은 회사 내의 공지 사항이나 새로운 소식을 전달하는 짧은 글 형식의 지문 유형이랍니다. 그럼 회람에 대해 좀 더 알아볼까요?

토익에 이렇게 나와요!

◎ 평균 0~1지문이 출제되고, 직원의 입사나 퇴사와 같은 인사 관련 내용이나 사내 행사, 사내 방침, 사내 시설 이용 등과 관련된 내용이 자주 등장해요.

◎ 회람의 목적을 묻거나 회람에 언급된 세부 사항을 묻는 문제가 자주 출제돼요.

예> 이 회람은 왜 쓰였는가? (= Why was the memo written?)

예> 4월 25일에 일어날 일은 무엇인가? (= What will happen on April 25?)

◎ 회람의 주제 및 목적을 나타내기 위해 다음과 같은 표현들이 자주 쓰여요.

주제/목적	· I'd like to inform ~ ~을 알리고자 합니다 · To announce/inform ~ ~을 알리기 위해
	· On 날짜/시간, we will begin ~ 날짜/시간에, 우리는 ~을 시작할 것입니다

이 어휘가 자주 나와요!

회람에 자주 나오는 어휘를 익혀두면 지문을 정확히 해석하고 이해하는 데 큰 도움이 돼요. 다음의 어휘를 암기하고 **퀴즈**를 풀어 보세요.

인사

- [ ] carry out ~을 수행하다
- [ ] cooperative 형 협동하는, 협조하는
- [ ] employee 명 직원, 고용인
- [ ] full-time 형 정규직의, 전임의
- [ ] performance 명 성과, 실적
- [ ] salary 명 급여, 월급

사내 행사

- [ ] event 명 행사, 사건
- [ ] exhibit 동 전시하다, 출품하다
- [ ] preview 명 시사회, 시연
- [ ] session 명 (특정 활동을 위한) 시간, 회의
- [ ] trade show 무역 박람회
- [ ] welcome party 환영회

사내 방침

- [ ] benefit 명 혜택, 특전
- [ ] increase 동 오르다
- [ ] leave 명 휴무, 휴가; 동 떠나다
- [ ] maintenance 명 유지, 보수 관리
- [ ] observe 동 지켜보다, 관찰하다
- [ ] vacation 명 휴가

사내 시설

- [ ] arena 명 경기장, 공연장
- [ ] conference room 회의실
- [ ] cafeteria 명 구내식당
- [ ] cater 동 음식을 조달하다
- [ ] entrance 명 출입구, 입장
- [ ] install 동 설치하다, 설비하다

QUIZ 다음 영어 어휘와 알맞은 뜻을 찾아 연결하세요.

01 employee	ⓐ (특정 활동을 위한) 시간, 회의	**04** benefit ⓓ 설치하다, 설비하다
02 full-time	ⓑ 직원, 고용인	**05** cater ⓔ 혜택, 특전
03 session	ⓒ 정규직의, 전임의	**06** install ⓕ 음식을 조달하다

정답 01 ⓑ 02 ⓒ 03 ⓐ 04 ⓔ 05 ⓕ 06 ⓓ

다음 지문을 읽고, 질문에 가장 적절한 보기를 고르세요.

[휴무 신청과 관련된 회람]

Aparco Company Memo

수신자·발신자

To: All employees
From: Jade Mellon, HR Director
Subject: Changes

제목

→ **(!) 힌트:** 회람의 주제/목적을 나타내는 문장이에요.

❶ On June 15, we will begin using an electronic system for leave requests.

주제/목적

❷ The Trakkstar system will improve many things, such as planning, processing, and monitoring requests for leave. ❸ It will also allow us to save time which we spend on paperwork. → **(!) 힌트:** Trakkstar의 이점이 세부 내용으로 드러나 있어요.

세부 내용

---

01 이 회람은 왜 쓰였는가?

(A) 급작스러운 휴무에 대해 경고하기 위해

(B) 새로운 시스템의 도입을 알리기 위해

02 Trakkstar의 이점은 무엇인가?

(A) 서류 작업을 줄여 준다.

(B) 휴무 비용을 절감 시켜 준다.

정답 ▪ 해석 ▪ 해설 **p.108**

이 어휘, 이런 뜻이에요!

01-02 HR director 인사부장 electronic 휑 전자의 leave 몡 휴무, 휴가; 통 떠나다 request 몡 신청; 통 신청하다, 요청하다
plan 통 계획하다; 몡 계획 process 통 처리하다 monitor 통 관리하다 allow ~ to ~가 -할 수 있게 하다 paperwork 몡 서류 작업

✂️ 끊어 읽기

지문을 다시 한번 읽어 볼까요? 이번에는 문장을 의미 덩어리로 끊어 읽으며 해석해 보세요.
(각 문장의 주어에는 밑줄을, 동사에는 동그라미를 함께 표시해 보아요.)

❶ On June 15, / we / will begin / using an electronic system / for leave requests.
　　6월 15일에　　우리는　시작할 것입니다　　전자 시스템을 사용하기　　　　휴무 신청을 위한

회람의 주제/목적을 나타낼 때 사용되는 표현인 'On 날짜/시간, we will begin ~(날짜/시간에, 우리는 ~을 시작할 것입니다)'이 왔어요.
이 표현 뒤로 회람의 주제/목적이 나오기 때문에 주의 깊게 읽어야 해요.

❷ The Trakkstar system / will improve many things, / such as planning, processing, and
　　Trakkstar 시스템은　　　　많은 일들을 개선할 것입니다　　　휴무 신청의 계획, 처리, 그리고

monitoring requests for leave.
　　관리와 같은

❸ It / will also allow / us / to save time which we spend on paperwork.
　그것은 또한 ~할 수 있게 할 것입니다　우리가　　서류 작업에 쓰는 시간을 절약할

4주 1일
4주 2일
4주 3일
4주 4일
4주 5일
4주 6일

지문을 읽고, 질문에 가장 적절한 보기를 고르세요.

Questions 03 - 04 refer to the following memo.

Redders Corp. Memo

To: Marketing staff

From: Vicki Fland, Marketing manager

⌐→ ⓘ **힌트:** 회람의 주제를 나타내는 문장이에요.

I'd like to inform you that the laptop in conference room 2A will be unavailable from August 4 to 6. It will be used for an outside business event. If you need a laptop for a meeting on one of these dates, please use one of the other rooms. Or, you can schedule your meeting for a different date.

03 **What is the memo mainly about?** ⟶ ⓘ **힌트:** 회람의 주제를 묻고 있네요.

(A) A company event

(B) Renovation of a conference room

(C) A work schedule

(D) Availability of an electronic device

04 **What is suggested about Redders Corp.?** ⟶ ⓘ **힌트:** Redders사에 대해 암시되는 것을 묻고 있네요.

(A) It is going to hold a public event.

(B) It has more than one meeting room.

(C) It gives a laptop to every employee.

(D) It will hire more employees.

정답 ▪ 해석 ▪ 해설 **p.108**

이 어휘, 이런 뜻이에요!

03-04 marketing 圆 마케팅 (부서) inform 图 알리다 laptop 圆 노트북 conference room 회의실 unavailable 圆 이용할 수 없는
outside 圆 외부의, 밖의 meeting 圆 회의 schedule 图 일정을 잡다; 圆 일정 different 圆 다른 renovation 圆 수리, 개조
availability 圆 이용 가능 여부 electronic device 전자 제품 hold 图 개최하다, 열다 employee 圆 직원, 고용인 hire 图 채용하다, 고용하다

Browder, Inc. Memo

To: All Staff

From: Melisa Ko, HR manager

⟶ ⓘ **힌트:** 회람의 주제를 나타내는 문장이에요.

Browder, Inc. will be offering a new benefit for employees. Employees will be allowed to spend an extra $200 a month using their company credit card. This money should be used for health purposes only, such as fitness classes. The new benefit will become available from February 1. It will be available to part-time as well as full-time employees.

05 **What is the main topic of the memo?** ⟶ ⓘ **힌트:** 회람의 주제를 묻고 있네요.

(A) A salary increase

(B) A reward for performance

(C) A health benefit

(D) A new hiring policy

06 **What does Browder, Inc. encourage employees to do?** ⟶ ⓘ **힌트:** Browder사에서 직원들에게 권장하는 것을 묻고 있네요.

(A) Apply for a full-time position

(B) Attend exercise classes

(C) Work harder to get a bonus

(D) Take advantage of retirement benefits

정답 ▪ 해석 ▪ 해설 **p.109**

이 어휘, 이런 뜻이에요!

05-06 offer 圄 제공하다 benefit 圐 혜택, 이득 employee 圐 직원, 고용인 extra 圐 추가의 credit card 신용카드 health 圐 건강 purpose 圐 목적 fitness class 운동 수업 available to ~이 이용할 수 있는 part-time 圐 시간제의 full-time 圐 전임의 salary 圐 급여 reward 圐 보상 performance 圐 성과, 실적 hiring policy 채용 정책 apply for ~에 지원하다 position 圐 일자리 attend 圄 참석하다 take advantage of ~을 이용하다 retirement 圐 퇴직

함께 알아두면 좋은

부록

교재를 학습하며, 함께 알아두면 큰 도움이 되는 내용들을 다룬 '부록'입니다. 교재에 등장하는
문법 용어에 대한 설명과 불규칙한 형태로 변하는 동사의 종류를 담고 있어요.

1   문법 용어 인덱스

2   불규칙 변화 동사

무료 토익 학습자료·취업정보 제공
Hackers.co.kr

교재에 등장하는 모든 문법 용어에 대한 간략한 설명을 담고 있어요. 교재를 학습하다 잘 모르는 문법 용어를 만나면 좌절하지 말고 문법 용어 인덱스에서 관련 설명을 찾아보세요.

ㄱ	설명	페이지
가산 명사	수를 셀 수 있는 명사이다. 수가 하나일 때는 앞에 관사(a/an)가 오고, 수가 둘 이상일 때는 뒤에 (e)s를 붙인다. 예 letter(편지), friend(친구)	p.45, p.48, p.66, p.144, p.146
격	문장 내에서 대명사가 하는 역할을 가리키는 말이다. 주격(주어 역할), 목적격(목적어 역할), 소유격(명사 수식)으로 나뉜다.	p.53, p.54, p.232
과거 시제	과거에 일어난 일이나 과거의 동작, 상태를 나타낼 때 쓰는 시제이다.	p.153, p.154
과거형	과거 시제를 나타내는 동사의 형태를 말한다. 주로 '동사원형 + ed'의 형태이다.	p.113, p.114
과거분사형	주로 '동사원형 + ed'의 형태로, 완료 시제나 수동태를 만드는 데 쓰인다.	p.113, p.114, p.203, p.208
과거 완료 시제	과거의 어떤 시점을 기준으로, 그보다 더 앞선 시간에 발생된 일을 나타낼 때 쓰는 시제이다. 'had + 과거분사형(p.p.)'의 형태로 나타낸다.	p.153, p.158
과거 진행 시제	과거 특정한 시점에 진행되고 있었던 일을 나타낼 때 쓰는 시제이다. 'was/were + 현재분사형(ing)'의 형태로 나타낸다.	p.153, p.156
관계대명사	형용사절 접속사를 달리 부르는 말이다. 두 문장을 연결하는 접속사 역할을 하는 동시에, 두 번째 문장의 대명사를 대신하는 역할을 한다. 예 who, which, that	p.229, p.230, p.232
관계절	형용사절을 달리 부르는 말로, '관계대명사 + (주어) + 동사'로 이루어진 절이다.	p.229, p.230
관사	명사 앞에 와서 가벼운 제한을 주는 말로, 정관사(the)와 부정관사(a/an)가 있다.	p.48, p.181

ㄴ	설명	페이지
능동태	주어가 동사가 나타내는 행위의 주체가 되는 것을 말한다.	p.163, p.164

ㄷ	설명	페이지
단수 (명사)	하나의 사람이나 사물을 의미하며, 앞에 부정관사(a/an)가 온다. 예 a school(학교 한 채), a teacher(선생님 한 명)	p.48, p.56, p.66, p.143, p.144, p.148
(3인칭) 단수형	'동사원형 + s'의 형태로, 3인칭 단수 주어(he/she/it) 뒤에 와서 현재를 나타낸다. 예 walks(걷다), needs(필요하다)	p.113, p.114
단순 시제	특정한 시점에 발생한 일이나 상태를 나타내는 시제로, 현재, 과거, 미래 시제가 있다.	p.153
대명사	앞에 나온 명사의 반복을 피하기 위해서 명사 대신에 쓰는 말로, 인칭대명사, 지시대명사, 부정대명사가 있다. 예 she(그녀), that(그것), some(몇몇)	p.53, p.54, p.56, p.58
동명사	'동사원형 + ing'의 형태로, '~하는 것, ~하기'로 해석되며 문장에서 명사의 역할을 한다. 예 skiing(스키 타는 것), swimming(수영하기)	p.181, p.182, p.184
동사	주어의 동작이나 상태를 나타내는 말이다. 목적어가 필요한지 아닌지에 따라 자동사와 타동사로 나뉜다.	p.27, p.30, p.113, p.114, p.116, p.143, p.144, p.146, p.148, p.176, p.184

동사원형	동사의 기본형이다. 3인칭 단수를 제외한 주어(I, you, we, they) 뒤에서 현재의 의미를 나타내거나, 조동사 뒤에 온다. 예 walk(걷다), laugh(웃다)	p.113, p.114, p.122
등위접속사	단어나 구, 절을 대등하게 이어 주는 접속사이다. 예 and(그리고), or(또는)	p.105, p.106

ㅁ	설명	페이지
목적격 보어	목적어를 보충 설명하는 보어로, 목적어 뒤에 온다.	p.35
목적어	동사가 나타내는 동작/행위의 대상이 되는 말로, 동사 뒤에 온다.	p.35, p.36, p.116
명사	사람이나 사물의 이름을 나타내는 말로, 가산 명사와 불가산 명사가 있다. 문장에서 주어, 목적어, 보어 자리에 온다. 예 restaurant(식당), student(학생)	p.45, p.46, p.48, p.174, p.176
명사절	명사 역할을 하는 절로, '명사절 접속사 + 주어 + 동사 ~'의 형태이다.	p.108, p.213, p.214, p.216
미래 시제	미래의 상황에 대한 추측·예상이나 의지, 계획 등을 나타낼 때 쓰는 시제이다. 'will/be going to + 동사원형'의 형태로 나타낸다.	p.153, p.154
미래 완료 시제	현재나 과거에 발생한 동작이 미래의 어떤 시점까지 완료될 것임을 나타낼 때 쓰는 시제이다. 'will have + 과거분사형(p.p.)'의 형태로 나타낸다.	p.153, p.158
미래 진행 시제	미래 특정한 시점에 진행되고 있을 사건이나 동작을 나타낼 때 쓰는 시제이다. 'will be + 현재분사형(ing)'의 형태로 나타낸다.	p.153, p.156

ㅂ	설명	페이지
보어	주어나 목적어를 보충 설명해 주는 말로, 동사 혹은 목적어 뒤에 온다.	p.35, p.38, p.64
복수 (명사)	둘 이상의 사람이나 사물을 의미하며, 뒤에 (e)s를 붙인다. 예 schools(학교들), teachers(선생님들)	p.48, p.56, p.66, p.143, p.146, p.148
부사	형용사, 동사, 다른 부사 또는 문장 전체를 꾸며 주는 말이다. 예 recently(최근에), traditionally(전통적으로)	p.85, p.86, p.88, p.174
부사절	시간, 조건, 양보, 이유 등의 부가적인 정보를 제공해 주는 절이다. '부사절 접속사 + 주어 + 동사 ~'의 형태이다.	p.108, p.221, p.222, p.224
부정대명사	막연한 수나 양을 나타내는 대명사이다. 예 some(몇몇), others(다른 몇 개)	p.53, p.58
부정형용사	막연한 수나 양을 나타내는 형용사이다. 예 some(몇몇의), any(몇몇의/조금의/하나도)	p.58
분사	동사 뒤에 ing나 ed가 붙은 형태로, 형용사 역할을 한다. ing가 붙어 능동의 의미를 나타내는 현재분사(~하는)와 ed가 붙어 수동의 의미를 나타내는 과거분사(~되는)가 있다.	p.114, p.203, p.204, p.206, p.208
분사구문	분사가 이끄는 구문으로, 문장에서 부사절의 역할을 한다. '(접속사) + 분사 ~'의 형태이다.	p.206
불가산 명사	수를 셀 수 없는 명사이다. 예 hope(희망), air(공기)	p.45, p.48, p.66, p.144
비교급 구문	두 대상 중 하나의 정도가 우월하거나 열등함을 나타낼 때 쓰는 구문으로, '형용사/부사의 비교급 + than'의 형태로 나타낸다. 예 taller than(~보다 더 키가 큰)	p.237, p.240

ㅅ	설명	페이지
상관접속사	단어나 구, 절을 대등하게 이어주되, 서로 짝을 이루어 쓰는 접속사이다. 예 both A and B(A와 B 둘 다), either A or B(A 또는 B)	p.105, p.106
소유대명사	'소유격 + 명사'를 대신하는 대명사로, '~의 것'이라는 의미이다. 예 mine(나의 것), yours(당신의 것)	p.53, p.54
수동태	주어가 행위의 주체가 아니라 다른 대상에 의해 행위를 당하는 것을 말한다.	p.163, p.164, p.166
수량 형용사	명사의 개수나 양을 나타내는 형용사이다. 예 a few(몇 개의), much(많은)	p.66
수식어	문장의 다른 요소를 꾸며 주는 말로, 문장을 구성하는 데 있어 부가적인 요소이다.	p.35, p.40, p.148
시제	동사의 형태를 바꾸어 어떤 행동이나 사건을 시간의 흐름에 따라 표현하는 말로, 단순, 진행, 완료 시제가 있다. 이 각각의 시제는 또한 현재, 과거, 미래 시제로 분류된다.	p.153, p.154, p.156, p.158

ㅇ	설명	페이지
완료 시제	기준 시점보다 앞선 시점부터 발생한 일이나 상태가 기준 시점에서 계속되거나 완료되는 것을 나타내는 시제로, 현재완료, 과거완료, 미래완료 시제가 있다.	p.153, p.158
원급 구문	두 대상의 정도가 동등함을 나타낼 때 쓰는 구문으로, 'as + 형용사/부사의 원급 + as'의 형태로 나타낸다. 예 as tall as(~만큼 키가 큰)	p.237, p.238
의문사	의문의 초점이 되는 단어로, who(누가), when(언제), where(어디서), what(무엇을), which(어느 것을), why(왜), how(어떻게)가 있다.	p.213, p.216
인칭대명사	앞에서 쓰인 사람, 사물 명사의 반복을 막기 위해 쓰는 대명사로, 격에 따라 주격, 목적격, 소유격으로 분류된다. 또한 소유대명사와 재귀대명사도 있다.	p.53, p.54

ㅈ	설명	페이지
자동사	목적어가 없어도 그 자체로 의미가 통하는 동사이다. 예 walk(걷다), smile(미소짓다)	p.113, p.116
재귀대명사	인칭대명사의 소유격 혹은 목적격에 -self가 붙는 형태로, 주어가 목적어와 같을 경우나 주어 또는 목적어를 강조하기 위해 쓴다. 예 himself, herself, themselves	p.53, p.54
전치사	명사나 대명사 앞에 와서 시간, 장소, 방향 등을 나타내는 말이다. 예 in(~ 안에), for(~을 위해), about(~에 대해)	p.93, p.94, p.96, p.98, p.100, p.222
전치사구	'전치사 + 명사/대명사'로 이루어진 덩어리로, 문장에서 수식어 역할을 한다. 문장 앞, 중간, 뒤에 올 수 있다.	p.93
접속사	단어와 단어, 구와 구, 절과 절을 연결해 주는 말로, 등위접속사, 상관접속사, 종속접속사가 있다. 예 and(그리고), both A and B(A와 B 둘 다), because(~ 때문에)	p.105, p.106, p.108, p.213, p.216, p.221, p.222, p.224, p.229
조동사	동사와 함께 쓰여 동사에 능력, 미래, 의무, 충고 등의 의미를 더해주는 말이다. 예 can, will, must, should	p.30, p.121, p.122, p.124
종속접속사	주절과 종속절로 이루어진 문장에서 종속절을 이끄는 접속사로, 명사절 접속사, 부사절 접속사, 형용사절 접속사가 있다.	p.105, p.108
종속절	절이 2개 이상인 문장에서 주절을 제외한 절로, 명사절, 형용사절, 부사절이 있다.	p.105, p.122, p.221
주격 보어	주어를 보충 설명하는 보어로, 동사 뒤에 온다.	p.35
주어	동작의 주체를 나타내는 말로, 주로 문장의 맨 앞에 온다.	p.27, p.28, p.143, p.144, p.146, p.148

2 | 불규칙 변화 동사

영어에는 시제에 따라 형태가 불규칙하게 변하는 동사들이 있어요. 불규칙 변화 동사에는 어떤 것이 있는지 그 종류를 뜻과 함께 익혀 보세요.

현재	과거	과거분사
am/is/are ~이다	was/were	been
awake 깨다	awoke	awoken
beat 때리다	beat	beaten
become ~이 되다	became	become
begin 시작하다	began	begun
bite 물다	bit	bitten
blow 불다	blew	blown
break 깨다	broke	broken
bring 가져오다	brought	brought
build 짓다	built	built
burn 태우다	burned/burnt	burned/burnt
buy 사다	bought	bought
catch 잡다	caught	caught
choose 선택하다	chose	chosen
come 오다	came	come
cost 비용이 들다	cost	cost
cut 자르다	cut	cut
deal 거래하다	dealt	dealt
do 하다	did	done
draw 그리다	drew	drawn
dream 꿈꾸다	dreamed/dreamt	dreamed/dreamt
drink 마시다	drank	drunk
drive 운전하다	drove	driven

현재	과거	과거분사
eat 먹다	ate	eaten
fall 떨어지다	fell	fallen
feel 느끼다	felt	felt
fight 싸우다	fought	fought
find 찾다	found	found
fly 날다	flew	flown
forbid 금지하다	forbad/forbade	forbid/forbidden
forget 잊다	forgot	forgotten
forgive 용서하다	forgave	forgiven
freeze 얼다, 얼리다	froze	frozen
get 받다	got	got/gotten
give 주다	gave	given
go 가다	went	gone
grow 자라다	grew	grown
hang 걸리다, 걸다	hung	hung
have 가지다	had	had
hear 듣다	heard	heard
hide 숨다, 숨기다	hid	hidden
hit 때리다	hit	hit
hold 잡다	held	held
hurt 아프다, 아프게 하다	hurt	hurt
keep 유지하다	kept	kept
know 알다	knew	known

현재	과거	과거분사
lay 놓다	laid	laid
lead 이끌다	led	led
learn 배우다	learned/learnt	learned/learnt
leave 떠나다	left	left
lend 빌려주다	lent	lent
let ~하게 하다	let	let
lie 눕다	lay	lain
light 불을 켜다	lit	lit
lose 잃다	lost	lost
make 만들다	made	made
mean 의미하다	meant	meant
meet 만나다	met	met
mistake 오해하다	mistook	mistaken
pay 지불하다	paid	paid
put 놓다	put	put
quit 그만두다	quit	quit
read 읽다	read	read
ride 타다	rode	ridden
ring 울리다	rang	rung
rise 오르다, (해가) 뜨다	rose	risen
run 달리다	ran	run
say 말하다	said	said
see 보다	saw	seen

현재	과거	과거분사
sell 팔다	sold	sold
send 보내다	sent	sent
set 설정하다	set	set
shine 빛나다	shone	shone
shut 닫히다, 닫다	shut	shut
sing 노래하다	sang	sung
sink 가라앉다	sank	sunk
sit 앉다	sat	sat
sleep 자다	slept	slept
speak 말하다	spoke	spoken
spend (돈을) 쓰다	spent	spent
spill 쏟다	spilled/spilt	spilled/spilt
stand 서다	stood	stood
steal 훔치다	stole	stolen
swim 수영하다	swam	swum
take 가지고 가다	took	taken
teach 가르치다	taught	taught
tell 말하다	told	told
think 생각하다	thought	thought
understand 이해하다	understood	understood
wake (잠에서) 깨다	woke	woken
wear (옷을) 입다	wore	worn
write 쓰다	wrote	written

토린이를 위한 토익 첫걸음

해커스 토익 RC 왕기초

READING

초판 11쇄 발행 2024년 9월 9일

초판 1쇄 발행 2019년 11월 4일

지은이	해커스 어학연구소
펴낸곳	㈜해커스 어학연구소
펴낸이	해커스 어학연구소 출판팀

주소	서울특별시 서초구 강남대로61길 23 ㈜해커스 어학연구소
고객센터	02-537-5000
교재 관련 문의	publishing@hackers.com
동영상강의	HackersIngang.com

ISBN	978-89-6542-330-0 (13740)
Serial Number	01-11-01

외국어인강 1위, 해커스인강
HackersIngang.com

해커스인강

· 들으면서 외우는 **무료 단어암기장 및 단어암기 MP3**
· 토익 스타강사가 쉽게 설명해주는 본 교재 인강

영어 전문 포털, 해커스토익
Hackers.co.kr

해커스토익

· 최신 출제경향이 반영된 **무료 온라인 모의토익**
· 매월 무료 적중예상특강 및 실시간 토익시험 정답확인&해설강의 등 다양한 무료 학습 콘텐츠

헤럴드 선정 2018 대학생 선호브랜드 대상 '대학생이 선정한 외국어인강' 부문 1위

5천 개가 넘는
해커스토익 무료 자료!

대한민국에서 공짜로 토익 공부하고 싶으면 해커스영어 Hackers.co.kr ▼ 검색

강의도 무료

베스트셀러 1위 토익 강의 150강 무료 서비스,
누적 시청 1,900만 돌파!

문제도 무료

토익 RC/LC 풀기, 모의토익 등
실전토익 대비 문제 3,730제 무료!

최신 특강도 무료

2,400만뷰 스타강사의
압도적 적중예상특강 매달 업데이트!

공부법도 무료

토익 고득점 달성팁, 비법노트,
점수대별 공부법 무료 확인

*미션 달성 시

가장 빠른 정답까지!

615만이 선택한 해커스 토익 정답!
시험 직후 가장 빠른 정답 확인

더 많은 토익무료자료
보기 ▶

토린이를 위한 토익 첫걸음

최신판

토익
최신기출경향
반영

해커스
토익 왕기초
RC
READING

정답·해석·해설
해설집

해커스 어학연구소

토린이를 위한 토익 첫걸음

해커스
토익 왕기초 RC
READING

정답·해석·해설
해설집

해커스 어학연구소

1 | 주어 자리

p. 29

01

| (A) Water → 명사 | (B) Tell → 동사 | (A) 물 | (B) 말하다 |

02

| (A) Perfect → 형용사 | (B) You → 대명사 | (A) 완벽한 | (B) 당신 |

03

| (A) Hear → 동사 | (B) Music → 명사 | (A) 듣다 | (B) 음악 |

04

| (A) Money → 명사 | (B) See → 동사 | (A) 돈 | (B) 보다 |

05

The sun / shines.
해가   빛난다

해가 빛난다.

문장에 주어 자리가 비어 있습니다. 보기 중 주어 자리에 올 수 있는 것은 명사이므로 정답은 sun(해, 태양)입니다. 형용사인 sunny(화창한, 햇살이 눈 부신)는 주어 자리에 올 수 없습니다.

06

Friends / are / important.
친구들은   중요하다

친구들은 중요하다.

문장에 주어 자리가 비어 있습니다. 보기 중 주어 자리에 올 수 있는 것은 명사이므로 정답은 Friends(친구들)입니다. 형용사인 Friendly(친절한)는 주어 자리에 올 수 없습니다.

07

Love / gives / happiness.
사랑은   준다   행복을

사랑은 행복을 준다.

문장에 주어 자리가 비어 있습니다. 보기 중 주어 자리에 올 수 있는 것은 명사이므로 정답은 Love(사랑)입니다. 형용사인 Lovely(사랑스러운)는 주어 자리에 올 수 없습니다. 참고로, love는 동사로도 쓰여 '사랑하다'라는 의미를 나타낼 수 있습니다.

08

The speaker / is / famous.
그 연설자는   유명하다

그 연설자는 유명하다.

문장에 주어 자리가 비어 있습니다. 보기 중 주어 자리에 올 수 있는 것은 명사이므로 정답은 speaker(연설자)입니다. 동사인 speak(말하다)는 주어 자리에 올 수 없습니다.

09

The teacher / wears / a blue shirt.
그 선생님은   입고 있다   파란 셔츠를

그 선생님은 파란 셔츠를 입고 있다.

문장에 주어 자리가 비어 있습니다. 보기 중 주어 자리에 올 수 있는 것은 명사이므로 정답은 (B) teacher(선생님)입니다. 동사인 (A) teach (가르치다), (C) taught, (D) teaches는 주어 자리에 올 수 없습니다.

10

Knowledge / is / power.
지식이   힘이다

지식이 힘이다.

문장에 주어 자리가 비어 있습니다. 보기 중 주어 자리에 올 수 있는 것은 명사이므로 정답은 (D) Knowledge(지식, 알고 있음)입니다. 동사인 (A) Knows, (C) Know(알다)와 형용사인 (B) Knowledgeable(아는 것이 많은)은 주어 자리에 올 수 없습니다.

01 (A) listening → 동사 + ing   (B) listen → 일반동사   (A) 듣는 것   (B) 듣다

02 (A) call → 일반동사   (B) to call → to + 동사   (A) 전화하다   (B) 전화하는 것

03 (A) is → be동사   (B) helpful → 형용사   (A) ~에 있다   (B) 도움이 되는

04 (A) enjoyment → 명사   (B) enjoy → 일반동사   (A) 즐거움   (B) 즐기다

05 George / likes / Christmas.
George는 좋아한다 크리스마스를

George는 크리스마스를 좋아한다.

주어 George 다음에 동사 자리가 비어 있습니다. 보기 중 동사 자리에 올 수 있는 것은 일반동사이므로 정답은 likes(좋아하다)입니다. 'to + 동사'인 to like는 동사 자리에 올 수 없습니다.

06 You / can sing / on the stage.
당신은 노래할 수 있다   무대 위에서

당신은 무대 위에서 노래할 수 있다.

주어 You 다음에 동사 자리가 비어 있습니다. 보기 중 동사 자리에 올 수 있는 것은 '조동사 + 동사'이므로 정답은 can sing(노래할 수 있다)입니다. 명사인 song(노래)은 동사 자리에 올 수 없습니다.

07 I / need / a keyboard.
나는 필요로 한다 키보드를

나는 키보드를 필요로 한다.

주어 I 다음에 동사 자리가 비어 있습니다. 보기 중 동사 자리에 올 수 있는 것은 일반동사이므로 정답은 need(필요로 하다)입니다. 'to + 동사'인 to need는 동사 자리에 올 수 없습니다.

08 Shopping malls / give / free parking.
쇼핑몰들은   제공한다   무료 주차를

쇼핑몰들은 무료 주차를 제공한다.

주어 Shopping malls 다음에 동사 자리가 비어 있습니다. 보기 중 동사 자리에 올 수 있는 것은 일반동사이므로 정답은 give(제공하다)입니다. '동사 + ing'인 giving은 동사 자리에 올 수 없습니다.

09 The company / opened / a new store.
그 회사는   열었다   새로운 가게를

그 회사는 새로운 가게를 열었다.

주어 The company 다음에 동사 자리가 비어 있습니다. 보기 중 동사 자리에 올 수 있는 것은 일반동사이므로 정답은 (B) opened입니다. 'to + 동사'인 (A) to open, 명사인 (C) openness(솔직함), '동사 + ing'인 (D) opening은 동사 자리에 올 수 없습니다.

10 Mr. Lee / makes / the schedule / for employees.
Mr. Lee는   만든다   일정표를   직원들을 위해

Mr. Lee는 직원들을 위해 일정표를 만든다.

주어 Mr. Lee 다음에 동사 자리가 비어 있습니다. 보기 중 동사 자리에 올 수 있는 것은 일반동사이므로 정답은 (D) makes(만들다)입니다. 명사인 (A) maker(만드는 사람), 'to + 동사'인 (B) to make, '동사 + ing'인 (C) making은 동사 자리에 올 수 없습니다.

1　문장의 주어·동사 해석하기 (1)　　p. 32

01　Jane / dances.　Jane은 / 춤춘다　　　　　　　　　Jane은 춤춘다.
　　　　주어　　동사

02　I / don't sleep / much.　나는 / 자지 않는다 / 많이　　나는 많이 자지 않는다.
　　　주어　　동사　　　수식어

03　Benjamin / lives / here.　Benjamin은 / 산다 / 여기에　　Benjamin은 여기에 산다.
　　　　주어　　　동사　　수식어

04　The puppy / doesn't come / to me.　저 강아지는 / 오지 않는다 / 나에게　　저 강아지는 나에게 오지 않는다.
　　　　주어　　　　동사　　　　수식어

05　My mom / cooks / every morning.　나의 엄마는 / 요리하신다 / 매일 아침　　나의 엄마는 매일 아침 요리하신다.
　　　　주어　　동사　　　수식어

06　Sophia / doesn't talk / to us.　Sophia는 / 얘기하지 않는다 / 우리에게　　Sophia는 우리에게 얘기하지 않는다.
　　　주어　　　동사　　　수식어

07　Lisa / exercises / on the weekends.　Lisa는 / 운동한다 / 주말에　　Lisa는 주말에 운동한다.
　　　주어　　동사　　　수식어

08　The stars / shine / in the sky.　별들이 / 빛난다 / 하늘에서　　하늘에서 별들이 빛난다.
　　　　주어　　동사　　수식어

09　Carol / smiles / all the time.　Carol은 / 웃는다 / 항상　　Carol은 항상 웃는다.
　　　주어　　동사　　수식어

10　The sun / rises / in the east.　해는 / 뜬다 / 동쪽에서　　해는 동쪽에서 뜬다.
　　　　주어　　동사　　수식어

01 Austin / is / at the company. Austin은 / 있다 / 회사에

주어　동사　수식어

Austin은 회사에 있다.

02 Sujin / is / in the car. Sujin은 / 있다 / 차 안에

주어　동사　수식어

Sujin은 차 안에 있다.

03 Yumi / is / in her room. Yumi는 / 있다 / 그녀의 방에

주어　동사　수식어

Yumi는 그녀의 방에 있다.

04 Ms. Song / is not / here. Ms. Song은 / 없다 / 여기에

주어　동사　수식어

Ms. Song은 여기에 없다.

05 Kylie / is / in the bathroom. Kylie는 / 있다 / 화장실 안에

주어　동사　수식어

Kylie는 화장실 안에 있다.

06 Some books / are / on the desk. 몇몇 책들이 / 있다 / 책상 위에

주어　동사　수식어

몇몇 책들이 책상 위에 있다.

07 The boxes / are / on the floor. 상자들이 / 있다 / 바닥 위에

주어　동사　수식어

상자들이 바닥 위에 있다.

08 Bill / is not / home / now. Bill은 / 없다 / 집에 / 지금

주어　동사　수식어1　수식어2

Bill은 지금 집에 없다.

09 Harry / is / my cousin. Harry는 / 나의 사촌이다

주어　동사　보어

Harry는 나의 사촌이다.

10 Dr. Jones / is / rich. Dr. Jones는 / 부유하다

주어　동사　보어

Dr. Jones는 부유하다.

1 목적어 자리

p. 37

| 01 | (A) hot → 형용사 | (B) fire → 명사 | (A) 뜨거운 | (B) 불 |

| 02 | (A) bread → 명사 | (B) delicious → 형용사 | (A) 빵 | (B) 맛있는 |

| 03 | (A) hungry → 형용사 | (B) lunch → 명사 | (A) 배고픈 | (B) 점심 |

| 04 | (A) computers → 명사 | (B) borrow → 동사 | (A) 컴퓨터들 | (B) 빌리다 |

05

I / love / nature.
나는 사랑한다 자연을

나는 자연을 사랑한다.

동사 love(사랑하다) 다음에 목적어 자리가 비어 있습니다. 보기 중 목적어 자리에 올 수 있는 것은 명사이므로 정답은 nature(자연)입니다. 형용사인 natural(자연스러운)은 목적어 자리에 올 수 없습니다.

06

This soap / removes / dirt.
이 비누는 제거한다 때를

이 비누는 때를 제거한다.

동사 removes(제거하다) 다음에 목적어 자리가 비어 있습니다. 보기 중 목적어 자리에 올 수 있는 것은 명사이므로 정답은 dirt(때)입니다. 형용사인 dirty(더러운)는 목적어 자리에 올 수 없습니다.

07

You / can put / salt / on your salad.
당신은 넣을 수 있다 소금을 당신의 샐러드에

당신은 당신의 샐러드에 소금을 넣을 수 있다.

동사 can put(넣을 수 있다) 다음에 목적어 자리가 비어 있습니다. 보기 중 목적어 자리에 올 수 있는 것은 명사이므로 정답은 salt(소금)입니다. 형용사인 salty(짠, 짭짤한)는 목적어 자리에 올 수 없습니다.

08

The treatment / can reduce / pain.
그 치료법은 줄일 수 있다 고통을

그 치료법은 고통을 줄일 수 있다.

동사 can reduce(줄일 수 있다) 다음에 목적어 자리가 비어 있습니다. 보기 중 목적어 자리에 올 수 있는 것은 명사이므로 정답은 pain(고통)입니다. 형용사인 painful(고통스러운)은 목적어 자리에 올 수 없습니다.

09

Ms. Reece / found / a mistake / on her receipt.
Ms. Reece는 발견했다 오류를 그녀의 영수증에서

Ms. Reece는 그녀의 영수증에서 오류를 발견했다.

동사 found(발견했다) 다음에 목적어 자리가 비어 있습니다. 보기 중 목적어 자리에 올 수 있는 것은 명사이므로 정답은 (B) mistake(오류, 실수)입니다. 부사인 (A) mistakenly(잘못하여, 실수로), 동사인 (C) mistook, 형용사인 (D) mistaken(잘못된)은 목적어 자리에 올 수 없습니다.

10

Customers / can tell / the difference / in quality.
고객들은 알 수 있다 차이를 품질에서

고객들은 품질에서 차이를 알 수 있다.

동사 can tell(알 수 있다) 다음에 목적어 자리가 비어 있습니다. 보기 중 목적어 자리에 올 수 있는 것은 명사이므로 정답은 (C) difference (차이)입니다. 동사인 (A) differ(다르다), 형용사인 (B) different(다른), 부사인 (D) differently(다르게)는 목적어 자리에 올 수 없습니다.

01

| (A) build → 동사 | (B) buildings → 명사 | (A) 짓다 | (B) 건물들 |

02

| (A) large → 형용사 | (B) largely → 부사 | (A) 큰 | (B) 주로 |

03

| (A) arrive → 동사 | (B) arrival → 명사 | (A) 도착하다 | (B) 도착 |

04

| (A) possibly → 부사 | (B) possible → 형용사 | (A) 아마 | (B) 가능한 |

05

Liz / is / nice.
Liz는   친절하다

Liz는 친절하다.

문장에 주어(Liz)와 동사(is)는 있지만, be동사 뒤에서 주어를 보충 설명해 주는 보어 자리가 비어 있습니다. 보기 중 보어 자리에 올 수 있는 것은 형용사이므로 정답은 nice(친절한, 멋진)입니다. 부사인 nicely(친절하게, 멋지게)는 보어 자리에 올 수 없습니다.

06

I / am / a writer.
나는   작가이다

나는 작가이다.

문장에 주어(I)와 동사(am)는 있지만, be동사 뒤에서 주어를 보충 설명해 주는 보어 자리가 비어 있습니다. 보기 중 보어 자리에 올 수 있는 것은 명사이므로 정답은 writer(작가)입니다. 동사인 write(쓰다)는 보어 자리에 올 수 없습니다.

07

The food / will be / ready.
음식은   준비될 것이다

음식은 준비될 것이다.

문장에 주어(The food)와 동사(will be)는 있지만, be동사 뒤에서 주어를 보충 설명해 주는 보어 자리가 비어 있습니다. 보기 중 보어 자리에 올 수 있는 것은 형용사이므로 정답은 ready(준비된)입니다. 부사인 readily(기꺼이)는 보어 자리에 올 수 없습니다.

08

Mr. Diaz / is / generous.
Mr. Diaz는   너그럽다

Mr. Diaz는 너그럽다.

문장에 주어(Mr. Diaz), 동사(is)는 있지만, be동사 뒤에서 주어를 보충 설명해 주는 보어 자리가 비어 있습니다. 보기 중 보어 자리에 올 수 있는 것은 형용사이므로 정답은 generous(너그러운)입니다. 부사인 generously(너그럽게)는 보어 자리에 올 수 없습니다.

09

Our new software / is / simple.
우리의 새로운 소프트웨어는   간단하다

우리의 새로운 소프트웨어는 간단하다.

문장에 주어(Our new software)와 동사(is)는 있지만, be동사 뒤에서 주어를 보충 설명해 주는 보어 자리가 비어 있습니다. 보기 중 보어 자리에 올 수 있는 것은 형용사이므로 정답은 (C) simple(간단한)입니다. 동사인 (A) simplify(간소화하다), (D) simplifies와 부사인 (B) simply(간단히)는 보어 자리에 올 수 없습니다.

10

APD Technology's products / are / popular.
APD Technology사의 제품들은   인기 있다

APD Technology사의 제품들은 인기 있다.

문장에 주어(APD Technology's products)와 동사(are)는 있지만, be동사 뒤에서 주어를 보충 설명해 주는 보어 자리가 비어 있습니다. 보기 중 보어 자리에 올 수 있는 것은 형용사이므로 정답은 (A) popular(인기 있는)입니다. 동사인 (B) popularizes, (C) popularize(대중화하다)와 부사인 (D) popularly(일반적으로, 대중적으로)는 보어 자리에 올 수 없습니다.

01 I / saw / a woman / [on the bus]. 나는 / 보았다 / 한 여자를 / 버스에서   나는 버스에서 한 여자를 보았다.

문장의 동사 자리에 일반동사 saw(보았다)가 왔고, 주어 자리에 I(나), 목적어 자리에 a woman(한 여자)이 왔습니다. 동사, 주어, 목적어에 속하지 않는 on the bus가 문장의 수식어입니다.

02 The apples / [on the table] / are / green. 사과들은 / 식탁 위의 / 초록색이다   식탁 위의 사과들은 초록색이다.

문장의 동사 자리에 be동사(are)가 왔고, 주어 자리에 The apples(사과들), 보어 자리에 green(초록색의)이 왔습니다. 동사, 주어, 보어에 속하지 않는 on the table이 문장의 수식어입니다.

03 I / exercise / [on Mondays]. 나는 / 운동한다 / 월요일에   나는 월요일에 운동한다.

문장의 동사 자리에 일반동사 exercise(운동하다)가 왔고, 주어 자리에 I(나)가 왔습니다. 동사, 주어, 목적어/보어에 속하지 않는 on Mondays가 문장의 수식어입니다.

04 [For 30 minutes], / I / cleaned / the room. 30분 동안 / 나는 / 청소했다 / 방을   30분 동안, 나는 방을 청소했다.

문장의 동사 자리에 일반동사 cleaned(청소했다)가 왔고, 주어 자리에 I(나), 목적어 자리에 the room(방)이 왔습니다. 동사, 주어, 목적어에 속하지 않는 For 30 minutes가 문장의 수식어입니다.

05 I / will buy / a present / [for Ms. Jones]. 나는 / 살 것이다 / 선물을 / Ms. Jones를 위해   나는 Ms. Jones를 위해 선물을 살 것이다.

문장의 동사 자리에 '조동사 + 동사(will buy)'가 왔고, 주어 자리에 I(나), 목적어 자리에 a present(선물)가 왔습니다. 동사, 주어, 목적어에 속하지 않는 for Ms. Jones가 문장의 수식어입니다.

06 The sun / sets / [in the west]. 해는 / 진다 / 서쪽에서   해는 서쪽에서 진다.

문장의 동사 자리에 일반동사 sets(지다)가 왔고, 주어 자리에 The sun(해)이 왔습니다. 동사, 주어, 목적어/보어에 속하지 않는 in the west가 문장의 수식어입니다.

07 [At the hospital], / Jane / is / a nurse. 병원에서 / Jane은 / 간호사이다   병원에서, Jane은 간호사이다.

문장의 동사 자리에 be동사(is)가 왔고, 주어 자리에 Jane, 보어 자리에 a nurse(간호사)가 왔습니다. 동사, 주어, 보어에 속하지 않는 At the hospital이 문장의 수식어입니다.

08 Jonathan / plays / basketball / [in the playground]. Jonathan은 / 한다 / 농구를 / 운동장에서   Jonathan은 운동장에서 농구를 한다.

문장의 동사 자리에 일반동사 plays((놀이 등을) 하다, 놀다)가 왔고, 주어 자리에 Jonathan, 목적어 자리에 basketball(농구)이 왔습니다. 동사, 주어, 목적어에 속하지 않는 in the playground가 문장의 수식어입니다.

09 Matt / grows / flowers / [in the garden]. Matt는 / 기른다 / 꽃을 / 정원에서   Matt는 정원에서 꽃을 기른다.

문장의 동사 자리에 일반동사 grows(기르다)가 왔고, 주어 자리에 Matt, 목적어 자리에 flowers(꽃)가 왔습니다. 따라서 빈칸에는 동사, 주어, 목적어에 속하지 않는 수식어가 와야 합니다. 따라서 정답은 Matt가 꽃을 어디에서 기르는지를 자세하게 설명해 주는 수식어인 (A) in the garden입니다.

10 Mr. Gray / planned / a party / [for your birthday]. Mr. Gray는 / 계획했다 / 파티를 / 당신의 생일을 위해   Mr. Gray는 당신의 생일을 위해 파티를 계획했다.

문장의 동사 자리에 일반동사 planned(계획했다)가 왔고, 주어 자리에 Mr. Gray, 목적어 자리에 a party(파티)가 왔습니다. 따라서 빈칸에는 동사, 주어, 목적어에 속하지 않는 수식어가 와야 합니다. 따라서 정답은 Mr. Gray가 무엇을 위해 파티를 계획했는지를 자세하게 설명해 주는 수식어인 (B) for your birthday입니다.

1 목적어 해석하기

p. 42

01 I / love / animals.   나는 / 사랑한다 / 동물을
주어 동사 목적어

나는 동물을 사랑한다.

02 She / eats / fruit.   그녀는 / 먹는다 / 과일을
주어 동사 목적어

그녀는 과일을 먹는다.

03 I / need / a bag.   나는 / 필요로 한다 / 가방을
주어 동사 목적어

나는 가방을 필요로 한다.

04 We / like / history class.   우리는 / 좋아한다 / 역사 수업을
주어 동사 목적어

우리는 역사 수업을 좋아한다.

05 My father / reads / the newspaper.   나의 아버지는 / 읽으신다 / 신문을
주어 동사 목적어

나의 아버지는 신문을 읽으신다.

06 Rika / visits / her grandparents / on Sundays.
주어 동사 목적어 수식어
Rika는 / 방문한다 / 그녀의 조부모님을 / 일요일마다

Rika는 일요일마다 그녀의 조부모님을 방문한다.

07 Susan / changes / her hairstyle / every month.
주어 동사 목적어 수식어
Susan은 / 바꾼다 / 그녀의 헤어스타일을 / 매달

Susan은 매달 그녀의 헤어스타일을 바꾼다.

08 Mr. Danson / meets / the CEO / on Tuesdays.
주어 동사 목적어 수식어
Mr. Danson은 / 만난다 / CEO를 / 화요일마다

Mr. Danson은 화요일마다 CEO를 만난다.

09 Jeremy / sends / her / text messages.
주어 동사 간접 목적어 직접 목적어
Jeremy는 / 보낸다 / 그녀에게 / 문자 메시지를

Jeremy는 그녀에게 문자 메시지를 보낸다.

10 Tony / gives / me / roses / on my birthday.
주어 동사 간접 목적어 직접 목적어 수식어
Tony는 / 준다 / 나에게 / 장미를 / 나의 생일에

Tony는 나의 생일에 나에게 장미를 준다.

01 He / is / a soccer player. 그는 / 축구 선수이다
주어　동사　주격 보어

그는 축구 선수이다.

02 This cake / is / delicious. 이 케이크는 / 맛있다
주어　　동사　주격 보어

이 케이크는 맛있다.

03 The sky / looks / beautiful. 하늘이 / 보인다 / 아름다워
주어　　동사　주격 보어

하늘이 아름다워 보인다.

04 Olaf and Michelle / are / good friends. Olaf와 Michelle은 / 좋은 친구들이다
주어　　　　　동사　　주격 보어

Olaf와 Michelle은 좋은 친구들이다.

05 Chinese / is / a difficult language. 중국어 / 어려운 언어이다
주어　동사　　주격 보어

중국어는 어려운 언어이다.

06 Chris / is / the writer of this book. Chris는 / 이 책의 작가이다
주어　동사　　주격 보어

Chris는 이 책의 작가이다.

> **해석 TIP!** 명사(writer)를 꾸며 주는 수식어(of this book)까지 포함하여 주격 보어로 해석하면, Chris가 무엇의 작가인지 알 수 있어서 문장의 완전한 의미를 이해하기가 더욱 쉬워진답니다.

07 I / find / this question / simple. 나는 / 생각한다 / 이 질문이 / 간단하다고
주어 동사　　목적어　　목적격 보어

나는 이 질문이 간단하다고 생각한다.

08 Everyone / thinks / her / a liar. 모두가 / 생각한다 / 그녀를 / 거짓말쟁이라고
주어　　　동사　목적어 목적격 보어

모두가 그녀를 거짓말쟁이라고 생각한다.

09 My little sister / makes / me / happy. 나의 여동생은 / 만든다 / 나를 / 행복하게
주어　　　　동사　목적어 목적격 보어

나의 여동생은 나를 행복하게 만든다.

10 The case / remains / a mystery. 그 사건은 / 여전히 수수께끼이다
주어　　　동사　　주격 보어

그 사건은 여전히 수수께끼이다.

1 | 명사 자리

p. 47

01 I / will start / my business.   나는 / 시작할 것이다 / 나의 사업을   나는 나의 사업을 시작할 것이다.

소유격(my) 뒤의 명사 자리가 비어 있습니다. 따라서 정답은 business(사업)입니다. 형용사인 busy(바쁜)는 명사 자리에 올 수 없습니다.

02 I / have / a serious weakness.   나는 / 가지고 있다 / 심각한 약점을   나는 심각한 약점을 가지고 있다.

형용사 serious(심각한) 뒤의 명사 자리가 비어 있습니다. 따라서 정답은 weakness(약점)입니다. 형용사인 weak(약한)는 명사 자리에 올 수 없습니다.

03 Education / is / necessary.   교육은 / 필수적이다   교육은 필수적이다.

문장에 주어 자리가 비어 있습니다. 주어 자리에 올 수 있는 것은 명사이므로 정답은 Education(교육)입니다. 동사인 Educate(교육하다)는 명사 자리에 올 수 없습니다.

04 The management / hired / a consultant.   경영진은 / 고용했다 / 자문 위원을   경영진은 자문 위원을 고용했다.

관사(The) 뒤의 명사 자리가 비어 있습니다. 따라서 정답은 management(경영진)입니다. 동사인 manage(경영하다, 운영하다)는 명사 자리에 올 수 없습니다.

05 The staff / had / a discussion.   전체 직원은 / 가졌다 / 논의를   전체 직원은 논의를 가졌다.

관사(a) 뒤의 명사 자리가 비어 있습니다. 따라서 정답은 discussion(논의)입니다. 동사인 discuss(논의하다)는 명사 자리에 올 수 없습니다.

06 The company / has / a long tradition.   그 회사는 / 가지고 있다 / 긴 전통을   그 회사는 긴 전통을 가지고 있다.

형용사인 long(긴) 뒤의 명사 자리가 비어 있습니다. 따라서 정답은 tradition(전통)입니다. 형용사인 traditional(전통적인)은 명사 자리에 올 수 없습니다.

07 The performance / received / good reviews.   그 공연은 / 받았다 / 좋은 평을   그 공연은 좋은 평을 받았다.

관사(The) 뒤의 명사 자리가 비어 있습니다. 따라서 정답은 performance(공연)입니다. 동사인 perform(공연하다)은 명사 자리에 올 수 없습니다.

08 We / should protect / our environment.   우리는 / 보호해야 한다 / 우리의 환경을   우리는 우리의 환경을 보호해야 한다.

소유격(our) 뒤의 명사 자리가 비어 있습니다. 따라서 정답은 environment(환경)입니다. 형용사인 environmental(환경의)은 명사 자리에 올 수 없습니다.

09 The announcement / is / a shock.   그 발표는 / 충격이다   그 발표는 충격이다.

빈칸은 관사(The) 뒤에 왔으므로 명사가 와야 하는 자리입니다. 따라서 정답은 (D) announcement(발표)입니다. 동사인 (A) announced, (B) announces, (C) announce(발표하다)는 명사 자리에 올 수 없습니다.

10 We / should bring / this problem / to their attention.   우리는 / 가져가야 한다 / 이 문제를 / 그들의 관심으로   우리는 이 문제를 그들의 관심으로 가져가야 한다.

빈칸은 소유격(their) 뒤에 왔으므로 명사가 와야 하는 자리입니다. 따라서 정답은 (A) attention(관심)입니다. 동사인 (B) attend(참석하다), (C) attended와 형용사인 (D) attentive(주의를 기울이는)는 명사 자리에 올 수 없습니다.

01

Allen / carried / baggage.
Allen은 운반했다 수하물을

Allen은 수하물을 운반했다.

baggage(수하물)는 불가산 명사이므로 앞에 관사 a를 쓸 수 없습니다. 따라서 정답은 baggage입니다.

02

I / heard / news / about Mina.
나는 들었다 소식을 Mina에 관한

나는 Mina에 관한 소식을 들었다.

news(소식)는 불가산 명사이므로 앞에 관사 a를 쓸 수 없습니다. 따라서 정답은 news입니다.

03

We / bought / new equipment.
우리는 구입했다 새로운 장비를

우리는 새로운 장비를 구입했다.

equipment(장비)는 불가산 명사이므로 뒤에 (e)s를 붙일 수 없습니다. 따라서 정답은 equipment입니다.

04

I / ordered / some furniture.
나는 주문했다 몇몇 가구를

나는 몇몇 가구를 주문했다.

furniture(가구)는 불가산 명사이므로 뒤에 (e)s를 붙일 수 없습니다. 따라서 정답은 furniture입니다.

05

The museum / will hold / the exhibition / for months.
그 박물관은 열 것이다 전시회를 몇 달 동안

그 박물관은 전시회를 몇 달 동안 열 것이다.

month(달, 월)는 가산 명사이므로 단수일 때는 앞에 관사 a를 쓰고, 복수일 때는 s를 붙여야 합니다. 따라서 정답은 months입니다.

06

Megan / found / her luggage.
Megan은 찾았다 그녀의 수하물을

Megan은 그녀의 수하물을 찾았다.

luggage(수하물)는 불가산 명사이므로 뒤에 (e)s를 붙일 수 없습니다. 따라서 정답은 luggage입니다.

07

The company / has / high standards / for food safety.
그 회사는 가지고 있다 높은 기준을 식품 안전에 대해

그 회사는 식품 안전에 대해 높은 기준을 가지고 있다.

standard(기준)는 가산 명사이므로 단수일 때는 앞에 관사 a를 쓰고, 복수일 때는 뒤에 s를 붙여야 합니다. 따라서 정답은 standards입니다.

08

He / doesn't have / access / to the file.
그는 가지고 있지 않다 접근 권한을 그 파일에 대한

그는 그 파일에 대한 접근 권한을 가지고 있지 않다.

access(접근 권한)는 불가산 명사이므로 앞에 관사 an을 쓸 수 없습니다. 따라서 정답은 access입니다.

09

The automobile company / will raise / prices / next year.
그 자동차 회사는 올릴 것이다 가격을 다음 해에

그 자동차 회사는 다음 해에 가격을 올릴 것이다.

빈칸은 동사(will raise) 뒤의 목적어 자리이므로 명사가 와야 합니다. 따라서 명사인 (B) prices 또는 (D) price가 빈칸에 와야 합니다. price(가격)는 가산 명사이므로 단수일 때는 앞에 관사 a를 쓰고, 복수일 때는 명사 뒤에 s를 붙여야 합니다. 따라서 정답은 (B) prices입니다.

10

Customers / can request / a refund / at the store.
고객들은 요청할 수 있다 환불을 가게에서

고객들은 가게에서 환불을 요청할 수 있다.

빈칸은 동사(can request) 뒤의 목적어 자리이므로 명사가 와야 합니다. 따라서 명사인 (A) refund 또는 (C) a refund가 빈칸에 와야 합니다. refund(환불)는 가산 명사이므로 단수일 때는 앞에 관사 a를 쓰고, 복수일 때는 뒤에 s를 붙여야 합니다. 따라서 정답은 (C) a refund입니다.

1 | 'there is + 단수 명사' 해석하기 p. 50

01 In front of my house, / there is a tree.　나의 집 앞에는 / 나무가 한 그루 있다
수식어　　　　　　　　동사　주어

나의 집 앞에는, 나무가 한 그루 있다.

02 There is a taxi / outside.　택시가 한 대 있다 / 밖에
동사　주어　　　수식어

밖에 택시가 한 대 있다.

03 There is a meeting / tomorrow.　회의가 하나 있다 / 내일
동사　주어　　　　수식어

내일 회의가 하나 있다.

04 In the yard, / there is a cat.　마당에 / 고양이가 한 마리 있다
수식어　　　　동사　주어

마당에, 고양이가 한 마리 있다.

05 There is a pond / in the park.　연못이 하나 있다 / 공원에
동사　주어　　　수식어

공원에 연못이 하나 있다.

06 There is a restroom / on the corner.　화장실이 하나 있다 / 모퉁이에
동사　주어　　　수식어

모퉁이에 화장실이 하나 있다.

07 There is a parking lot / near here.　주차장이 하나 있다 / 여기 근처에
동사　주어　　　수식어

여기 근처에 주차장이 하나 있다.

08 In my office, / there is an air conditioner.　나의 사무실에는 / 에어컨이 하나 있다
수식어　　　　　　동사　　주어

나의 사무실에는, 에어컨이 하나 있다.

09 There is a lady / at the reception desk.　여성 한 분이 있다 / 프런트에
동사　주어　　　수식어

프런트에 여성 한 분이 있다.

10 There is a bus stop / across the street.　버스 정류장이 하나 있다 / 길 건너에
동사　주어　　　수식어

길 건너에 버스 정류장이 하나 있다.

01 There (are) 15 students / in my class. 15명의 학생들이 있다 / 우리 반에는
　　　　동사　　주어　　　　수식어
우리 반에는 15명의 학생들이 있다.

02 In Israel, / there (are) four airports. 이스라엘에는 / 4개의 공항이 있다
　　수식어　　　동사　　주어
이스라엘에는, 4개의 공항이 있다.

03 There (are) birds / in the cage. 새들이 있다 / 새장 안에
　　　　동사　주어　　　수식어
새장 안에 새들이 있다.

04 There (are) trash bins / in the back. 쓰레기통들이 있다 / 뒤에
　　　　동사　　주어　　　　수식어
뒤에 쓰레기통들이 있다.

05 There (are) holes / in my socks. 구멍들이 있다 / 나의 양말에
　　　　동사　주어　　　수식어
나의 양말에 구멍들이 있다.

06 There (are) flowers / by the window. 꽃들이 있다 / 창가에
　　　　동사　주어　　　수식어
창가에 꽃들이 있다.

07 In the drawer, / there (are) some erasers. 서랍 속에 / 몇 개의 지우개들이 있다
　　수식어　　　　동사　　주어
서랍 속에, 몇 개의 지우개들이 있다.

08 There (are) coins / in my purse. 동전들이 있다 / 나의 지갑 속에는
　　　　동사　주어　　　수식어
나의 지갑 속에는 동전들이 있다.

09 There (are) many computers / in the room. 많은 컴퓨터들이 있다 / 방 안에
　　　　동사　　주어　　　　수식어
방 안에 많은 컴퓨터들이 있다.

10 There (are) some visitors / downstairs. 방문객들이 있다 / 아래층에는
　　　　동사　　주어　　　수식어
아래층에는 방문객들이 있다.

1 인칭대명사

p. 55

01

| I / love / her.　나는 / 사랑한다 / 그녀를 | 나는 그녀를 사랑한다. |

인칭대명사 중 목적어 자리에 오는 것은 목적격입니다. 따라서 정답은 her(그녀를)입니다.

02

| We / are / friends.　우리는 / 친구이다 | 우리는 친구이다. |

인칭대명사 중 주어 자리에 오는 것은 주격입니다. 따라서 정답은 We(우리는)입니다.

03

| This jacket / is / yours.　이 재킷은 / 당신의 것이다 | 이 재킷은 당신의 것이다. |

'이 재킷은 당신의 것이다'라는 의미가 되어야 하므로, '당신의 것'이라는 의미를 가진 것이 와야 합니다. 따라서 정답은 소유대명사인 yours(당신의 것)입니다.

04

| I / will protect / myself.　나는 / 지킬 것이다 / 나 자신을 | 나는 나 자신을 지킬 것이다. |

'나는 나 자신을 지킬 것이다'라는 의미로 주어와 목적어가 같은 대상이므로, 목적어 자리에는 재귀대명사가 와야 합니다. 따라서 정답은 myself(나 자신)입니다.

05

| I / got / a new T-shirt.　나는 / 샀다 / 새 티셔츠를 | 나는 새 티셔츠를 샀다. |

인칭대명사 중 주어 자리에 오는 것은 주격입니다. 따라서 정답은 I(나는)입니다.

06

| I / have / gifts / for Olivia. She / will like / them.　나는 있다　선물들이　Olivia를 위한　그녀는　좋아할 것이다　그것들을 | 나는 Olivia를 위한 선물들이 있다. 그녀는 그것들을 좋아할 것이다. |

인칭대명사 중 목적어 자리에 오는 것은 목적격입니다. 따라서 정답은 them(그것들을)입니다.

07

| Harry / knows / her phone number.　Harry는　알고 있다　그녀의 전화번호를 | Harry는 그녀의 전화번호를 알고 있다. |

인칭대명사 중 명사 phone number(전화번호) 앞에 오는 것은 소유격입니다. 따라서 정답은 her(그녀의)입니다.

08

| Mr. Yang / introduced / himself / to the audience.　Mr. Yang은　소개했다　그 자신을　관중에게 | Mr. Yang은 관중에게 그 자신을 소개했다. |

'Mr. Yang은 관중에게 그 자신을 소개했다'라는 의미로 주어와 목적어가 같은 대상일 때 목적어 자리에 올 수 있는 것이 와야 합니다. 따라서 정답은 재귀대명사인 himself(그 자신을)입니다.

09

| Please finish / your homework / by the deadline.　끝내세요　당신의 숙제를　마감 기한까지 | 마감 기한까지 당신의 숙제를 끝내세요. |

인칭대명사 중 명사 homework(숙제, 과제) 앞에 오는 것은 소유격입니다. 따라서 정답은 (B) your(당신의)입니다.

10

| Ms. Grande / manages / the company / herself.　Ms. Grande는　운영한다　회사를　직접 | Ms. Grande는 직접 회사를 운영한다. |

'Ms. Grande는 직접 회사를 운영한다'라는 의미로 주어 Ms. Grande를 강조할 수 있는 것이 와야 합니다. 따라서 정답은 재귀대명사인 (C) herself(그녀가 직접)입니다.

01 This place / is / beautiful. 이 장소는 / 이다 / 아름다운   이 장소는 아름답다.

지시형용사 This가 꾸며 줄 수 있는 명사는 단수 명사이므로 정답은 place(장소)입니다. 복수 명사 places는 these 또는 those와 함께 쓰입니다.

02 He / washed / these bottles. 그가 / 세척했다 / 이 병들을   그가 이 병들을 세척했다.

복수 명사 bottles(병들)를 꾸며 줄 수 있는 지시형용사는 these 또는 those이므로 정답은 these(이 ~)입니다. this는 단수 명사를 꾸며 줍니다.

03 We / follow / those rules. 우리는 / 따른다 / 저 규칙들을   우리는 저 규칙들을 따른다.

복수 명사 rules(규칙들)를 꾸며 줄 수 있는 지시형용사는 these 또는 those이므로 정답은 those(저 ~)입니다. that은 단수 명사를 꾸며 줍니다.

04 They / solved / that problem. 그들이 / 해결했다 / 저 문제를   그들이 저 문제를 해결했다.

지시형용사 that이 꾸며 줄 수 있는 명사는 단수 명사이므로 정답은 problem(문제)입니다. 복수 명사 problems는 these 또는 those와 함께 쓰입니다.

05 These suggestions / are / very / helpful. 이 제안들은 / / 아주 / 도움이 된다   이 제안들은 아주 도움이 된다.

복수 명사 suggestions(제안들)를 꾸며 줄 수 있는 지시형용사는 these 또는 those이므로 정답은 These(이 ~)입니다. This는 단수 명사를 꾸며 줍니다.

06 The weather of India / is / hotter / than that of Denmark. 인도의 날씨는 / / 더 덥다 / 덴마크의 것보다   인도의 날씨는 덴마크의 것보다 더 덥다.

비교 대상이 되는 불가산 명사 The weather(날씨)의 반복을 피하기 위해 단수 지시대명사가 와야 하므로 정답은 that입니다. those는 복수 명사의 반복을 피하기 위해 사용됩니다.

07 This book / is / interesting. 이 책은 / / 흥미롭다   이 책은 흥미롭다.

단수 명사 book(책)을 꾸며 줄 수 있는 지시형용사는 this 또는 that이므로 정답은 This(이 ~)입니다. These는 복수 명사를 꾸며 줍니다.

08 Our services / are / cheaper / than those of other stores. 우리의 서비스들은 / / 더 저렴하다 / 다른 가게들의 것들보다   우리의 서비스들은 다른 가게들의 것들보다 더 저렴하다.

비교 대상이 되는 복수 명사 services(서비스들)의 반복을 피하기 위해 복수 지시대명사가 와야 하므로 정답은 those입니다. that은 단수 명사와 불가산 명사의 반복을 피하기 위해 사용됩니다.

09 They / will move / those boxes. 그들은 / 옮길 것이다 / 저 상자들을   그들은 저 상자들을 옮길 것이다.

빈칸 뒤의 복수 명사 boxes(상자들)를 꾸며 줄 수 있는 지시형용사는 these 또는 those이므로 정답은 (C) those(저 ~)입니다. (A) that과 (B) this는 단수 명사를 꾸며 줍니다. 주격 또는 목적격 대명사인 (D) it은 명사를 꾸며줄 수 없습니다.

10 His work / is / different / from that of his coworkers. 그의 업무는 / / 다르다 / 그의 동료들의 것과   그의 업무는 그의 동료들의 것과 다르다.

비교 대상이 되는 불가산 명사 work(업무)의 반복을 피하기 위해 단수 지시대명사가 와야 하므로 정답은 (B) that입니다. (D) those는 복수 명사의 반복을 피하기 위해 사용됩니다.

01 One book / is / light, / and / the other / is / heavy.
한 책은 가볍고 그리고 나머지 하나는 무겁다

한 책은 가볍고, 나머지 하나는 무겁다.

사람이나 사물이 둘이면 one과 the other를 써서 나타내므로 정답은 One(어떤 하나)입니다.

02 Some people / drink / coffee / every morning.
몇몇 사람들은 마신다 커피를 매일 아침

몇몇 사람들은 매일 아침 커피를 마신다.

'몇몇의'를 의미하는 부정형용사가 와야 하므로 정답은 Some(몇몇의)입니다.

03 One sweater / is / yellow, / and / the others / are / grey.
한 스웨터는 노란색이다 그리고 나머지 전부는 회색이다

한 스웨터는 노란색이고, 나머지 전부는 회색이다.

'나머지 전부'를 의미하는 부정대명사가 와야 하므로 정답은 the others(나머지 전부)입니다.

04 One of many toys / is / a doll, / and / others / are / robots.
많은 장난감들 중에 하나는 인형이다 그리고 다른 몇 개는 로봇이다

많은 장난감들 중에 하나는 인형이고, 다른 몇 개는 로봇이다.

'다른 몇 개'를 의미하는 부정대명사가 와야 하므로 정답은 others(다른 몇 개)입니다.

05 There / isn't / any butter / in the fridge. 없다 / 버터가 하나도 / 냉장고 안에

냉장고 안에 버터가 하나도 없다.

isn't(is not의 축약형)가 있는 부정문이므로 부정문에 쓸 수 있는 부정형용사가 와야 합니다. 따라서 정답은 any(하나도 없는)입니다. some은 주로 긍정문에 쓰입니다.

06 She / will meet / some clients / today.
그녀는 만날 것이다 몇몇 고객들을 오늘

그녀는 오늘 몇몇 고객들을 만날 것이다.

긍정문에 쓸 수 있는 부정형용사가 와야 하므로 정답은 some(몇몇의)입니다. any는 부정문, 의문문, 조건문에 쓰입니다.

07 Some people / are / leaders, / and / others / are / followers.
몇몇 사람들은 지도자들이다 그리고 다른 몇몇은 추종자들이다

몇몇 사람들은 지도자들이고, 다른 몇몇은 추종자들이다.

'몇몇 사람들은 지도자들이고 다른 몇몇은 추종자들이다'라는 뜻이 되어야 하므로 정답은 others(다른 몇몇)입니다. one은 '하나'라는 의미입니다.

08 Shawn / bought / two donuts. He / ate / one / and / gave / me / the other.
Shawn이 샀다 두 개의 도넛을 그는 먹었다 하나를 그리고 주었다 나에게 나머지 하나를

Shawn이 두 개의 도넛을 샀다. 그는 하나를 먹었고 나머지 하나를 나에게 주었다.

'Shawn이 두 개의 도넛 중에 하나를 먹었고 나머지 하나를 나에게 주었다'라는 뜻이 되어야 하므로 정답은 the other(나머지 하나)입니다. another는 사물이 셋 이상인 경우에 쓰이고, '또 다른 하나'라는 의미입니다.

09 We / will have / some time / for discussion.
우리는 가질 것이다 약간의 시간을 논의를 위한

우리는 논의를 위한 약간의 시간을 가질 것이다.

'논의를 위한 약간의 시간을 가질 것이다'라는 뜻이 되어야 하므로 '몇몇의, 약간의'라는 의미를 가진 부정형용사 (C) any 또는 (D) some이 올 수 있습니다. 문장이 긍정문이므로 정답은 긍정문에 쓸 수 있는 (D) some(약간의)입니다. (C) any는 부정문, 의문문, 조건문에 쓰입니다.

10 One / of the two children / is / smart, / and / the other / is / nice.
하나는 두 아이들 중 똑똑하다 그리고 나머지 하나는 다정하다

두 아이들 중 하나는 똑똑하고 나머지 하나는 다정하다.

'두 아이들 중 하나는 똑똑하다'라는 뜻이 되어야 하므로 정답은 부정대명사 (C) One(하나)입니다. (A) Others는 '다른 몇 개', (B) Another는 '또 다른 하나', (D) These는 '이것들'이라는 의미입니다.

1 대명사가 가리키는 명사 찾아 해석하기   p. 60

01   Jack / lives / in Texas. He / is / a doctor.
주어   동사   수식어   주어   동사   보어
Jack은 / 산다 / 텍사스에 그는 / 의사이다

He=Jack,
Jack은 텍사스에 산다. 그는 의사이다.

02   My name / is / Abigail. I / am / 23 years old.
주어   동사   보어   주어   동사   보어
나의 이름은 / Abigail이다 나는 / 23살이다

I=Abigail,
나의 이름은 Abigail이다. 나는 23살이다.

03   Mary / was / sick. She / went / to the hospital.
주어   동사   보어   주어   동사   수식어
Mary는 / 아팠다 그녀는 / 갔다 / 병원에

She=Mary,
Mary는 아팠다. 그녀는 병원에 갔다.

04   Benny and Joshua / are / my classmates. They / play / basketball /
주어   동사   보어   주어   동사   목적어
together.   Benny와 Joshua는 / 나의 반 친구들이다 그들은 / 한다 / 농구를 / 같이
수식어

They=Benny and Joshua,
Benny와 Joshua는 나의 반 친구들이다. 그들은 같이 농구를 한다.

05   Oscar / watched / a movie. It / was / three hours long.
주어   동사   목적어   주어   동사   보어
Oscar는 / 보았다 / 영화를 그것은 / 세 시간 길이였다

It=a movie,
Oscar는 영화를 보았다. 그것은 세 시간 길이였다.

06   This dog / is / very active. It / needs / lots of exercise.
주어   동사   보어   주어   동사   목적어
이 개는 / 매우 활동적이다 그것은 / 필요로 한다 / 많은 운동을

It=This dog,
이 개는 매우 활동적이다. 그것은 많은 운동을 필요로 한다.

07   Jackson / likes / reading. His father / gives / him / books.
주어   동사   목적어   주어   동사 간접 목적어 직접 목적어
Jackson은 / 좋아한다 / 독서를 그의 아버지는 / 주신다 / 그에게 / 책들을

him=Jackson,
Jackson은 독서를 좋아한다. 그의 아버지는 그에게 책들을 주신다.

08   Kiki / is wearing / new shoes. She / bought / them / yesterday.
주어   동사   목적어   주어   동사   목적어   수식어
Kiki는 / 착용하고 있다 / 새 신발을 그녀는 / 샀다 / 그것들을 / 어제

She=Kiki,
Kiki는 새 신발을 착용하고 있다. 그녀는 어제 그것들을 샀다.

09   My family and I / moved / into a new house. Some neighbors /
주어   동사   수식어   주어
helped / us.   나의 가족과 나는 / 이사했다 / 새집으로 몇몇의 이웃들이 / 도왔다 / 우리를
동사   목적어

us=My family and I,
나의 가족과 나는 새집으로 이사했다. 몇몇의 이웃들이 우리를 도왔다.

10   Your bag / is / beautiful. Where / did / you / get / it?
주어   동사   보어   주어   동사 목적어
당신의 가방은 / 예쁘네요 어디서 / 당신은 / 샀나요 / 그것을

it=Your bag,
당신의 가방은 예쁘네요. 당신은 그것을 어디서 샀나요?

01 John / travels / in India / by himself. John은 / 여행한다 / 인도에서 / 혼자
주어　　동사　　수식어1　　수식어2

John은 혼자 인도에서 여행한다.

02 The window / closed / by itself. 창문은 / 닫혔다 / 저절로
주어　　동사　　수식어

창문은 저절로 닫혔다.

03 I / go / to concerts / by myself. 나는 / 간다 / 콘서트에 / 혼자
주어 동사　수식어1　　수식어2

나는 혼자 콘서트에 간다.

04 Amy / writes / reports / by herself. Amy는 / 쓴다 / 보고서를 / 혼자서
주어　　동사　　목적어　　수식어

Amy는 혼자서 보고서를 쓴다.

05 The children / can think / for themselves. 아이들은 / 생각할 수 있다 / 스스로
주어　　　　동사　　　　수식어

아이들은 스스로 생각할 수 있다.

06 Amelia / cooks / for 50 people / by herself.
주어　　동사　　수식어1　　　수식어2
Amelia는 / 요리한다 / 50명의 사람들을 위해 / 혼자서

Amelia는 혼자서 50명의 사람들을 위해 요리한다.

07 Tom / has / lunch / by himself / almost every day.
주어　동사　목적어　수식어1　　수식어2
Tom은 / 먹는다 / 점심을 / 혼자서 / 거의 매일

Tom은 거의 매일 혼자서 점심을 먹는다.

08 We / prepared / dinner / for ourselves. 우리는 / 준비했다 / 저녁을 / 스스로
주어　　동사　　목적어　　수식어

우리는 스스로 저녁을 준비했다.

09 Katie / made / the decision / for herself. Katie는 / 내렸다 / 결정을 / 스스로
주어　　동사　　목적어　　수식어

Katie는 스스로 결정을 내렸다.

10 The computer program / stops / and / starts / by itself.
주어　　　　　동사1　접속사　동사2　수식어
그 컴퓨터 프로그램은 / 멈춘다 / 그리고 / 켜진다 / 저절로

그 컴퓨터 프로그램은 저절로 멈추고 켜진다.

해석 TIP! 문장에 동사가 2개라서 놀라셨나요? 문장 내에 and(그리고)와 같은 접속사가 올 경우, 동사가 2개가 올 수 있어요. 이 경우 '~하고 ~하다'라고 해석하면 된답니다.

1 | 형용사 자리

p. 65

01   Don't waste / valuable resources.   낭비하지 마라 / 귀중한 자원을   귀중한 자원을 낭비하지 마라.

명사 resources(자원)를 앞에서 꾸며 줄 수 있는 것은 형용사이므로 정답은 valuable(귀중한)입니다. 명사 또는 동사인 value(가치; 가치 있게 여기다)는 형용사 자리에 올 수 없습니다.

02   Children / need / careful attention.   아이들은 / 필요로 한다 / 세심한 관심을   아이들은 세심한 관심을 필요로 한다.

명사 attention(관심)을 앞에서 꾸며 줄 수 있는 것은 형용사이므로 정답은 careful(세심한)입니다. 부사인 carefully(주의하여, 조심스럽게)는 형용사 자리에 올 수 없습니다.

03   The angry customer / yelled.   화난 고객이 / 소리 질렀다   화난 고객이 소리 질렀다.

명사 customer(고객)를 앞에서 꾸며 줄 수 있는 것은 형용사이므로 정답은 angry(화난)입니다. 부사인 angrily(화내어)는 형용사 자리에 올 수 없습니다.

04   Amy / is / creative.   Amy는 / 창의적이다   Amy는 창의적이다.

be동사(is) 뒤 보어 자리에 올 수 있는 것이 와야 하므로 정답은 형용사인 creative(창의적인)입니다. 동사인 create(창조하다, 제작하다)는 형용사 자리에 올 수 없습니다.

05   The art / in the museum / is / impressive.   그 그림은 / 미술관에 있는 / 인상 깊다   미술관에 있는 그 그림은 인상 깊다.

be동사(is) 뒤 보어 자리에 올 수 있는 것이 와야 하므로 정답은 형용사인 impressive(인상 깊은)입니다. 동사인 impress(깊은 인상을 주다)는 형용사 자리에 올 수 없습니다.

06   I / made / a serious mistake.   나는 / 했다 / 심각한 실수를   나는 심각한 실수를 했다.

명사 mistake(실수)를 앞에서 꾸며 줄 수 있는 것은 형용사이므로 정답은 serious(심각한)입니다. 부사인 seriously(심각하게)는 형용사 자리에 올 수 없습니다.

07   Kim / was / glad / about the good news.   Kim은 / 기뻤다 / 그 좋은 소식에 대해   Kim은 그 좋은 소식에 대해 기뻤다.

be동사(was) 뒤 보어 자리에 올 수 있는 것이 와야 하므로 정답은 형용사인 glad(기쁜)입니다. 부사인 gladly(기쁘게)는 형용사 자리에 올 수 없습니다.

08   Mr. Curt / is / an excellent worker.   Mr. Curt는 / 뛰어난 직원이다   Mr. Curt는 뛰어난 직원이다.

명사 worker(직원, 근로자)를 앞에서 꾸며 줄 수 있는 것은 형용사이므로 정답은 excellent(뛰어난)입니다. 동사인 excel(뛰어나다, 탁월하다)은 형용사 자리에 올 수 없습니다.

09   My family / will have / a wonderful time / in Paris.   나의 가족은   가질 것이다   멋진 시간을   파리에서   나의 가족은 파리에서 멋진 시간을 가질 것이다.

명사 time(시간)을 앞에서 꾸며 줄 수 있는 것은 형용사이므로 정답은 (C) wonderful(멋진)입니다.

10   The restaurant / serves / full-course meals / at an affordable price.   그 레스토랑은   제공한다   풀코스 식사를   적당한 가격에   그 레스토랑은 적당한 가격에 풀코스 식사를 제공한다.

명사 price(가격)를 앞에서 꾸며 줄 수 있는 것은 형용사이므로 정답은 (C) affordable(적당한, 알맞은)입니다.

01 Megan / likes / every animal. Megan은 / 좋아한다 / 모든 동물을 | Megan은 모든 동물을 좋아한다.

수량 형용사 every는 단수 명사를 수식하므로 정답은 animal(동물)입니다.

02 There / is / little water / in the bottle. 있다 / 거의 없는 물이 / 병에 | 병에 물이 거의 없다.

불가산 명사 water(물)와 함께 쓸 수 있는 수량 형용사가 와야 하므로 정답은 little(거의 없는)입니다. few(거의 없는)는 가산 복수 명사 앞에 옵니다.

03 Few tickets / are / left. 거의 없는 티켓이 / 남아 있다 | 티켓이 거의 남아 있지 않다.

복수 명사 tickets(티켓)와 함께 쓸 수 있는 수량 형용사가 와야 하므로 정답은 Few(거의 없는)입니다. Each(각각의)는 단수 명사 앞에 옵니다.

04 I / take / both classes. 나는 / 듣는다 / 수업들을 둘 다 | 나는 수업들을 둘 다 듣는다.

수량 형용사 both는 복수 명사를 수식하므로 정답은 classes(수업들)입니다.

05 One of the employees / was / late / today. 직원들 중 한 명이 / 늦었다 / 오늘 | 오늘 직원들 중 한 명이 늦었다.

복수 명사 employees(직원들)와 함께 쓸 수 있는 수량 표현이 와야 하므로 정답은 One of the(~ 중 하나)입니다. 수량 형용사인 Another (또 다른)는 단수 명사 앞에 옵니다.

06 I / have / many friends / in Singapore. 나는 있다 / 많은 친구들이 / 싱가포르에 | 나는 싱가포르에 많은 친구들이 있다.

복수 명사 friends(친구들)와 함께 쓸 수 있는 수량 형용사가 와야 하므로 정답은 many(많은)입니다. much(많은)는 불가산 명사 앞에 옵니다.

07 A lot of people / like / ice cream. 많은 사람들이 / 좋아한다 / 아이스크림을 | 많은 사람들이 아이스크림을 좋아한다.

복수 명사 people(사람들)과 함께 쓸 수 있는 수량 표현이 와야 하므로 정답은 A lot of(많은)입니다. 수량 형용사인 Every(모든)는 단수 명사 앞에 옵니다.

08 Each country / has / different traditions. 각각의 나라는 / 가지고 있다 / 서로 다른 전통을 | 각각의 나라는 서로 다른 전통을 가지고 있다.

단수 명사 country(나라)와 함께 쓸 수 있는 수량 형용사가 와야 하므로 정답은 Each(각각의)입니다. All(많은)은 복수 명사 앞에 옵니다.

09 I / have / little money / in my wallet. 나는 가지고 있다 / 거의 없는 돈을 / 나의 지갑에 | 나는 나의 지갑에 돈이 거의 없다.

불가산 명사 money(돈)와 함께 쓸 수 있는 수량 형용사가 와야 하므로 정답은 (B) little(거의 없는)입니다. (A) many(많은), (C) few(거의 없는), (D) both(둘 다의)는 가산 명사 앞에 옵니다.

10 Every passenger / must fasten / the seat belt. 모든 탑승객은 / 매야 한다 / 안전벨트를 | 모든 탑승객은 안전벨트를 매야 한다.

단수 명사 passenger(탑승객)와 함께 쓸 수 있는 수량 형용사가 와야 하므로 정답은 (C) Every(모든)입니다. (A) Less(더 적은)와 (B) Much(많은)는 불가산 명사 앞에, (D) Several(몇몇의)은 복수 명사 앞에 옵니다.

1 '-thing/-body/-one + 형용사' 해석하기

p. 68

01 Jessica / said / something funny.　Jessica는 / 말했다 / 웃긴 무언가를
주어　동사　목적어

Jessica는 웃긴 무언가를 말했다.

02 Henry / met / someone new / today.　Henry는 / 만났다 / 새로운 누군가를 / 오늘
주어　동사　목적어　수식어

Henry는 오늘 새로운 누군가를 만났다.

03 Is there / anything wrong?　있나요 / 잘못된 무언가가
동사　주어

잘못된 무언가가 있나요?

04 There is nothing special / about that restaurant.
동사　주어　수식어
특별한 것이 아무것도 없다 / 그 식당에 관해

그 식당에 관해 특별한 것이 아무것도 없다.

05 Anybody tired / can take / a rest / at this lounge.
주어　동사　목적어　수식어
피곤한 누구든 / 쉴 수 있다 / 이 라운지에서

피곤한 누구든 이 라운지에서 쉴 수 있다.

06 My mom / ordered / something healthy.
주어　동사　목적어
우리 엄마는 / 주문했다 / 건강에 좋은 무언가를

우리 엄마는 건강에 좋은 무언가를 주문했다.

07 I / don't have / anything expensive / in my bag.
주어　동사　목적어　수식어
나는 / 가지고 있지 않다 / 비싼 어떤 것도 / 내 가방 속에

나는 내 가방 속에 비싼 어떤 것도 가지고 있지 않다.

08 My team / needs / somebody experienced.
주어　동사　목적어
나의 팀은 / 필요로 한다 / 경험이 있는 누군가를

나의 팀은 경험이 있는 누군가를 필요로 한다.

09 Ella / packed / everything necessary.　Ella는 / 챙겼다 / 필요한 모든 것을
주어　동사　목적어

Ella는 필요한 모든 것을 챙겼다.

10 We / have / nobody available / at the moment.
주어　동사　목적어　수식어
우리는 / 시간이 되는 사람이 아무도 없다 / 지금

우리는 지금 시간이 되는 사람이 아무도 없다.

01 I / made / a few friends / today. 나는 / 사귀었다 / 몇몇의 친구들을 / 오늘
주어 동사 목적어 수식어

나는 오늘 몇몇의 친구들을 사귀었다.

02 A few students / are / late. 몇몇 학생들이 / 늦는다
주어 동사 보어

몇몇 학생들이 늦는다.

03 Larry / did / a little homework / yesterday. Larry는 / 했다 / 약간의 숙제를 / 어제
주어 동사 목적어 수식어

Larry는 어제 약간의 숙제를 했다.

04 He / borrowed / a little money / from me. 그는 / 빌렸다 / 약간의 돈을 / 나에게서
주어 동사 목적어 수식어

그는 나에게서 약간의 돈을 빌렸다.

05 Few people / know / Latin / these days.
주어 동사 목적어 수식어
거의 없는 사람들이 / 안다 / 라틴어를 / 요즘

라틴어를 아는 사람들이 요즘 거의 없다.

06 I / have / little interest / in math. 나는 / 가지고 있다 / 거의 없는 흥미를 / 수학에
주어 동사 목적어 수식어

나는 수학에 흥미가 거의 없다.

07 Alice / watched / few movies / this year. Alice는 / 보았다 / 거의 없는 영화를 / 올해
주어 동사 목적어 수식어

Alice는 올해 영화를 거의 보지 않았다.

08 Ms. Miller / left / me / a few days ago. Ms. Miller는 / 떠났다 / 나를 / 며칠 전에
주어 동사 목적어 수식어

Ms. Miller는 며칠 전에 나를 떠났다.

09 We / have / a little information about the event.
주어 동사 목적어
우리는 / 가지고 있다 / 그 행사에 관한 약간의 정보를

우리는 그 행사에 관한 약간의 정보를 가지고 있다.

10 Mr. Chen / has / little experience in sales.
주어 동사 목적어
Mr. Chen은 / 가지고 있다 / 영업에서의 거의 없는 경험을

Mr. Chen은 영업에서의 경험이 거의 없다.

1 | 이메일/편지

 p. 74

01 ~ 02

Dear Mr. Hanson,

[01]I am happy to offer you the sales position at our company. You applied for the position on February 21. [02]Please reply to this letter by March 20. Your start date is April 6.

Sincerely,

Marcy Jonas

Brit Corp

Mr. Hanson께,

저는 당신에게 우리 회사의 판매직 일자리를 제안하게 되어 기쁩니다. 당신은 그 일자리에 2월 21일에 지원했습니다. 이 편지에 3월 20일까지 답장해 주십시오. 당신의 시작일은 4월 6일입니다.

마음을 담아,

Marcy Jonas

Brit사

01 편지의 목적을 묻는 문제입니다. 첫 문장 'I am happy to offer you the sales position ~.'을 통해, 일자리를 제안하게 되어 기쁘다는 내용을 확인할 수 있습니다. 따라서 정답은 (A)입니다.

02 Mr. Hanson이 언제까지 답장을 보내야 하는지를 묻는 문제입니다. 지문 후반의 'Please reply to this letter by March 20.'를 통해, 3월 20일까지 답장해 달라는 내용을 확인할 수 있습니다. 따라서 정답은 (A)입니다.

03 ~ 04

Questions 03-04 refer to the following e-mail.

To: Ann Jones <a.jones@trumail.com>
From: Kan Customer Service <cs@kan.com>
Subject: Delay

[03]I am sorry to tell you / that your order is delayed. You ordered
귀하께 말씀드리게 되어 유감입니다 귀하의 주문이 지연된다고 귀하는 소파를 주문했습니다

a sofa / last week, / but our sofas are sold out. [04]We will send
지난주에 하지만 저희 소파는 품절입니다 저희는 귀하의 소파를 보낼 것입니다

your sofa / next week. The shipping will be free. Once again, /
다음 주에 배송은 무료일 것입니다 다시 한번

we are sorry / for the inconvenience.
죄송합니다 불편을 드려

03-04번은 다음 이메일에 관한 문제입니다.

수신: Ann Jones <a.jones@trumail.com>
발신: Kan 고객 서비스 센터 <cs@kan.com>
제목: 지연

귀하께 귀하의 주문이 지연된다고 말씀드리게 되어 유감입니다. 귀하는 지난주에 소파를 주문했지만, 저희 소파는 품절입니다. 저희는 다음 주에 귀하의 소파를 보낼 것입니다. 배송은 무료일 것입니다. 다시 한번, 불편을 드려 죄송합니다.

03

What is the purpose of the e-mail?

(A) To announce a sale
(B) To check a delivery address
(C) To mention a delay
(D) To cancel an order

이메일의 목적은 무엇인가?

(A) 할인 행사를 알리기 위해
(B) 배송 주소를 확인하기 위해
(C) 지연을 언급하기 위해
(D) 주문을 취소하기 위해

이메일의 목적을 묻는 문제입니다. 첫 문장 'I am sorry to tell you that your order is delayed.'를 통해, 배송이 지연된다는 내용을 확인할 수 있습니다. 따라서 정답은 (C) To mention a delay입니다.

04

What will Ms. Jones receive?

(A) An order form
(B) A discount coupon
(C) A list of products
(D) Free shipping

Ms. Jones는 무엇을 받을 것인가?

(A) 주문서
(B) 할인 쿠폰
(C) 상품 목록
(D) 무료 배송

Ms. Jones가 받을 것을 묻는 문제입니다. 지문 중반의 'We will send your sofa next week. The shipping will be free.'를 통해, 배송이 무료일 것이라는 내용을 확인할 수 있습니다. 따라서 정답은 (D) Free shipping입니다.

05 ~ 06

Questions 05-06 refer to the following letter.

⁰⁶Dear Mr. Palma,

⁰⁶This letter / is for regular readers / of our magazine, *Business*
이 편지는　　정기 구독자를 위한 것입니다　　저희 잡지 'Business Now'의

Now. ⁰⁵The price of our magazine / will increase /
저희 잡지의 가격이　　　　　인상될 것입니다

on September 1. It will cost $20 / per month. If you have any
9월 1일에　　　그것은 20달러일 것입니다　　매달　　어떤 질문이 있으시다면

questions, / please call 555-0895. Thank you.
555-0895로 전화하십시오　　　감사합니다

Sincerely,
Josh Worth
Customer Service

05-06번은 다음 편지에 관한 문제입니다.

Mr. Palma께

이 편지는 저희 잡지 'Business Now'의 정기 구독자를 위한 것입니다. 9월 1일에 저희 잡지의 가격이 인상될 것입니다. 그것은 매달 20달러일 것입니다. 어떤 질문이 있으시다면, 555-0895로 전화하십시오. 감사합니다.

마음을 담아,
Josh Worth
고객 서비스 센터

05

Why was the letter written?

(A) To thank a customer
(B) To offer membership
(C) To introduce a new magazine
(D) To mention a change

편지는 왜 쓰였는가?

(A) 고객에게 감사하기 위해
(B) 멤버십을 제공하기 위해
(C) 새로운 잡지를 소개하기 위해
(D) 변경 사항을 언급하기 위해

편지가 왜 쓰였는지를 묻는 문제입니다. 지문 초반의 'The price of our magazine will increase'를 통해, 잡지 가격의 변경에 대해 알리는 내용을 확인할 수 있습니다. 따라서 정답은 (D) To mention a change입니다.

06

What is true about Mr. Palma?

(A) He is a reader of *Business Now*.
(B) He spent $20 on a book.
(C) He called Customer Service.
(D) He wants a refund.

Mr. Palma에 대해 사실인 것은 무엇인가?

(A) 그는 'Business Now'의 구독자이다.
(B) 그는 책에 20달러를 썼다.
(C) 그는 고객 서비스 센터에 전화했다.
(D) 그는 환불을 원한다.

Mr. Palma에 대해 사실인 것을 묻는 문제입니다. 편지의 수신자를 나타내는 'Dear Mr. Palma'와 첫 문장 'This letter is for regular readers of our magazine, *Business Now*'를 통해, Mr. Palma가 'Business Now'의 정기 구독자임을 확인할 수 있습니다. 따라서 정답은 (A) He is a reader of *Business Now*입니다.

01 ~ 02

Date	Main Activities
Rome, Italy Trip Schedule	
Day 1 (April 3)	• Pickup from Rome Airport at 5 P.M.
Day 2 (April 4)	• Visit to historical buildings • Picnic in a park
[01]Day 3 (April 5)	• [01]Time at an art museum • Visit to a beach
Day 4 (April 6)	• Shopping at a local market • Drop-off at Rome Airport at 4 P.M.

*[02]We offer free breakfast each day. Also, all transportation is free.

**Prepare an umbrella for the rain.

일자	주요 활동
이탈리아 로마 여행 일정	
1일 차 (4월 3일)	· 오후 5시에 로마 공항으로부터 픽업
2일 차 (4월 4일)	· 역사적인 건물들로의 방문 · 공원에서의 소풍
3일 차 (4월 5일)	· 미술관에서의 시간 · 바닷가로의 방문
4일 차 (4월 6일)	· 현지 시장에서의 쇼핑 · 오후 4시에 로마 공항에 내려 주기

*저희는 무료 조식을 매일 제공합니다. 또한, 모든 교통수단이 무료입니다.

**비에 대비해서 우산을 준비하세요.

01 관광객들이 언제 미술 작품을 볼 수 있는지를 묻는 문제입니다. 일정표의 'Day 3 (April 5)'와 'Time at an art museum'을 통해, 4월 5일에 미술관에서 시간을 보낸다는 내용을 확인할 수 있습니다. 따라서 정답은 (A)입니다.

02 여행에 포함되어 있지 않은 것을 묻는 문제입니다. 일정표 아래의 'We offer free breakfast each day.'를 통해, 무료 조식이 여행에 포함되어 있다는 내용을 확인할 수 있지만, 현지 요리 수업과 관련된 내용은 언급되지 않았습니다. 따라서 정답은 (B)입니다.

03 ~ 04

Questions 03-04 refer to the following receipt.

Paris & Kate

PURCHASE RECEIPT

- -

Order number: 1619-8024   Date: October 14

[03]ITEM	QUANTITY	PRICE
[03]Chocolate cookie	1	$3.00
[03]Vanilla cookie	1	$2.50
[03/04]Pumpkin bread (seasonal item)	3	$7.00
Subtotal		**$12.50**
Tax		**$1.25**
TOTAL		**$13.75**

*[04]The seasonal item / is available / from October 1 to November 30.
계절상품은   이용 가능합니다   10월 1일부터 11월 30일까지

**Buy 3 of any item / and / get 1 free Butter cookie.
어떤 상품이든 3개를 사세요 그리고   무료 버터 쿠키 1개를 받으세요

Thank you for your business!

03-04번은 다음 영수증에 관한 문제입니다.

Paris & Kate

구매 영수증

- -

주문 번호: 1619-8024   일자: 10월 14일

품목	수량	가격
초콜릿 쿠키	1	3.00달러
바닐라 쿠키	1	2.50달러
호박 빵 (계절상품)	3	7.00달러
소계		12.50달러
세금		1.25달러
총액		13.75달러

*계절상품은 10월 1일부터 11월 30일까지 이용 가능합니다.

**어떤 상품이든 3개를 사고 무료 버터 쿠키 1개를 받으세요.

거래해 주셔서 감사합니다!

03

What type of shop is Paris & Kate?

(A) A restaurant
(B) A bakery
(C) A bookstore
(D) A clothing store

Paris & Kate는 어떤 종류의 가게인가?

(A) 레스토랑
(B) 제과점
(C) 서점
(D) 옷 가게

Paris & Kate가 어떤 종류의 가게인지를 묻는 문제입니다. 'ITEM(품목)' 아래의 'Chocolate cookie', 'Vanilla cookie', Pumpkin bread'를 통해, Paris & Kate가 초콜릿 쿠키, 바닐라 쿠키, 호박 빵 등을 판매하는 제과점임을 알 수 있습니다. 따라서 정답은 (B) A bakery 입니다.

04

Which item is available for a limited time?	한정된 기간 동안 어떤 상품이 이용 가능한가?
(A) Chocolate cookie	(A) 초콜릿 쿠키
(B) Vanilla cookie	(B) 바닐라 쿠키
(C) Pumpkin bread	(C) 호박 빵
(D) Butter cookie	(D) 버터 쿠키

한정된 기간 동안 이용 가능한 상품을 묻는 문제입니다. 영수증 중간의 'Pumpkin bread (seasonal item)'와 영수증 아래의 'The seasonal item is available from October 1 to November 30.'를 통해 호박 빵이 계절상품이고, 계절상품은 10월 1일부터 11월 30일까지 이용 가능하다는 내용을 확인할 수 있습니다. 따라서 정답은 (C) Pumpkin bread입니다.

---

05 ~ 06

Questions 05-06 refer to the following survey.	05-06번은 다음 설문에 관한 문제입니다.

Customer Survey: Macy's Kitchen

Rate your experience at Macy's Kitchen:

	Poor	Fair	Good	Excellent
Food quality				✓
Menu variety		✓		
Service quality				✓
Interior design			✓	
Cleanliness		✓		

Other comments:

⁰⁶My family and I / come / every Sunday / after church. We / like / the tasty food / and cozy interior. ⁰⁵I just wish / you would add more dishes / to the menu.

Name: Jessica Worrell   ⁰⁶Date: December 18

고객 설문 조사: Macy's Kitchen

Macy's Kitchen에서의 당신의 경험을 평가하세요:

	미흡	보통	우수	매우 우수
음식 품질				✓
메뉴 다양성		✓		
서비스 품질				✓
실내 디자인			✓	
청결		✓		

기타 의견:

제 가족과 저는 일요일마다 교회를 다녀온 후에 옵니다. 우리는 맛있는 음식과 아늑한 인테리어를 좋아합니다. 저는 당신이 더 많은 요리를 메뉴에 추가하기를 바랄 뿐입니다.

이름: Jessica Worrell   일자: 12월 18일

05

What does Ms. Worrell like least about Macy's Kitchen?	Ms. Worrell이 Macy's Kitchen에 대해 가장 덜 좋아하는 것은 무엇인가?
(A) The quality of the meals	(A) 음식의 질
(B) The level of service	(B) 서비스의 수준
(C) The number of dishes on the menu	(C) 메뉴에 있는 요리의 수
(D) The interior of the restaurant	(D) 음식점의 내부

Ms. Worrell이 Macy's Kitchen에 대해 가장 덜 좋아하는 것을 묻는 문제입니다. 설문 조사 기타 의견란의 'I just wish you would add more dishes to the menu.'를 통해, Ms. Worrell은 Macy's Kitchen이 더 많은 요리를 메뉴에 추가하기를 바란다는 내용을 확인할 수 있습니다. 따라서 정답은 (C) The number of dishes on the menu입니다.

06

What is NOT true about Ms. Worrell?	Ms. Worrell에 대해 사실이 아닌 것은 무엇인가?
(A) She attends church on Sundays.	(A) 일요일마다 교회에 다닌다.
(B) She is a friend of the restaurant's owner.	(B) 음식점 주인의 친구이다.
(C) She visits Macy's Kitchen with her family.	(C) Macy's Kitchen을 그녀의 가족과 방문한다.
(D) She went to Macy's Kitchen on December 18.	(D) 12월 18일에 Macy's Kitchen에 갔었다.

Ms. Worrell에 대해 사실이 아닌 것을 묻는 문제입니다. 기타 의견란의 'My family and I come every Sunday after church.'를 통해, 그녀가 일요일마다 교회에 다녀온 후, Macy's Kitchen을 가족과 방문한다는 내용을 확인할 수 있습니다. 또한, 설문 조사 하단의 'Date: December 18'을 통해 Ms. Worrell이 12월 18일에 Macy's Kitchen에 방문하여 설문 조사를 작성했다는 것을 알 수 있습니다. Ms. Worrell이 음식점 주인과 친구인지는 언급되지 않았으므로 정답은 (B) She is a friend of the restaurant's owner입니다.

1 | 부사 자리

p. 87

01 I / usually / wear / comfortable clothes. 나는 / 주로 / 입는다 / 편안한 옷을

나는 주로 편안한 옷을 입는다.

동사 wear(입다)를 앞에서 꾸며 주는 것은 부사이므로 정답은 usually(주로, 보통)입니다. 형용사인 usual(보통의)은 부사 자리에 올 수 없습니다.

02 They / play / music / really loudly. 그들은 / 튼다 / 음악을 / 정말 시끄럽게

그들은 정말 시끄럽게 음악을 튼다.

부사 loudly(시끄럽게)를 앞에서 꾸며 주는 것은 부사이므로 정답은 really(정말)입니다. 명사인 reality(현실)는 부사 자리에 올 수 없습니다.

03 Please listen / carefully. 들어 주세요 / 주의 깊게

주의 깊게 들어 주세요.

동사 listen(듣다)을 뒤에서 꾸며 주는 것은 부사이므로 정답은 carefully(주의 깊게)입니다. 형용사인 careful(주의 깊은)은 부사 자리에 올 수 없습니다.

04 Luckily, / I / found / my passport. 다행히도 / 나는 / 찾았다 / 나의 여권을

다행히도, 나는 나의 여권을 찾았다.

문장(I found my passport)을 앞에서 꾸며 주는 것은 부사이므로 정답은 Luckily(다행히도)입니다. 명사인 Luck(운, 행운)은 부사 자리에 올 수 없습니다.

05 Please speak / quietly / in the library. 말해 주세요 / 조용히 / 도서관에서는

도서관에서는 조용히 말해 주세요.

동사 speak(말하다)을 뒤에서 꾸며 주는 것은 부사이므로 정답은 quietly(조용히)입니다. 형용사인 quiet(조용한)은 부사 자리에 올 수 없습니다.

06 It / rarely snows / in my city. 좀처럼 눈이 오지 않는다 / 나의 도시에는

나의 도시에는 좀처럼 눈이 오지 않는다.

동사 snows(눈이 오다)를 앞에서 꾸며 주는 것은 부사이므로 정답은 rarely(좀처럼 ~ 않는)입니다. 형용사인 rare(드문, 희귀한)는 부사 자리에 올 수 없습니다.

07 Everyone / left / the building / safely. 모두 / 떠났다 / 건물을 / 안전하게

모두 건물을 안전하게 떠났다.

동사 left(떠났다)를 뒤에서 꾸며 주는 것은 부사이므로 정답은 safely(안전하게)입니다. 명사인 safety(안전)는 부사 자리에 올 수 없습니다.

08 Ms. Li / kindly / helped / the workers. Ms. Li는 / 친절히 / 도왔다 / 직원들을

Ms. Li는 친절히 직원들을 도왔다.

동사 helped(도왔다)를 앞에서 꾸며 주는 것은 부사이므로 정답은 kindly(친절히)입니다. 명사인 kindness(친절)는 부사 자리에 올 수 없습니다.

09 The room / is / completely empty / now. 그 방은 / 완전히 비어 있다 / 지금

그 방은 지금 완전히 비어 있다.

형용사 empty(비어 있는)를 앞에서 꾸며 주는 것은 부사이므로 정답은 (D) completely(완전히)입니다. 동사인 (A) completes, 동사 또는 형용사인 (B) complete(완료하다; 완전한), 명사인 (C) completion(완료)은 부사 자리에 올 수 없습니다.

10 The students / talked / noisily / in the classroom.
학생들은   이야기했다   시끄럽게   교실에서

학생들은 교실에서 시끄럽게 이야기했다.

동사 talked(이야기했다)를 뒤에서 꾸며 주는 것은 부사입니다. 따라서 정답은 (A) noisily(시끄럽게)입니다. 명사인 (B) noise(소음), (C) noises와 형용사인 (D) noisy(시끄러운)는 부사 자리에 올 수 없습니다.

2 혼동하기 쉬운 부사

p. 89

01

| Birds / fly / high. 새들이 / 난다 / 높게 | 새들이 높게 난다. |

'높게'라는 뜻을 가진 부사를 선택해야 하므로 정답은 high(높게)입니다. highly는 '매우'라는 의미입니다.

02

| My clothes / are / mostly / black. 나의 옷들은 / 대체로 / 검은색이다 | 나의 옷들은 대체로 검은색이다. |

'대체로'라는 뜻을 가진 부사를 선택해야 하므로 정답은 mostly(대체로)입니다. most는 '가장'이라는 의미입니다.

03

| Come / near / to me. 와라 / 가까이 / 나에게 | 나에게 가까이 와라. |

'가까이'라는 뜻을 가진 부사를 선택해야 하므로 정답은 near(가까이)입니다. nearly는 '거의'라는 의미입니다.

04

| It / was raining / hard / this morning.
비가 오고 있었다 심하게 오늘 아침에 | 오늘 아침에 비가 심하게 오고 있었다. |

'심하게'라는 뜻을 가진 부사를 선택해야 하므로 정답은 hard(심하게)입니다. hardly는 '거의 ~않다'라는 의미입니다.

05

| Ms. Shin / will work / late / tomorrow.
Ms. Shin은 일할 것이다 늦게까지 내일 | Ms. Shin은 내일 늦게까지 일할 것이다. |

'Ms. Shin은 늦게까지 일할 것이다'라는 뜻이 되어야 하므로 정답은 late(늦게까지, 늦게)입니다. lately는 '최근에'라는 의미입니다.

06

| He / is / a highly successful businessman.
그는 매우 성공한 사업가이다 | 그는 매우 성공한 사업가이다. |

'매우 성공한 사업가'라는 뜻이 되어야 하므로 정답은 highly(매우)입니다. high는 '높게; 높은'이라는 의미입니다.

07

| It / is / the most popular book / in the bookstore.
그것은 가장 인기 있는 책이다 그 서점에서 | 그것은 그 서점에서 가장 인기 있는 책이다. |

'그 서점에서 가장 인기 있는 책'이라는 뜻이 되어야 하므로 정답은 most(가장)입니다. mostly는 '대체로'라는 의미입니다.

08

| Nearly 200 people / watched / the fashion show.
거의 200명의 사람들이 보았다 그 패션쇼를 | 거의 200명의 사람들이 그 패션쇼를 보았다. |

'거의 200명의 사람들이 그 패션쇼를 보았다'라는 뜻이 되어야 하므로 정답은 Nearly(거의)입니다. Near는 '(거리·시간상으로) 가까이; 가까운'이라는 의미입니다.

09

| He / hardly cleans / his room / because of his laziness.
그는 거의 청소하지 않는다 그의 방을 그의 게으름 때문에 | 그는 그의 게으름 때문에 그의 방을 거의 청소하지 않는다. |

동사 cleans(청소한다)를 앞에서 꾸며 주는 것은 부사이므로 (B) hard(열심히, 심하게) 또는 (C) hardly(거의 ~않다)가 와야 합니다. '그의 게으름 때문에 그의 방을 거의 청소하지 않는다'라는 뜻이 되어야 하므로 정답은 (C) hardly입니다. (B) hard를 쓸 경우 '그는 그의 게으름 때문에 그의 방을 열심히 청소한다'라는 어색한 문장이 되므로 정답이 될 수 없습니다.

10

| Mr. Carter / will check / the medical records / closely.
Mr. Carter는 확인할 것이다 의료 기록을 주의 깊게 | Mr. Carter는 의료 기록을 주의 깊게 확인할 것이다. |

동사 will check(확인할 것이다)을 뒤에서 꾸며 주는 것은 부사이므로 (A) close(가까이) 또는 (B) closely(주의 깊게)가 와야 합니다. 'Mr. Carter는 의료 기록을 주의 깊게 확인할 것이다'라는 뜻이 되어야 하므로 정답은 (B) closely입니다. (A) close를 쓸 경우, 'Mr. Carter는 의료 기록을 가까이 확인할 것이다'라는 어색한 문장이 되므로 정답이 될 수 없습니다.

1 　강조를 나타내는 부사 해석하기

p. 90

01 　Mr. Lee / works / even on weekends. 　Mr. Lee는 / 일한다 / 심지어 주말에도
　　　주어　　동사　　　수식어

　　Mr. Lee는 심지어 주말에도 일한다.

02 　This / is / quite a warm coat. 　이것은 / 꽤 따뜻한 외투이다
　　　주어　동사　　보어

　　이것은 꽤 따뜻한 외투이다.

03 　His boss / doesn't even have / a desk / yet.
　　　주어　　　　동사　　　　목적어　수식어
　　그의 상사는 / 책상조차도 없다 / 아직

　　그의 상사는 아직 책상조차도 없다.

04 　Mr. Gordon / even remembers / my name.
　　　주어　　　　　동사　　　　　목적어
　　Mr. Gordon은 / 심지어 기억한다 / 나의 이름을

　　Mr. Gordon은 심지어 나의 이름을 기억한다.

05 　Her English / is / fluent enough. 　그녀의 영어는 / 충분히 유창하다
　　　주어　　　동사　　보어

　　그녀의 영어는 충분히 유창하다.

06 　I / watched / quite an interesting TV show / yesterday.
　　주어　동사　　　　　목적어　　　　　　　　수식어
　　나는 / 보았다 / 꽤 흥미로운 TV 쇼를 / 어제

　　나는 어제 꽤 흥미로운 TV 쇼를 보았다.

07 　She / isn't / rich enough / to buy a car.
　　주어　동사　　보어　　　　수식어
　　그녀는 / 충분히 부유하지 않다 / 자동차를 살 만큼

　　그녀는 자동차를 살 만큼 충분히 부유하지 않다.

　　해석 TIP! '형용사 + enough' 뒤에 'to + 동사'가 오면 '~할 만큼 충분히 −한'이라고 해석합니다.

08 　They / stayed / at the café / quite a long time.
　　　주어　동사　　수식어1　　　수식어2
　　그들은 / 머물렀다 / 그 카페에서 / 꽤 오랜 시간을

　　그들은 그 카페에서 꽤 오랜 시간을 머물렀다.

09 　Ms. Ingles / is / smart enough / to be a teacher.
　　　주어　　　동사　　보어　　　　수식어
　　Ms. Ingles는 / 충분히 똑똑하다 / 선생님이 될 만큼

　　Ms. Ingles는 선생님이 될 만큼 충분히 똑똑하다.

10 　Even Donald / can't solve / the problem.
　　　주어　　　　동사　　　목적어
　　Donald조차도 / 해결할 수 없다 / 그 문제를

　　Donald조차도 그 문제를 해결할 수 없다.

01 Ryuichi / always (goes) / to school / by bus.
주어　　　동사　　　수식어1　　수식어 2
Ryuichi는 / 항상 간다 / 학교에 / 버스로

Ryuichi는 항상 버스로 학교에 간다.

02 Maria / (is) never / late.　Maria는 / 절대 늦지 않는다
주어　　동사　　보어

Maria는 절대 늦지 않는다.

03 Ms. Manson / never (drinks) / coffee / at night.
주어　　　　　동사　　　　목적어　　수식어
Ms. Manson은 / 절대 마시지 않는다 / 커피를 / 밤에

Ms. Manson은 절대 밤에 커피를 마시지 않는다.

04 People / usually (eat) / cake / on their birthday.
주어　　　　동사　　　목적어　　　　수식어
사람들은 / 보통 먹는다 / 케이크를 / 그들의 생일에

사람들은 보통 그들의 생일에 케이크를 먹는다.

05 Frank / usually (goes) / to the gym / at 5 P.M.
주어　　　　동사　　　수식어1　　　수식어 2
Frank는 / 보통 간다 / 헬스클럽에 / 오후 5시에

Frank는 보통 오후 5시에 헬스클럽에 간다.

06 She / (is) always (smiling).　그녀는 / 항상 미소 짓고 있다
주어　　　　동사

그녀는 항상 미소 짓고 있다.

해석 TIP! 'be동사 + 현재분사(-ing)'는 진행 시제로, 특정 시점에 진행되고 있는 동작이나 상황을 나타냅니다.

07 I / sometimes (do) / yoga / after work.　나는 / 가끔 한다 / 요가를 / 퇴근 후에
주어　　　　동사　　　목적어　　수식어

나는 가끔 퇴근 후에 요가를 한다.

08 Charles / often (drops) / his phone.　Charles는 / 자주 떨어뜨린다 / 그의 휴대폰을
주어　　　　동사　　　목적어

Charles는 자주 그의 휴대폰을 떨어뜨린다.

09 The floor / sometimes (makes) / a noise.　저 바닥은 / 때때로 낸다 / 시끄러운 소리를
주어　　　　　　동사　　　　목적어

저 바닥은 때때로 시끄러운 소리를 낸다.

10 My father / often (goes) / on business trips.　나의 아버지는 / 자주 가신다 / 출장을
주어　　　　　동사　　　수식어

나의 아버지는 자주 출장을 가신다.

1   전치사 자리   p. 95

01   Some changes / are / good / for society.   어떤 변화들은 / 좋다 / 사회에   어떤 변화들은 사회에 좋다.

전치사(for) 뒤에 올 수 있는 것은 명사이므로 정답은 society(사회)입니다. 형용사인 social(사회의)은 전치사 뒤에 올 수 없습니다.

02   I'm / grateful / for suggestions.   나는 / 감사한다 / 제안들에 대해   나는 제안들에 대해 감사한다.

전치사(for) 뒤에 올 수 있는 것은 명사이므로 정답은 suggestions(제안들)입니다. 동사인 suggest(제안하다)는 전치사 뒤에 올 수 없습니다.

03   We / learn / about culture / in class.   우리는 / 배운다 / 문화에 대해 / 수업에서   우리는 수업에서 문화에 대해 배운다.

전치사(about) 뒤에 올 수 있는 것은 명사이므로 정답은 culture(문화)입니다. 형용사인 cultural(문화적인)은 전치사 뒤에 올 수 없습니다.

04   He / spoke / with confidence.   그는 / 말했다 / 확신을 가지고   그는 확신을 가지고 말했다.

전치사(with) 뒤에 올 수 있는 것은 명사이므로 정답은 confidence(확신, 자신감)입니다. 형용사인 confident(자신 있는)는 전치사 뒤에 올 수 없습니다.

05   They / have / wrong ideas / about beauty.
그들은 / 가지고 있다 / 잘못된 생각을 / 미에 대한   그들은 미에 대한 잘못된 생각을 가지고 있다.

전치사(about) 뒤에 올 수 있는 것은 명사이므로 정답은 beauty(미, 아름다움)입니다. 형용사인 beautiful(아름다운)은 전치사 뒤에 올 수 없습니다.

06   Alex / is / interested / in magic.   Alex는 / 관심이 있다 / 마술에   Alex는 마술에 관심이 있다.

전치사(in) 뒤에 올 수 있는 것은 명사이므로 정답은 magic(마술)입니다. 형용사인 magical(마술적인, 신비한)은 전치사 뒤에 올 수 없습니다.

07   There / will be / a seminar / for owners / of small businesses.
있을 것이다 / 세미나가 / 소유자들을 위한 / 소규모 사업체의   소규모 사업체의 소유자들을 위한 세미나가 있을 것이다.

전치사(for) 뒤에 올 수 있는 것은 명사이므로 정답은 owners(소유자들)입니다. 동사인 own(소유하다)은 전치사 뒤에 올 수 없습니다.

08   Adam / is / in recovery / at the hospital.   Adam은 / 회복 중이다 / 병원에서   Adam은 병원에서 회복 중이다.

전치사(in) 뒤에 올 수 있는 것은 명사이므로 정답은 recovery(회복)입니다. 동사인 recover(회복하다)는 전치사 뒤에 올 수 없습니다.

09   A decision / was made / after discussions.
결정이 / 내려졌다 / 의논 후에   의논 후에 결정이 내려졌다.

전치사(after) 뒤에 올 수 있는 것은 명사이므로 정답은 (B) discussions(의논)입니다. 동사인 (A) discusses, (C) discussed, (D) discuss(의논하다)는 전치사 뒤에 올 수 없습니다.

10   Everyone / was / in agreement / with Mr. Brooks's idea.
모든 사람이 / 동의했다 / Mr. Brooks의 생각에   모든 사람이 Mr. Brooks의 생각에 동의했다.

전치사(in) 뒤에 올 수 있는 것은 명사이므로 정답은 (C) agreement(동의, 일치)입니다. 동사인 (A) agree(동의하다), (D) agreed와 형용사인 (B) agreeable(동의하는, 기분 좋은)은 전치사 뒤에 올 수 없습니다.

01 I / will meet / Benny / on Thursday.
나는 만날 것이다 Benny를 목요일에

나는 목요일에 Benny를 만날 것이다.

요일(Thursday) 앞에 올 수 있는 전치사가 와야 하므로 정답은 on입니다. in은 연도·월·계절, 오전/오후/저녁 앞에 옵니다.

02 He / practiced / the piano / for 10 years.
그는 연습했다 피아노를 10년 동안

그는 10년 동안 피아노를 연습했다.

숫자가 포함된 기간을 나타내는 표현(10 years) 앞에 올 수 있는 전치사가 와야 하므로 정답은 for(~ 동안)입니다. during(~ 동안)은 특정한 기간을 나타내는 표현 앞에 옵니다.

03 He / drinks / smoothies / in the morning.
그는 마신다 스무디를 오전에

그는 오전에 스무디를 마신다.

오전(the morning) 앞에 올 수 있는 전치사가 와야 하므로 정답은 in입니다. at은 시각·시점 앞에 옵니다.

04 Her art class / starts / at four o'clock.
그녀의 미술 수업은 시작한다 4시에

그녀의 미술 수업은 4시에 시작한다.

시각(four o'clock) 앞에 올 수 있는 전치사가 와야 하므로 정답은 at입니다. on은 날짜·요일·특정한 날 앞에 옵니다.

05 I / feel / energetic / at night.
나는 느낀다 활기차다고 밤에

나는 밤에 활기차다고 느낀다.

밤(night) 앞에 올 수 있는 전치사가 와야 하므로 정답은 at입니다. on은 날짜·요일·특정한 날 앞에 옵니다.

06 Monica / works / at the department store / until 6 P.M.
Monica는 일한다 백화점에서 오후 6시까지

Monica는 오후 6시까지 백화점에서 일한다.

'오후 6시까지 일한다'라는 뜻으로, 계속 일을 하다 오후 6시에 일이 종료되는 것을 의미하므로 정답은 until(~까지)입니다. in(~에)은 연도·월·계절, 오전/오후/저녁 앞에 옵니다.

07 Reply / to the e-mail / by May 31.
답장하라 이메일에 5월 31일까지

5월 31일까지 이메일에 답장하라.

'5월 31일까지 이메일에 답장하라'라는 뜻이 되어야 하므로 정답은 by(~까지)입니다. for는 '~ 동안'이라는 의미입니다.

08 They / will stay / at a hotel / during the holidays.
그들은 머물 것이다 호텔에 휴가 동안

그들은 휴가 동안 호텔에 머물 것이다.

특정한 기간인 휴가(the holidays)를 나타내는 표현 앞에 올 수 있는 전치사가 와야 하므로 정답은 during(~ 동안)입니다. at은 시각·시점 앞에 옵니다.

09 Applicants / must send / their résumés / by tomorrow.
지원자들은 보내야 한다 그들의 이력서를 내일까지

지원자들은 내일까지 그들의 이력서를 보내야 한다.

'내일까지 이력서를 보내야 한다'라는 뜻으로, 내일이라는 기한까지 이력서를 보내는 것을 완료해야 한다는 것을 의미하므로 정답은 (A) by(~까지)입니다. (B) at은 '~에'라는 의미로 시각·시점 앞에 옵니다. (C) with는 '~과 함께'라는 의미입니다. (D) in은 '~에'라는 의미로 연도·월·계절, 오전/오후/저녁 앞에 옵니다.

10 You / should turn off / your phone / during the meeting.
당신은 꺼 두어야 한다 당신의 전화기를 회의 동안

회의 동안 당신은 전화기를 꺼 두어야 한다.

'회의 동안 전화기를 꺼 두어야 한다'라는 뜻이 되어야 하므로 정답은 (B) during(~ 동안)입니다. (A) on은 '~에'라는 의미로 날짜·요일·특정한 날 앞에 옵니다. (C) to는 '~으로', (D) from은 '~으로부터'라는 의미입니다.

3 | 장소·위치·방향 전치사

01 Brie / sent / a text message / to her husband.
Brie는 보냈다　문자를　그녀의 남편에게

Brie는 그녀의 남편에게 문자를 보냈다.

'~에게'라는 뜻을 가진 방향 전치사를 선택해야 하므로 정답은 to(~에게, 으로)입니다. at은 '(특정 지점)에'라는 의미의 장소 전치사입니다.

02 My bag / is / inside the car. 내 가방은 / 있다 / 차 안에

내 가방은 차 안에 있다.

'~ 안에'라는 뜻을 가진 위치 전치사를 선택해야 하므로 정답은 inside(~ 안에)입니다. on은 '(표면 위)에'라는 의미의 장소 전치사입니다.

03 She / found / him / among the crowd.
그녀는　찾아냈다　그를　많은 사람들 사이에서

그녀는 많은 사람들 사이에서 그를 찾아냈다.

'많은 사람들 사이에서'라는 뜻으로 셋 이상의 대상 사이에 있는 것을 나타내는 전치사가 와야 하므로 정답은 among((셋 이상의 대상) 사이에)입니다. between도 '~ 사이에'라는 뜻이지만, 두 대상의 사이에 있는 것을 나타냅니다.

04 I / will swim / across the river.
나는 수영할 것이다　강을 가로질러서

나는 강을 가로질러서 수영할 것이다.

'~을 가로질러'라는 뜻을 가진 방향 전치사를 선택해야 하므로 정답은 across(~을 가로질러)입니다. along은 '~을 따라서'라는 의미입니다.

05 I / spilled / water / on the carpet.
나는 쏟았다　물을　카펫에

나는 카펫에 물을 쏟았다.

'카펫에 물을 쏟았다'라는 뜻이 되어야 하므로 정답은 on((표면 위)에)입니다. from은 '~으로부터'라는 의미의 방향 전치사입니다.

06 The bank / is / between a restaurant and a museum.
그 은행은　있다　레스토랑과 박물관 사이에

그 은행은 레스토랑과 박물관 사이에 있다.

'레스토랑과 박물관 사이에'라는 뜻이 되어야 하므로 정답은 between((두 대상) 사이에)입니다. among도 '~ 사이에'라는 뜻이지만, 셋 이상의 대상 사이에 있는 것을 나타냅니다.

07 I / parked / my car / outside / your house.
나는 주차했다　나의 차를　밖에　당신의 집

나는 나의 차를 당신의 집 밖에 주차했다.

'나의 차를 당신의 집 밖에 주차했다'라는 뜻이 되어야 하므로 정답은 outside(~ 밖에)입니다. on((표면 위)에)을 쓰면 '나의 차를 당신의 집 표면 위에 주차했다'라는 어색한 문장이 됩니다.

08 People / from different cities / have / different accents.
사람들은　다른 도시로부터 온　가지고 있다　다른 억양을

다른 도시로부터 온 사람들은 다른 억양을 가지고 있다.

'다른 도시로부터 온 사람들'이라는 뜻이 되어야 하므로 정답은 from(~으로부터)입니다. to는 '~에게, ~으로'라는 의미입니다.

09 There are no secrets / between Crystal and I.
비밀이 없다　Crystal과 나 사이에

Crystal과 나 사이에 비밀이 없다.

'Crystal과 나 사이에'라는 뜻이 되어야 하므로 정답은 (D) between((두 대상) 사이에)입니다. (A) among도 '~ 사이에'라는 뜻이지만, 셋 이상의 대상 사이에 있는 것을 나타냅니다. (B) at은 '(특정 지점)에', (C) on은 '(표면 위)에'라는 의미입니다.

10 Deco Company / installed / a coffee machine / inside their staff lounge.
Deco사는　설치했다　커피 자판기를　그들의 직원 휴게실 안에

Deco사는 그들의 직원 휴게실 안에 커피 자판기를 설치했다.

'직원 휴게실 안에 커피 자판기를 설치했다'라는 뜻이 되어야 하므로 정답은 (B) inside(~ 안에)입니다. (A) during은 '(특정 기간) 동안', (C) among은 '(셋 이상의 대상) 사이에', (D) from은 '~으로부터'라는 의미입니다.

34 무료 토익 학습자료·취업정보 제공 Hackers.co.kr

4 | 기타 전치사

p. 101

01
| We / eat / food / with chopsticks. | 우리는 젓가락을 가지고 음식을 먹는다. |
| 우리는 먹는다 음식을 젓가락을 가지고 | |

'젓가락을 가지고'라는 뜻이 되어야 하므로 정답은 with(~을 가지고)입니다. for는 '~을 위해'라는 의미입니다.

02
| She / skips / lunch / due to her busy schedule. | 그녀는 바쁜 일정 때문에 점심을 거른다. |
| 그녀는 거른다 점심을 바쁜 일정 때문에 | |

'바쁜 일정 때문에'라는 뜻이 되어야 하므로 정답은 due to(~ 때문에)입니다. about은 '~에 대해'라는 의미입니다.

03
| I / will hold / a party / for my friend. | 나는 나의 친구를 위해 파티를 열 것이다. |
| 나는 열 것이다 파티를 나의 친구를 위해 | |

'나의 친구를 위해'라는 뜻이 되어야 하므로 정답은 for(~을 위해)입니다. despite는 '~에도 불구하고'라는 의미입니다.

04
| He / should go / to work / despite the holiday. | 휴일에도 불구하고 그는 일하러 가야 한다. |
| 그는 가야 한다 일하러 휴일에도 불구하고 | |

'휴일에도 불구하고'라는 뜻이 되어야 하므로 정답은 despite(~에도 불구하고)입니다. by는 '~에 의해, ~으로'라는 의미입니다.

05
| Ms. Coates / is / worried / about her job interview. | Ms. Coates는 그녀의 면접에 대해 걱정한다. |
| Ms. Coates는 걱정한다 그녀의 면접에 대해 | |

'면접에 대해 걱정한다'라는 뜻이 되어야 하므로 정답은 about(~에 대해)입니다. for는 '~을 위해'라는 의미입니다.

06
| The ceremony / was hosted / by Mr. Han. | 그 기념식은 Mr. Han에 의해 개최되었다. |
| 그 기념식은 개최되었다 Mr. Han에 의해 | |

'기념식은 Mr. Han에 의해 개최되었다'라는 뜻이 되어야 하므로 정답은 by(~에 의해)입니다. about은 '~에 대해'라는 의미입니다.

07
| She / became rich / because of her hard work. | 그녀는 그녀의 노력 때문에 부유해졌다. |
| 그녀는 부유해졌다 그녀의 노력 때문에 | |

'그녀는 그녀의 노력 때문에 부유해졌다'라는 뜻이 되어야 하므로 정답은 because of(~ 때문에)입니다. despite는 '~에도 불구하고'라는 의미입니다.

08
| He / lives / with his parents. | 그는 그의 부모님과 함께 산다. |
| 그는 산다 그의 부모님과 함께 | |

'그는 그의 부모님과 함께 산다'라는 뜻이 되어야 하므로 정답은 with(~과 함께)입니다. by는 '~에 의해, ~으로'라는 의미입니다.

09
| The computer / was / updated / by a skilled technician. | 그 컴퓨터는 숙련된 기술자에 의해 업데이트되었다. |
| 그 컴퓨터는 업데이트되었다 숙련된 기술자에 의해 | |

'컴퓨터는 숙련된 기술자에 의해 업데이트되었다'라는 뜻이 되어야 하므로 정답은 (C) by(~에 의해)입니다. (A) about은 '~에 대해', (B) in은 '(공간 안)에', (D) with는 '~과 함께, ~을 가지고'라는 의미입니다.

10
| Despite the bad economy, / the company / is still doing well. | 나쁜 경기에도 불구하고, 그 회사는 여전히 잘되고 있다. |
| 나쁜 경기에도 불구하고 그 회사는 여전히 잘되고 있다 | |

'나쁜 경기에도 불구하고 그 회사는 여전히 잘되고 있다'라는 뜻이 되어야 하므로 정답은 (B) Despite(~에도 불구하고)입니다. (A) By는 '~에 의해, ~으로', (C) For는 '~을 위해', (D) About은 '~에 대해'라는 의미입니다.

해커스 토익 왕기초 Reading

1   의미가 다양한 전치사 for 해석하기   p. 102

01   This / is / the train for Dallas.   이것은 / 댈러스로 가는 기차이다
주어   동사   보어

이것은 댈러스로 가는 기차이다.

02   This message / is / for you.   이 메시지는 / 당신을 위한 것이다
주어   동사   보어

이 메시지는 당신을 위한 것이다.

03   He / slept / for six hours / last night.   그는 / 잤다 / 6시간 동안 / 지난밤에
주어   동사   수식어1   수식어2

그는 지난밤에 6시간 동안 잤다.

04   These toys / are / for children under six.
주어   동사   보어
이 장난감들은 / 6세 미만의 어린이들을 위한 것이다

이 장난감들은 6세 미만의 어린이들을 위한 것이다.

05   The store / closed / for three months.   그 가게는 / 문을 닫았다 / 3개월 동안
주어   동사   수식어

그 가게는 3개월 동안 문을 닫았다.

06   Sharon / makes / a sandwich / for her daughter / every day.
주어   동사   목적어   수식어1   수식어2
Sharon은 / 만든다 / 샌드위치를 / 그녀의 딸을 위해 / 매일

Sharon은 매일 그녀의 딸을 위해 샌드위치를 만든다.

07   These textbooks / are / for college students.
주어   동사   보어
이 교과서들은 / 대학생들을 위한 것이다

이 교과서들은 대학생들을 위한 것이다.

08   Many people / gathered / for the event.   많은 사람들이 / 모였다 / 그 행사를 위해
주어   동사   수식어

많은 사람들이 그 행사를 위해 모였다.

09   The festival / lasts / for two weeks.   그 축제는 / 계속된다 / 2주 동안
주어   동사   수식어

그 축제는 2주 동안 계속된다.

10   This ferry / heads / for Vancouver Island.   이 여객선은 / 간다 / 밴쿠버 섬으로
주어   동사   수식어

이 여객선은 밴쿠버 섬으로 간다.

2 의미가 다양한 전치사 by 해석하기

p. 103

01 I / like / the trees by that building.　나는 / 좋아한다 / 저 건물 옆에 있는 나무들을
주어 동사　　　목적어

나는 저 건물 옆에 있는 나무들을 좋아한다.

02 Call / me / by 11 A.M.　전화해라 / 나에게 / 오전 11시까지
동사 목적어　수식어

나에게 오전 11시까지 전화해라.

> **해석 TIP!** 문장의 주어가 없어서 놀라셨나요? 상대방에게 명령이나 요청을 하는 명령문의 주어(You)는 주로 생략된답니다.

03 Rachel / sits / by the window.　Rachel은 / 앉는다 / 창가에
주어　동사　수식어

Rachel은 창가에 앉는다.

04 We / usually order / food / by phone.　우리는 / 보통 주문한다 / 음식을 / 전화로
주어　　동사　목적어　수식어

우리는 보통 전화로 음식을 주문한다.

05 Mr. Clinton / lives / in an apartment by that hospital.
주어　　동사　　　　　수식어
Mr. Clinton은 / 산다 / 저 병원 옆에 있는 아파트에

Mr. Clinton은 저 병원 옆에 있는 아파트에 산다.

06 Return / the books / by next week.　반납해라 / 책들을 / 다음 주까지
동사　　목적어　　수식어

다음 주까지 책들을 반납해라.

> **해석 TIP!** 문장의 주어가 없어서 놀라셨나요? 상대방에게 명령이나 요청을 하는 명령문의 주어(You)는 주로 생략된답니다.

07 In Europe, / many people / visit / other countries / by train.
수식어1　　　주어　　　동사　　목적어　　　수식어2
유럽에서 / 많은 사람들은 / 방문한다 / 다른 나라들을 / 기차로

유럽에서, 많은 사람들은 기차로 다른 나라들을 방문한다.

08 The vest / was made / by my grandmother.
주어　　　동사　　　수식어
그 조끼는 / 만들어졌다 / 나의 할머니에 의해

그 조끼는 나의 할머니에 의해 만들어졌다.

> **해석 TIP!** 'be동사(was) + 과거분사(made)'가 동사 자리에 오면, '~해지다, ~되다'라고 해석합니다.

09 The package / will arrive / by Thursday.　그 소포는 / 도착할 것이다 / 목요일까지
주어　　　동사　　　수식어

그 소포는 목요일까지 도착할 것이다.

10 The man / was stopped / by a police officer.
주어　　　동사　　　수식어
그 남자는 / 저지되었다 / 경찰관에 의해

그 남자는 경찰관에 의해 저지되었다.

> **해석 TIP!** 'be동사(was) + 과거분사(stopped)'가 동사 자리에 오면, '~해지다, ~되다'라고 해석합니다.

1 등위접속사와 상관접속사

p. 107

01 He / is / not only handsome but also tall.   그는 / 잘생겼을 뿐만 아니라 키도 크다 | 그는 잘생겼을 뿐만 아니라 키도 크다.

상관접속사 but also와 짝을 이루면서 '잘생겼을 뿐만 아니라 키도 크다'라는 뜻이 되어야 하므로 정답은 not only입니다. both는 and와 짝을 이룹니다.

02 I / am / neither a teacher nor a student.   나는 / 선생님도 학생도 아니다 | 나는 선생님도 학생도 아니다.

상관접속사 nor와 짝을 이루면서 '선생님도 학생도 아니다'라는 뜻이 되어야 하므로 정답은 neither입니다. either는 or와 짝을 이룹니다.

03 We / will take / either a bus or a subway.   우리는 / 탈 것이다 / 버스 또는 지하철을 | 우리는 버스 또는 지하철을 탈 것이다.

상관접속사 or와 짝을 이루면서 '버스 또는 지하철'이라는 뜻이 되어야 하므로 정답은 either입니다. neither는 nor와 짝을 이룹니다.

04 I / like / both hamburgers and hot dogs.   나는 / 좋아한다 / 햄버거와 핫도그 둘 다 | 나는 햄버거와 핫도그 둘 다 좋아한다.

상관접속사 and와 짝을 이루면서 '햄버거와 핫도그 둘 다'라는 뜻이 되어야 하므로 정답은 both입니다. not only는 but also와 짝을 이룹니다.

05 The computer / is / old and slow.   그 컴퓨터는 / 낡았고 느리다 | 그 컴퓨터는 낡았고 느리다.

'그 컴퓨터는 낡았고 느리다'라는 뜻이 되어야 하므로 정답은 and(그리고)입니다. but은 '그러나'라는 의미입니다.

06 I / will go / to Italy or Vietnam. | 나는 이탈리아 또는 베트남에 갈 것이다.
나는 갈 것이다   이탈리아 또는 베트남에

'이탈리아 또는 베트남에 갈 것이다'라는 뜻이 되어야 하므로 정답은 or(또는)입니다. so는 '그래서'라는 의미입니다.

07 Julie / has / a test / tomorrow, / so / she / should study. | Julie는 내일 시험이 있어서, 공부해야 한다.
Julie는 있다 시험이 내일 그래서 그녀는 공부해야 한다

'Julie는 내일 시험이 있어서 공부해야 한다'라는 뜻이 되어야 하므로 정답은 so(그래서)입니다. yet은 '그러나'라는 의미입니다.

08 Ms. Danvers / does not have / experience, / but / she / learns / fast. | Ms. Danvers는 경험이 없으나, 빨리 배운다.
Ms. Danvers는 없다 경험이 그러나 그녀는 배운다 빨리

'Ms. Danvers는 경험이 없으나, 빨리 배운다'라는 뜻이 되어야 하므로 정답은 but(그러나)입니다. so는 '그래서'라는 의미입니다.

09 Mr. Clark's flight / was delayed, / so / he / will get back / late. | Mr. Clark의 비행 편이 지연되어서 그는 늦게 돌아올 것이다.
Mr. Clark의 비행 편이 지연되었다 그래서 그는 돌아올 것이다 늦게

'Mr. Clark의 비행 편이 지연되어서 그는 늦게 돌아올 것이다'라는 뜻이 되어야 하므로 정답은 (C) so(그래서)입니다. (A) but은 '그러나', (B) because는 '~ 때문에', (D) or는 '또는'이라는 의미입니다.

10 You / should present / either a passport or a driver's license. | 당신은 여권 또는 운전 면허증을 제시해야 한다.
당신은 제시해야 한다 여권 또는 운전 면허증을

상관접속사 or와 짝을 이루는 것은 either이므로 정답은 (A) either입니다. (B) both는 and와, (C) neither는 nor와 짝을 이룹니다. (D) yet은 '그러나'라는 의미의 등위접속사입니다.

01　They / need / someone [who has experience].
　　　그들은　필요하다　　　경험이 있는 사람이

그들은 경험이 있는 사람이 필요하다.

'경험이 있는 사람'이라는 뜻이 되어야 하므로 정답은 '~하는 사람'이라는 의미의 형용사절 접속사 who입니다.

02　I / asked / [whether he needs help].　나는 / 물었다 / 그가 도움이 필요한지 아닌지

나는 그가 도움이 필요한지 아닌지 물었다.

'그가 도움이 필요한지 아닌지 물었다'라는 뜻이 되어야 하므로 정답은 '~인지 아닌지'라는 의미의 명사절 접속사 whether입니다.

03　I / am / tired / [because I didn't sleep].
　　　나는　　피곤하다　　내가 잠을 자지 않았기 때문에

나는 잠을 자지 않았기 때문에 피곤하다.

'잠을 자지 않았기 때문에 피곤하다'라는 뜻이 되어야 하므로 정답은 '~이기 때문에'라는 의미의 부사절 접속사 because입니다.

04　He / is / mature / [although he is young].
　　　그는　　어른스럽다　　그가 비록 어리지만

그는 비록 어리지만 어른스럽다.

'그는 비록 어리지만 어른스럽다'라는 뜻이 되어야 하므로 정답은 '비록 ~이지만'이라는 의미의 부사절 접속사 although입니다.

05　The suitcase / is / heavy / [because it is full].
　　　그 여행 가방은　　무겁다　　그것이 꽉 찼기 때문에

그 여행 가방은 꽉 찼기 때문에 무겁다.

'그 여행 가방은 꽉 찼기 때문에 무겁다'라는 뜻이 되어야 하므로 정답은 because(~이기 때문에)입니다. although는 '비록 ~이지만'이라는 의미입니다.

06　Mr. Bryant / doesn't know / [whether he will get a bonus].
　　　Mr. Bryant는　　모른다　　그가 상여금을 받을지 아닐지

Mr. Bryant는 그가 상여금을 받을지 아닐지 모른다.

'그가 상여금을 받을지 아닐지 모른다'라는 뜻이 되어야 하므로 정답은 whether(~인지 아닌지)입니다. who는 '~하는 사람'이라는 의미입니다.

07　The cup / [which you gave me] / is / special.
　　　컵은　　당신이 나에게 준　　특별하다

당신이 나에게 준 컵은 특별하다.

'당신이 나에게 준 컵'이라는 뜻이 되어야 하므로 정답은 which(~하는 것)입니다. who는 '~하는 사람'이라는 의미입니다.

08　They / are not / sure / [if they will continue the project].
　　　그들은　　확신하지 못한다　　그들이 프로젝트를 계속할지 말지

그들은 프로젝트를 계속할지 말지 확신하지 못한다.

'프로젝트를 계속할지 말지 확신하지 못한다'라는 뜻이 되어야 하므로 정답은 if(~인지 아닌지)입니다. because는 '~이기 때문에'라는 의미입니다.

09　Sara / will decide / [whether she will take a computer course].
　　　Sara는　　결정할 것이다　　그녀가 컴퓨터 수업을 들을지 말지

Sara는 컴퓨터 수업을 들을지 말지 결정할 것이다.

빈칸 앞에 절(Sara will decide)이 왔고, 빈칸 뒤에 또 다른 절(she will take ~ course)이 왔습니다. 따라서 빈칸에는 절과 절을 연결하는 접속사인 (B) although, (C) whether, (D) which가 올 수 있습니다. '컴퓨터 수업을 들을지 말지 결정할 것이다'라는 뜻이 되어야 하므로 정답은 (C) whether(~인지 아닌지)입니다. (B) although는 '비록 ~이지만', (D) which는 '~하는 것'이라는 의미입니다.

10　We / do not invest / in start-up companies / [because it is too risky].
　　　우리는　　투자하지 않는다　　신생 기업들에　　그것이 너무 위험하기 때문에

너무 위험하기 때문에 우리는 신생 기업들에 투자하지 않는다.

빈칸 앞에 절(We do not invest ~ companies)이 왔고, 빈칸 뒤에 또 다른 절(it is too risky)이 왔습니다. 따라서 빈칸에는 절과 절을 연결하는 접속사인 (B) which, (C) although, (D) because가 올 수 있습니다. '너무 위험하기 때문에 신생 기업들에 투자하지 않는다'라는 뜻이 되어야 하므로 정답은 (D) because(~이기 때문에)입니다. (B) which는 '~하는 것', (C) although는 '비록 ~이지만'이라는 의미입니다.

1 | 등위접속사가 쓰인 구문 해석하기
p. 110

01 Mr. Miller / is / busy but happy.   Mr. Miller는 / 바쁘지만 행복하다
주어   동사   보어

busy – happy,
Mr. Miller는 바쁘지만 행복하다.

02 You / can get / some coffee or tea.   당신은 / 마실 수 있다 / 커피 또는 차를
주어   동사   목적어

coffee – tea,
당신은 커피 또는 차를 마실 수 있다.

03 Is / it / right or wrong?   이것은 / 맞나요 또는 틀리나요
동사 주어   보어

right – wrong,
이것은 맞나요 또는 틀리나요?

04 Liam and I / live / nearby.   Liam과 나는 / 산다 / 가까운 곳에
주어   동사   수식어

Liam – I,
Liam과 나는 가까운 곳에 산다.

05 They / raise / cows and horses.   그들은 / 사육한다 / 소와 말을
주어   동사   목적어

cows – horses,
그들은 소와 말을 사육한다.

06 I / will buy / a cheesecake or a chocolate cake / for her birthday.
주어   동사   목적어   수식어
나는 / 살 것이다 / 치즈케이크 또는 초콜릿 케이크를 / 그녀의 생일을 위해

cheesecake – chocolate cake,
나는 그녀의 생일을 위해 치즈케이크 또는 초콜릿 케이크를 살 것이다.

07 Students / must bring / a pencil and eraser / to the test.
주어   동사   목적어   수식어
학생들은 / 가져와야 한다 / 연필과 지우개를 / 시험에

pencil – eraser,
학생들은 시험에 연필과 지우개를 가져와야 한다.

08 The restaurant / serves / simple but delicious meals.
주어   동사   목적어
그 식당은 / 제공한다 / 간단하지만 맛있는 식사를

simple – delicious,
그 식당은 간단하지만 맛있는 식사를 제공한다.

09 I / got / a haircut, / but / I / don't like / it.
주어 동사   목적어   주어   동사   목적어
나는 / 머리카락을 잘랐다 / 그러나 / 나는 / 마음에 들지 않는다 / 그것이

I got a hair cut – I don't like it,
나는 머리카락을 잘랐으나, 그것이 마음에 들지 않는다.

10 The weather / is / good, / so / I / will go / outside.
주어   동사   보어   주어   동사   수식어
날씨가 / 좋다 / 그래서 / 나는 / 나갈 것이다 / 밖으로

The weather is good – I will go outside,
날씨가 좋아서, 나는 밖으로 나갈 것이다.

01 I / bought / not only a suit but also a tie.   나는 / 샀다 / 정장뿐만 아니라 넥타이도
주어   동사   목적어

a suit – a tie,
나는 정장뿐만 아니라 넥타이도 샀다.

02 I / will have / either pizza or fried chicken.
주어   동사   목적어
나는 / 먹을 것이다 / 피자 또는 프라이드치킨을

pizza – fried chicken,
나는 피자 또는 프라이드치킨을 먹을 것이다.

03 Ms. Perry / is / both intelligent and kind.   Ms. Perry는 / 똑똑하고 친절하다
주어   동사   보어

intelligent – kind,
Ms. Perry는 똑똑하고 친절하다.

04 Neither I nor Aiden / enjoyed / the movie.   나도 Aiden도 즐기지 못했다 / 그 영화를
주어   동사   목적어

I – Aiden,
나도 Aiden도 그 영화를 즐기지 못했다.

05 Both Amber and David / passed / the exam.
주어   동사   목적어
Amber와 David 둘 다 / 통과했다 / 시험을

Amber – David,
Amber와 David 둘 다 시험을 통과했다.

06 This necklace / is / neither cheap nor pretty.
주어   동사   보어
이 목걸이는 / 저렴하지도 예쁘지도 않다

cheap – pretty,
이 목걸이는 저렴하지도 예쁘지도 않다.

07 You / can take / either a train or an airplane.
주어   동사   목적어
당신은 / 타면 된다 / 기차 또는 비행기를

a train – an airplane,
당신은 기차 또는 비행기를 타면 된다.

08 Jenny / plays / not only the violin but also the flute.
주어   동사   목적어
Jenny는 / 연주한다 / 바이올린뿐만 아니라 플루트도

the violin – the flute,
Jenny는 바이올린뿐만 아니라 플루트도 연주한다.

09 Guests / can eat / either in their room or at the restaurant.
주어   동사   수식어
투숙객들은 / 식사할 수 있다 / 객실에서 또는 식당에서

in their room – at the restaurant,
투숙객들은 객실에서 또는 식당에서 식사할 수 있다.

10 Mike / not only sings but also dances / well.
주어   동사1   동사2   수식어
Mike는 / 노래를 부를 뿐만 아니라 춤도 춘다 / 잘

sings – dances,
Mike는 노래를 잘 부를 뿐만 아니라 춤도 잘 춘다.

해석 TIP! 문장에 동사가 두 개라서 놀라셨나요? 동사 sings와 dances가 상관접속사 not only A but also B(A뿐만 아니라 B도)로 연결되어 있습니다.

2주 3일 | 해커스 토익 읽기기초 Reading

1 | 동사의 형태

p. 115

01

| She / lied.   그녀는 / 거짓말했다 | 그녀는 거짓말했다. |

'거짓말했다'라는 과거의 의미를 나타내는 것은 동사의 과거형이므로 정답은 lied(거짓말했다)입니다. 현재형인 lies는 현재의 의미를 나타냅니다.

02

| He / dances.   그가 / 춤춘다 | 그가 춤춘다. |

'그가 춤춘다'라는 현재의 의미를 나타내며 3인칭 주어(He) 뒤에 오는 것은 동사의 3인칭 단수형이므로 정답은 dances(춤춘다)입니다. 동사 원형인 dance는 1인칭(I), 2인칭(You), 3인칭 복수(We, They) 주어 뒤에 쓰여서 현재의 의미를 나타냅니다.

03

| Jay / should go back.   Jay는 / 돌아가야 한다 | Jay는 돌아가야 한다. |

조동사 should 뒤에 올 수 있는 것은 동사원형이므로 정답은 go(가다)입니다. 3인칭 단수형인 goes는 조동사 뒤에 올 수 없습니다.

04

| I / have seen / her.   나는 / 본 적 있다 / 그녀를 | 나는 그녀를 본 적 있다. |

have동사 뒤에 올 수 있는 것은 동사의 과거분사형이므로 정답은 seen입니다. 현재분사형인 seeing은 be동사 뒤에 올 수 있습니다.

05

| Ms. Wilson / has purchased / a car.   Ms. Wilson은 / 구입했다 / 자동차를 | Ms. Wilson은 자동차를 구입했다. |

have동사(has) 뒤에 올 수 있는 것은 동사의 과거분사형이므로 정답은 purchased입니다. 동사원형인 purchase(구입하다)는 have동사 뒤에 올 수 없습니다.

06

| We / will be closing / the office / this Friday.
우리는　　　닫을 것이다　　　사무실을　　이번 주 금요일에 | 우리는 이번 주 금요일에 사무실을 닫을 것이다. |

be동사(be) 뒤에 올 수 있는 것은 동사의 현재분사형 또는 과거분사형이므로 정답은 현재분사형인 closing입니다. 3인칭 단수형인 closes (닫다)는 be동사 뒤에 올 수 없습니다.

07

| The baker / decorated / some cakes.   그 제빵사는 / 장식했다 / 몇몇 케이크를 | 그 제빵사는 몇몇 케이크를 장식했다. |

3인칭 단수 주어 The baker(제빵사) 뒤에 올 수 있는 것은 동사의 3인칭 단수형 또는 과거형이므로 정답은 과거형인 decorated(장식했다) 입니다. 동사원형인 decorate는 3인칭 주어 뒤에 올 수 없습니다.

08

| Customers / should enter / their delivery address.
　　　고객들은　　　입력해야 한다　　　배송 주소를 | 고객들은 배송 주소를 입력해야 한다. |

조동사(should) 뒤에 올 수 있는 것은 동사원형이므로 정답은 enter(입력하다)입니다. 과거형인 entered는 조동사 뒤에 올 수 없습니다.

09

| The planet / was discovered / by a scientist.
　　그 행성은　　　　발견되었다　　　한 과학자에 의해서 | 그 행성은 한 과학자에 의해서 발견되었다. |

be동사(was) 뒤에 올 수 있는 것은 동사의 현재분사형이나 과거분사형이므로 정답은 과거분사형인 (D) discovered입니다. 'have동사 + 과 거분사형'인 (A) have discovered, 3인칭 단수형인 (B) discovers, 동사원형인 (C) discover(발견하다)는 be동사 뒤에 올 수 없습니다.

10

| Online shopping / has developed steadily / in the last decade.
　온라인 쇼핑은　　　　꾸준히 성장했다　　　　지난 10년 동안 | 온라인 쇼핑은 지난 10년 동안 꾸준히 성장했다. |

have동사(has) 뒤에 올 수 있는 것은 동사의 과거분사형이므로 정답은 (A) developed입니다. 동사원형인 (B) develop(성장하다), 현재 분사형인 (C) developing, 3인칭 단수형인 (D) develops는 have동사 뒤에 올 수 없습니다.

01 Tim / arrived at / the airport. Tim은 / 도착했다 / 공항에 | Tim은 공항에 도착했다.

arrived(도착했다)는 자동사이므로 뒤에 목적어(the airport)가 오기 위해서는 전치사가 함께 쓰여야 합니다. 따라서 정답은 '자동사 + 전치사' 형태인 arrived at입니다.

02 I / will answer / e-mails. 나는 / 답할 것이다 / 이메일에 | 나는 이메일에 답할 것이다.

answer(~에 답하다)는 타동사이므로 뒤에 전치사 없이 바로 목적어(e-mails)가 올 수 있고, respond는 자동사이므로 뒤에 목적어가 오기 위해서는 전치사(to)가 함께 쓰여야 합니다. 따라서 정답은 타동사인 answer입니다.

03 She / opposed / the plan. 그녀는 / 반대했다 / 그 계획에 | 그녀는 그 계획에 반대했다.

opposed(~에 반대했다)는 타동사이므로 뒤에 전치사 없이 바로 목적어(the plan)가 올 수 있고, objected는 자동사이므로 뒤에 목적어가 오기 위해서는 전치사(to)가 함께 쓰여야 합니다. 따라서 정답은 타동사인 opposed입니다.

04 How / did she react to / the news? 어떻게 / 그녀는 반응했나요 / 그 소식에 | 그녀는 그 소식에 어떻게 반응했나요?

react(반응하다)는 자동사이므로 뒤에 목적어(the news)가 오기 위해서는 전치사가 함께 쓰여야 합니다. 따라서 정답은 '자동사 + 전치사' 형태인 react to입니다.

05 They / discussed / the project. 그들은 / 논의했다 / 그 프로젝트에 대해 | 그들은 그 프로젝트에 대해 논의했다.

전치사 없이 뒤에 바로 목적어(the project)가 올 수 있는 타동사가 와야 하므로 정답은 discussed(~에 대해 논의했다)입니다. talked(이야기했다)는 자동사이므로 목적어를 취하기 위해서는 전치사(about)가 함께 쓰여야 합니다.

06 We / will access / the village / by boat. 우리는 / 접근할 것이다 / 마을에 / 배로 | 우리는 배로 마을에 접근할 것이다.

전치사 없이 뒤에 바로 목적어(the village)가 올 수 있는 타동사가 와야 하므로 정답은 access(~에 접근하다)입니다. arrive(도착하다)는 자동사이므로 목적어를 취하기 위해서는 전치사 in이나 at 등이 함께 쓰여야 합니다.

07 Many residents / objected to / the new law. 많은 주민들이 반대했다 그 새 법안에 | 많은 주민들이 그 새 법안에 반대했다.

빈칸 뒤에 전치사 to가 있으므로 '자동사 + 전치사' 형태로 목적어(the new law)를 취할 수 있는 자동사가 와야 합니다. 따라서 정답은 objected(반대했다)입니다. opposed(~에 반대했다)는 타동사이므로 전치사 없이 목적어가 바로 와야 합니다.

08 The train / approached / New York / at five o'clock. 그 기차는 접근했다 뉴욕에 5시에 | 그 기차는 5시에 뉴욕에 접근했다.

전치사 없이 뒤에 바로 목적어(New York)가 올 수 있는 타동사가 와야 하므로 정답은 approached(~에 접근했다)입니다. arrived(도착했다)는 자동사이므로 목적어를 취하기 위해서는 in이나 at 등이 함께 쓰여야 합니다.

09 Josie / should account for / her mistake. Josie는 설명해야 한다 그녀의 실수에 대해 | Josie는 그녀의 실수에 대해 설명해야 한다.

빈칸 뒤에 전치사 for가 있으므로 '자동사 + 전치사' 형태로 목적어(her mistake)를 취할 수 있는 자동사가 와야 하고, '실수에 대해 설명해야 한다'라는 뜻이 되어야 하므로 정답은 (A) account(설명하다)입니다. (B) tell, (C) explain, (D) describe 모두 '설명하다'라는 의미이지만 타동사이므로 전치사 없이 목적어가 바로 와야 합니다.

10 We / will gladly respond to / any questions / about our products. 우리는 기꺼이 답할 것이다 그 어떠한 질문에도 우리의 제품에 관한 | 우리는 우리의 제품에 관한 그 어떠한 질문에도 기꺼이 답할 것이다.

빈칸 뒤에 전치사 to가 있으므로 '자동사 + 전치사' 형태로 목적어(any questions)를 취할 수 있는 자동사가 와야 하고, '그 어떠한 질문에도 기꺼이 답할 것이다'라는 뜻이 되어야 하므로 정답은 (B) respond(답하다)입니다. (A) solve(해결하다)와 (C) access(접근하다)는 타동사이고, (D) figure는 자동사로 쓰일 경우 '중요하다'라는 의미로 '우리는 기꺼이 그 어떤 질문에도 중요하다'라는 어색한 문장을 만들기 때문에 정답이 될 수 없습니다.

1　자동사처럼 쓰이는 관용 표현 해석하기　p. 118

01　We / get along / well.　우리는 / 지낸다 / 잘
주어　동사　수식어
우리는 잘 지낸다.

02　Nick and I / grew up / together.　Nick과 나는 / 자랐다 / 함께
주어　동사　수식어
Nick과 나는 함께 자랐다.

03　You / can check in / online.　당신은 / 체크인할 수 있다 / 온라인으로
주어　동사　수식어
당신은 온라인으로 체크인할 수 있다.

04　Mr. Park / gets along / well / with other people.
주어　동사　수식어1　수식어2
Mr. Park는 / 지낸다 / 잘 / 다른 사람들과
Mr. Park는 다른 사람들과 잘 지낸다.

05　Please hold on / for a moment.　기다려 주세요 / 잠시 동안
동사　수식어
잠시 동안 기다려 주세요.

해석 TIP! Please는 보통 명령문에서 정중하게 요청할 때 덧붙이는 말로 '부디, 제발'이라고 해석하거나, 정중한 뉘앙스만 나타내고 특별히 해석하지 않는 경우도 있습니다.

06　Ms. Hudson / checked out / an hour ago.
주어　동사　수식어
Ms. Hudson은 / 체크아웃했다 / 한 시간 전에
Ms. Hudson은 한 시간 전에 체크아웃했다.

07　A powerful storm / broke out / last night.　강력한 폭풍이 / 발생했다 / 지난밤에
주어　동사　수식어
지난밤에 강력한 폭풍이 발생했다.

08　Hold on / while I grab my coat.　기다려라 / 내가 외투를 집어 드는 동안
동사　수식어
내가 외투를 집어 드는 동안 기다려라.

해석 TIP! 명령문에서 주어(You)는 생략될 수 있습니다.

09　Theo / grew up / in a small town.　Theo는 / 자랐다 / 작은 마을에서
주어　동사　수식어
Theo는 작은 마을에서 자랐다.

10　World War II / broke out / in 1939.　제2차 세계 대전은 / 발발했다 / 1939년에
주어　동사　수식어
제2차 세계 대전은 1939년에 발발했다.

01 Emily / gave up / junk food. Emily는 / 끊었다 / 정크 푸드를
주어 동사 목적어

Emily는 정크 푸드를 끊었다.

02 You / should take off / your shoes / here.
주어 동사 목적어 수식어
당신은 / 벗어야 한다 / 당신의 신발을 / 여기에서

당신은 여기에서 당신의 신발을 벗어야 한다.

03 She / will drop by / the post office / today. 그녀는 / 들를 것이다 / 우체국에 / 오늘
주어 동사 목적어 수식어

그녀는 오늘 우체국에 들를 것이다.

04 You / had better put on / your coat. 당신은 / 입는 것이 좋겠다 / 외투를
주어 동사 목적어

당신은 외투를 입는 것이 좋겠다.

05 I / can drop by / your house / after work.
주어 동사 목적어 수식어
나는 / 들를 수 있다 / 당신의 집에 / 퇴근 후에

나는 퇴근 후에 당신의 집에 들를 수 있다.

06 The chairman / put off / the meeting. 의장은 / 연기했다 / 회의를
주어 동사 목적어

의장은 회의를 연기했다.

07 Joan / is / poor, / but / she / never gives up / hope.
주어 동사 보어 주어 동사 목적어
Joan은 / 가난하다 / 하지만 / 그녀는 / 결코 포기하지 않는다 / 희망을

Joan은 가난하지만, 그녀는 결코 희망을 포기하지 않는다.

08 You / should hand in / your report / by Friday.
주어 동사 목적어 수식어
당신은 / 제출해야 한다 / 당신의 보고서를 / 금요일까지

당신은 금요일까지 당신의 보고서를 제출해야 한다.

09 The professor / put off / the test / until next week.
주어 동사 목적어 수식어
교수님은 / 연기하셨다 / 시험을 / 다음 주로

교수님은 시험을 다음 주로 연기하셨다.

10 Every student / handed in / the assignment / on time.
주어 동사 목적어 수식어
모든 학생이 / 제출했다 / 과제를 / 제시간에

모든 학생이 제시간에 과제를 제출했다.

1   조동사 + 동사원형   p. 123

01   **He / will call / you.**   그가 / 전화할 것이다 / 당신에게 | 그가 당신에게 전화할 것이다.

조동사 will 뒤에 올 수 있는 것은 동사원형이므로 정답은 call(전화하다)입니다.

02   **She / can remember / everything / perfectly.** | 그녀는 모든 것을 완벽히 기억할 수 있다.
그녀는   기억할 수 있다   모든 것을   완벽히

조동사 can 뒤에 올 수 있는 것은 동사원형이므로 정답은 remember(기억하다)입니다.

03   **Naomi / should buy / some groceries.**   Naomi는 / 사야 한다 / 약간의 식료품을 | Naomi는 약간의 식료품을 사야 한다.

조동사 should 뒤에 올 수 있는 것은 동사원형이므로 정답은 buy(사다)입니다.

04   **You / must have / some experience.**   당신은 / 있어야 한다 / 약간의 경력이 | 당신은 약간의 경력이 있어야 한다.

조동사 must 뒤에 올 수 있는 것은 동사원형이므로 정답은 have(있다)입니다.

05   **He / is going to reduce / spending.**   그는 / 줄일 것이다 / 지출을 | 그는 지출을 줄일 것이다.

조동사처럼 쓰이는 표현 'be(is) going to(~할 것이다)' 뒤에 올 수 있는 것은 동사원형이므로 정답은 reduce(줄이다)입니다.

06   **We / will visit / the Louvre Museum.** | 우리는 루브르 박물관을 방문할 것이다.
우리는 방문할 것이다   루브르 박물관을

조동사 will 뒤에 올 수 있는 것은 동사원형이므로 정답은 visit(방문하다)입니다.

07   **You / have to be quiet / in the lobby.** | 로비에서 당신은 조용히 해야 한다.
당신은   조용히 해야 한다   로비에서

조동사처럼 쓰이는 표현 'have to(~해야 한다)' 뒤에 올 수 있는 것은 동사원형이므로 정답은 be((상태가) 어떠하다)입니다.

08   **Jon / recommended / that she try new things.** | Jon은 그녀가 새로운 것들을 시도해 볼 것을 추천했다.
Jon은   추천했다   그녀가 새로운 것들을 시도해 볼 것을

제안을 나타내는 동사인 recommended(추천했다)가 주절에 왔으므로 종속절에는 '(should +) 동사원형'이 와야 합니다. 따라서 정답은 try(시도해 보다)입니다.

09   **Children / can attend / the event / for free.** | 아이들은 무료로 그 행사에 참석할 수 있다.
아이들은   참석할 수 있다   그 행사에   무료로

조동사 can 뒤에 올 수 있는 것은 동사원형이므로 정답은 (B) attend(참석하다)입니다. (A) attends, (C) has attended, (D) attending은 조동사 뒤에 올 수 없습니다.

10   **The professor / requested / that each student write an essay.** | 교수님은 각 학생이 에세이를 작성할 것을 요청하셨다.
교수님은   요청하셨다   각 학생이 에세이를 작성할 것을

요청을 나타내는 동사인 requested(요청했다)가 주절에 왔으므로 종속절에는 '(should +) 동사원형'이 와야 합니다. 따라서 정답은 (A) write(쓰다)입니다. (B) writing, (C) writes, (D) is writing은 조동사 뒤에 올 수 없습니다.

01 You / must follow / the rules. 당신은 / 따라야 한다 / 규칙을

당신은 규칙을 따라야 한다.

'규칙을 따라야 한다'라는 뜻이 되어야 하므로 정답은 '~해야 한다'라는 의무를 나타내는 조동사 must입니다. may는 '~일지도 모른다, ~해도 된다'라는 의미입니다.

02 She / may be / a student. 그녀는 / 학생일지도 모른다

그녀는 학생일지도 모른다.

'학생일지도 모른다'라는 뜻이 되어야 하므로 정답은 '~일지도 모른다'라는 추측을 나타내는 조동사 may입니다. should는 '~해야 한다, ~일 것이다'라는 의미입니다.

03 I / will not hurry. 나는 / 서두르지 않겠다

나는 서두르지 않겠다.

'서두르지 않겠다'라는 뜻이 되어야 하므로 정답은 '~하겠다'라는 의지를 나타내는 조동사 will입니다. may는 '~일지도 모른다, ~해도 된다'라는 의미입니다. 참고로, 조동사의 부정은 조동사 뒤에 not이 따라옵니다.

04 You / can use / my dictionary. 당신은 / 써도 된다 / 나의 사전을

당신은 나의 사전을 써도 된다.

'나의 사전을 써도 된다'라는 뜻이 되어야 하므로 정답은 '~해도 된다'라는 허가를 나타내는 조동사 can입니다. should는 '~해야 한다, ~일 것이다'라는 의미입니다.

05 Will you come / to my house? 당신은 올 것인가요 / 우리 집에

당신은 우리 집에 올 것인가요?

'당신은 우리 집에 올 것인가요?'라는 뜻이 되어야 하므로 정답은 '~할 것이다'라는 미래를 나타내는 조동사 Will입니다. Must는 의무, 강한 확신을 나타내는 조동사입니다.

06 You / may go / if you want. 당신은 / 가도 된다 / 당신이 원한다면

당신이 원한다면 당신은 가도 된다.

'당신이 원한다면 당신은 가도 된다'라는 뜻이 되어야 하므로 정답은 '~해도 된다'라는 허가를 나타내는 조동사 may입니다. must는 의무, 강한 확신을 나타내는 조동사로, '당신이 원한다면 당신은 가야만 한다'라는 어색한 문맥을 만듭니다.

07 Many students in Korea / can speak / English.
한국에 있는 많은 학생들이 말할 수 있다 영어를

한국에 있는 많은 학생들이 영어를 말할 수 있다.

'한국에 있는 많은 학생들이 영어를 말할 수 있다'라는 뜻이 되어야 하므로 정답은 '~할 수 있다'라는 가능을 나타내는 조동사 can입니다. must는 의무, 강한 확신을 나타내는 조동사로, '한국에 있는 많은 학생들이 영어를 말해야만 한다'라는 어색한 문맥을 만듭니다.

08 I / should talk / to you / about our vacation.
나는 이야기해야 한다 당신에게 우리의 휴가에 대해서

나는 우리의 휴가에 대해서 당신에게 이야기해야 한다.

'우리의 휴가에 대해서 이야기해야 한다'라는 뜻이 되어야 하므로 정답은 '~해야 한다'라는 의무를 나타내는 조동사 should입니다. may는 허가, 약한 추측을 나타내는 조동사로, '나는 당신에게 우리의 휴가에 대해 말할지도 모른다/말해도 된다'라는 어색한 문맥을 만듭니다.

09 Turtles / can swim, / but / they / are / slow.
거북이들은 수영을 할 수 있다 하지만 그것들은 느리다

거북이들은 수영을 할 수 있지만, 그것들은 느리다.

'거북이들은 수영을 할 수 있지만, 그것들은 느리다'라는 뜻이 되어야 하므로 정답은 '~할 수 있다'라는 가능을 나타내는 조동사 can이 있는 (B) can swim입니다. (C) must swim과 (D) should swim은 '거북이들은 수영을 해야 하지만 느리다'라는 어색한 문장을 만듭니다. '동사 + ing'인 (A) swimming은 동사 자리에 올 수 없습니다.

10 Customers / must make / a reservation / because this restaurant is
고객들은 해야 한다 예약을 이 음식점은 인기가 있기 때문에
popular.

이 음식점은 인기가 있기 때문에, 고객들은 예약을 해야 한다.

'이 음식점은 인기가 있기 때문에, 고객들은 예약을 해야 한다'라는 뜻이 되어야 하므로 정답은 '~해야 한다'라는 의무를 나타내는 조동사 must가 있는 (A) must make입니다. (B) can make는 '이 음식점은 인기가 있기 때문에 고객들은 예약할 수 있다'라는 어색한 문장을 만듭니다. '동사 + ing'인 (C) making과 'to + 동사'인 (D) to make는 동사 자리에 올 수 없습니다.

1 '조동사 + 동사원형' 해석하기 p. 126

01 Ronald / can drive. Ronald는 / 운전할 수 있다
주어 / 동사
Ronald는 운전할 수 있다.

02 You / should call / Ms. Harper / now.
주어 / 동사 / 목적어 / 수식어
당신은 / 전화해야 한다 / Ms. Harper에게 / 지금
당신은 지금 Ms. Harper에게 전화해야 한다.

03 Anyone / can join / our team. 누구든 / 합류할 수 있다 / 우리 팀에
주어 / 동사 / 목적어
누구든 우리 팀에 합류할 수 있다.

04 The shop / will close / in five minutes. 그 가게는 / 닫을 것이다 / 5분 후에
주어 / 동사 / 수식어
그 가게는 5분 후에 닫을 것이다.

05 We / should leave / for the airport / soon. 우리는 / 떠나야 한다 / 공항으로 / 곧
주어 / 동사 / 수식어1 / 수식어2
우리는 곧 공항으로 떠나야 한다.

06 The folder / must be / on the desk. 그 폴더는 / 있음에 틀림없다 / 책상 위에
주어 / 동사 / 수식어
그 폴더는 책상 위에 있음에 틀림없다.

07 Dan / may be / absent / today. Dan은 / 결석할지도 모른다 / 오늘
주어 / 동사 / 보어 / 수식어
Dan은 오늘 결석할지도 모른다.

08 We / must respect / his choice. 우리는 / 존중해야 한다 / 그의 선택을
주어 / 동사 / 목적어
우리는 그의 선택을 존중해야 한다.

09 It / may cause / a serious problem. 그것은 / 초래할지도 모른다 / 심각한 문제를
주어 / 동사 / 목적어
그것은 심각한 문제를 초래할지도 모른다.

10 The company / will hire / more employees.
주어 / 동사 / 목적어
그 회사는 / 고용할 것이다 / 더 많은 직원들을
그 회사는 더 많은 직원들을 고용할 것이다.

01 Alex / must have left / already. Alex는 / 떠났음에 틀림없다 / 이미
주어　　　　동사　　　　수식어

Alex는 이미 떠났음에 틀림없다.

---

02 We / should have fixed / the printer / earlier.
주어　　　동사　　　　　　목적어　　　수식어
우리는 / 수리했어야 했다 / 그 프린터를 / 더 일찍

우리는 더 일찍 그 프린터를 수리했어야 했다. (그런데 더 일찍 수리하지 않았다.)

---

03 I / might have seen / the film, but / I / am not / sure.
주어　　　동사　　　　　목적어　　　　주어　　동사　　보어
나는 / 봤을지도 모른다 / 그 영화를 / 그러나 / 나는 / 확실하지 않다

나는 그 영화를 봤을지도 모르나, 확실하지 않다.

해석 TIP! 등위접속사 but이 절(I might have seen ~)과 절(I am not sure)을 이어주는 역할로 쓰였습니다.

---

04 Julian / must have studied / hard / for the exam.
주어　　　동사　　　　　수식어1　　수식어2
Julian은 / 공부했음에 틀림없다 / 열심히 / 시험을 위해

Julian은 시험을 위해 열심히 공부했음에 틀림없다.

---

05 Marvin / might have eaten / the food in the oven.
주어　　　동사　　　　　　목적어
Marvin이 / 먹었을지도 모른다 / 오븐 안에 있는 음식을

Marvin이 오븐 안에 있는 음식을 먹었을지도 모른다.

---

06 Carter / should have become / a singer / instead of a lawyer.
주어　　　동사　　　　　보어　　　수식어
Carter는 / 되었어야 했다 / 가수가 / 변호사 대신에

Carter는 변호사 대신에 가수가 되었어야 했다. (그런데 가수가 되지 않았다.)

---

07 The project / might have been / impossible / without him.
주어　　　　동사　　　　　보어　　　수식어
그 프로젝트는 / 불가능했을지도 모른다 / 그 없이는

그 프로젝트는 그 없이는 불가능했을지도 모른다.

---

08 Samantha / could have gone / to Jeonju, / but / she / didn't.
주어　　　동사　　　수식어　　　주어　동사
Samantha는 / 갈 수도 있었다 / 전주에 / 그러나 / 그녀는 / 그러지 않았다

Samantha는 전주에 갈 수도 있었으나 그녀는 그러지 않았다.

---

09 I / could have complained / about the service.
주어　　　동사　　　　　　수식어
나는 / 불평할 수도 있었다 / 그 서비스에 대해

나는 그 서비스에 대해 불평할 수도 있었다. (그런데 불평하지 않았다.)

---

10 He / could have arrived / on time / by taking a taxi.
주어　　　동사　　　수식어1　　수식어2
그는 / 도착할 수도 있었다 / 제때 / 택시를 탐으로써

그는 택시를 탐으로써 제때 도착할 수도 있었다. (그런데 제때 도착하지 않았다.)

2주 5일 해커스 토익 읽기초 Reading

1 기사 p. 132

01 ~ 02

The Cookeville Music Festival is back!

April 24 – [01]Cookeville city will hold the 8th Annual Cookeville Music Festival on July 12. [02]This year, it will take place in a new location, the Sonic Arena. The world-famous band Andalusia will perform this year. Six other bands will be there too.

Cookeville 음악 축제가 돌아왔다!

4월 24일 – Cookeville시는 7월 12일에 제8회 연례 Cookeville 음악 축제를 열 것이다. 올해, 그것은 새로운 장소인 Sonic Arena에서 개최될 것이다. 세계적으로 유명한 밴드인 Andalusia가 올해 공연할 것이다. 다른 여섯 밴드들도 마찬가지로 그곳에 있을 것이다.

01 기사의 목적을 묻는 문제입니다. 첫 문장 'Cookeville city will hold the 8th Annual Cookeville Music Festival on July 12.'와 지문 전반을 통해, 음악 행사가 개최될 것이라는 내용과 행사의 세부 사항을 확인할 수 있습니다. 따라서 정답은 (A)입니다.

02 올해의 음악 축제가 이전 음악 축제와 다른 점을 묻는 문제입니다. 지문 중반의 'This year, it will take place in a new location, the sonic Arena.'를 통해, 올해에 음악 축제가 개최되는 장소가 달라졌다는 내용을 확인할 수 있습니다. 따라서 정답은 (B)입니다.

03 ~ 04

Questions 03-04 refer to the following article.

[03]**Introducing Frisk**

Copenhagen – [03]Popular chef Agnes Pedersen / will open /
　　코펜하겐　　　　　인기 있는 요리사인 Agnes Pedersen이　　　열 것이다
a new restaurant, Frisk. The restaurant / will serve / healthy
　　새로운 음식점 Frisk를　　　　　그 음식점은　　　제공할 것이다　건강에 좋은
cuisine. In fact, / [04]it will only serve / vegetarian meals.
　요리를　　사실　　그곳은 오직 제공할 것이다　　　채식 식사만을
The food / will contain / no animal products. According to
　음식에는　　　　　동물성 식품이 들어 있지 않을 것이다　　　Ms. Pedersen에 따르면
Ms. Pedersen, / Frisk / will be / the city's first vegetarian
　　　　　　　　　　Frisk는　될 것이다　　이 도시 최초의 채식 음식점이
restaurant.

03-04번은 다음 기사에 관한 문제입니다.

Frisk를 소개함

코펜하겐 – 인기 있는 요리사인 Agnes Pedersen이 새로운 음식점 Frisk를 열 것이다. 그 음식점은 건강에 좋은 요리를 제공할 것이다. 사실, 그곳은 오로지 채식 식사만을 제공할 것이다. 음식에는 동물성 식품이 들어 있지 않을 것이다. Ms. Pedersen에 따르면, Frisk는 이 도시 최초의 채식 음식점이 될 것이다.

03

What is the purpose of the article?

(A) To invite readers to an event
(B) To recommend a good chef
(C) To discuss a vegetarian diet
(D) To introduce a new restaurant

기사의 목적은 무엇인가?

(A) 독자들을 행사에 초대하기 위해
(B) 훌륭한 요리사를 추천하기 위해
(C) 채식 식단에 대해 논의하기 위해
(D) 새로운 음식점을 소개하기 위해

기사의 목적을 묻는 문제입니다. 기사의 제목 'Introducing Frisk'와 첫 문장 'Popular chef Agnes Pedersen will open a new restaurant, Frisk.'를 통해, 새로운 음식점에 대해 소개하는 내용을 확인할 수 있습니다. 따라서 정답은 (D) To introduce a new restaurant입니다.

04 According to the article, what is unique about Frisk?

(A) It will sell vegetables.
(B) Its chef runs several restaurants.
(C) Its dishes will not have meat.
(D) It will serve expensive food.

기사에 따르면, Frisk에 대해 특별한 점은 무엇인가?

(A) 채소를 판매할 것이다.
(B) 요리사가 여러 개의 음식점을 운영한다.
(C) 요리에 육류가 없을 것이다.
(D) 값비싼 요리를 제공할 것이다.

Frisk에 대해 특별한 점을 묻는 문제입니다. 지문 중반의 'it will only serve vegetarian meals. The food will contain no animal products.'를 통해, Frisk는 오로지 채식 식사만을 제공할 것이고 음식에 동물성 식품이 들어 있지 않을 것이라는 내용을 확인할 수 있습니다. 따라서 정답은 (C) Its dishes will not have meat입니다.

05~06

Questions 05-06 refer to the following article.

Teaavino

Teaavino / is / an Italian tea company. Its tea / is / popular / for
Teaavino사는   이탈리아의 차 회사이다   그곳의 차는   인기가 있다

its great smell. Today, / 05/06Teaavino / announced / that it will
훌륭한 향으로   오늘   Teaavino사는   발표했다

expand its business into the perfume market. 06Teaavino / will
향수 시장으로 사업을 확장할 것이라고   Teaavino사는

make / perfumes / with the same smell / as its tea. Many
만들 것이다   향수를   같은 향을 지닌   그것의 차와   많은 고객들은

customers / are excited / about this news. / "I love Teaavino's
기뻐한다   이 소식에   저는 Teaavino사의 차를 좋아해요

tea. I will definitely buy the perfume," / says Mary Jo, / a
저는 꼭 그 향수를 살 거예요   Mary Jo는 말한다

longtime customer.
오랜 고객인

05-06번은 다음 기사에 관한 문제입니다.

Teaavino사

Teaavino사는 이탈리아의 차 회사이다. 그곳의 차는 훌륭한 향으로 인기가 있다. 오늘, Teaavino사는 향수 시장으로 사업을 확장할 것이라고 발표했다. Teaavino사는 그것의 차와 같은 향을 지닌 향수를 만들 것이다. 많은 고객들은 이 소식에 기뻐한다. '저는 Teaavino사의 차를 좋아해요. 저는 꼭 그 향수를 살 거예요'라고 오랜 고객인 Mary Jo는 말한다.

---

05 What is the article mainly about?

(A) A perfume industry
(B) A company's plan
(C) A business failure
(D) A regular customer

기사는 주로 무엇에 대한 것인가?

(A) 향수 업계
(B) 한 회사의 계획
(C) 사업 실패
(D) 한 단골 고객

기사의 주제를 묻는 문제입니다. 지문 초반의 'Teaavino announced that it will expand its business into the perfume market'을 통해, Teaavino사가 사업을 확장할 것이라는 계획을 확인할 수 있습니다. 따라서 정답은 (B) A company's plan입니다.

---

06 What is true about Teaavino?

(A) Its CEO is Italian.
(B) It produces many types of drinks.
(C) It will make a new kind of product.
(D) Its customers complained about a smell.

Teaavino사에 대해 사실인 것은 무엇인가?

(A) 최고 경영자가 이탈리아 사람이다.
(B) 많은 종류의 음료를 생산한다.
(C) 새로운 종류의 상품을 만들 것이다.
(D) 고객들이 향에 대해 항의했다.

Teaavino사에 대해 사실인 것을 묻는 문제입니다. 지문 중반의 'Teaavino announced that it will expand its business into the perfume market. Teaavino will make perfumes with the same smell as its tea.'를 통해, 차 회사인 Teaavino사가 향수 시장으로 사업을 확장하여 자사의 차와 같은 향을 지닌 향수를 만들 것이라는 내용을 확인할 수 있습니다. 따라서 정답은 (C) It will make a new kind of product입니다.

01~02

Jim Durban	[8:30 A.M.]
Cora, ⁰¹I might be late to work. My train is still not here. ⁰²Can you give the presentation for today's meeting?	

Cora West	[8:31 A.M.]
No problem. Just e-mail the presentation file to me.	

Jim Durban	[8:32 A.M.]
Thanks. I will attach it to an e-mail.	

Cora West	[8:32 A.M.]
All right. I'll wait.	

Jim Durban	[오전 8:30]
Cora, 저는 회사에 늦을 것 같아요. 제 열차가 아직도 여기 안 왔어요. 당신이 오늘 회의를 위한 발표를 해 줄 수 있나요?	

Cora West	[오전 8:31]
문제없어요. 발표 파일을 제게 이메일로 보내세요.	

Jim Durban	[오전 8:32]
고마워요. 제가 그것을 이메일에 첨부할게요.	

Cora West	[오전 8:32]
알겠어요. 기다릴게요.	

01 Mr. Durban에 대해 암시되는 것을 묻는 문제입니다. Mr. Durban이 'I might be late to work. My train is still not here.'에서 자신의 열차가 오지 않아서 회사에 늦을 것 같다고 한 내용을 통해, 그가 대중교통으로 출근한다는 것을 추론할 수 있습니다. 따라서 정답은 (A)입니다.

02 Ms. West가 'No problem'이라고 쓴 의도를 묻는 문제입니다. Mr. Durban이 'Can you give the presentation for today's meeting?'에서 회의 발표를 해 줄 수 있는지 묻자 Ms. West가 'No problem(문제없어요)'이라고 한 것을 통해, Ms. West가 발표를 기꺼이 할 것임을 알 수 있습니다. 따라서 정답은 (A)입니다.

03~04

Questions 03-04 refer to the following text-message chain.

Olivia Unger	[5:33 P.M.]

Mitch! ⁰³Can you pick me up / at the airport / tomorrow?
　　Mitch　　　　나를 태우러 올 수 있니　　　공항에　　　　내일

My flight / will arrive / at noon. 내 비행기는 / 도착할 거야 / 정오에

Mitch Gelb	[5:49 P.M.]

OK, / I'll be there. ⁰⁴I want to hear / all about Spain.
　좋아　　거기 있을게　　　나는 듣고 싶어　　스페인에 대해서 전부

Olivia Unger	[5:52 P.M.]

Thanks! ⁰⁴I had a lovely holiday. Why don't we grab a bite /
고마워　　　나는 멋진 휴가를 보냈어　　　　간단히 식사하고

and have a chat / at the airport?
　이야기하는 게 어때　　공항에서

Mitch Gelb	[5:54 P.M.]

That sounds good. See you / there / tomorrow!
　좋은 생각이야　　　보자　거기서　내일

Olivia Unger	[오후 5:33]
Mitch! 내일 나를 공항에 태우러 올 수 있니? 내 비행기는 정오에 도착할 거야.	

Mitch Gelb	[오후 5:49]
좋아, 거기 있을게. 나는 스페인에 대해서 전부 듣고 싶어.	

Olivia Unger	[오후 5:52]
고마워! 나는 멋진 휴가를 보냈어. 공항에서 간단히 식사하고 이야기하는 게 어때?	

Mitch Gelb	[오후 5:54]
좋은 생각이야. 거기서 내일 보자!	

03-04번은 다음 메시지 대화문에 관한 문제입니다.

03 At 5:49 P.M., what does Mr. Gelb mean when he writes, "I'll be there"?

(A) He will pick up Ms. Unger.
(B) He will visit Spain.
(C) He likes Ms. Unger's travel plans.
(D) He will attend a party.

오후 5시 49분에, Mr. Gelb가 'I'll be there'라고 쓸 때, 그가 의도한 것은?

(A) 그는 Ms. Unger를 태우러 갈 것이다.
(B) 그는 스페인을 방문할 것이다.
(C) 그는 Ms. Unger의 여행 계획이 마음에 든다.
(D) 그는 파티에 참석할 것이다.

Mr. Gelb가 'I'll be there'라고 쓴 의도를 묻는 문제입니다. Ms. Unger가 'Can you pick me up at the airport tomorrow?'에서 공항으로 자신을 태우러 올 수 있는지 묻자, Mr. Gelb가 'I'll be there(거기 있을게)'라고 한 것을 통해, 그가 공항으로 Ms. Unger를 태우러 갈 것임을 알 수 있습니다. 따라서 정답은 (A) He will pick up Ms. Unger입니다.

04

Why was Ms. Unger in Spain?	Ms. Unger는 왜 스페인에 있었는가?
(A) She lived there.	(A) 그녀는 거기에서 살았다.
(B) She met with a business client.	(B) 그녀는 사업 고객을 만났다.
(C) She was on vacation.	(C) 그녀는 휴가 중이었다.
(D) She works for an airline.	(D) 그녀는 항공사에서 일한다.

Ms. Unger가 스페인에 있었던 이유를 묻는 문제입니다. Mr. Gelb가 'I want to hear all about Spain.'에서 스페인에 대해 전부 듣고 싶다고 하자, Ms. Unger가 'I had a lovely holiday.'에서 멋진 휴가를 보냈다고 한 것을 통해, 그녀가 스페인에서 휴가를 보냈음을 알 수 있습니다. 따라서 정답은 (C) She was on vacation입니다.

05 ~ 06

Questions 05-06 refer to the following online chat discussion.	05-06번은 다음 온라인 채팅 대화문에 관한 문제입니다.

Ronald Schultz   [2:18 P.M.]
How's the project going? 프로젝트가 어떻게 진행되고 있죠?

Annie Bell   [2:19 P.M.]
I'm almost done, / but / 05I don't have data / from some of our branches.
저는 거의 끝냈어요   그런데   저에게 데이터가 없어요   우리 몇몇 지점들의

David Corning   [2:19 P.M.]
Do you want me to call / the branches? I'm not busy / right now.
당신은 제가 전화해 주기를 바라나요   그 지점들에   저는 바쁘지 않아요   지금

Annie Bell   [2:20 P.M.]
No thanks. / I'll contact the branches / myself.
괜찮아요   제가 그 지점들에 연락할게요   직접

Ronald Schultz   [2:21 P.M.]
06David, / can you please check / our final report / instead?
David   확인해 줄래요   우리의 최종 보고서를   대신에

David Corning   [2:24 P.M.]
That's fine. 좋아요

Ronald Schultz [오후 2:18]
프로젝트가 어떻게 진행되고 있죠?
Annie Bell [오후 2:19]
저는 거의 끝냈는데, 저에게 우리 몇몇 지점들의 데이터가 없어요.
David Corning [오후 2:19]
당신은 제가 그 지점들에 전화해 주기를 바라나요? 저는 지금 바쁘지 않아요.
Annie Bell [오후 2:20]
괜찮아요. 제가 직접 그 지점들에 연락할게요.
Ronald Schultz [오후 2:21]
David, 대신에 우리의 최종 보고서를 확인해 줄래요?
David Corning [오후 2:24]
좋아요.

05

What is suggested about Ms. Bell?	Ms. Bell에 대해 암시되는 것은?
(A) Her company has several branches.	(A) 그녀의 회사에는 몇몇 지점들이 있다.
(B) She will get help from Mr. Corning.	(B) 그녀는 Mr. Corning의 도움을 받을 것이다.
(C) Her department has only three people.	(C) 그녀의 부서에는 3명의 사람만 있다.
(D) She must finish her project today.	(D) 그녀는 프로젝트를 오늘 끝내야 한다.

Ms. Bell에 대해 암시되는 것을 묻는 문제입니다. Ms. Bell이 'I don't have data from some of our branches'에서 우리 몇몇 지점들의 데이터가 없다고 한 것을 통해, 그녀의 회사에 몇몇 지점들이 있다는 것을 추론할 수 있습니다. 따라서 정답은 (A) Her company has several branches입니다.

06

At 2:24 P.M., what does Mr. Corning mean when he writes, "That's fine"?	오후 2시 24분에, Mr. Corning이 'That's fine'이라고 쓸 때, 그가 의도한 것은?
(A) He will contact an office manager.	(A) 그는 사무장에게 연락할 것이다.
(B) He will review a report.	(B) 그는 보고서를 검토할 것이다.
(C) He will collect data.	(C) 그는 데이터를 수집할 것이다.
(D) He will visit another branch.	(D) 그는 다른 지점을 방문할 것이다.

Mr. Corning이 'That's fine'이라고 쓴 의도를 묻는 문제입니다. Mr. Schultz가 'David, can you please check our final report, instead?'에서 최종 보고서를 확인해 달라고 하자, Mr. Corning이 'That's fine(좋아요)'이라고 한 것을 통해, 그가 보고서를 검토할 것이라는 것을 알 수 있습니다. 따라서 정답은 (B) He will review a report입니다.

1 | 단수 주어 – 단수 동사 수일치

p. 145

01

| This perfume / sells / well. 이 향수는 / 팔린다 / 잘 | 이 향수는 잘 팔린다. |

주어 This perfume(이 향수)이 단수이므로 뒤에는 단수 동사가 와야 합니다. 따라서 정답은 sells(팔리다)입니다.

02

| The water / seems / clean. 그 물은 / 보인다 / 깨끗해 | 그 물은 깨끗해 보인다. |

불가산 명사 water(물)는 단수로 취급하므로 뒤에는 단수 동사가 와야 합니다. 따라서 정답은 seems(보이다)입니다.

03

| Every student / knows / the rule. 모든 학생이 / 안다 / 그 규칙을 | 모든 학생이 그 규칙을 안다. |

'every + 단수 명사'는 단수로 취급하므로 주어 Every student(모든 학생) 뒤에는 단수 동사가 와야 합니다. 따라서 정답은 knows(알다)입니다.

04

| Online shopping / is / convenient. 온라인 쇼핑은 / 편리하다 | 온라인 쇼핑은 편리하다. |

명사 Online shopping(온라인 쇼핑) 앞에 관사가 없고, 뒤에 (e)s가 없는 것으로 보아, 불가산 명사이므로 뒤에는 단수 동사가 와야 합니다. 따라서 정답은 is((상태가) ~하다)입니다.

05

| The show / lasts / 30 minutes. 그 쇼는 / 계속된다 / 30분 동안 | 그 쇼는 30분 동안 계속된다. |

주어 The show(그 쇼)가 단수이므로 뒤에는 단수 동사가 와야 합니다. 따라서 정답은 lasts(계속되다)입니다.

06

| Air / is / necessary / for life. 공기는 / 필수적이다 / 생명체에 | 공기는 생명체에 필수적이다. |

불가산 명사 Air(공기)는 단수로 취급하므로 뒤에는 단수 동사가 와야 합니다. 따라서 정답은 is(~이다)입니다.

07

| Each package / contains / only 100 calories. 각 용기에는 / 들어 있다 / 오직 100칼로리만이 | 각 용기에는 오직 100칼로리만이 들어 있다. |

'each + 단수 명사'는 단수로 취급하므로 주어 Each package(각 용기) 뒤에는 단수 동사가 와야 합니다. 따라서 정답은 contains(~이 들어 있다, 포함하다)입니다.

08

| The equipment / improves / the quality of products. 그 장비는 / 향상시킨다 / 상품의 질을 | 그 장비는 상품의 질을 향상시킨다. |

불가산 명사 equipment(장비)는 단수로 취급하므로 주어 The equipment(그 장비) 뒤에는 단수 동사가 와야 합니다. 따라서 정답은 improves(향상시키다)입니다.

09

| The bakery / offers / handmade desserts. 그 빵집은 / 제공한다 / 수제 디저트를 | 그 빵집은 수제 디저트를 제공한다. |

주어 The bakery(그 빵집)가 단수이므로 뒤에는 단수 동사가 와야 합니다. 따라서 정답은 (B) offers(제공하다)입니다. (A) offer는 복수 동사이므로 복수 주어 뒤에 와야 합니다. 'to + 동사' 형태인 (C) to offer와 '동사 + ing' 형태인 (D) offering은 동사 자리에 올 수 없습니다.

10

| Stress / causes / health problems. 스트레스는 / 발생시킨다 / 건강 문제들을 | 스트레스는 건강 문제들을 발생시킨다. |

명사 Stress(스트레스) 앞에 관사가 없고, 뒤에 (e)s가 없는 것으로 보아, 불가산 명사이므로 뒤에는 단수 동사가 와야 합니다. 따라서 정답은 (C) causes(발생시키다)입니다. (A) cause와 (D) are causing은 복수 동사이므로 복수 주어 뒤에 와야 합니다. '동사 + ing' 형태인 (B) causing은 동사 자리에 올 수 없습니다.

01 Factories / cause / pollution. 공장들은 / 발생시킨다 / 오염을 | 공장들은 오염을 발생시킨다.

주어 Factories(공장들)가 복수이므로 뒤에는 복수 동사가 와야 합니다. 따라서 정답은 cause(발생시키다)입니다.

02 The doors / lock / automatically. 그 문들은 / 잠긴다 / 자동으로 | 그 문들은 자동으로 잠긴다.

주어 The doors(그 문들)가 복수이므로 뒤에는 복수 동사가 와야 합니다. 따라서 정답은 lock(잠기다, 잠그다)입니다.

03 Several cities / have / the same problem. 몇몇 도시들이 / 가지고 있다 / 같은 문제를 | 몇몇 도시들이 같은 문제를 가지고 있다.

'several + 복수 명사'는 복수로 취급하므로 주어 Several cities(몇몇 도시들) 뒤에는 복수 동사가 와야 합니다. 따라서 정답은 have(가지고 있다)입니다.

04 Mike and Jay / go / to the same school. Mike와 Jay는 / 다닌다 / 같은 학교에 | Mike와 Jay는 같은 학교에 다닌다.

'주어 and 주어'는 복수 주어로 취급하므로 주어 Mike and Jay(Mike와 Jay) 뒤에는 복수 동사가 와야 합니다. 따라서 정답은 go(다니다, 가다)입니다.

05 People / are waiting / for the bus.
사람들이   기다리는 중이다   버스를 | 사람들이 버스를 기다리는 중이다.

주어 People(사람들)이 복수이므로 뒤에는 복수 동사가 와야 합니다. 따라서 정답은 are(~이다)입니다.

06 Many children / hate / onions.
많은 아이들이   싫어한다   양파를 | 많은 아이들이 양파를 싫어한다.

'many + 복수 명사'는 복수로 취급하므로 주어 Many children(많은 아이들) 뒤에는 복수 동사가 와야 합니다. 따라서 정답은 hate(싫어하다)입니다.

07 A few stores / carry / this item.
몇몇 가게들이   취급한다   이 상품을 | 몇몇 가게들이 이 상품을 취급한다.

'a few + 복수 명사'는 복수로 취급하므로 주어 A few stores(몇몇 가게들) 뒤에는 복수 동사가 와야 합니다. 따라서 정답은 carry(취급하다)입니다.

08 Sarah and Jane / volunteer / at the community center.
Sarah와 Jane은   자원봉사를 한다   주민 센터에서 | Sarah와 Jane은 주민 센터에서 자원봉사를 한다.

'주어 and 주어'는 복수 주어로 취급하므로 주어 Sarah and Jane(Sarah와 Jane) 뒤에는 복수 동사가 와야 합니다. 따라서 정답은 volunteer(자원봉사를 하다)입니다.

09 Several studies / show / the benefits / of deep sleep.
몇몇 연구들은   증명한다   이점을   숙면의 | 몇몇 연구들은 숙면의 이점을 증명한다.

'several + 복수 명사'는 복수로 취급하므로 주어 Several studies(몇몇 연구들) 뒤에는 복수 동사가 와야 합니다. 따라서 정답은 (D) show(증명하다)입니다. (A) shows는 단수 동사이므로 단수 주어 뒤에 와야 합니다. '동사 + ing' 형태인 (B) showing과 'to + 동사' 형태인 (C) to show는 동사 자리에 올 수 없습니다.

10 The special events / attract / many people / to the city.
특별한 행사들이   끌어들인다   많은 사람들을   그 도시로 | 특별한 행사들이 많은 사람들을 그 도시로 끌어들인다.

주어 The special events(특별한 행사들)가 복수이므로 뒤에는 복수 동사가 와야 합니다. 따라서 정답은 (A) attract(끌어들이다)입니다. '동사 + ing' 형태인 (B) attracting은 동사 자리에 올 수 없습니다. (C) attracts는 단수 동사이므로 단수 동사 뒤에 와야 합니다. 명사인 (D) attraction(끌림, 명소)은 동사 자리에 올 수 없습니다.

01
| The items / [on this shelf] / are / on sale.   물품들은 / 이 선반에 있는 / 할인 중이다 | 이 선반에 있는 물품들은 할인 중이다. |

주어 The items(물품들)가 복수이므로 뒤에는 복수 동사가 와야 합니다. 따라서 정답은 are(~이다)입니다. The items 뒤의 on this shelf 는 수식어로 주어와 동사의 수일치에 전혀 영향을 주지 않습니다.

02
| Most of the rooms / require / repairs.   대부분의 방들은 / 필요하다 / 수리가 | 대부분의 방들은 수리가 필요하다. |

'Most of the 명사'에서 of the 뒤의 명사 rooms(방들)가 복수이면 복수 주어로 취급하므로 뒤에 복수 동사가 와야 합니다. 따라서 정답은 require(필요하다)입니다.

03
| All of the details / are / in this file.   모든 세부 사항들은 / 있다 / 이 파일 안에 | 모든 세부 사항들은 이 파일 안에 있다. |

'All of the 명사'에서 of the 뒤의 명사 details(세부 사항들)가 복수이면 복수 주어로 취급하므로 뒤에 복수 동사가 와야 합니다. 따라서 정답은 are(~에 있다)입니다.

04
| This box / [of cookies] / costs / $4.   이 상자는 / 쿠키의 / 4달러이다 | 이 쿠키 상자는 4달러이다. |

주어 This box(이 상자)가 단수이므로 뒤에는 단수 동사가 와야 합니다. 따라서 정답은 costs((값이) ~이다)입니다. This box 뒤의 of cookies는 수식어로 주어와 동사의 수일치에 전혀 영향을 주지 않습니다.

05
| Most of the patients / wait / for a long time.   대부분의 환자들은 / 기다린다 / 오랫동안 | 대부분의 환자들은 오랫동안 기다린다. |

'Most of the 명사'에서 of the 뒤의 명사 patients(환자들)가 복수이면 복수 주어로 취급하므로 뒤에 복수 동사가 와야 합니다. 따라서 정답은 wait(기다리다)입니다.

06
| Some of the advice / is / useful.   몇몇 조언은 / 도움이 된다 | 몇몇 조언은 도움이 된다. |

'Some of the 명사'에서 of the 뒤의 명사 advice(조언)가 불가산이면 단수 주어로 취급하므로 뒤에 단수 동사가 와야 합니다. 따라서 정답은 is(~이다)입니다.

07
| My friends / [in Canada] / invite / me / every year.
내 친구들은　　캐나다에 있는　초대한다　나를　　매년 | 캐나다에 있는 내 친구들은 나를 매년 초대한다. |

주어 My friends(내 친구들)가 복수이므로 뒤에는 복수 동사가 와야 합니다. 따라서 정답은 invite(초대하다)입니다. My friends 뒤의 in Canada는 수식어로 주어와 동사의 수일치에 전혀 영향을 주지 않습니다.

08
| A list / [of our products] / is / on the Web site.
목록은　　우리 상품들의　　있다　　웹 사이트에 | 우리 상품들의 목록은 웹 사이트에 있다. |

주어 A list(목록)가 단수이므로 뒤에는 단수 동사가 와야 합니다. 따라서 정답은 is(~에 있다)입니다. A list 뒤의 of our products는 수식어로 주어와 동사의 수일치에 전혀 영향을 주지 않습니다.

09
| The schedule / [for employees] / includes / a lunch break.
일정은　　　직원들의　　포함한다　　점심시간을 | 직원들의 일정은 점심시간을 포함한다. |

주어 The schedule(일정)이 단수이므로 뒤에는 단수 동사가 와야 합니다. 따라서 정답은 (A) includes(포함하다)입니다. The schedule 뒤의 for employees는 수식어로 주어와 동사의 수일치에 전혀 영향을 주지 않습니다.

10
| All of the flights / [between London and New York] / are canceled /
모든 비행 편들이　　　　런던과 뉴욕 사이의　　　　　취소되었다
due to the storm.
폭풍 때문에 | 런던과 뉴욕 사이의 모든 비행 편들이 폭풍 때문에 취소되었다. |

'All of the 명사'에서 of the 뒤의 명사 flights(비행 편들)가 복수이면 복수 주어로 취급하므로 뒤에 복수 동사가 와야 합니다. 따라서 정답은 (D) are(~이다)입니다. All of the flights 뒤의 between London and New York은 수식어로 주어와 동사의 수일치에 전혀 영향을 주지 않습니다.

1 | 수량 형용사가 있는 수일치 문장 해석하기   p. 150

01 Each classroom / has / a computer. 각각의 교실에는 / 있다 / 컴퓨터가
주어　　　　　동사　　목적어

각각의 교실에는 컴퓨터가 있다.

02 Every shop in the downtown area / is / closed / today.
　　　　　　　　주어　　　　　　　동사　보어　　수식어
도심 지역의 모든 가게들이 / 문을 닫았다 / 오늘

오늘 도심 지역의 모든 가게들이 문을 닫았다.

03 Several tickets / are left / for the game. 몇몇의 표가 / 남아 있다 / 그 경기의
주어　　　　　동사　　　수식어

그 경기의 표 몇 장이 남아 있다.

04 On weekends, / many people / have / dinner / in my restaurant.
수식어1　　　　주어　　　동사　목적어　　　수식어2
주말에 / 많은 사람들이 / 한다 / 저녁 식사를 / 나의 음식점에서

주말에, 많은 사람들이 나의 음식점에서 저녁 식사를 한다.

05 Every tourist / has to apply / for a visa. 모든 관광객은 / 신청해야 한다 / 비자를
주어　　　　동사　　　　수식어

모든 관광객은 비자를 신청해야 한다.

06 Each candidate / has / a different point of view on the matter.
주어　　　　동사　　　　　　목적어
각각의 후보자는 / 가지고 있다 / 그 문제에 대한 다른 견해를

각각의 후보자는 그 문제에 대한 다른 견해를 가지고 있다.

07 Several employees / are using / the conference room / for a project.
주어　　　　　동사　　　　목적어　　　　수식어
몇몇 직원들은 / 사용하고 있다 / 회의실을 / 프로젝트를 위해

몇몇 직원들은 프로젝트를 위해 회의실을 사용하고 있다.

08 Many passengers / are waiting / on the platform.
주어　　　　동사　　　수식어
많은 승객들이 / 기다리고 있다 / 플랫폼에서

많은 승객들이 플랫폼에서 기다리고 있다.

09 Every student in our school / lives / in the dormitory.
주어　　　동사　　수식어
우리 학교에 있는 모든 학생들은 / 산다 / 기숙사에

우리 학교에 있는 모든 학생들은 기숙사에 산다.

10 Too much salt / is not / good / for your health.
주어　　　동사　보어　　수식어
너무 많은 소금은 / 좋지 않다 / 당신의 건강에

너무 많은 소금은 당신의 건강에 좋지 않다.

01 A number of people / are / on the street. 많은 사람들이 / 있다 / 거리에
　　주어　　　　　동사　　수식어

많은 사람들이 거리에 있다.

02 The number of students / per class / is / about 20.
　　　　주어　　　　　수식어　　동사　　보어

학생 수는 / 학급당 / 약 20명이다

학급당 학생 수는 약 20명이다.

03 Every year, / a number of travelers / visit / London.
　수식어　　　　　　주어　　　　　동사　　목적어

매년 / 많은 여행객들이 / 방문한다 / 런던을

매년, 많은 여행객들이 런던을 방문한다.

04 A number of teenagers / use / smartphones / these days.
　　　주어　　　　　동사　　　목적어　　　　수식어

많은 십 대들이 / 사용한다 / 스마트폰을 / 요즘

요즘 많은 십 대들이 스마트폰을 사용한다.

05 A number of books / in the library / are / new.
　　주어　　　　　수식어　　동사　보어

많은 책들이 / 도서관에 있는 / 새것이다

도서관에 있는 많은 책들이 새것이다.

06 Recently, / the number of complaints / increased.
　수식어　　　　　　주어　　　　　동사

최근 / 항의의 수가 / 증가했다

최근, 항의의 수가 증가했다.

07 The number of seats / in the theater / is / 100.
　　　주어　　　　　수식어　　동사　보어

좌석의 수는 / 그 극장에 있는 / 100개이다

그 극장에 있는 좌석의 수는 100개이다.

08 A number of companies / advertise / online.
　　　주어　　　　　동사　　수식어

많은 회사들이 / 광고한다 / 온라인으로

많은 회사들이 온라인으로 광고한다.

09 The number of visitors / is strictly limited. 방문객들의 수는 / 엄격히 제한된다
　　　주어　　　　　동사

방문객들의 수는 엄격히 제한된다.

해석 TIP! 'be동사(is) + 과거분사(limited)'가 동사 자리에 오면, '~되다, ~해지다'라고 해석합니다.

10 During summer, / a number of hotels / are fully booked.
　수식어　　　　　　주어　　　　　동사

여름 동안에는 / 많은 호텔들이 / 완전히 예약된다

여름 동안에는, 많은 호텔들이 완전히 예약된다.

해석 TIP! 'be동사(are) + 과거분사(booked)'가 동사 자리에 오면, '~되다, ~해지다'라고 해석합니다.

1 현재/과거/미래

p. 155

01 Fast food / usually / has / a lot of salt.
패스트푸드에는 보통 들어 있다 많은 염분이

패스트푸드에는 보통 많은 염분이 들어 있다.

현재 시제와 함께 자주 쓰이는 표현 usually(보통)가 있고, '패스트푸드에는 보통 많은 염분이 들어 있다'라는 일반적인 사실을 나타내므로 현재 시제가 와야 합니다. 따라서 정답은 has입니다.

02 He / will donate / money / next week. 그는 / 기부할 것이다 / 돈을 / 다음 주에

그는 다음 주에 돈을 기부할 것이다.

미래 시점을 나타내는 표현 next week(다음 주)이 있으므로 미래 시제가 와야 합니다. 따라서 정답은 will donate입니다.

03 They / launched / a new printer / last year. 그들은 / 출시했다 / 새 프린터를 / 작년에

그들은 작년에 새 프린터를 출시했다.

과거 시점을 나타내는 표현 last year(작년에)가 있으므로 과거 시제가 와야 합니다. 따라서 정답은 launched입니다.

04 People / reserve / tickets / online / these days.
사람들은 예매한다 표를 온라인으로 요즘

사람들은 요즘 온라인으로 표를 예매한다.

현재 시제와 함께 자주 쓰이는 표현 these days(요즘)가 있고, '사람들은 요즘 온라인으로 표를 예매한다'라는 일반적인 사실을 나타내므로 현재 시제가 와야 합니다. 따라서 정답은 reserve입니다.

05 She / will go / to a concert / tomorrow. 그녀는 / 갈 것이다 / 콘서트에 / 내일

그녀는 내일 콘서트에 갈 것이다.

미래 시점을 나타내는 표현 tomorrow(내일)가 있으므로 미래 시제가 와야 합니다. 따라서 정답은 will go입니다.

06 It / often / rains / in this country. 자주 / 비가 온다 / 이 나라에는

이 나라에는 자주 비가 온다.

현재 시제와 함께 자주 쓰이는 표현 often(자주)이 있고, '이 나라에는 자주 비가 온다'라는 일반적인 사실을 나타내므로 현재 시제가 와야 합니다. 따라서 정답은 rains입니다.

07 The company / will close / its factory in Mexico / next April.
그 회사는 닫을 것이다 멕시코에 있는 공장을 다음 4월에

그 회사는 다음 4월에 멕시코에 있는 공장을 닫을 것이다.

미래 시점을 나타내는 표현 next April(다음 4월에)이 있으므로 미래 시제가 와야 합니다. 따라서 정답은 will close입니다.

08 A customer / complained / about the restaurant's service / yesterday.
한 손님이 불평했다 그 식당의 서비스에 대해 어제

한 손님이 어제 그 식당의 서비스에 대해 불평했다.

과거 시점을 나타내는 표현 yesterday(어제)가 있으므로 과거 시제가 와야 합니다. 따라서 정답은 complained입니다.

09 Ms. Hanson / will retire / from her job / next month.
Ms. Hanson은 은퇴할 것이다 직장에서 다음 달에

Ms. Hanson은 다음 달에 직장에서 은퇴할 것이다.

미래 시점을 나타내는 표현 next month(다음 달)가 있으므로 미래 시제가 와야 합니다. 따라서 정답은 미래 시제인 (A) will retire입니다. (D) retired는 과거 시제를 나타내고, '동사 + ing' 형태인 (B) retiring과 'to + 동사' 형태인 (C) to retire는 동사 자리에 올 수 없습니다.

10 Many people / viewed / the new exhibit / yesterday.
많은 사람들이 관람했다 새 전시회를 어제

많은 사람들이 어제 새 전시회를 관람했다.

과거 시점을 나타내는 표현 yesterday(어제)가 있으므로 과거 시제가 와야 합니다. 따라서 정답은 (D) viewed입니다. (A) will view는 미래 시제를 나타내고, (C) view는 현재 시제를 나타냅니다. '동사 + ing' 형태인 (B) viewing은 동사 자리에 올 수 없습니다.

01 | I / am doing / yoga / now. 나는 / 하고 있다 / 요가를 / 지금 | 나는 지금 요가를 하고 있다. |

현재 시점인 now(지금)에 진행 중인 일을 나타내고 있으므로 현재 진행 시제가 와야 합니다. 따라서 정답은 am doing입니다.

02 | I / will be studying / tomorrow afternoon. 나는 / 공부하고 있을 것이다 / 내일 오후에 | 나는 내일 오후에 공부하고 있을 것이다. |

미래 시점인 tomorrow afternoon(내일 오후)에 진행될 일을 나타내고 있으므로 미래 진행 시제가 와야 합니다. 따라서 정답은 will be studying입니다.

03 | Chris / will be working / tomorrow night. Chris는 / 일하고 있을 것이다 / 내일 밤에 | Chris는 내일 밤에 일하고 있을 것이다. |

미래 시점인 tomorrow night(내일 밤)에 진행될 일을 나타내고 있으므로 미래 진행 시제가 와야 합니다. 따라서 정답은 will be working입니다.

04 | She / was repairing / my computer / a minute ago. 그녀는 / 고치고 있었다 / 내 컴퓨터를 / 방금 전에 | 그녀는 방금 전에 내 컴퓨터를 고치고 있었다. |

과거 시점인 a minute ago(방금 전에)에 진행되고 있었던 일을 나타내고 있으므로 과거 진행 시제가 와야 합니다. 따라서 정답은 was repairing입니다.

05 | She / is packing / her lunch box / at the moment. 그녀는 / 싸고 있다 / 그녀의 점심 도시락을 / 지금 | 그녀는 지금 점심 도시락을 싸고 있다. |

현재 시점인 at the moment(지금)에 진행 중인 일을 나타내고 있으므로 현재 진행 시제가 와야 합니다. 따라서 정답은 is packing입니다.

06 | We / will be staying / at a hotel / during our next trip. 우리는 / 머무르고 있을 것이다 / 호텔에서 / 다음 여행 동안 | 우리는 다음 여행 동안 호텔에서 머무르고 있을 것이다. |

미래 시점인 during our next trip(다음 여행 동안)에 진행될 일을 나타내고 있으므로 미래 진행 시제가 와야 합니다. 따라서 정답은 will be staying입니다.

07 | A customer / is waiting / for Mr. Bell / now. 한 고객이 / 기다리고 있다 / Mr. Bell을 / 지금 | 한 고객이 지금 Mr. Bell을 기다리고 있다. |

현재 시점인 now(지금)에 진행 중인 일을 나타내고 있으므로 현재 진행 시제가 와야 합니다. 따라서 정답은 is waiting입니다.

08 | Mr. Coleman / was talking / on the phone / an hour ago. Mr. Coleman은 / 이야기를 하고 있었다 / 전화로 / 한 시간 전에 | Mr. Coleman은 한 시간 전에 전화로 이야기를 하고 있었다. |

과거 시점인 an hour ago(한 시간 전에)에 진행되고 있었던 일을 나타내고 있으므로 과거 진행 시제가 와야 합니다. 따라서 정답은 was talking입니다.

09 | Ms. Branson / will be making / a presentation / to the staff / next Friday. Ms. Branson은 / 하고 있을 것이다 / 프레젠테이션을 / 직원들에게 / 다음 주 금요일에 | Ms. Branson은 다음 주 금요일에 직원들에게 프레젠테이션을 하고 있을 것이다. |

미래 시점인 next Friday(다음 주 금요일)에 진행될 일을 나타내고 있으므로 미래 진행 시제가 와야 합니다. 따라서 정답은 (D) will be making입니다. 과거 진행 시제 (A) was making과 과거 시제인 (C) made는 미래 시점을 나타내는 표현과 함께 쓰일 수 없습니다. 'to + 동사' 형태인 (B) to make는 동사 자리에 올 수 없습니다.

10 | The store / was selling / shoes / at a 50 percent discount / last week. 그 가게는 / 팔고 있었다 / 신발을 / 50퍼센트 할인가에 / 지난주에 | 그 가게는 지난주에 신발을 50퍼센트 할인가에 팔고 있었다. |

과거 시점인 last week(지난주)에 진행되고 있었던 일을 나타내고 있으므로 과거 진행 시제가 와야 합니다. 따라서 정답은 (D) was selling입니다. 현재 진행 시제인 (A) is selling, 미래 진행 시제인 (B) will be selling, 현재 시제인 (C) sells는 과거 시점을 나타내는 표현과 함께 쓸 수 없습니다.

01

| She / has run / this shop / since 2010. | 그녀는 2010년 이래로 이 가게를 운영해 |
| 그녀는　운영해 왔다　이 가게를　2010년 이래로 | 왔다. |

현재 완료 시제와 함께 자주 쓰이는 표현 'since + 과거 시점(since 2010)'이 있고, 과거 시점부터 현재까지 가게를 계속 운영해 오고 있는 상황이므로 현재 완료 시제가 와야 합니다. 따라서 정답은 has run입니다.

02

| I / had lived / in Spain / before I lived in Peru. | 나는 페루에서 살기 전에 스페인에서 살 |
| 나는　살았다　스페인에서　페루에서 살기 전에 | 았다. |

내가 페루에 산(I lived in Peru) 과거의 시점보다 스페인에서 살았던 것이 더 이전에 일어난 일이므로 과거 완료 시제가 와야 합니다. 따라서 정답은 had lived입니다.

03

| I / will have graduated / by next year.　나는 / 졸업하게 될 것이다 / 내년이면 | 나는 내년이면 졸업하게 될 것이다. |

미래 완료 시제와 함께 자주 쓰이는 표현 'by next + 시간 표현(by next year)'이 있으므로 미래 완료 시제가 와야 합니다. 따라서 정답은 will have graduated입니다.

04

| He / has worked / for 10 years / so far.　그는 / 일해 왔다 / 10년 동안 / 지금껏 | 그는 지금껏 10년 동안 일해 왔다. |

현재 완료 시제와 함께 자주 쓰이는 표현 'for + 기간(for 10 years)'이 있고, 과거 시점부터 현재까지 일을 계속해 오고 있는 상황이므로 현재 완료 시제가 와야 합니다. 따라서 정답은 has worked입니다.

05

| I / will have completed / this work / by next weekend. | 나는 다음 주말까지 이 일을 완료하게 될 |
| 나는　완료하게 될 것이다　이 일을　다음 주말까지 | 것이다. |

미래 완료 시제와 함께 자주 쓰이는 표현 'by next + 시간 표현(by next weekend)'이 있으므로 미래 완료 시제가 와야 합니다. 따라서 정답은 will have completed입니다.

06

| I / had ordered / a salad, / but / the waiter / brought / me / soup. | 나는 샐러드를 주문했지만, 종업원은 나에 |
| 나는　주문했다　샐러드를　하지만　종업원은　가져다 주었다 나에게 수프를 | 게 수프를 가져다 주었다. |

종업원이 나에게 수프를 가져다 준(the waiter brought ~ soup) 과거의 시점보다 내가 샐러드를 주문한 것이 더 이전에 일어난 일이므로 과거 완료 시제가 와야 합니다. 따라서 정답은 had ordered입니다.

07

| Technology / has improved / over the past 20 years. | 기술은 지난 20년 동안 발전해 왔다. |
| 기술은　발전해 왔다　지난 20년 동안 | |

현재 완료 시제와 함께 자주 쓰이는 표현 'over the past + 기간(over the past 20 years)'이 있고, 과거 시점부터 현재까지 기술이 계속 발전해 오고 있는 상황이므로 현재 완료 시제가 와야 합니다. 따라서 정답은 has improved입니다.

08

| The parade / was canceled / today / because it had snowed last night. | 어젯밤에 눈이 왔기 때문에 오늘 행진이 취 |
| 행진이　취소되었다　오늘　어젯밤에 눈이 왔기 때문에 | 소되었다. |

오늘 행진이 취소되었던(The parade was canceled today) 과거의 시점보다 어젯밤에 눈이 온 것이 더 이전에 일어난 일이므로 과거 완료 시제가 와야 합니다. 따라서 정답은 had snowed입니다.

09

| The business / has grown / over the last few years. | 지난 몇 년 동안 사업이 성장해 왔다. |
| 사업이　성장해 왔다　지난 몇 년 동안 | |

현재 완료 시제와 함께 자주 쓰이는 표현 'over the last + 기간(over the last few years)'이 있고, 과거 시점부터 현재까지 사업이 계속 성장해 오고 있는 상황이므로 현재 완료 시제가 와야 합니다. 따라서 정답은 (D) has grown입니다.

10

| Blair / had lived / alone / for months / until she finally got a roommate. | Blair는 마침내 룸메이트를 얻을 때까지 몇 |
| Blair는　살았다　혼자　몇 달 동안　마침내 룸메이트를 얻을 때까지 | 달 동안 혼자 살았다. |

Blair가 룸메이트를 얻은(she ~ got a roommate) 과거의 시점보다 Blair가 몇 달 동안 혼자 산 것이 더 이전에 일어난 일이므로 과거 완료 시제가 와야 합니다. 따라서 정답은 (C) had lived입니다.

1 | 진행 시제 해석하기

p. 160

01 Amy / is painting / the walls.   Amy는 / 페인트칠을 하고 있다 / 벽에
주어   동사   목적어

Amy는 벽에 페인트칠을 하고 있다.

02 Jeremy / was listening / to music.   Jeremy는 / 듣고 있었다 / 음악을
주어   동사   수식어

Jeremy는 음악을 듣고 있었다.

03 Ms. Holden / is teaching / a class.   Ms. Holden은 / 가르치고 있다 / 수업을
주어   동사   목적어

Ms. Holden은 수업을 가르치고 있다.

04 Brian / was sleeping / on the couch.   Brian은 / 자고 있었다 / 소파에서
주어   동사   수식어

Brian은 소파에서 자고 있었다.

05 Someone / is ringing / the doorbell.   누군가 / 누르고 있다 / 초인종을
주어   동사   목적어

누군가 초인종을 누르고 있다.

06 Our team / was practicing / on the field.   우리 팀은 / 연습하고 있었다 / 경기장에서
주어   동사   수식어

우리 팀은 경기장에서 연습하고 있었다.

07 I / will be shopping / for shoes / then.
주어   동사   수식어1   수식어2
나는 / 쇼핑하고 있을 것이다 / 신발을 사기 위해 / 그때

나는 그때 신발을 사기 위해 쇼핑하고 있을 것이다.

08 The employees / are working / hard.   직원들은 / 일하고 있다 / 열심히
주어   동사   수식어

직원들은 열심히 일하고 있다.

09 Everyone / will be coming / to the party / at around 6 P.M.
주어   동사   수식어1   수식어2
모두가 / 오고 있을 것이다 / 파티에 / 오후 6시쯤이면

오후 6시쯤이면 모두가 파티에 오고 있을 것이다.

10 The company / is expanding.   그 회사는 / 확장되고 있다
주어   동사

그 회사는 확장되고 있다.

01 My husband / has cleaned / the living room. 나의 남편은 / 청소했다 / 거실을
주어 　　　　　 동사 　　　　　　 목적어

나의 남편은 거실을 청소했다. [완료]

02 I / have lived / in Seoul / for nine years. 나는 / 거주해 왔다 / 서울에 / 9년간
주어 　 동사 　　　　 수식어1 　　　 수식어2

나는 9년간 서울에 거주해 왔다. [계속]

03 Rebecca / has lost / her job. Rebecca는 / 잃었다 / 일자리를
주어 　　　　 동사 　　　 목적어

Rebecca는 일자리를 잃었다. [완료]

04 I / have not seen / Jimmy / since last month.
주어 　　 동사 　　　　 목적어 　　　 수식어
나는 / 보지 못했다 / Jimmy를 / 지난달 이래로

나는 지난달 이래로 Jimmy를 보지 못했다. [계속]

05 He / has not finished / his dinner / yet. 그는 / 마치지 못했다 / 저녁 식사를 / 아직
주어 　　　 동사 　　　　　 목적어 　　 수식어

그는 아직 저녁 식사를 마치지 못했다. [완료]

06 Daisy / has broken / my camera. Daisy는 / 고장 냈다 / 나의 카메라를
주어 　　　 동사 　　　　 목적어

Daisy는 나의 카메라를 고장 냈다. [완료]

07 The bank / will have closed / by 4 P.M. 은행이 / 문을 닫게 될 것이다 / 오후 4시에는
주어 　　　　 동사 　　　　　 수식어

오후 4시에는 은행이 문을 닫게 될 것이다. [완료]

08 Matt / had already left / when we arrived.
주어 　　 동사 　　　　 수식어
Matt은 / 이미 떠났었다 / 우리가 도착했을 때

우리가 도착했을 때 Matt은 이미 떠났었다. [완료]

09 I / had gotten / a job / before I graduated.
주어 　 동사 　　 목적어 　　　 수식어
나는 / 구했다 / 일자리를 / 졸업하기 전에

나는 졸업하기 전에 일자리를 구했다. [완료]

10 The mechanic / will have repaired / the car / by next Friday.
주어 　　　　　　 동사 　　　　　 목적어 　　　 수식어
정비공은 / 수리하게 될 것이다 / 차를 / 다음 주 금요일까지

정비공은 다음 주 금요일까지 차를 수리하게 될 것이다. [완료]

1   능동태와 수동태 구별   p. 165

01   I / will borrow / a book.   나는 / 빌릴 것이다 / 책을   나는 책을 빌릴 것이다.

타동사(borrow) 뒤에 목적어 a book(책)이 왔으므로 능동태가 와야 합니다. 따라서 정답은 will borrow입니다.

02   The photo / was taken / by Serena.   그 사진은 / 찍혔다 / Serena에 의해   그 사진은 Serena에 의해 찍혔다.

타동사(take) 뒤에 목적어가 없으므로 수동태가 와야 합니다. 따라서 정답은 was taken입니다.

03   She / lost / her bag.   그녀는 / 잃어버렸다 / 그녀의 가방을   그녀는 그녀의 가방을 잃어버렸다.

타동사(lose) 뒤에 목적어 her bag(그녀의 가방)이 왔으므로 능동태가 와야 합니다. 따라서 정답은 lost입니다.

04   I / was invited / by Kay.   나는 / 초대받았다 / Kay에 의해   나는 Kay에 의해 초대받았다.

타동사(invite) 뒤에 목적어가 없으므로 수동태가 와야 합니다. 따라서 정답은 was invited입니다.

05   Shawn / played / video games.   Shawn은 / 했다 / 비디오 게임을   Shawn은 비디오 게임을 했다.

타동사(play) 뒤에 목적어 video games(비디오 게임)가 왔으므로 능동태가 와야 합니다. 따라서 정답은 played입니다.

06   English / is spoken / in many countries.   영어는 많은 나라에서 말해진다.
영어는   말해진다   많은 나라에서

타동사(speak) 뒤에 목적어가 없으므로 수동태가 와야 합니다. 따라서 정답은 is spoken입니다.

07   We / exchanged / messages.   우리는 메시지를 주고받았다.
우리는   주고받았다   메시지를

타동사(exchange) 뒤에 목적어 messages(메시지)가 왔으므로 능동태가 와야 합니다. 따라서 정답은 exchanged입니다.

08   The class / was canceled / today.   그 수업은 오늘 취소되었다.
그 수업은   취소되었다   오늘

타동사(cancel) 뒤에 목적어가 없으므로 수동태가 와야 합니다. 따라서 정답은 was canceled입니다.

09   The building / was designed / by a famous architect.   그 건축물은 한 유명한 건축가에 의해 설계되었다.
그 건축물은   설계되었다   한 유명한 건축가에 의해

주어 The building 뒤에 동사 자리가 비어 있습니다. 보기 중 동사 자리에 올 수 있는 것은 (A) designed, (C) designs, (D) was designed입니다. 빈칸 뒤에 타동사(design)의 목적어가 없으므로 수동태가 와야 합니다. 따라서 정답은 (D) was designed입니다. (A) designed와 (C) designs는 능동태로 수동태 자리에 올 수 없습니다. 'to + 동사' 형태인 (B) to design은 동사 자리에 올 수 없습니다.

10   The manager / expects / good results / from the customer survey.   경영자는 고객 여론 조사로부터 좋은 결과를 기대한다.
경영자는   기대한다   좋은 결과를   고객 여론 조사로부터

주어 The manager 뒤에 동사 자리가 비어 있습니다. 보기 중 동사 자리에 올 수 있는 것은 (B) expects와 (C) is expected입니다. 빈칸 뒤에 목적어 good results(좋은 결과)가 있으므로 능동태가 와야 합니다. 따라서 정답은 (B) expects입니다. (C) is expected는 수동태로 능동태 자리에 올 수 없습니다. 명사인 (A) expectation(기대)과 'to + 동사' 형태인 (D) to expect는 동사 자리에 올 수 없습니다.

01

Ruby / was pleased / with her test score.	Ruby는 그녀의 시험 점수에 기뻐했다.
Ruby는 기뻐했다 그녀의 시험 점수에	

'~에 기뻐하다'는 be pleased with이므로 정답은 전치사 with입니다.

02

The highway / is covered / with snow.	고속도로가 눈으로 덮여 있다.
고속도로가 덮여 있다 눈으로	

'~으로 덮여 있다'는 be covered with이므로 정답은 전치사 with입니다.

03

Scientists / were shocked / at the discovery.	과학자들은 그 발견에 충격을 받았다.
과학자들은 충격을 받았다 그 발견에	

'~에 충격을 받다'는 be shocked at이므로 정답은 전치사 at입니다.

04

Mr. Miller / was engaged / in conversation.	Mr. Miller는 대화에 참여했다.
Mr. Miller는 참여했다 대화에	

'~에 참여하다'는 be engaged in이므로 정답은 전치사 in입니다.

05

This job / is related / to my major.	이 직업은 내 전공과 관계가 있다.
이 직업은 관계가 있다 내 전공과	

'~과 관계가 있다'는 be related to이므로 정답은 전치사 to입니다.

06

My house / is equipped / with new furniture.	나의 집은 새 가구를 갖추고 있다.
나의 집은 갖추고 있다 새 가구를	

'~을 갖추고 있다'는 be equipped with이므로 정답은 전치사 with입니다.

07

Ms. Fox / is impressed / with the book.	Ms. Fox는 그 책에 감명받았다.
Ms. Fox는 감명받았다 그 책에	

'~에 감명받다'는 be impressed with이므로 정답은 전치사 with입니다.

08

Many company employees / are interested / in this program.	많은 회사 직원들이 이 프로그램에 관심이 있다.
많은 회사 직원들이 관심이 있다 이 프로그램에	

'~에 관심이 있다'는 be interested in이므로 정답은 전치사 in입니다.

09

Ms. Quinn / is satisfied / with her salary.	Ms. Quinn은 그녀의 급여에 만족한다.
Ms. Quinn은 만족한다 그녀의 급여에	

'Ms. Quinn은 급여에 만족한다'라는 뜻이 되어야 하므로 '~에 만족하다'의 be satisfied with를 완성시키는 것이 와야 합니다. 따라서 정답은 (A) with입니다.

10

Wear / sunglasses / when you are exposed to the sun.	햇빛에 노출될 때 선글라스를 착용해라.
착용해라 선글라스를 네가 햇빛에 노출될 때	

'햇빛에 노출될 때 선글라스를 착용해라'라는 뜻이 되어야 하므로 '~에 노출되다'의 be exposed to를 완성시키는 것이 와야 합니다. 따라서 정답은 (C) exposed to입니다.

1 | 수동태 문장 해석하기

p. 168

01 Milk / is delivered / every morning. 우유가 / 배달된다 / 매일 아침
주어 　　동사 　　　수식어

우유가 매일 아침 배달된다.

02 Gary / was fired. Gary는 / 해고되었다
주어 　　동사

Gary는 해고되었다.

03 This cake / was made / by Joe. 이 케이크는 / 만들어졌다 / Joe에 의해
주어 　　동사 　　　수식어

이 케이크는 Joe에 의해 만들어졌다.

04 Wood / is used / in many ways. 나무는 / 사용된다 / 많은 용도로
주어 　동사 　　수식어

나무는 많은 용도로 사용된다.

05 A speech / was given / by the CEO. 연설이 / 주어졌다 / 최고 경영자에 의해
주어 　　동사 　　　수식어

최고 경영자에 의해 연설이 주어졌다.

06 My house / was decorated / by my husband.
주어 　　　동사 　　　　수식어
우리 집은 / 꾸며졌다 / 나의 남편에 의해

우리 집은 나의 남편에 의해 꾸며졌다.

07 This event / is held / every year. 이 행사는 / 개최된다 / 매년
주어 　　동사 　　수식어

이 행사는 매년 개최된다.

08 Cereals / are produced / in this factory. 시리얼이 / 생산된다 / 이 공장에서
주어 　　동사 　　　수식어

이 공장에서 시리얼이 생산된다.

09 Files / are stacked / on the shelves. 파일들이 / 쌓여 있다 / 선반 위에
주어 　동사 　　　수식어

선반 위에 파일들이 쌓여 있다.

10 This poem / was written / by an unknown poet.
주어 　　동사 　　　수식어
이 시는 / 쓰여졌다 / 무명 시인에 의해

이 시는 무명 시인에 의해 쓰여졌다.

01 Our flight / can be delayed.　우리 항공편은 / 지연될 수 있다
　　　주어　　　　　동사

우리 항공편은 지연될 수 있다.

02 Anything / can be ordered / online.　무엇이든 / 주문될 수 있다 / 온라인으로
　　　주어　　　　동사　　　　　수식어

무엇이든 온라인으로 주문될 수 있다.

03 This sweater / should be washed / in cold water.
　　　주어　　　　　　동사　　　　　　　수식어
이 스웨터는 / 세탁되어야 한다 / 찬물로

이 스웨터는 찬물로 세탁되어야 한다.

04 Your homework / should be done / at home.
　　　주어　　　　　　동사　　　　　수식어
너의 숙제는 / 행해져야 한다 / 집에서

너의 숙제는 집에서 행해져야 한다.

05 Dinner / will be served / within 10 minutes.
　　　주어　　　동사　　　　　　수식어
저녁 식사는 / 제공될 것이다 / 10분 이내로

저녁 식사는 10분 이내로 제공될 것이다.

06 Details / can be viewed / on the Web site.
　　　주어　　　동사　　　　　수식어
세부 사항은 / 보여질 수 있다 / 웹 사이트에서

세부 사항은 웹 사이트에서 볼 수 있다.

07 ID cards / must be shown / at the front door.
　　　주어　　　　동사　　　　　수식어
신분증이 / 제시되어야 한다 / 정문에서

정문에서 신분증이 제시되어야 한다.

08 The winner / will be announced / soon.　우승자는 / 발표될 것이다 / 곧
　　　주어　　　　　동사　　　　　수식어

우승자는 곧 발표될 것이다.

09 Mr. Polk / will be rewarded / with an award.
　　　주어　　　　동사　　　　　수식어
Mr. Polk는 / 받게 될 것이다 / 상을

Mr. Polk는 상을 받게 될 것이다.

10 Personal information / should be protected.　개인 정보는 / 보호되어야 한다
　　　주어　　　　　　　　　동사

개인 정보는 보호되어야 한다.

1 | to 부정사 자리

p. 173

01 My hope / is / to see her again.　나의 바람은 / 그녀를 다시 보는 것이다　｜　나의 바람은 그녀를 다시 보는 것이다.

be동사(is) 뒤의 보어 자리에 올 수 있는 to 부정사가 와야 합니다. 따라서 정답은 to see입니다. 참고로, to 부정사는 동사처럼 목적어를 가질 수 있으므로, to 부정사(to see) 뒤에 목적어(her)가 올 수 있습니다.

02 Tara / wants / to sell the house.　Tara는 / 원한다 / 집을 팔기를　｜　Tara는 집을 팔기를 원한다.

동사(wants)의 목적어 자리에 올 수 있는 to 부정사가 와야 합니다. 따라서 정답은 to sell입니다.

03 I / arrived / early / to sit in the front row.　나는 / 도착했다 / 일찍 / 앞줄에 앉기 위해서　｜　나는 앞줄에 앉기 위해서 일찍 도착했다.

주어(I)와 자동사(arrived)가 모두 있는 완전한 문장이므로 수식어 자리에 올 수 있는 to 부정사가 와야 합니다. 따라서 정답은 to sit입니다.

04 To explain the reason / is / difficult.　그 이유를 설명하는 것은 / 어렵다　｜　그 이유를 설명하는 것은 어렵다.

주어 자리에 올 수 있는 to 부정사가 와야 합니다. 따라서 정답은 To explain입니다. 명사인 explanation(설명)은 주어 자리에 올 수 있지만 뒤에 목적어(the reason)를 가질 수 없으므로 정답이 될 수 없습니다.

05 To climb a mountain / seems / fun.　산을 오르는 것은 / 보인다 / 재미있어　｜　산을 오르는 것은 재미있어 보인다.

주어 자리에 올 수 있는 to 부정사가 와야 합니다. 따라서 정답은 To climb입니다.

06 Ms. Ford / went / to the post office / to mail a letter.　Ms. Ford는　갔다　우체국에　편지를 보내기 위해서　｜　Ms. Ford는 편지를 보내기 위해서 우체국에 갔다.

주어(Ms. Ford)와 자동사(went)가 모두 있는 완전한 문장이므로 수식어 자리에 올 수 있는 to 부정사가 와야 합니다. 따라서 정답은 to mail입니다.

07 My plan / was / to win first prize.　나의 계획은 / 1등 상을 타는 것이었다　｜　나의 계획은 1등 상을 타는 것이었다.

be동사(was) 뒤의 보어 자리에 올 수 있는 to 부정사가 와야 합니다. 따라서 정답은 to win입니다.

08 The company / needs / feedback / to improve its products.　그 회사는　필요하다　피드백　자사의 제품을 개선하기 위해서　｜　그 회사는 자사의 제품을 개선하기 위해서 피드백이 필요하다.

주어(The company), 동사(needs), 목적어(feedback)가 모두 있는 완전한 문장이므로 수식어 자리에 올 수 있는 to 부정사가 와야 합니다. 따라서 정답은 to improve입니다. to 부정사가 와야 하는 수식어 자리에 명사 improvement(개선)는 올 수 없습니다.

09 We / will do / anything / to please our customers.　우리는 할 것이다　무엇이든　우리 고객을 기쁘게 하기 위해서　｜　우리는 우리 고객을 기쁘게 하기 위해서 무엇이든 할 것이다.

주어(We), 동사(will do), 목적어(anything)가 모두 있는 완전한 문장이므로 수식어 자리에 올 수 있는 to 부정사가 와야 합니다. 따라서 정답은 (C) to please입니다 동사인 (A) please(기쁘게 하다), (D) pleases와 명사인 (B) pleasure(기쁨)는 수식어 자리에 올 수 없습니다.

10 They / hope / to find the cause of the problem.　그들은　바란다　그 문제의 원인을 찾기를　｜　그들은 그 문제의 원인을 찾기를 바란다.

동사 hope의 목적어 자리에 올 수 있는 to 부정사가 와야 합니다. 따라서 정답은 (B) to find입니다. 동사인 (A) finds, (C) find(찾다), (D) found는 목적어 자리에 올 수 없습니다.

01   Don't forget / to wash your hands.   잊지 마세요 / 당신의 손을 씻는 것을   당신의 손을 씻는 것을 잊지 마세요.

명사처럼 동사(forget)의 목적어 역할을 하면서, '씻는 것'이라는 의미를 만드는 to 부정사가 와야 합니다. 따라서 정답은 to wash입니다. 참고로, to 부정사는 동사처럼 목적어를 가질 수 있으므로, to 부정사(to wash) 뒤에 목적어(your hands)가 올 수 있습니다.

02   I / don't have / time / to cook.   나는 / 없다 / 시간이 / 요리할   나는 요리할 시간이 없다.

형용사처럼 명사 time(시간)을 뒤에서 수식하면서, '요리할'이라는 의미를 만드는 to 부정사가 와야 합니다. 따라서 정답은 to cook입니다.

03   A critic / came / to review the restaurant.   한 비평가가 식당을 비평하기 위해서 왔다.
      한 비평가가   왔다   식당을 비평하기 위해서

부사처럼 동사(came)를 수식하면서, '비평하기 위해서'라는 의미를 만드는 to 부정사가 와야 합니다. 따라서 정답은 to review입니다.

04   To book an appointment, / visit / our Web site.   예약하기 위해서는, 저희 웹 사이트를 방문하세요.
      예약하기 위해서는   방문하세요 저희 웹 사이트를

문장(visit our Web site)을 수식하면서 '예약하기 위해서'라는 의미를 만드는 to 부정사가 와야 합니다. 따라서 정답은 To book입니다.

05   Katherine / has / some good news / to share.   Katherine은 공유할 몇몇 좋은 소식이 있다.
      Katherine은   있다   몇몇 좋은 소식이   공유할

형용사처럼 명사 news(소식)를 뒤에서 수식하는 역할을 하는 to 부정사가 와야 합니다. 따라서 정답은 to share입니다.

06   Ms. Scott's goal / is / to become a designer.   Ms. Scott의 목표는 디자이너가 되는 것이다.
      Ms. Scott의 목표는   디자이너가 되는 것이다

명사처럼 be동사(is) 뒤에서 보어 역할을 하는 to 부정사가 와야 합니다. 따라서 정답은 to become입니다.

07   I / don't have / any money / to spend.   나는 쓸 돈이 없다.
      나는   없다   돈이   쓸

형용사처럼 명사 money(돈)를 뒤에서 수식하는 역할을 하는 to 부정사가 와야 합니다. 따라서 정답은 to spend입니다.

08   They / are working / to handle the recent problems.   그들은 최근의 문제들을 처리하기 위해서 일하고 있다.
      그들은   일하고 있다   최근의 문제들을 처리하기 위해서

부사처럼 동사(are working)를 수식하는 역할을 하는 to 부정사가 와야 합니다. 따라서 정답은 to handle입니다.

09   One of Mr. Leon's responsibilities / is / to communicate with other teams.   Mr. Leon의 책무들 중 하나는 다른 팀들과 의사소통하는 것이다.
      Mr. Leon의 책무들 중 하나는   다른 팀들과 의사소통하는 것이다

명사처럼 be동사(is) 뒤에서 보어 역할을 하는 to 부정사가 와야 합니다. 따라서 정답은 (B) to communicate입니다. 과거분사인 (A) communicated도 be동사 뒤에 올 수 있지만, 수동태(is communicated)가 되어 'Mr. Leon의 책무들 중 하나가 의사소통된다'라는 어색한 문장을 만들기 때문에 정답이 될 수 없습니다. 동사인 (C) communicate(의사소통하다)와 (D) communicates는 보어 역할을 할 수 없습니다.

10   Ms. Neil / has / a speech / to prepare for the next meeting.   Ms. Neil은 다음 회의를 위해 준비해야 할 발표가 있다.
      Ms. Neil은   있다   발표가   다음 회의를 위해 준비해야 할

형용사처럼 명사 speech(발표)를 뒤에서 수식하는 역할을 하는 to 부정사가 와야 합니다. 따라서 정답은 (C) to prepare입니다. 동사인 (A) will prepare, (B) prepare(준비하다), (D) prepares는 형용사 역할을 할 수 없습니다.

01

She / wants / to quit her job.
그녀는　원한다　직장을 그만두기를

그녀는 직장을 그만두기를 원한다.

동사 want(원하다)는 to 부정사를 목적어로 가질 수 있습니다. 따라서 정답은 to quit입니다.

02

He / decided / to marry his girlfriend.
그는　결정했다　그의 여자친구와 결혼하기로

그는 그의 여자친구와 결혼하기로 했다.

동사 decide(결정하다)는 to 부정사를 목적어로 가질 수 있습니다. 따라서 정답은 to marry입니다.

03

I / have / a way / to reduce costs.
나에게 있다　방법이　비용을 줄일

나에게 비용을 줄일 방법이 있다.

명사 way(방법)는 바로 뒤에 to 부정사가 올 수 있습니다. 따라서 정답은 to reduce입니다.

04

I / was / about / to leave.
나는　막 떠나려 했다

나는 막 떠나려 했다.

형용사 about(막 ~하려 하는)은 바로 뒤에 to 부정사가 올 수 있습니다. 따라서 정답은 to leave입니다.

05

Ms. Fletcher / expects / you / to call her back.
Ms. Fletcher는　기대한다　당신이　다시 그녀에게 전화하기를

Ms. Fletcher는 당신이 다시 그녀에게 전화하기를 기대한다.

동사 expect(기대하다)는 목적어(you) 뒤에 to 부정사를 목적격 보어로 가질 수 있습니다. 따라서 정답은 to call입니다.

06

Chloe / made / plans / to spend her vacation at the beach.
Chloe는　세웠다　계획들을　해변에서 휴가를 보낼

Chloe는 해변에서 휴가를 보낼 계획들을 세웠다.

명사 plan(계획)은 바로 뒤에 to 부정사가 올 수 있습니다. 따라서 정답은 to spend입니다.

07

We / are always ready / to help our guests.
우리는　항상 준비가 되어 있다　우리의 손님들을 도울

우리는 항상 우리의 손님들을 도울 준비가 되어 있다.

형용사 ready(준비된)는 바로 뒤에 to 부정사가 올 수 있습니다. 따라서 정답은 to help입니다.

08

Mr. Crosby / has / the ability / to multitask.
Mr. Crosby는　가지고 있다　능력을　동시에 여러 가지 일을 할 수 있는

Mr. Crosby는 동시에 여러 가지 일을 할 수 있는 능력을 가지고 있다.

명사 ability(능력)는 바로 뒤에 to 부정사가 올 수 있습니다. 따라서 정답은 to multitask입니다.

09

Jacob / failed / to pass the exam.
Jacob은　못했다　시험에 통과하지

Jacob은 시험에 통과하지 못했다.

동사 fail(~하지 못하다)은 to 부정사를 목적어로 가질 수 있습니다. 따라서 정답은 (D) to pass입니다.

10

We / remind / passengers / to keep their bags with them.
우리는　상기시킨다　승객들에게　가방을 그들 옆에 가지고 있으라고

우리는 승객들에게 가방을 그들 옆에 가지고 있으라고 상기시킨다.

동사 remind(상기시키다)는 목적어(passengers) 뒤에 to 부정사를 목적격 보어로 가질 수 있습니다. 따라서 정답은 (B) to keep입니다.

1 | '가짜 주어 it – 진짜 주어 to 부정사' 해석하기   p. 178

01   It / is / fun / to swim.   재미있다 / 수영하는 것은
동사   보어   주어
    수영하는 것은 재미있다.

02   It / was / great / to travel with my family.   좋았다 / 나의 가족과 함께 여행하는 것은
동사   보어   주어
    나의 가족과 함께 여행하는 것은 좋았다.

03   It / is / terrible / to work late every day.   끔찍하다 / 매일 늦게까지 일하는 것은
동사   보어   주어
    매일 늦게까지 일하는 것은 끔찍하다.

04   It / takes / time / to finish assignments.   걸린다 / 시간이 / 과제를 끝내는 것은
동사   목적어   주어
    과제를 끝내는 것은 시간이 걸린다.

05   It / is / exciting / to watch a baseball game.   신난다 / 야구 경기를 보는 것은
동사   보어   주어
    야구 경기를 보는 것은 신난다.

06   It / is / important / to make a good decision.   중요하다 / 좋은 결정을 내리는 것은
동사   보어   주어
    좋은 결정을 내리는 것은 중요하다.

07   It / requires / practice / to play the drums well.
동사   목적어   주어
필요로 한다 / 연습을 / 드럼을 잘 연주하는 것은
    드럼을 잘 연주하는 것은 연습을 필요로 한다.

08   It / costs / a lot of money / to buy a new car.
동사   목적어   주어
든다 / 많은 돈이 / 새 자동차를 사는 것은
    새 자동차를 사는 것은 많은 돈이 든다.

09   Sometimes, / it / is / difficult / to express my feelings.
수식어   동사   보어   주어
가끔 / 어렵다 / 나의 감정을 표현하는 것이
    가끔, 나의 감정을 표현하는 것이 어렵다.

10   It / was / hard / to find an empty seat at the library.
동사   보어   주어
어려웠다 / 도서관에서 비어 있는 자리를 찾는 것이
    도서관에서 비어 있는 자리를 찾는 것이 어려웠다.

01 Laura / bought / a pen / to write the letter.
주어 동사 목적어 수식어
Laura는 / 샀다 / 펜을 / 편지를 쓰기 위해서

Laura는 편지를 쓰기 위해서 펜을 샀다.

02 Tim / went / to the supermarket / to buy some food.
주어 동사 수식어1 수식어2
Tim은 / 갔다 / 슈퍼마켓에 / 음식을 사기 위해서

Tim은 음식을 사기 위해서 슈퍼마켓에 갔다.

03 To have a party, / we / need / more chairs.
수식어 주어 동사 목적어
파티를 열기 위해서 / 우리는 / 필요하다 / 더 많은 의자가

파티를 열기 위해서, 우리는 더 많은 의자가 필요하다.

04 Wendy / visited / the bookstore / to buy a guidebook.
주어 동사 목적어 수식어
Emily는 / 방문했다 / 서점을 / 안내서를 사기 위해서

Wendy는 안내서를 사기 위해서 서점을 방문했다.

05 You / need / a credit card / to book a hotel room.
주어 동사 목적어 수식어
당신은 / 필요하다 / 신용 카드가 / 호텔 객실을 예약하기 위해서

당신은 호텔 객실을 예약하기 위해서 신용 카드가 필요하다.

06 In order to graduate, / he / must take / this class.
수식어 주어 동사 목적어
졸업하기 위해서 / 그는 / 반드시 들어야 한다 / 이 수업을

졸업하기 위해서, 그는 반드시 이 수업을 들어야 한다.

07 I / ride / a bicycle / in order to save time.
주어 동사 목적어 수식어
나는 / 탄다 / 자전거를 / 시간을 절약하기 위해서

나는 시간을 절약하기 위해서 자전거를 탄다.

08 We / should move / the furniture / to make some room.
주어 동사 목적어 수식어
우리는 / 옮겨야 한다 / 가구를 / 공간을 만들기 위해서

공간을 만들기 위해서 우리는 가구를 옮겨야 한다.

09 Jim / got / a second job / in order to make more money.
주어 동사 목적어 수식어
Jim은 / 구했다 / 부업을 / 더 많은 돈을 벌기 위해서

Jim은 더 많은 돈을 벌기 위해서 부업을 구했다.

10 In order to join the program, / please fill out / this form.
수식어 동사 목적어
프로그램에 참가하기 위해서 / 작성해 주세요 / 이 신청서를

프로그램에 참가하기 위해서, 이 신청서를 작성해 주세요.

1 | 동명사 자리   p. 183

01 I / hate / waking up early on weekends.   나는 / 싫어한다 / 주말에 일찍 일어나는 것을   나는 주말에 일찍 일어나는 것을 싫어한다.

목적어 자리에 올 수 있으면서 '일어나는 것'이라는 의미를 만드는 동명사가 와야 합니다. 따라서 정답은 waking입니다.

02 My favorite activity / is / playing soccer.   내가 가장 좋아하는 활동은 축구하는 것이다
내가 가장 좋아하는 활동은   축구하는 것이다

be동사(is) 뒤의 보어 자리에 올 수 있으면서 '축구하는 것'이라는 의미를 만드는 동명사가 와야 합니다. 따라서 정답은 playing입니다.

03 Thank you / for responding / to my question.   제 질문에 답해 주신 것에 감사합니다.
감사합니다   답해 주신 것에   제 질문에

전치사(for)의 바로 뒤에 올 수 있는 동명사가 와야 합니다. 따라서 정답은 responding입니다.

04 Using a credit card / is / convenient.   신용 카드를 사용하는 것은 / 편리하다   신용 카드를 사용하는 것은 편리하다.

주어 자리에 올 수 있으면서 '사용하는 것'이라는 의미를 만드는 동명사가 와야 합니다. 따라서 정답은 Using입니다.

05 Looking for a job / can be stressful.   일자리를 찾는 것은 스트레스가 많을 수 있다.
일자리를 찾는 것은   스트레스가 많을 수 있다

주어 자리에 올 수 있는 동명사가 와야 합니다. 따라서 정답은 Looking입니다.

06 Mr. Field's problem / is / arriving at the office late.   Mr. Field의 문제는 사무실에 늦게 도착하는 것이다.
Mr. Field의 문제는   사무실에 늦게 도착하는 것이다

be동사(is) 뒤의 보어 자리에 올 수 있는 동명사가 와야 합니다. 따라서 정답은 arriving입니다.

07 The position / involves / promoting our services.   그 직무는 우리의 서비스를 홍보하는 것을 수반한다.
그 직무는   수반한다   우리의 서비스를 홍보하는 것을

목적어 자리에 올 수 있는 동명사가 와야 합니다. 따라서 정답은 promoting입니다.

08 My parents / are thinking / about buying a new car.   우리 부모님은 새 차를 사는 것에 대해 생각하고 계신다.
우리 부모님은   생각하고 계신다   새 차를 사는 것에 대해

전치사(about)의 뒤에 올 수 있는 동명사가 와야 합니다. 따라서 정답은 buying입니다.

09 Learning a language / takes / lots of effort.   언어를 배우는 것은 많은 노력을 필요로 한다.
언어를 배우는 것은   필요로 한다   많은 노력을

주어 자리에 오면서 목적어(a language)를 가질 수 있는 동명사가 와야 합니다. 따라서 정답은 (B) Learning입니다. 동사인 (A) Learn (배우다)과 동사 또는 과거분사인 (C) Learned는 주어 자리에 올 수 없습니다. 명사인 (D) Learner(학습자)는 주어 자리에 올 수 있지만 목적어(a language)를 가질 수 없습니다.

10 The two companies / have talked / about cooperating with each other.   그 두 회사는 서로 협력하는 것에 대해 이야기했다.
그 두 회사는   이야기했다   서로 협력하는 것에 대해

전치사(about) 뒤에 올 수 있는 동명사가 와야 합니다. 따라서 정답은 (A) cooperating입니다. to 부정사인 (B) to cooperate, 동사인 (C) cooperates, 동사 또는 과거분사인 (D) cooperated는 전치사 뒤에 올 수 없습니다.

01

I / enjoy / listening to the radio.

나는 즐긴다　　　라디오를 듣는 것을

나는 라디오를 듣는 것을 즐긴다.

동사 enjoy(즐기다)는 동명사를 목적어로 가질 수 있습니다. 따라서 정답은 listening입니다.

02

She / started / to say something.

그녀는　시작했다　무언가를 말하기

그녀는 무언가를 말하기 시작했다.

동사 start(시작하다)는 동명사와 to 부정사 모두를 목적어로 가질 수 있습니다. 따라서 정답은 to 부정사인 to say입니다.

03

Mr. Gray / gave up / drinking coffee.

Mr. Gray는　그만뒀다　커피 마시는 것을

Mr. Gray는 커피 마시는 것을 그만뒀다.

동사 give up(그만두다, 포기하다)은 동명사를 목적어로 가질 수 있습니다. 따라서 정답은 drinking입니다.

04

Carl / denied / lying to his teacher.

Carl은　부인했다　선생님께 거짓말한 것을

Carl은 선생님께 거짓말한 것을 부인했다.

동사 deny(부인하다)는 동명사를 목적어로 가질 수 있습니다. 따라서 정답은 lying입니다.

05

I / should begin / to write / my résumé.

나는　시작해야 한다　쓰는 것을　나의 이력서를

나는 나의 이력서를 쓰는 것을 시작해야 한다.

동사 begin(시작하다)은 동명사와 to 부정사 모두를 목적어로 가질 수 있습니다. 따라서 정답은 to 부정사인 to write입니다.

06

The company's sales / continue / to improve.

회사의 매출이　계속한다　향상되는 것을

회사의 매출이 계속 향상된다.

동사 continue(계속하다)는 동명사와 to 부정사 모두를 목적어로 가질 수 있습니다. 따라서 정답은 to 부정사인 to improve입니다.

07

Mr. Peters / likes / to help other people.

Mr. Peters는　좋아한다　다른 사람들을 돕는 것을

Mr. Peters는 다른 사람들을 돕는 것을 좋아한다.

동사 like(좋아하다)는 동명사와 to 부정사 모두를 목적어로 가질 수 있습니다. 따라서 정답은 to 부정사인 to help입니다. help를 동사가 아닌 '도움'을 의미하는 명사로 보면 동사 like의 목적어 자리에 올 수 있지만, 뒤에 목적어(other people)가 올 수 없으므로 정답이 될 수 없습니다.

08

Ms. Davis / postponed / leaving the hotel / because of the storm.

Ms. Davis는　연기했다　호텔에서 떠나는 것을　폭풍 때문에

Ms. Davis는 폭풍 때문에 호텔에서 떠나는 것을 연기했다.

동사 postpone(연기하다)은 동명사를 목적어로 가질 수 있습니다. 따라서 정답은 leaving입니다.

09

Doctors / recommend / drinking / lots of water.

의사들은　권한다　마시는 것을　많은 물을

의사들은 많은 물을 마시는 것을 권한다.

동사 recommend(권하다)는 동명사를 목적어로 가질 수 있습니다. 따라서 정답은 (D) drinking입니다. (A) drink를 동사가 아닌 '마실 것'을 의미하는 명사로 보면 동사 recommend의 목적어 자리에 올 수 있지만, 뒤에 목적어(lots of water)가 올 수 없으므로 정답이 될 수 없습니다.

10

Ms. Liu / considered / purchasing a new bike.

Ms. Liu는　고려했다　새 자전거를 구입하는 것을

Ms. Liu는 새 자전거를 구입하는 것을 고려했다.

동사 consider(고려하다)는 동명사를 목적어로 가질 수 있습니다. 따라서 정답은 (B) purchasing입니다. (C) purchases를 동사가 아닌 '구입품들'을 의미하는 복수 명사로 보면 동사 consider의 목적어 자리에 올 수 있지만, 뒤에 목적어(a new bike)가 올 수 없으므로 정답이 될 수 없습니다.

1 명사 역할을 하는 동명사 해석하기

p. 186

01 I / finished / washing the dishes.　나는 / 끝냈다 / 설거지하는 것을
주어　동사　목적어

나는 설거지하는 것을 끝냈다.

02 My father / enjoys / playing golf.　아버지께서는 / 즐기신다 / 골프 치는 것을
주어　동사　목적어

아버지께서는 골프 치는 것을 즐기신다.

03 Tommy / likes / reading magazines.　Tommy는 / 좋아한다 / 잡지를 읽는 것을
주어　동사　목적어

Tommy는 잡지를 읽는 것을 좋아한다.

04 Her job / is / repairing cars.　그녀의 직업은 / 차를 수리하는 것이다
주어　동사　보어

그녀의 직업은 차를 수리하는 것이다.

05 My hobby / is / collecting coins.　나의 취미는 / 동전을 수집하는 것이다
주어　동사　보어

나의 취미는 동전을 수집하는 것이다.

06 Danny / loves / shopping at department stores.
주어　동사　목적어
Danny는 / 좋아한다 / 백화점에서 쇼핑하는 것을

Danny는 백화점에서 쇼핑하는 것을 좋아한다.

07 Living in a city / requires / a lot of money.
주어　동사　목적어
도시에서 사는 것은 / 필요로 한다 / 많은 돈을

도시에서 사는 것은 많은 돈을 필요로 한다.

08 I / prefer / studying alone.　나는 / 선호한다 / 혼자 공부하는 것을
주어　동사　목적어

나는 혼자 공부하는 것을 선호한다.

09 Making new friends / takes / time.　새로운 친구들을 만드는 것은 / 걸린다 / 시간이
주어　동사　목적어

새로운 친구들을 만드는 것은 시간이 걸린다.

10 Wearing a seatbelt / protects / passengers' lives.
주어　동사　목적어
안전벨트를 매는 것은 / 보호한다 / 승객들의 생명을

안전벨트를 매는 것은 승객들의 생명을 보호한다.

01 Joe / is / busy / studying.　Joe는 / 바쁘다 / 공부하느라
주어　동사　보어　수식어

Joe는 공부하느라 바쁘다.

02 I / feel like / playing tennis.　나는 / 테니스를 치고 싶다
주어　동사　목적어

나는 테니스를 치고 싶다.

03 We / kept / smiling / for the picture.　우리는 / 계속했다 / 미소 짓기를 / 사진을 위해
주어　동사　목적어　수식어

우리는 사진을 위해 계속해서 미소 지었다.

04 Olivia / spends / too much time / watching TV.
주어　동사　목적어　수식어
Olivia는 / 쓴다 / 너무 많은 시간을 / TV를 보는 데

Olivia는 TV를 보는 데 너무 많은 시간을 쓴다.

05 Jasmine / has / difficulty / chewing food.
주어　동사　목적어　수식어
Jasmine은 / 겪는다 / 어려움을 / 음식을 씹는 데

Jasmine은 음식을 씹는 데 어려움을 겪는다.

06 Ellie / usually spends / her weekends / exercising.
주어　동사　목적어　수식어
Ellie는 / 보통 보낸다 / 주말을 / 운동하며

Ellie는 보통 운동하며 주말을 보낸다.

07 Chris / keeps / asking me the same question.
주어　동사　목적어
Chris는 / 계속한다 / 나에게 같은 질문을 묻는 것을

Chris는 나에게 같은 질문을 묻는 것을 계속한다.

08 This book / is / worth reading several times.
주어　동사　보어
이 책은 / 여러 번 읽을 가치가 있다

이 책은 여러 번 읽을 가치가 있다.

09 Some students / have / trouble / doing their homework.
주어　동사　목적어　수식어
몇몇 학생들은 / 겪는다 / 어려움을 / 숙제를 하는 데

몇몇 학생들은 숙제를 하는 데 어려움을 겪는다.

10 Ms. Clark's plan / is / worth considering.
주어　동사　보어
Ms. Clark의 계획은 / 고려할 만한 가치가 있다

Ms. Clark의 계획은 고려할 만한 가치가 있다.

1 광고

p. 192

01 ~ 02

Are you looking for a cozy living space?

This one-bedroom apartment is now available for rent. It is located on the 12th floor of the Melody Building in Kennedy Town.

- Fully furnished
- 02Close to a subway station
- 01Costs $700 a month
- 02Deposit is $2,000

아늑한 생활 공간을 찾고 계신가요?

이 침실 1개짜리 아파트가 현재 임대로 이용 가능합니다. 그것은 Kennedy Town에 있는 Melody 빌딩의 12층에 위치해 있습니다.

· 가구가 완전히 비치되어 있음
· 지하철역과 가까움
· 한 달에 700달러가 듦
· 보증금은 2,000달러임

01 아파트의 한 달 임대료를 묻는 문제입니다. 지문 후반부의 'Costs $700 a month'를 통해, 한 달 임대료가 700달러라는 내용을 확인할 수 있습니다. 따라서 정답은 (A)입니다.

02 아파트에 대해 사실이 아닌 것을 묻는 문제입니다. 지문 마지막의 'Deposit is $2,000'를 통해 보증금이 2,000달러라는 내용을 확인할 수 있습니다. 임대료 700달러 외에 보증금 2,000달러도 내야 하므로 정답은 (A)입니다. (B)는 'Close to a subway station'을 통해 아파트가 대중교통 시설과 가깝다는 내용을 확인할 수 있습니다.

03 ~ 04

Questions 03-04 refer to the following advertisement.

Software Programmer

03Sunny Software in Austin / is looking for / software
오스틴에 있는 Sunny Software사는 　 찾고 있습니다 　 소프트웨어

programmers. There are six job openings / for the position.
프로그래머들을 　 여섯 개의 일자리가 있습니다 　 그 직책에

Responsibilities:

- Designing software programs
- Working with team members

04**Requirements:**

- Two years' experience in a similar role
- 04Four-year degree in computer science

To apply, / e-mail your résumé / to jobs@sunnysw.com.
지원하려면 　 이력서를 이메일로 보내십시오 　 jobs@sunnysw.com으로

03-04번은 다음 광고에 관한 문제입니다.

소프트웨어 프로그래머

오스틴에 있는 Sunny Software사는 소프트웨어 프로그래머들을 찾고 있습니다. 그 직책에 여섯 개의 일자리가 있습니다.

책무:
· 소프트웨어 프로그램 설계하기
· 팀원들과 협력하기

요구 사항:
· 비슷한 역할에서의 2년의 경력
· 컴퓨터 공학에서의 4년제 학위

지원하려면, jobs@sunnysw.com으로 이력서를 이메일로 보내십시오.

03

What is true about Sunny Software?

(A) It designs computer games.
(B) It recently expanded into Austin.
(C) It will hire several new people.
(D) It requires applicants to visit its office.

Sunny Software사에 대해 사실인 것은 무엇인가?

(A) 컴퓨터 게임을 설계한다.
(B) 최근에 오스틴으로 확장했다.
(C) 몇몇 새로운 사람들을 고용할 것이다.
(D) 지원자들에게 사무실을 방문할 것을 요구한다.

Sunny Software사에 대해 사실인 것을 묻는 문제입니다. 지문 초반의 'Sunny Software in Austin is looking for software programmers. There are six job openings for the position.'을 통해, Sunny Software사가 여섯 명의 소프트웨어 프로그래머들을 고용할 것이라는 내용을 확인할 수 있습니다. 따라서 정답은 (C) It will hire several new people입니다.

What is a requirement for the position?	이 직책의 요구 사항은 무엇인가?
(A) An interest in fashion design	(A) 패션 디자인에 대한 흥미
(B) A knowledge of marketing	(B) 마케팅 지식
(C) Experience as a team leader	(C) 팀장으로서의 경험
(D) A degree in a specific major	(D) 특정 전공에서의 학위

직책의 요구 사항을 묻는 문제입니다. 지문 중반 'Requirements' 아래의 'Four-year degree in computer science'를 통해, 컴퓨터 공학 학위가 직책의 요구 사항에 포함된다는 것을 확인할 수 있습니다. 따라서 정답은 (D) A degree in a specific major입니다.

---

05 ~ 06

Questions 05-06 refer to the following advertisement.	05-06번은 다음 광고에 관한 문제입니다.
It's Back-to-School Time at **Chappi** **India's No. 1 Online School Supplies Store** Visit www.Chappi.com / from May 1 to June 30 / and / take www.Chappi.com을 방문하세요 5월 1일부터 6월 30일까지 그리고 advantage of discounts. Enjoy / up to 50 percent off / on items / 할인을 이용하세요 누리세요 50퍼센트까지의 할인을 상품에 대해 like school bags, notebooks, pencil cases, and more. ⁰⁵Log in / 책가방, 공책, 필통 등과 같은 로그인하세요 with your Chappi membership number / and / get an additional 당신의 Chappi 회원 번호로 그리고 추가 5퍼센트의 할인을 받으세요 5 percent off. As always, / ⁰⁶we will offer / free delivery / on all 늘 그렇듯 저희는 제공할 것입니다 무료 배송을 모든 주문에 대해 orders / above $30. 30달러가 넘는	인도의 1위 온라인 학용품점 Chappi에서의 신학기 시즌입니다 5월 1일부터 6월 30일까지 www.Chappi.com을 방문하고 할인을 이용하세요. 책가방, 공책, 필통 등과 같은 상품에 대해 50퍼센트까지의 할인을 누리세요. 당신의 Chappi 회원 번호로 로그인하고 추가 5퍼센트의 할인을 받으세요. 늘 그렇듯, 저희는 30달러가 넘는 모든 주문에 대해 무료 배송을 제공할 것입니다.

05

What can Chappi members receive?	Chappi 회원들은 무엇을 받을 수 있는가?
(A) A free pencil case	(A) 무료 필통
(B) An additional discount	(B) 추가 할인
(C) A voucher	(C) 상품권
(D) A product catalog	(D) 제품 카탈로그

Chappi 회원들이 받을 수 있는 것을 묻는 문제입니다. 지문 중반의 'Log in with your Chappi membership number and get an additional 5 percent off.'를 통해, Chappi 회원은 회원 번호로 로그인하면 5퍼센트의 추가 할인을 받을 수 있다는 내용을 확인할 수 있습니다. 따라서 정답은 (B) An additional discount입니다.

06

How can customers get free delivery?	고객들은 어떻게 무료 배송을 받을 수 있는가?
(A) By becoming a member of Chappi	(A) Chappi의 회원이 됨으로써
(B) By ordering before June 30	(B) 6월 30일 이전에 주문함으로써
(C) By spending over $30	(C) 30달러 넘게 씀으로써
(D) By buying items in cash	(D) 상품을 현금으로 구매함으로써

고객들이 어떻게 무료 배송을 받을 수 있는지를 묻는 문제입니다. 마지막 문장의 'we will offer free delivery on all orders above $30'를 통해, 30달러가 넘는 모든 주문에 대해 무료 배송을 제공한다는 내용을 확인할 수 있습니다. 따라서 정답은 (C) By spending over $30입니다.

01 ~ 02

<table>
<tr><td>

Public Notice

Lawren City has decided to start a road construction project. Construction will take place along Iowa Street from 4th Avenue to 15th Avenue. ^{01/02}Due to the construction, there will be changes to a bus route and schedule. ⁰²Please visit Lawrencity.com to check the new timetable. Work will begin on March 25 and end on April 25.

</td><td>

대중을 위한 공고

Lawren시는 도로 공사 프로젝트를 시작하기로 결정했습니다. 공사는 Iowa 거리를 따라 4번가부터 15번가까지 있을 예정입니다. 공사 때문에, 버스 경로와 일정에 변경 사항들이 있을 것입니다. 새로운 시간표를 확인하시려면 Lawrencity.com을 방문하세요. 공사는 3월 25일에 시작해서 4월 25일에 끝날 것입니다.

</td></tr>
</table>

01 공고의 목적을 묻는 문제입니다. 지문 중반의 'Due to the construction, there will be changes to a bus route and schedule.'을 통해, 공사 때문에 버스 경로와 일정에 변경 사항들이 있을 것이라는 내용을 확인할 수 있습니다. 따라서 정답은 (B)입니다.

02 웹 사이트에서 알 수 있는 것을 묻는 문제입니다. 지문 중반의 'Due to the construction, there will be changes to a bus route and schedule.'을 통해 버스 경로와 일정에 변경 사항들이 있을 것이라는 내용을 확인할 수 있고, 'Please visit Lawrencity.com to check the new timetable.'을 통해 새로운 시간표, 즉 새로운 버스 시간표를 확인하려면 웹 사이트를 방문하라는 내용을 확인할 수 있습니다. 따라서 정답은 (A)입니다.

03 ~ 04

<table>
<tr><td>

Questions 03-04 refer to the following notice.

NOTICE TO STAFF

⁰³Fermacorp will be holding / a seminar / for our employees /
　　Fermacorp사는 열 것입니다　　세미나를　　우리 직원들을 위해서

on July 2. It will include lectures / about leadership,
　7월 2일에　　그것은 강연들을 포함할 것입니다　　리더십,

communication, teamwork, and problem solving. Each lecture
의사소통, 팀워크, 그리고 문제 해결에 관한　　　　　　　　各 강연은

will last / for two hours. ⁰⁴To attend, / please complete / a request
계속될 것입니다　2시간 동안　　참석하시려면　　작성해 주십시오　　신청서를

form. This request / must be approved / by a manager.
　　　이 신청서는　　　승인되어야 합니다　　상사에 의해

</td><td>

03-04번은 다음 공고에 관한 문제입니다.

직원 대상 공고

Fermacorp사는 우리 직원들을 위해서 7월 2일에 세미나를 열 것입니다. 그것은 리더십, 의사소통, 팀워크, 그리고 문제 해결에 관한 강연들을 포함할 것입니다. 각 강연은 2시간 동안 계속될 것입니다. 참석하시려면, 신청서를 작성해 주십시오. 이 신청서는 상사에 의해 승인되어야 합니다.

</td></tr>
</table>

03

<table>
<tr><td>

Why was the notice written?

(A) To report on employee performance
(B) To share details about a class
(C) To announce a change in a policy
(D) To explain the importance of leadership

</td><td>

왜 공고가 쓰였는가?

(A) 직원 성과를 알리기 위해
(B) 강의에 대한 세부 사항을 공유하기 위해
(C) 정책 변경을 알리기 위해
(D) 리더십의 중요성을 설명하기 위해

</td></tr>
</table>

공고의 목적을 묻는 문제입니다. 첫 문장 'Fermacorp will be holding a seminar ~.'에서 세미나를 개최할 것이라고 한 후, 세미나에서 진행될 강연에 대한 세부적인 사항들을 언급하고 있습니다. 따라서 정답은 (B) To share details about a class입니다.

04

<table>
<tr><td>

What are employees asked to do?

(A) Solve a current problem
(B) Attend regular meetings
(C) Get approval from a boss
(D) Decide the date of a seminar

</td><td>

직원들은 무엇을 하도록 요청받는가?

(A) 현재 문제를 해결한다
(B) 정기 회의에 참석한다
(C) 상사로부터 승인을 받는다
(D) 세미나의 날짜를 결정한다

</td></tr>
</table>

직원들이 하도록 요청받는 것을 묻는 문제입니다. 지문 후반의 'To attend, please complete a request form. This request must be approved by a manager.'를 통해, 직원들은 세미나 참석을 위해 상사로부터 신청서를 승인받아야 한다는 내용을 확인할 수 있습니다. 따라서 정답은 (C) Get approval from a boss입니다.

05 ~ 06

Questions 05-06 refer to the following notice.

NOTICE: For Customers of Gianni's Gelato

05/06We are raising / the prices of our ice cream. 05The cost of
저희는 올릴 것입니다   아이스크림의 가격을   우유의 가격이

milk / has increased / a lot / recently. Therefore, / we / have no
올랐습니다   많이   최근에   따라서   저희는

choice but to make this decision. Please understand / that this
이 결정을 내릴 수밖에 없습니다   이해해 주시기 바랍니다

decision was necessary / to maintain the quality of our ice
이 결정이 필수적이었다는 것을   저희 아이스크림의 품질을 유지하기 위해서는

cream. 06The change will happen / on January 14.
              이 변화는 일어날 것입니다   1월 14일에

05-06번은 다음 공고에 관한 문제입니다.

공고: Gianni's Gelato의 고객 대상

저희는 아이스크림의 가격을 올릴 것입니다. 우유의 가격이 최근에 많이 올랐습니다. 따라서, 저희는 이 결정을 내릴 수밖에 없습니다. 저희 아이스크림의 품질을 유지하기 위해서는 이 결정이 필수적이었다는 것을 이해해 주시기 바랍니다. 이 변화는 1월 14일에 일어날 것입니다.

05

What is true about Gianni's Gelato?

(A) It plans to make new flavors.
(B) It has lost some customers.
(C) It uses milk.
(D) It has more than one location.

Gianni's Gelato에 대해 사실인 것은?

(A) 새로운 맛을 만들어 낼 계획이다.
(B) 몇몇 고객들을 잃었다.
(C) 우유를 사용한다.
(D) 하나보다 많은 지점을 가지고 있다.

Gianni's Gelato에 대해 사실인 것을 묻는 문제입니다. 지문 초반의 'We are raising the prices of our ice cream. The cost of milk has increased a lot recently.'에서 아이스크림의 가격을 올리는 이유로 우유 가격의 상승을 들고 있으므로, 이를 통해 Gianni's Gelato 에서 아이스크림을 만드는 데 우유를 사용한다는 것을 알 수 있습니다. 따라서 정답은 (C) It uses milk입니다.

06

What will happen on January 14?

(A) A store will be closed.
(B) Menu items will be removed.
(C) Food quality will be checked.
(D) Menu prices will be increased.

1월 14일에는 무엇이 일어날 것인가?

(A) 한 가게가 문을 닫을 것이다.
(B) 메뉴 항목들이 없어질 것이다.
(C) 음식의 품질이 점검될 것이다.
(D) 메뉴 가격이 상승될 것이다.

1월 14일에 일어날 것을 묻는 문제입니다. 첫 문장의 'We are raising the prices of our ice cream.'과 마지막 문장의 'The change will happen on January 14.'를 통해, 1월 14일부터 아이스크림 가격이 오를 것이라는 내용을 확인할 수 있습니다. 따라서 정답은 (D) Menu prices will be increased입니다.

1 | 분사의 자리와 역할　　　　p. 205

01 We / had / an interesting conversation.　우리는 / 가졌다 / 흥미로운 대화를　｜　우리는 흥미로운 대화를 가졌다.

명사 conversation(대화)을 앞에서 꾸며 주는 형용사 역할을 하는 것이 와야 하므로 정답은 현재분사인 interesting(흥미로운)입니다. 동사 또는 명사인 interest(흥미를 일으키다; 흥미)는 형용사 역할을 할 수 없습니다.

02 The man running on the beach / is / Gary.　해변에서 뛰고 있는 남자는 / Gary이다　｜　해변에서 뛰고 있는 남자는 Gary이다.

명사 man(남자)을 뒤에서 꾸며 주는 형용사 역할을 하는 것이 와야 하므로 정답은 현재분사인 running(뛰고 있는)입니다. 동사인 run(뛰다)은 형용사 역할을 할 수 없습니다.

03 I / need / a translated brochure.　나는 / 필요하다 / 번역된 책자가　｜　나는 번역된 책자가 필요하다.

명사 brochure(책자)를 앞에서 꾸며 주는 형용사 역할을 하는 것이 와야 하므로 정답은 과거분사인 translated(번역된)입니다. 동사인 translate(번역하다)는 형용사 역할을 할 수 없습니다.

04 We / saw / a very entertaining movie.　우리는 / 보았다 / 매우 재미있는 영화를　｜　우리는 매우 재미있는 영화를 보았다.

명사 movie(영화)를 앞에서 꾸며 주는 형용사 역할을 하는 것이 와야 하므로 정답은 현재분사인 entertaining(재미있는)입니다. 명사인 entertainment(오락, 접대)는 형용사 역할을 할 수 없습니다.

05 Jim / handed out / the updated schedule.　Jim이 / 나눠주었다 / 업데이트된 일정표를　｜　Jim이 업데이트된 일정표를 나눠주었다.

명사 schedule(일정표, 일정)을 앞에서 꾸며 주는 형용사 역할을 하는 것이 와야 하므로 정답은 과거분사인 updated(업데이트된)입니다. 동사 또는 명사인 update(업데이트하다; 업데이트)는 형용사 역할을 할 수 없습니다.

06 There / is / a seat / saved for you.　자리가 있다 / 당신을 위해 남겨진　｜　당신을 위해 남겨진 자리가 있다.

명사 seat(자리, 좌석)을 뒤에서 꾸며 주는 형용사 역할을 하는 것이 와야 하므로 정답은 과거분사인 saved(남겨진)입니다. 동사인 save(남겨두다)는 형용사 역할을 할 수 없습니다.

07 I / don't drink / fruit juices / containing a lot of sugar.
나는 마시지 않는다　과일 주스를　많은 설탕이 들어 있는　｜　나는 많은 설탕이 들어 있는 과일 주스를 마시지 않는다.

명사 fruit juices(과일 주스)를 뒤에서 꾸며 주는 형용사 역할을 하는 것이 와야 하므로 정답은 현재분사인 containing(~이 들어 있는)입니다. 동사인 contain(~이 들어 있다)은 형용사 역할을 할 수 없습니다.

08 The expected results / didn't happen.　예상된 결과는 / 일어나지 않았다　｜　예상된 결과는 일어나지 않았다.

명사 results(결과)를 앞에서 꾸며 주는 형용사 역할을 하는 것이 와야 하므로 정답은 과거분사인 expected(예상된, 기대된)입니다. 명사인 expectation(예상, 기대)은 형용사 역할을 할 수 없습니다.

09 The tired employees / need / some rest.　지친 직원들은 / 필요하다 / 약간의 휴식이　｜　지친 직원들은 약간의 휴식이 필요하다.

명사 employees(직원들)를 앞에서 꾸며 주는 형용사 역할을 하는 것이 와야 하므로 정답은 과거분사인 (B) tired(지친)입니다. 동사 또는 명사인 (A) tires와 (C) tire(지치게 하다; 고무 타이어), 동사인 (D) has tired는 형용사 역할을 할 수 없습니다.

10 The technician / visiting today / will repair / the computer.
기술자가　오늘 방문하는　수리할 것이다　그 컴퓨터를　｜　오늘 방문하는 기술자가 그 컴퓨터를 수리할 것이다.

명사 technician(기술자)을 뒤에서 꾸며 주는 형용사 역할을 하는 것이 와야 하므로 정답은 현재분사인 (D) visiting(방문하는)입니다. 명사인 (A) visitor(방문자), 동사 또는 명사인 (B) visit(방문하다; 방문)과 (C) visits는 형용사 역할을 할 수 없습니다.

01 While listening to music, / Sam / danced. 음악을 듣는 동안 / Sam은 / 춤을 췄다 | 음악을 듣는 동안, Sam은 춤을 췄다.

쉼표 뒤에 주어(Sam)와 동사(danced)를 갖춘 완전한 절이 있으므로, 쉼표 앞은 문장 앞에 와서 부사 역할을 하는 분사구문입니다. 분사구문은 '(접속사 +) 분사'의 형태이므로, 접속사 While 뒤에 분사가 와야 합니다. 따라서 정답은 분사인 listening(듣는)입니다.

02 When checking the report, / Ms. Jin / found / an error. 보고서를 확인할 때   Ms. Jin은   발견했다   오류를 | 보고서를 확인할 때, Ms. Jin은 오류를 발견했다.

쉼표 뒤에 주어(Ms. Jin)와 동사(found)를 갖춘 완전한 절이 있으므로, 쉼표 앞은 문장 앞에 와서 부사 역할을 하는 분사구문입니다. 분사구문은 '(접속사 +) 분사'의 형태이므로, 접속사 When 뒤에 분사가 와야 합니다. 따라서 정답은 분사인 checking(확인하는)입니다.

03 Disappointed with the service, / I / complained. 서비스에 실망해서   나는   항의했다 | 서비스에 실망해서, 나는 항의했다.

쉼표 뒤에 주어(I)와 동사(complained)를 갖춘 완전한 절이 있으므로, 쉼표 앞은 문장 앞에 와서 부사 역할을 하는 분사구문입니다. 분사구문은 '(접속사 +) 분사'의 형태이므로, 정답은 분사인 Disappointed(실망한)입니다.

04 Bored with the game, / he / left / the room. 게임이 지루해서 / 그는 / 떠났다 / 방을 | 게임이 지루해서, 그는 방을 떠났다.

쉼표 뒤에 주어(he)와 동사(left)를 갖춘 완전한 절이 있으므로, 쉼표 앞은 문장 앞에 와서 부사 역할을 하는 분사구문입니다. 분사구문은 '(접속사 +) 분사'의 형태이므로, 정답은 분사인 Bored(지루한)입니다.

05 Excited about his trip, / Tim / started / packing. 여행에 들떠서   Tim은   시작했다   짐 싸기를 | 여행에 들떠서, Tim은 짐 싸기를 시작했다.

쉼표 뒤에 주어(Tim)와 동사(started)를 갖춘 완전한 절이 있으므로, 쉼표 앞은 문장 앞에 와서 부사 역할을 하는 분사구문입니다. 분사구문은 '(접속사 +) 분사'의 형태이므로, 정답은 분사인 Excited(들뜬, 흥분한)입니다.

06 Booking a flight, / Sara / booked / a hotel room. 비행기를 예약하면서   Sara는   예약했다   호텔 방을 | 비행기를 예약하면서, Sara는 호텔 방을 예약했다.

쉼표 뒤에 주어(Sara)와 동사(booked)를 갖춘 완전한 절이 있으므로, 쉼표 앞은 문장 앞에 와서 부사 역할을 하는 분사구문입니다. 분사구문은 '(접속사 +) 분사'의 형태이므로, 분사가 와야 합니다. 따라서 정답은 분사인 Booking(예약하는)입니다.

07 While reading the newspaper, / I / noticed / an interesting article. 신문을 읽는 동안   나는   주목했다   흥미로운 기사에 | 신문을 읽는 동안, 나는 흥미로운 기사에 주목했다.

쉼표 뒤에 주어(I)와 동사(noticed)를 갖춘 완전한 절이 있으므로, 쉼표 앞은 문장 앞에 와서 부사 역할을 하는 분사구문입니다. 분사구문은 '(접속사 +) 분사'의 형태이므로, 접속사 While 뒤에 분사가 와야 합니다. 따라서 정답은 분사인 reading(읽는)입니다.

08 Respected by employees, / Sandra / will be / a good boss. 많은 사람들로부터 존경받기 때문에   Sandra는   될 것이다   좋은 상사가 | 많은 사람들로부터 존경받기 때문에, Sandra는 좋은 상사가 될 것이다.

쉼표 뒤에 주어(Sandra)와 동사(will be)를 갖춘 완전한 절이 있으므로, 쉼표 앞은 문장 앞에 와서 부사 역할을 하는 분사구문입니다. 분사구문은 '(접속사 +) 분사'의 형태이므로, 정답은 분사인 Respected(존경받는)입니다.

09 When driving, / you / should keep / the speed limit. 운전할 때   당신은   지켜야 한다   제한 속도를 | 운전할 때, 당신은 제한 속도를 지켜야 한다.

쉼표 뒤에 주어(you)와 동사(should keep)를 갖춘 완전한 절이 있으므로, 쉼표 앞은 문장 앞에 와서 부사 역할을 하는 분사구문입니다. 분사구문은 '(접속사 +) 분사'의 형태이므로, 접속사 When 뒤에 분사가 와야 합니다. 따라서 정답은 분사인 (C) driving(운전하는)입니다.

10 After eating dinner, / Katy / had / cheese cake / for dessert. 저녁을 먹은 후   Katy는   먹었다   치즈케이크를   디저트로 | 저녁을 먹은 후, Katy는 디저트로 치즈케이크를 먹었다.

쉼표 뒤에 주어(Katy)와 동사(had)를 갖춘 완전한 절이 있으므로, 쉼표 앞은 문장 앞에 와서 부사 역할을 하는 분사구문입니다. 분사구문은 '(접속사 +) 분사'의 형태이므로, 접속사 After 뒤에 분사가 와야 합니다. 따라서 정답은 분사인 (D) eating(먹는)입니다.

01   The girl / holding the basket / picked / flowers.   바구니를 든 소녀가 꽃을 땄다.
    소녀가   바구니를 든   땄다   꽃을

'바구니를 든 소녀'라는 능동의 의미가 되어야 하고, 괄호 뒤에 목적어 the basket이 왔으므로 목적어를 취할 수 있는 현재분사가 와야 합니다. 따라서 정답은 holding(든)입니다. 과거분사 held(들어진) 뒤에는 목적어가 올 수 없습니다.

02   Pictures / drawn by her / are / popular.   그림들은 / 그녀에 의해 그려진 / 인기가 있다   그녀에 의해 그려진 그림들은 인기가 있다.

'그녀에 의해 그려진 그림'이라는 수동의 의미가 되어야 하므로 정답은 과거분사인 drawn(그려진)입니다.

03   The man / speaking Italian / is / Sean.   그 남자는 / 이탈리아어를 말하는 / Sean이다   이탈리아어를 말하는 그 남자는 Sean이다.

'이탈리아어를 말하는 그 남자'라는 능동의 의미가 되어야 하고, 괄호 뒤에 목적어 Italian이 왔으므로 목적어를 취할 수 있는 현재분사가 와야 합니다. 따라서 정답은 speaking(말하는)입니다. 과거분사 spoken(말해지는) 뒤에는 목적어가 올 수 없습니다.

04   The products / displayed in the showcase / are expensive.   진열장에 진열된 상품들은 비싸다.
    상품들은   진열장에 진열된   비싸다

'진열장에 진열된 상품들'이라는 의미가 되어야 하므로 정답은 과거분사 displayed(진열된)입니다.

05   People / living in the countryside / seem / peaceful.   시골에 사는 사람들은 평화로워 보인다.
    사람들은   시골에 사는   보인다   평화로워

꾸밈을 받는 명사 People(사람들)이 시골에 살아지는 것이 아니라, 시골에 사는 것이므로 능동의 의미인 현재분사가 와야 합니다. 따라서 정답은 living(사는)입니다.

06   Items / purchased at this store / can be returned.   이 가게에서 구매된 상품은 반품될 수 있다.
    상품은   이 가게에서 구매된   반품될 수 있다

꾸밈을 받는 명사 items(상품)가 무언가를 구매를 하는 것이 아니라, 구매되는 것이므로 수동의 의미인 과거분사가 와야 합니다. 따라서 정답은 purchased(구매된)입니다.

07   The instructor / training new staff / is / Mr. Dosh.   새로운 직원들을 교육하는 지도자는 Mr. Dosh이다.
    지도자는   새로운 직원들을 교육하는   Mr. Dosh이다

꾸밈을 받는 명사 The instructor(지도자)가 교육을 받는 것이 아니라 교육을 하는 것이므로 능동의 의미가 되어야 하고, 괄호 뒤에 목적어 new staff(새로운 직원들)가 왔으므로 목적어를 취할 수 있는 현재분사가 와야 합니다. 따라서 정답은 training(교육하는)입니다.

08   The newly made wireless speaker / has / many functions.   새로 만들어진 무선 스피커는 많은 기능을 가지고 있다.
    새로 만들어진 무선 스피커는   가지고 있다   많은 기능을

꾸밈을 받는 명사 wireless speaker(무선 스피커)가 무언가를 만드는 것이 아니라 만들어지는 것이므로 수동의 의미인 과거분사가 와야 합니다. 따라서 정답은 made(만들어진)입니다.

09   You / can find / shops / selling food and beverages / in the amusement park.   당신은 놀이공원에서 음식과 음료를 파는 가게들을 찾을 수 있다.
    당신은 찾을 수 있다   가게들을   음식과 음료를 파는   놀이공원에서

꾸밈을 받는 명사 shops(가게들)가 팔아지는 것이 아니라 음식과 음료를 파는 것이므로 능동의 의미가 되어야 하고, 빈칸 뒤에 목적어 food and beverages가 왔으므로 목적어를 취할 수 있는 현재분사가 와야 합니다. 따라서 정답은 (D) selling(파는)입니다.

10   Ms. Hill / ordered / the books / recommended by her friends.   Ms. Hill은 그녀의 친구들에 의해 추천된 책들을 주문했다.
    Ms. Hill은   주문했다   책들을   그녀의 친구들에 의해 추천된

꾸밈을 받는 명사 books(책들)가 무언가를 추천하는 것이 아니라 추천되는 것이므로 수동의 의미인 과거분사가 와야 합니다. 따라서 정답은 (C) recommended(추천된)입니다.

1 | 현재분사 해석하기

p. 210

01 I / know / the girl [dancing on the stage].
주어 동사 목적어
나는 / 안다 / 무대 위에서 춤추고 있는 소녀를

나는 무대 위에서 춤추고 있는 소녀를 안다.

02 [Flying] pigeons / scare / me. 날아다니는 비둘기들은 / 놀라게 한다 / 나를
주어 동사 목적어

날아다니는 비둘기들은 나를 놀라게 한다.

03 The man [standing over there] / is / my uncle. 저기 서 있는 남자는 / 나의 삼촌이다
주어 동사 보어

저기 서 있는 남자는 나의 삼촌이다.

04 I / called / the cat [hiding under the car]. 나는 / 불렀다 / 차 밑에 숨어 있는 고양이를
주어 동사 목적어

나는 차 밑에 숨어 있는 고양이를 불렀다.

05 We / surveyed / people [passing by] / on the street.
주어 동사 목적어 수식어
우리는 / 설문 조사했다 / 지나가는 사람들을 / 길거리에서

우리들은 길거리에서 지나가는 사람들을 설문 조사했다.

06 Passengers [taking long flights] / often feel / tired.
주어 동사 보어
장거리 비행을 하는 승객들은 / 자주 피로를 느낀다

장거리 비행을 하는 승객들은 자주 피로를 느낀다.

07 He / works / for a company [producing cars].
주어 동사 수식어
그는 / 일한다 / 자동차를 생산하는 회사에서

그는 자동차를 생산하는 회사에서 일한다.

08 We / expect / [rising] sales / this year. 우리는 / 기대한다 / 상승하는 매출을 / 올해
주어 동사 목적어 수식어

우리는 올해 상승하는 매출을 기대한다.

09 People [attending the opening event] / will get / a free gift.
주어 동사 목적어
개장 행사에 참석하는 사람들은 / 받을 것이다 / 무료 선물을

개장 행사에 참석하는 사람들은 무료 선물을 받을 것이다.

10 The customers [waiting in line] / are getting / angry.
주어 동사 보어
줄을 서서 기다리고 있는 손님들은 / 화가 나고 있다

줄을 서서 기다리고 있는 손님들은 화가 나고 있다.

01   That house [painted blue] / is / beautiful.   파란색으로 페인트칠 된 저 집은 / 아름답다   파란색으로 페인트칠 된 저 집은 아름답다.
주어   동사   보어

02   I / can't understand / this message [written in German].   나는 독일어로 적힌 이 메시지를 이해할 수 없다.
주어   동사   목적어
나는 / 이해할 수 없다 / 독일어로 적힌 이 메시지를

03   The food [served at the party] / was / good.   파티에서 제공된 음식들은 / 훌륭했다   파티에서 제공된 음식들은 훌륭했다.
주어   동사   보어

04   These cards / are made / from [recycled] paper.   이 카드들은 재활용된 종이로 만들어진다.
주어   동사   수식어
이 카드들은 / 만들어진다 / 재활용된 종이로

05   We / had / [grilled] steak / for dinner.   우리는 / 먹었다 / 구워진 스테이크를 / 저녁으로   우리는 저녁으로 구워진 스테이크를 먹었다.
주어   동사   목적어   수식어

06   They / check / the [finished] products.   그들은 / 확인한다 / 완성된 제품들을   그들은 완성된 제품들을 확인한다.
주어   동사   목적어

07   It / is / a [reserved] seat.   이것은 / 예약된 좌석이다   이것은 예약된 좌석이다.
주어 동사   보어

08   She / is wearing / a hat [decorated with a ribbon].   그녀는 리본으로 장식된 모자를 쓰고 있다.
주어   동사   목적어
그녀는 / 쓰고 있다 / 리본으로 장식된 모자를

09   I / read / the newspaper [placed on the table].   나는 탁자 위에 놓인 신문을 읽었다.
주어 동사   목적어
나는 / 읽었다 / 탁자 위에 놓인 신문을

10   Decisions [made by Mr. Wright] / are / usually correct.   Mr. Wright에 의해 내려진 결정들은 대개 옳다.
주어   동사   보어
Mr. Wright에 의해 내려진 결정들은 / 대개 옳다

1 명사절 자리
p. 215

01 | What Tony said / made / me / happy.　Tony가 말한 것은 / 만들었다 / 나를 / 행복하게 | Tony가 말한 것은 나를 행복하게 만들었다. |

동사 made(만들었다) 앞의 주어 자리에 절이 있으므로, 이 절은 명사절입니다. 따라서 정답은 명사절을 이끄는 명사절 접속사 What입니다. 대명사인 He는 명사절 접속사 자리에 올 수 없습니다.

02 | Tell / me / which flavor tastes the best.　말해 주세요 / 제게 / 어느 맛이 가장 맛있는지를 | 어느 맛이 가장 맛있는지 제게 말해 주세요. |

동사 Tell(말하다)의 간접 목적어(me) 뒤의 직접 목적어 자리에 절이 있으므로, 이 절은 명사절입니다. 따라서 정답은 명사절을 이끄는 명사절 접속사 which입니다. 대명사인 it은 명사절 접속사 자리에 올 수 없습니다.

03 | He / asked / who was responsible.　그는 / 물었다 / 누가 책임이 있는지를 | 그는 누가 책임이 있는지를 물었다. |

동사 asked(물었다) 뒤의 목적어 자리에 절이 있으므로, 이 절은 명사절입니다. 따라서 정답은 명사절을 이끄는 명사절 접속사 who입니다. 대명사인 me는 명사절 접속사 자리에 올 수 없습니다.

04 | We / should decide / where we will meet.　우리는 / 정해야 한다 / 어디서 만날지를 | 우리는 어디서 만날지를 정해야 한다. |

동사 should decide(정해야 한다) 뒤의 목적어 자리에 절이 있으므로, 이 절은 명사절입니다. 따라서 정답은 명사절을 이끄는 명사절 접속사 where입니다. 전치사인 at은 명사절 접속사 자리에 올 수 없습니다.

05 | I / don't know / whether he will come.　나는 / 모른다 / 그가 올 것인지 아닌지 | 나는 그가 올 것인지 아닌지 모른다. |

동사 don't know(모른다) 뒤의 목적어 자리에 절이 있으므로, 이 절은 명사절입니다. 따라서 정답은 명사절을 이끄는 명사절 접속사 whether입니다. 전치사인 about은 명사절 접속사 자리에 올 수 없습니다.

06 | Who painted this picture / is not known.　누가 이 그림을 그렸는지 / 알려지지 않았다 | 누가 이 그림을 그렸는지 알려지지 않았다. |

동사 is not known(알려지지 않았다) 앞의 주어 자리에 절이 있으므로, 이 절은 명사절입니다. 따라서 정답은 명사절을 이끄는 명사절 접속사 Who입니다. 대명사인 He는 명사절 접속사 자리에 올 수 없습니다.

07 | Linda / explained / why she missed her flight.　Linda는　설명했다　왜 비행기를 놓쳤는지 | Linda는 왜 비행기를 놓쳤는지 설명했다. |

동사 explained(설명했다) 뒤의 목적어 자리에 절이 있으므로, 이 절은 명사절입니다. 따라서 정답은 명사절을 이끄는 명사절 접속사 why입니다. 전치사인 for는 명사절 접속사 자리에 올 수 없습니다.

08 | Ms. Smythe / is / familiar / with how the software works.　Ms. Smythe는　잘 알고 있다　어떻게 소프트웨어가 작동하는지에 대해 | Ms. Smythe는 어떻게 소프트웨어가 작동하는지에 대해 잘 알고 있다. |

전치사 with 뒤에 절이 있으므로, 이 절은 명사절입니다. 따라서 정답은 명사절을 이끄는 명사절 접속사 how입니다. 전치사인 by는 명사절 접속사 자리에 올 수 없습니다.

09 | Mr. Dorval / mentioned / that he wanted to change jobs.　Mr. Dorval은　언급했다　그가 직업을 바꾸고 싶다는 것을 | Mr. Dorval은 그가 직업을 바꾸고 싶다는 것을 언급했다. |

동사 mentioned(언급했다) 뒤의 목적어 자리에 절이 있으므로, 이 절은 명사절입니다. 따라서 정답은 명사절을 이끄는 명사절 접속사 (A) that입니다.

10 | People / are guessing / who will win the Best Actor award this year.　사람들은　추측하고 있다　누가 올해 최고의 배우상을 받을 것인지 | 사람들은 누가 올해 최고의 배우상을 받을 것인지 추측하고 있다. |

동사 are guessing(추측하고 있다) 뒤의 목적어 자리에 절이 있으므로, 이 절은 명사절입니다. 따라서 정답은 명사절을 이끄는 명사절 접속사 (A) who입니다.

01 Do not forget / what happened. 잊지 마라 / 무엇이 일어났는지 | 무엇이 일어났는지 잊지 마라.

'무엇이 일어났는지 잊지 마라'라는 의미가 되어야 하므로 정답은 명사절 접속사 what(무엇이 ~하는지)입니다.

02 I / will find out / who stole my money. 나는 / 알아낼 것이다 / 누가 나의 돈을 훔쳤는지 | 누가 나의 돈을 훔쳤는지 알아낼 것이다.

'누가 나의 돈을 훔쳤는지 알아낼 것이다'라는 의미가 되어야 하므로 정답은 명사절 접속사 who(누가 ~하는지)입니다.

03 I / don't know / if he trusts me. 나는 / 모른다 / 그가 나를 신뢰하는지 아닌지 | 나는 그가 나를 신뢰하는지 아닌지 모른다.

'그가 나를 신뢰하는지 아닌지 모른다'라는 의미가 되어야 하므로 정답은 명사절 접속사 if(~인지 아닌지)입니다.

04 We / understand / that you are busy. 우리는 / 이해한다 / 당신이 바쁘다는 것을 | 우리는 당신이 바쁘다는 것을 이해한다.

'우리는 당신이 바쁘다는 것을 이해한다'라는 의미가 되어야 하므로 정답은 명사절 접속사 that(~라는 것)입니다.

05 He / decided / where he should stay in Chicago.
그는 결정했다 시카고에서 어디서 묵을지 | 그는 시카고에서 어디서 묵을지 결정했다.

'그는 시카고에서 어디서 묵을지 결정했다'라는 의미가 되어야 자연스러우므로 정답은 명사절 접속사 where(어디서 ~하는지)입니다. what은 '무엇이(을) ~하는지'라는 의미입니다.

06 They / just heard / that Nick is Tina's brother.
그들은 방금 들었다 Nick이 Tina의 남자 형제라는 것을 | 그들은 방금 Nick이 Tina의 남자 형제라는 것을 들었다.

'Nick이 Tina의 남자 형제라는 것을 들었다'라는 의미가 되어야 자연스러우므로 정답은 명사절 접속사 that(~라는 것)입니다. who는 '누가(누구를) ~하는지'라는 의미입니다.

07 The study / is / about why customers prefer certain brands.
그 연구는 왜 고객들이 특정 브랜드들을 선호하는지에 관한 것이다 | 그 연구는 왜 고객들이 특정 브랜드들을 선호하는지에 관한 것이다.

'그 연구는 왜 고객들이 특정 브랜드들을 선호하는지에 관한 것이다'라는 의미가 되어야 자연스러우므로 정답은 명사절 접속사 why(왜 ~하는지)입니다. who는 '누가(누구를) ~하는지'라는 의미입니다.

08 I / don't know / whether I should cancel the appointment.
나는 모르겠다 내가 약속을 취소해야 할지 말지 | 나는 약속을 취소해야 할지 말지 모르겠다.

'약속을 취소해야 할지 말지 모르겠다'라는 의미가 되어야 자연스러우므로 정답은 명사절 접속사 whether(~인지 아닌지)입니다. what은 '무엇이(을) ~하는지'라는 의미입니다.

09 When the event will be held / will be decided / soon.
언제 행사가 열릴지는 결정될 것이다 곧 | 언제 행사가 열릴지는 곧 결정될 것이다.

동사 will be decided 앞의 주어 자리에 절이 있으므로, 이 절은 주어 자리에 올 수 있는 명사절입니다. 따라서 빈칸에는 명사절을 이끄는 명사절 접속사인 (A) Which, (C) Who, (D) When이 올 수 있습니다. '언제 행사가 열릴지는 곧 결정될 것이다'라는 의미가 되어야 자연스러우므로 정답은 (D) When(언제 ~하는지)입니다. 전치사인 (B) About(~에 관해서)은 명사절 접속사 자리에 올 수 없습니다.

10 They / are discussing / whether they will build a new community center.
그들은 논의하고 있다 그들이 새로운 시민 회관을 지을지 말지 | 그들은 새로운 시민 회관을 지을지 말지 논의하고 있다.

동사 are discussing 뒤의 목적어 자리에 절이 있으므로, 이 절은 목적어 자리에 올 수 있는 명사절입니다. 따라서 빈칸에는 명사절을 이끄는 명사절 접속사인 (A) whether, (B) which, (C) who가 올 수 있습니다. '새로운 시민 회관을 지을지 말지 논의하고 있다'라는 의미가 되어야 자연스러우므로 정답은 (A) whether(~인지 아닌지)입니다. 전치사인 (D) with(~과 함께)는 명사절 접속사 자리에 올 수 없습니다.

1　that이 이끄는 명사절 해석하기
p. 218

01　That Rachel was fired / (is) / shocking.　Rachel이 해고당했다는 것은 / 충격적이다
　주어　동사　보어
｜ Rachel이 해고당했다는 것은 충격적이다.

02　That Miranda swims every morning / (is) / amazing.
　주어　동사　보어
Miranda가 매일 아침에 수영한다는 것은 / 놀랍다
｜ Miranda가 매일 아침에 수영한다는 것은 놀랍다.

03　I / (can't believe) / he did such a thing.　나는 / 믿을 수 없다 / 그가 그런 일을 했다는 것을
　주어　동사　목적어
｜ 나는 그가 그런 일을 했다는 것을 믿을 수 없다.

해석 TIP! that 명사절이 문장의 목적어로 쓰였으며, that이 생략되었습니다. that이 생략된 명사절도 '~이 -라는/-하는 것'이라고 해석합니다.

04　Jimmy / (said) / that he paid his bill.
　주어　동사　목적어
Jimmy는 / 말했다 / 그가 청구서 요금을 지불했다는 것을
｜ Jimmy는 그가 청구서 요금을 지불했다는 것을 말했다.

05　That Vicky got a scholarship / (made) / her parents / happy.
　주어　동사　목적어　목적격 보어
Vicky가 장학금을 받았다는 것은 / 만들었다 / 그녀의 부모님을 / 행복하게
｜ Vicky가 장학금을 받았다는 것은 그녀의 부모님을 행복하게 만들었다.

06　I / just (remembered) / that I have a quiz tomorrow.
　주어　동사　목적어
나는 / 방금 기억해냈다 / 내일 내가 간단한 시험이 있다는 것을
｜ 나는 내일 내가 간단한 시험이 있다는 것을 방금 기억해냈다.

07　That people vote / (is) / important.　사람들이 투표한다는 것은 / 중요하다
　주어　동사　보어
｜ 사람들이 투표한다는 것은 중요하다.

08　An applicant / (said) / that she had enough experience.
　주어　동사　목적어
한 지원자는 / 말했다 / 자신이 충분한 경험을 가지고 있다는 것을
｜ 한 지원자는 자신이 충분한 경험을 가지고 있다는 것을 말했다.

09　The manager / (told) / us / that he would retire in September.
　주어　동사　간접 목적어　직접 목적어
관리자는 / 말했다 / 우리에게 / 그가 9월에 퇴직할 것이라는 것을
｜ 관리자는 그가 9월에 퇴직할 것이라는 것을 우리에게 말했다.

10　The store / (informed) / me / that my order was delayed.
　주어　동사　간접 목적어　직접 목적어
그 가게는 / 알려 주었다 / 나에게 / 나의 주문이 지연되었다는 것을
｜ 그 가게는 나의 주문이 지연되었다는 것을 나에게 알려 주었다.

01 I / don't know / if this jacket looks good on me.
주어 동사 목적어
나는 / 모르겠다 / 이 재킷이 나에게 잘 어울리는지 아닌지

나는 이 재킷이 나에게 잘 어울리는지 아닌지 모르겠다.

02 Lucas / doubts / if he can wake up early.
주어 동사 목적어
Lucas는 / 확신하지 못한다 / 그가 일찍 일어날 수 있을지 없을지

Lucas는 그가 일찍 일어날 수 있을지 없을지 확신하지 못한다.

03 Whether it's true or not / isn't / important.
주어 동사 보어
그것이 진짜인지 아닌지는 / 중요하지 않다

그것이 진짜인지 아닌지는 중요하지 않다.

04 The teacher / asked / me / if I could answer the question.
주어 동사 간접 목적어 직접 목적어
선생님께서는 / 물으셨다 / 나에게 / 내가 그 문제를 풀 수 있는지 없는지

선생님께서는 나에게 내가 그 문제를 풀 수 있는지 없는지 물으셨다.

05 They / don't know / if they can come to the party.
주어 동사 목적어
그들은 / 모른다 / 그들이 파티에 올 수 있는지 없는지

그들은 그들이 파티에 올 수 있는지 없는지 모른다.

06 I / wonder / whether Joan speaks French.
주어 동사 목적어
나는 / 궁금하다 / Joan이 프랑스어를 말하는지 아닌지

나는 Joan이 프랑스어를 말하는지 아닌지 궁금하다.

07 Patrick / can't remember / whether he turned off the light.
주어 동사 목적어
Patrick은 / 기억하지 못한다 / 그가 불을 껐는지 아닌지

Patrick은 그가 불을 껐는지 아닌지 기억하지 못한다.

08 Abigail / doubts / whether she can win the prize.
주어 동사 목적어
Abigail은 / 확신하지 못한다 / 그녀가 상을 받을 수 있을지 없을지

Abigail은 그녀가 상을 받을 수 있을지 없을지 확신하지 못한다.

09 I / don't know / whether this book is worth buying.
주어 동사 목적어
나는 / 모르겠다 / 이 책이 살 가치가 있는지 없는지

나는 이 책이 살 가치가 있는지 없는지 모르겠다.

10 Whether the race continues / depends / on the weather.
주어 동사 수식어
경주가 계속될지 아닐지는 / 달려 있다 / 날씨에

경주가 계속될지 아닐지는 날씨에 달려 있다.

1 | 부사절 자리

p. 223

01

Although **the car is old, / it / works / well.**
비록 그 차는 오래됐지만   그것은 작동한다   잘

비록 그 차는 오래됐지만, 잘 작동한다.

뒤에 주어(it), 동사(works)를 갖춘 완전한 절이 왔으므로, 괄호가 있는 절은 주절 앞에서 주절을 수식하는 부사절입니다. 따라서 정답은 부사절 접속사인 Although(비록 ~이지만)입니다. 전치사인 Despite(비록 ~이지만)는 부사절 접속사 자리에 올 수 없습니다.

02

I / will tell / you / when I leave.
내가 말해 주겠다 당신에게   내가 출발할 때

내가 출발할 때 당신에게 말해 주겠다.

앞에 주어(I), 동사(will tell), 목적어 (you)를 갖춘 완전한 절이 왔으므로, 괄호가 있는 절은 주절 뒤에서 주절을 수식하는 부사절입니다. 따라서 정답은 부사절 접속사인 when(~할 때)입니다. 부사인 next(다음에)는 부사절 접속사 자리에 올 수 없습니다.

03

If **you need any help, / you / can call / me.**
만약 도움이 필요하면   당신은 전화해도 된다 내게

만약 도움이 필요하면, 당신은 내게 전화해도 된다.

뒤에 주어(you), 동사(can call), 목적어(me)를 갖춘 완전한 절이 왔으므로, 괄호가 있는 절은 주절 앞에서 주절을 수식하는 부사절입니다. 따라서 정답은 부사절 접속사인 If(만약 ~한다면)입니다. 전치사인 Along(~을 따라서)은 부사절 접속사 자리에 올 수 없습니다.

04

I / did / my homework / while you slept.
나는 했다   숙제를   네가 자는 동안

네가 자는 동안, 나는 숙제를 했다.

앞에 주어(I), 동사(did), 목적어(my homework)를 갖춘 완전한 절이 왔으므로, 괄호가 있는 절은 주절 뒤에서 주절을 수식하는 부사절입니다. 따라서 정답은 부사절 접속사인 while(~하는 동안)입니다. 전치사인 for(~을 위해)는 부사절 접속사 자리에 올 수 없습니다.

05

I / will clean / my room / because it is dirty.
나는 청소할 것이다 나의 방을   그것이 더럽기 때문에

나의 방이 더럽기 때문에 나는 그것을 청소할 것이다.

앞에 주어(I), 동사(will clean), 목적어(my room)를 갖춘 완전한 절이 왔으므로, 괄호가 있는 절은 주절 뒤에서 주절을 수식하는 부사절입니다. 따라서 정답은 부사절 접속사인 because(~ 때문에)입니다. 전치사인 due to(~ 때문에)는 부사절 접속사 자리에 올 수 없습니다.

06

We / can change / the date / if you can't come to the meeting.
우리는 변경할 수 있다   날짜를   만약 당신이 회의에 올 수 없다면

만약 당신이 회의에 올 수 없다면 우리는 날짜를 변경할 수 있다.

앞에 주어(We), 동사(can change), 목적어(the date)를 갖춘 완전한 절이 왔으므로, 괄호가 있는 절은 주절 뒤에서 주절을 수식하는 부사절입니다. 따라서 정답은 부사절 접속사인 if(만약 ~한다면)입니다. 전치사인 with(~과 함께, ~을 가지고)는 부사절 접속사 자리에 올 수 없습니다.

07

You / should sign / your name / when the package arrives.
당신은 서명해야 한다   당신의 이름을   소포가 도착할 때

소포가 도착할 때 당신은 당신의 이름을 서명해야 한다.

앞에 주어(You), 동사(should sign), 목적어(your name)를 갖춘 완전한 절이 왔으므로, 괄호가 있는 절은 주절 뒤에서 주절을 수식하는 부사절입니다. 따라서 정답은 부사절 접속사인 when(~할 때)입니다. 전치사인 at(~에서)은 부사절 접속사 자리에 올 수 없습니다.

08

Ms. Paulson / checked / her e-mail / carefully / before she sent it.
Ms. Paulson은   확인했다   그녀의 이메일을 주의 깊게 그녀가 그것을 보내기 전에

Ms. Paulson은 그녀의 이메일을 보내기 전에 그것을 주의 깊게 확인했다.

앞에 주어(Ms. Paulson), 동사(checked), 목적어(her e-mail)를 갖춘 완전한 절이 왔으므로, 괄호가 있는 절은 주절 뒤에서 주절을 수식하는 부사절입니다. 따라서 정답은 부사절 접속사인 before(~하기 전에)입니다. 전치사인 by(~에 의해서)는 부사절 접속사 자리에 올 수 없습니다.

09

You / must focus / on the presentation / while the speaker is presenting.	발표자가 발표하는 동안 당신은 발표에 집중해야 한다.
당신은　집중해야 한다　　　　발표에　　　　　　발표자가 발표하는 동안	

앞에 주어(You), 동사(must focus)를 모두 갖춘 완전한 절이 왔으므로, 빈칸이 있는 절은 주절 뒤에서 주절을 수식하는 부사절입니다. 따라서 정답은 부사절 접속사인 (A) while(~하는 동안)입니다. 전치사인 (B) during(~ 동안)과 (C) about(~에 관한), 부사인 (D) quite(꽤)은 부사절 접속사 자리에 올 수 없습니다.

10

Mr. Mason / had / trouble / selling the house / even though it had Mr. Mason은　겪었다　어려움을　그 집을 파는 데　　비록 그것이 a beautiful view. 아름다운 전망을 가지고 있었지만	비록 그 집이 아름다운 전망을 가지고 있었지만 Mr. Mason은 그것을 파는 데 어려움을 겪었다.

앞에 주어(Mr. Mason), 동사(had), 목적어(trouble)를 모두 갖춘 완전한 절이 왔으므로, 빈칸이 있는 절은 주절 뒤에서 주절을 수식하는 부사절입니다. 따라서 정답은 부사절 접속사인 (D) even though(비록 ~하지만)입니다. 전치사인 (A) despite(비록 ~이지만)과 (C) to(~으로, ~에게), 명사절 접속사인 (B) what은 부사절 접속사 자리에 올 수 없습니다.

01

> Julie / had / dinner / as soon as she got home.
> Julie는　먹었다　저녁을　　　집에 도착하자마자

Julie는 집에 도착하자마자 저녁을 먹었다.

'Julie는 집에 도착하자마자 저녁을 먹었다'라는 의미가 되어야 하므로 정답은 시간 접속사인 as soon as(~하자마자)입니다. 조건 접속사인 unless(만약 ~하지 않는다면)는 어색한 문장을 만듭니다.

02

> I / will sing / for you / if you want.
> 나는 노래하겠다　당신을 위해　만약 당신이 원한다면

만약 당신이 원한다면 당신을 위해 노래하겠다.

'만약 당신이 원한다면 당신을 위해 노래하겠다'라는 의미가 되어야 하므로 정답은 조건 접속사인 if(만약 ~한다면)입니다. 양보 접속사인 although(비록 ~하지만)는 어색한 문장을 만듭니다.

03

> Louis / was / tired / since he didn't sleep well.
> Louis는　피곤했다　　잘 자지 못했기 때문에

Louis는 잘 자지 못했기 때문에 피곤했다.

'Louis는 잘 자지 못했기 때문에 피곤했다'라는 의미가 되어야 하므로 정답은 이유 접속사인 since(~하기 때문에)입니다. 양보 접속사인 although(비록 ~하지만)는 어색한 문장을 만듭니다. 참고로, 부사절 접속사 since는 이유의 의미뿐만 아니라 '~한 이래로'라는 시간의 의미를 나타낼 수도 있습니다.

04

> You / should plug / in the laptop / before you use it.
> 당신은 플러그를 꽂아야 한다　노트북의　　그것을 사용하기 전에

노트북을 사용하기 전에 당신은 노트북의 플러그를 꽂아야 한다.

'노트북을 사용하기 전에 당신은 노트북의 플러그를 꽂아야 한다'라는 의미가 되어야 하므로 정답은 시간 접속사인 before(~하기 전에)입니다. 또 다른 시간 접속사인 until(~할 때까지)은 어색한 문장을 만듭니다.

05

> I / skipped / lunch / because I was busy.
> 나는　걸렀다　점심을　　바빴기 때문에

나는 바빴기 때문에 점심을 걸렀다.

'나는 바빴기 때문에 점심을 걸렀다'라는 의미로, 부사절이 이유를 나타내는 것이 자연스럽습니다. 따라서 정답은 이유 접속사인 because(~하기 때문에)입니다. 양보 접속사인 though(비록 ~하지만)는 어색한 문장을 만듭니다.

06

> Unless you apologize, / I / will not talk / to you.
> 만약 당신이 사과하지 않는다면　나는　이야기하지 않을 것이다 당신과

만약 당신이 사과하지 않는다면, 나는 당신과 이야기하지 않을 것이다.

'만약 당신이 사과하지 않는다면, 나는 당신과 이야기하지 않을 것이다'라는 의미로, 부사절이 조건을 나타내는 것이 자연스럽습니다. 따라서 정답은 조건 접속사인 Unless(만약 ~하지 않는다면)입니다. 시간 접속사인 As(~할 때, ~함에 따라)는 어색한 문장을 만듭니다.

07

> You / can get / a refund / as long as you bring your receipt.
> 당신은　받을 수 있다　환불을　　영수증을 가지고 오는 한

영수증을 가지고 오는 한 당신은 환불을 받을 수 있다.

'영수증을 가지고 오는 한 당신은 환불을 받을 수 있다'라는 의미로, 부사절이 조건을 나타내는 것이 자연스럽습니다. 따라서 정답은 조건 접속사인 as long as(~하는 한)입니다. 또 다른 조건 접속사인 unless(만약 ~하지 않는다면)는 어색한 문장을 만듭니다.

08

> Even though the product is on sale, / no one / is buying / it.
> 비록 그 제품은 할인 중이지만　　아무도　사지 않고 있다 그것을

비록 그 제품은 할인 중이지만, 아무도 그것을 사지 않고 있다.

'비록 그 제품은 할인 중이지만, 아무도 그것을 사지 않고 있다'라는 의미로, 부사절이 양보를 나타내는 것이 자연스럽습니다. 따라서 정답은 양보 접속사인 Even though(비록 ~하지만)입니다. 조건 접속사인 Once(일단 ~하면)는 어색한 문장을 만듭니다.

09

I / will reply / to your e-mail / once I receive it.
나는 답장할 것이다   당신의 이메일에   일단 그것을 받으면

일단 당신의 이메일을 받으면 나는 그것에 답장할 것이다.

'일단 당신의 이메일을 받으면 나는 그것에 답장할 것이다'라는 의미로, 부사절이 조건을 나타내는 것이 자연스럽습니다. 따라서 정답은 조건 접속사인 (B) once(일단 ~하면)입니다. 양보 접속사인 (A) though(비록 ~하지만)와 등위 접속사인 (D) but(하지만)은 어색한 문장을 만듭니다. 부사인 (C) just(방금, 막)는 접속사 자리에 올 수 없습니다.

10

The team members / must stay / in the office / until this presentation
팀원들은   계속 있어야 한다   사무실에   이 발표가

is finished.
끝날 때까지

팀원들은 이 발표가 끝날 때까지 사무실에 계속 있어야 한다.

'팀원들은 이 발표가 끝날 때까지 사무실에 계속 있어야 한다'라는 의미로, 부사절이 시간을 나타내는 것이 자연스러우므로 정답은 시간 접속사인 (B) until(~할 때까지)입니다. 이유 접속사인 (A) because(~하기 때문에)는 어색한 문장을 만듭니다. 전치사인 (C) despite(비록 ~이지만)와 (D) for(~하는 동안, ~을 위해)는 접속사 자리에 올 수 없습니다.

1 | 시간/조건의 부사절 해석하기

p. 226

01 Connie / listens to / music / when she studies.
주어 / 동사 / 목적어 / 수식어
Connie는 / 듣는다 / 노래를 / 공부할 때

> Connie는 공부할 때 노래를 듣는다.

02 I / turn off / the light / before I go to sleep. 나는 / 끈다 / 불을 / 자러 가기 전에
주어 / 동사 / 목적어 / 수식어

> 나는 자러 가기 전에 불을 끈다.

03 Once you try this game, / you / will love / it.
수식어 / 주어 / 동사 / 목적어
일단 이 게임을 해 보면 / 당신은 / 아주 좋아할 것이다 / 그것을

> 일단 이 게임을 해 보면, 당신은 그것을 아주 좋아할 것이다.

04 I / go / to the gym / every day / after I finish work.
주어 동사 / 수식어1 / 수식어2 / 수식어3
나는 / 간다 / 헬스클럽에 / 매일 / 일을 마친 뒤에

> 나는 매일 일을 마친 뒤에 헬스클럽에 간다.

05 Please let / me / know / if Monica drops by.
동사 / 목적어 / 보어 / 수식어
제게 / 알려 주세요 / Monica가 들르면

> Monica가 들르면 제게 알려 주세요.

> 해석 TIP! please는 정중하게 부탁할 때 덧붙이는 말로, 정중한 뉘앙스만 나타내고 특별히 해석하지 않는 경우가 많습니다.

06 Would you / like / to drink something / while you wait?
주어 / 동사 / 목적어 / 수식어
뭐 좀 마시겠어요 / 기다리는 동안

> 기다리는 동안 뭐 좀 마시겠어요?

07 I / kept / calling / until somebody answered the phone.
주어 동사 / 목적어 / 수식어
나는 / 계속했다 / 전화 걸기를 / 누군가 전화를 받을 때까지

> 누군가 전화를 받을 때까지 나는 계속해서 전화를 걸었다.

08 We / haven't traveled / since we got married.
주어 / 동사 / 수식어
우리는 / 여행한 적이 없다 / 결혼한 이래로

> 우리는 결혼한 이래로 여행한 적이 없다.

09 You / can get / a discount / as long as you spend more than $10.
주어 / 동사 / 목적어 / 수식어
당신은 / 받을 수 있다 / 할인을 / 10달러 이상을 쓰는 한

> 10달러 이상을 쓰는 한 당신은 할인을 받을 수 있다.

10 They / don't charge / you / unless you return a book late.
주어 / 동사 / 목적어 / 수식어
그들은 / 요금을 청구하지 않는다 / 당신에게 / 만약 책을 늦게 반납하지 않는다면

> 만약 책을 늦게 반납하지 않는다면 그들은 당신에게 요금을 청구하지 않는다.

01 Emily / is / short, / while both of her parents are tall.
주어 동사 보어 수식어
Emily는 / 작다 / 그녀의 부모님은 두 분 다 키가 크신 반면에

Emily의 부모님은 두 분 다 키가 크신 반면에, 그녀는 작다.

02 Even if that shirt is cheap, / I / won't buy / it.
수식어 주어 동사 목적어
비록 그 셔츠가 저렴하더라도 / 나는 / 사지 않을 것이다 / 그것을

비록 그 셔츠가 저렴하더라도, 나는 그것을 사지 않을 것이다.

해석 TIP! won't는 will not의 줄임말로 '~하지 않을 것이다'로 해석합니다.

03 Benjamin / borrowed / my pen / because he lost his.
주어 동사 목적어 수식어
Benjamin은 / 빌렸다 / 나의 펜을 / 그의 것을 잃어버렸기 때문에

Benjamin은 그의 것을 잃어버렸기 때문에 나의 펜을 빌렸다.

04 Sophia / stopped / walking / since she was tired.
주어 동사 목적어 수식어
Sophia는 / 멈췄다 / 걷는 것을 / 피곤했기 때문에

Sophia는 피곤했기 때문에 걷는 것을 멈췄다.

05 We / had / fun / even though we didn't know anyone at the party.
주어 동사 목적어 수식어
우리는 / 재미있게 놀았다 / 비록 파티에 있는 그 누구도 알지 못했지만

비록 우리는 파티에 있는 그 누구도 알지 못했지만 재미있게 놀았다.

06 Stella / decided / to move / because her house is small.
주어 동사 목적어 수식어
Stella는 / 결심했다 / 이사하기로 / 그녀의 집이 작기 때문에

Stella는 그녀의 집이 작기 때문에 이사하기로 결심했다.

07 The secretary / left / early / because she was sick.
주어 동사 수식어1 수식어 2
비서는 / 떠났다 / 일찍 / 아팠기 때문에

비서는 아팠기 때문에 일찍 떠났다.

08 Although Samantha made a big mistake, / her boss / didn't get / angry.
수식어 주어 동사 보어
비록 Samantha가 큰 실수를 저질렀지만, / 그녀의 상사는 / 화를 내지 않았다.

비록 Samantha가 큰 실수를 저질렀지만, 그녀의 상사는 화를 내지 않았다.

09 Since it was noisy outside, / Mr. Park / closed / the window.
수식어 주어 동사 목적어
밖이 시끄러웠기 때문에 / Mr. Park은 / 닫았다 / 창문을

밖이 시끄러웠기 때문에, Mr. Park은 창문을 닫았다.

10 Though Logan was young, / he / became / a successful politician.
수식어 주어 동사 보어
비록 Logan은 어렸지만 / 그는 / 되었다 / 성공적인 정치인이

비록 Logan은 어렸지만, 그는 성공적인 정치인이 되었다.

1 | 형용사절 자리

p. 231

01   I / have / a son / [who is a teenager].

나는 있다   아들이   10대인

나는 10대인 아들이 있다.

주어(I), 동사(have), 목적어(a son)를 갖춘 완전한 절이 왔으므로 괄호 뒤의 '~ is a teenager'는 수식하는 절입니다. 명사 a son(아들)을 뒤에서 꾸며 주는 절은 형용사절이므로 정답은 관계대명사인 who입니다. 대명사인 he는 관계대명사 자리에 올 수 없습니다.

02   Max / booked / a room / [which has a great view].

Max는   예약했다   방을   좋은 전망을 가진

Max는 좋은 전망을 가진 방을 예약했다.

주어(Max), 동사(booked), 목적어(a room)를 갖춘 완전한 절이 왔으므로 괄호 뒤의 '~ has a great view'는 수식하는 절입니다. 명사 a room(방)을 뒤에서 꾸며 주는 절은 형용사절이므로 정답은 관계대명사인 which입니다. 대명사인 it은 관계대명사 자리에 올 수 없습니다.

03   I / like / the socks / [that Mady gave me].

나는 마음에 든다 양말이   Mady가 나에게 준

나는 Mady가 나에게 준 양말이 마음에 든다.

주어(I), 동사(like), 목적어(the socks)를 갖춘 완전한 절이 왔으므로 괄호 뒤의 '~ Mady gave me'는 수식하는 절입니다. 명사 the socks(양말)를 뒤에서 꾸며 주는 절은 형용사절이므로 정답은 관계대명사인 that입니다. 대명사인 they는 관계대명사 자리에 올 수 없습니다.

04   It / is / a store / [which sells fresh vegetables].

그곳은   가게이다   신선한 채소를 파는

그곳은 신선한 채소를 파는 가게이다.

주어(It), 동사(is), 보어(a store)를 갖춘 완전한 절이 왔으므로 괄호 뒤의 '~ sells fresh vegetables'는 수식하는 절입니다. 명사 a store(가게)를 뒤에서 꾸며 주는 절은 형용사절이므로 정답은 관계대명사인 which입니다. 대명사인 it은 관계대명사 자리에 올 수 없습니다.

05   Matthew / likes / the photo / [that I took].

Matthew는   좋아한다   사진을   내가 찍은

Matthew는 내가 찍은 사진을 좋아한다.

주어(Matthew), 동사(likes), 목적어(the photo)를 갖춘 완전한 절이 왔으므로 괄호 뒤의 '~ I took'은 수식하는 절입니다. 명사 the photo(사진)를 뒤에서 꾸며 주는 절은 형용사절이므로 정답은 관계대명사인 that입니다. 대명사인 he는 관계대명사 자리에 올 수 없습니다.

06   The secretary / [who we hired] / is / smart.

비서는   우리가 고용한   똑똑하다

우리가 고용한 비서는 똑똑하다.

주어(The secretary), 동사(is), 보어(smart) 갖춘 완전한 절이 왔으므로 괄호 뒤의 '~ we hired'는 수식하는 절입니다. 명사 The secretary(비서)를 뒤에서 꾸며 주는 절은 형용사절이므로 정답은 관계대명사인 who입니다. 대명사인 she는 관계대명사 자리에 올 수 없습니다.

07   The workers / [who will renovate the kitchen] / have just arrived.

작업자들이   주방을 수리할   방금 막 도착했다

주방을 수리할 작업자들이 방금 막 도착했다.

주어(The workers), 동사(have ~ arrived)를 갖춘 완전한 절이 왔으므로 괄호 뒤의 '~ will renovate the kitchen'은 수식하는 절입니다. 명사 The workers(작업자들)를 뒤에서 꾸며 주는 절은 형용사절이므로 정답은 관계대명사인 who입니다. 대명사인 they는 관계대명사 자리에 올 수 없습니다.

08	Mr. Cohen / works / for a company / [that trades with foreign countries]. 　Mr. Cohen은　　일한다　　　회사에서　　　　　해외 국가들과 거래하는	Mr. Cohen은 해외 국가들과 거래하는 회사에서 일한다.

주어(Mr. Cohen), 동사(works)를 갖춘 완전한 절이 왔으므로 괄호 뒤의 '~ trades with foreign countries'는 수식하는 절입니다. 명사 a company(회사)를 뒤에서 꾸며 주는 절은 형용사절이므로 정답은 관계대명사인 that입니다. 대명사인 it은 관계대명사 자리에 올 수 없습니다.

09	We / are seeking / a chef / [who has two years of experience]. 　우리는　　찾고 있다　　요리사를　　　　2년의 경력을 가지고 있는	우리는 2년의 경력을 가지고 있는 요리사를 찾고 있다.

주어(We), 동사(are seeking), 목적어(a chef)를 갖춘 완전한 절이 왔으므로 빈칸 뒤의 '~ has two years of experience'는 수식하는 절입니다. 명사 a chef(요리사)를 뒤에서 꾸며 주는 절은 형용사절이므로 정답은 관계대명사인 (C) who입니다. 대명사인 (A) it, (B) they, (D) he는 관계대명사 자리에 올 수 없습니다.

10	Ken Group / filmed / an advertisement / [which will be shown on 　Ken사는　　찍었다　　　광고를　　　　　텔레비전에 상영될 television].	Ken사는 텔레비전에 상영될 광고를 찍었다.

주어(Ken Group), 동사(filmed), 목적어(an advertisement)를 갖춘 완전한 절이 왔으므로 빈칸 뒤의 '~ will be shown on television'은 수식하는 절입니다. 명사 an advertisement(광고)를 뒤에서 꾸며 주는 절은 형용사절이므로 정답은 관계대명사인 (D) which입니다. 대명사인 (A) this, (B) it, (C) they는 관계대명사 자리에 올 수 없습니다.

01 I / am / a person / [who likes sports]. 나는 / 사람이다 / 스포츠를 좋아하는 | 나는 스포츠를 좋아하는 사람이다.

형용사절 안에 주어가 없으므로 형용사절에서 주어 역할을 하는 주격 관계대명사가 와야 합니다. 따라서 정답은 who입니다. whom은 목적격 관계대명사입니다.

02 She / is / the lawyer / [whom I work with]. 그녀는 / 변호사이다 / 내가 함께 일하는 | 그녀는 내가 함께 일하는 변호사이다.

형용사절 안에 전치사(with)의 목적어가 없으므로 형용사절에서 목적어 역할을 하는 목적격 관계대명사인 which와 whom이 모두 올 수 있습니다. 앞에 나온 명사 the lawyer(변호사)가 사람이므로, 정답은 whom입니다. which는 앞에 나온 명사가 사물이나 동물일 때 쓰입니다.

03 The concert / [that I watched] / was / amazing. 그 콘서트는 / 내가 본 / 굉장했다 | 내가 본 그 콘서트는 굉장했다.

형용사절 안에 목적어가 없으므로 형용사절에서 목적어 역할을 하는 목적격 관계대명사가 와야 합니다. 따라서 정답은 that입니다. whose는 소유격 관계대명사입니다.

04 He / has / a coupon / [which gives a 20% discount]. 그는 가지고 있다 쿠폰을 20퍼센트 할인을 해 주는 | 그는 20퍼센트 할인을 해 주는 쿠폰을 가지고 있다.

형용사절 안에 주어가 없으므로 형용사절에서 주어 역할을 하는 주격 관계대명사인 who와 which가 모두 올 수 있습니다. 앞에 나온 명사 a coupon(쿠폰)이 사물이므로, 정답은 which입니다. who는 앞에 나온 명사가 사람일 때 쓰입니다.

05 Heidi / is / a girl / [whom I know]. Heidi는 / 소녀이다 / 내가 아는 | Heidi는 내가 아는 소녀이다.

형용사절 안에 목적어가 없으므로 형용사절에서 목적어 역할을 하는 목적격 관계대명사가 와야 합니다. 따라서 정답은 whom입니다. whose는 소유격 관계대명사입니다.

06 There's a small store / [which sells jewelry]. 작은 가게가 있다 / 보석을 파는 | 보석을 파는 작은 가게가 있다.

형용사절 안에 주어가 없으므로 형용사절에서 주어 역할을 하는 주격 관계대명사인 who와 which가 모두 올 수 있습니다. 앞에 나온 명사 store(가게)가 사물이므로, 정답은 which입니다. who는 앞에 나온 명사가 사람일 때 쓰입니다.

07 Anyone / [whose hobby is photography] / can join / our club. 누구나 그들의 취미가 사진 찍기인 가입할 수 있다 우리 동호회에 | 취미가 사진 찍기인 누구나 우리 동호회에 가입할 수 있다.

형용사절 맨 앞에 명사 hobby(취미)가 왔고, '그들의 취미가 사진 찍기인 누구나'라는 의미가 되어야 자연스러우므로 소유격 관계대명사가 와야 합니다. 따라서 정답은 whose입니다. who는 주격 관계대명사입니다.

08 Please check / the schedule / [that is posted on our Web site]. 확인해 주십시오 일정표를 저희 웹 사이트에 게시된 | 저희 웹 사이트에 게시된 일정표를 확인해 주십시오.

형용사절 안에 주어가 없으므로 형용사절에서 주어 역할을 하는 주격 관계대명사가 와야 합니다. 따라서 정답은 that입니다. whom은 목적격 관계대명사이며, 앞에 나온 명사가 사람일 때 쓰입니다.

09 The art gallery / will collect / money / for artists / [who need help]. 그 미술관은 모을 것이다 자금을 예술가들을 위해 도움이 필요한 | 그 미술관은 도움이 필요한 예술가들을 위해 자금을 모을 것이다.

형용사절 안에 주어가 없으므로 형용사절에서 주어 역할을 하는 주격 관계대명사가 와야 합니다. 따라서 정답은 (A) who입니다. 명사절 접속사인 (B) how와 소유격 관계대명사인 (C) of which, (D) whose는 주격 관계대명사 자리에 올 수 없습니다.

10 A police officer / gave / a ticket / to the drivers / [whose car was parked on the sidewalk]. 경찰관은 뗐다 딱지를 운전자들에게 그들의 자동차가 인도에 주차된 | 경찰관은 자동차가 인도에 주차된 운전자들에게 딱지를 뗐다.

형용사절 맨 앞에 명사 car(자동차)가 왔고, '그들의 자동차가 인도에 주차된 운전자들'이라는 의미가 되어야 자연스러우므로 소유격 관계대명사가 와야 합니다. 정답은 (B) whose입니다.

1 | who/whose가 이끄는 형용사절 해석하기
p. 234

01 That lady [who is wearing a hat] / is / my coworker.
주어   동사   보어
모자를 쓰고 있는 저 여자는 / 나의 동료이다

모자를 쓰고 있는 저 여자는 나의 동료이다.

02 We / met / a couple [who recently moved to our town].
주어   동사   목적어
우리는 / 만났다 / 최근에 우리 동네로 이사한 한 부부를

우리는 최근에 우리 동네로 이사한 한 부부를 만났다.

03 Jeff / knows / someone [who designs furniture].
주어   동사   목적어
Jeff는 / 안다 / 가구를 디자인하는 사람을

Jeff는 가구를 디자인하는 사람을 안다.

04 We / invited / a speaker [who teaches at a college].
주어   동사   목적어
우리는 / 초대했다 / 한 대학에서 학생들을 가르치는 연설자를

우리는 한 대학에서 학생들을 가르치는 연설자를 초대했다.

05 Ezra / is / one of my old friends [who I miss].
주어   동사   보어
Ezra는 / 내가 그리워하는 나의 오래된 친구들 중 하나이다

Ezra는 내가 그리워하는 나의 오래된 친구들 중 하나이다.

06 I / saw / a girl [whose hair was green].
주어 동사   목적어
나는 / 봤다 / 머리카락이 초록색인 소녀를

나는 머리카락이 초록색인 소녀를 봤다.

07 The board members [who donated] / will be listed / in the newspaper.
주어   동사   수식어
기부한 이사회 구성원들은 / 기재될 것이다 / 신문에

기부한 이사회 구성원들은 신문에 기재될 것이다.

08 ABC Corp. / gives / a bonus / to employees [who work hard].
주어   동사   목적어   수식어
ABC사는 / 지급한다 / 성과급을 / 열심히 일하는 직원들에게

ABC사는 열심히 일하는 직원들에게 성과급을 지급한다.

09 The hotel / apologized / to the guests [who had to wait].
주어   동사   수식어
그 호텔은 / 사과했다 / 기다려야 했던 투숙객들에게

그 호텔은 기다려야 했던 투숙객들에게 사과했다.

10 Companies [whose sales are high] / attract / more investors.
주어   동사   목적어
매출이 높은 회사들은 / 끌어모은다 / 더 많은 투자자들을

매출이 높은 회사들은 더 많은 투자자들을 끌어모은다.

01 Spring / is / the season [that I love]. 봄은 / 내가 아주 좋아하는 계절이다
주어 동사 보어

봄은 내가 아주 좋아하는 계절이다.

02 This house [which Mr. Durant designed] / is / famous.
주어 동사 보어
Mr. Durant가 설계한 이 집은 / 유명하다

Mr. Durant가 설계한 이 집은 유명하다.

03 Florence / lives / in a building [which is in downtown London].
주어 동사 수식어
Florence는 / 거주한다 / 런던 시내에 있는 한 건물에

Florence는 런던 시내에 있는 한 건물에 거주한다.

04 The restaurant [that just opened yesterday] / is / excellent.
주어 동사 보어
어제 막 문을 연 그 음식점은 / 훌륭하다

어제 막 문을 연 그 음식점은 훌륭하다.

05 My grandfather / has / an old watch [he bought 60 years ago].
주어 동사 목적어
나의 할아버지는 / 가지고 있다 / 60년 전에 구입한 오래된 손목시계를

나의 할아버지는 60년 전에 구입한 오래된 손목시계를 가지고 있다.

해석 TIP! he bought 60 years ago 앞에는 목적격 관계대명사 which/that이 생략되어 있습니다.

06 The shirt [which Daniel gave me] / doesn't fit.
주어 동사
Daniel이 나에게 준 셔츠는 / 맞지 않는다

Daniel이 나에게 준 셔츠는 맞지 않는다.

07 The bag [Isaac is holding] / looks / expensive.
주어 동사 보어
Isaac이 들고 있는 가방은 / 보인다 / 비싸

Isaac이 들고 있는 가방은 비싸 보인다.

해석 TIP! Isaac is holding 앞에는 목적격 관계대명사 which/that이 생략되어 있습니다.

08 The comic books [that are on the shelf] / are / mine.
주어 동사 보어
선반 위에 있는 만화책들은 / 나의 것이다

선반 위에 있는 만화책들은 나의 것이다.

09 They / developed / a new product [that is cheap and convenient].
주어 동사 목적어
그들은 / 개발했다 / 싸고 편리한 신제품을

그들은 싸고 편리한 신제품을 개발했다.

10 I / would like / to get a refund on the item [I bought a week ago].
주어 동사 목적어
나는 / 바란다 / 일주일 전에 산 물품에 대해 환불받기를

나는 일주일 전에 산 물품에 대해 환불받기를 바란다.

해석 TIP! I bought a week ago 앞에는 목적격 관계대명사 which/that이 생략되어 있습니다.

1 원급   p. 239

01 That car / is / as big as / a bus.   저 차는 / 크다 / 버스만큼   저 차는 버스만큼 크다.

괄호 앞뒤에 as가 왔으므로 함께 원급 구문을 만드는 것이 와야 합니다. 따라서 정답은 원급인 big(큰)입니다.

02 The children / were / as quiet as can be.   아이들은 / 더없이 조용했다   아이들은 더없이 조용했다.

괄호 앞에 as, 괄호 뒤에 as can be가 왔으므로 '더없이 ~한(as + 원급 + as can be)'이라는 원급 표현을 만드는 것이 와야 합니다. 따라서 정답은 원급인 quiet(조용한)입니다.

03 My best friend / is / as tall as / I am.   나의 가장 친한 친구는 / 키가 크다 / 나만큼   나의 가장 친한 친구는 나만큼 키가 크다.

괄호 앞뒤에 as가 왔으므로 함께 원급 구문을 만드는 것이 와야 합니다. 따라서 정답은 원급인 tall(큰)입니다.

04 I / will get / there / as soon as possible.   내가 / 가겠다 / 그곳에 / 가능한 한 빨리   내가 그곳에 가능한 한 빨리 가겠다.

괄호 앞에 as, 괄호 뒤에 as possible이 왔으므로 '가능한 한 ~하게(as + 원급 + as possible)'라는 원급 표현을 만드는 것이 와야 합니다. 따라서 정답은 원급인 soon(빨리)입니다.

05 Our clients' information / is / as safe as can be.   우리 고객들의 정보는   더없이 안전하다   우리 고객들의 정보는 더없이 안전하다.

괄호 앞에 as, 괄호 뒤에 as can be가 왔으므로 '더없이 ~한(as + 원급 + as can be)'이라는 원급 표현을 만드는 것이 와야 합니다. 따라서 정답은 원급인 safe(안전한)입니다.

06 You / should drink / water / as much as possible.   당신은 / 마셔야 한다 / 물을 / 가능한 한 많이   당신은 물을 가능한 한 많이 마셔야 한다.

괄호 앞에 as, 괄호 뒤에 as possible이 왔으므로 '가능한 한 ~하게(as + 원급 + as possible)'라는 원급 표현을 만드는 것이 와야 합니다. 따라서 정답은 원급인 much(많이)입니다.

07 This summer / is / as hot as / last summer.   올여름은 / 덥다 / 작년 여름만큼   올여름은 작년 여름만큼 덥다.

괄호 뒤에 '원급(hot) + as'가 왔으므로 함께 원급 구문을 만드는 것이 와야 합니다. 따라서 정답은 as(만큼)입니다.

08 Please pack / this box / as carefully as possible.   포장해 주세요 / 이 상자를 / 가능한 한 조심스럽게   이 상자를 가능한 한 조심스럽게 포장해 주세요.

괄호 앞에 as, 괄호 뒤에 as possible이 왔으므로 '가능한 한 ~하게(as + 원급 + as possible)'라는 원급 표현을 만드는 것이 와야 합니다. 따라서 정답은 원급인 carefully(조심스럽게)입니다.

09 That apartment / is / as costly as / this house.   저 아파트는   비싸다   이 집만큼   저 아파트는 이 집만큼 비싸다.

빈칸 앞뒤에 as가 왔으므로 함께 원급 구문을 만드는 것이 와야 합니다. 따라서 정답은 원급인 (C) costly(비싼)입니다.

10 Mr. Stevens / works / as efficiently as experienced employees.   Mr. Stevens는   일한다   경력 있는 직원들만큼 효율적으로   Mr. Stevens는 경력 있는 직원들만큼 효율적으로 일한다.

빈칸 뒤에 '원급(efficiently) + as'가 왔으므로 함께 원급 구문을 만드는 것이 와야 합니다. 따라서 정답은 (B) as입니다.

01 My shoes / are / smaller / than yours.
나의 신발은 더 작다 너의 것보다

나의 신발은 너의 것보다 더 작다.

괄호 뒤에 than이 왔으므로 함께 비교급 구문을 만드는 것이 와야 합니다. 따라서 정답은 비교급인 smaller(더 작은)입니다.

02 He / likes / rap / more / than classical music.
그는 좋아한다 랩을 더 많이 클래식 음악보다

그는 클래식 음악보다 랩을 더 많이 좋아한다.

괄호 뒤에 than이 왔으므로 함께 비교급 구문을 만드는 것이 와야 합니다. 따라서 정답은 비교급인 more(더 많이)입니다.

03 Jack / is / the older of the two.
Jack이 둘 중 나이가 더 많다

Jack이 둘 중 나이가 더 많다.

괄호 뒤에 of the two가 왔으므로 '둘 중 더 ~한(the + 비교급 + of the two)'이라는 비교급 표현을 만드는 것이 와야 합니다. 따라서 정답은 the older(더 나이가 많은)입니다.

04 The performance / was / much funnier / than I had expected.
그 공연은 훨씬 더 웃겼다 내가 기대했던 것보다

그 공연은 내가 기대했던 것보다 훨씬 더 웃겼다.

괄호 뒤에 비교급 funnier가 왔으므로 비교급을 강조할 수 있는 부사가 와야 합니다. 따라서 정답은 much(훨씬)입니다. 부사 so는 비교급이 아닌 원급을 강조합니다.

05 A morning meeting / would be / far more convenient / for me.
아침 회의가 훨씬 더 편할 것이다 나에게

아침 회의가 나에게 훨씬 더 편할 것이다.

괄호 뒤에 비교급 more convenient가 왔으므로 비교급을 강조할 수 있는 부사가 와야 합니다. 따라서 정답은 far(훨씬)입니다. 부사 very는 비교급이 아닌 원급을 강조합니다.

06 I / think / Asian food is spicier than Western food.
나는 생각한다 동양 음식이 서양 음식보다 더 맵다고

나는 동양 음식이 서양 음식보다 더 맵다고 생각한다.

괄호 앞에 형용사의 비교급 spicier가 왔으므로 함께 비교급 구문을 만드는 것이 와야 합니다. 따라서 정답은 than(~보다)입니다.

07 Regular seats / cost / less / than VIP seats / at a concert.
일반 좌석은 가격이 나간다 더 적게 VIP 좌석보다 콘서트에서

콘서트에서 일반 좌석은 VIP 좌석보다 가격이 더 적게 나간다.

괄호 뒤에 than이 왔으므로 함께 비교급 구문을 만드는 것이 와야 합니다. 따라서 정답은 비교급인 less(더 적게)입니다.

08 The earlier / you buy the ticket, / the cheaper / your ticket will be.
더 일찍 당신이 티켓을 살수록 더 저렴해질 것이다 당신의 티켓은

당신이 더 일찍 티켓을 살수록, 당신의 티켓은 더 저렴해질 것이다.

쉼표 뒤에 the cheaper로 시작하는 구문이 왔으므로 '더 ~할수록 더 -하다(the + 비교급 ~, the + 비교급 -)'라는 비교급 표현을 만드는 것이 와야 합니다. 따라서 정답은 The earlier(더 일찍)입니다.

09 The living room / is / larger / than the bathroom.
거실은 더 크다 화장실보다

거실은 화장실보다 더 크다.

빈칸 뒤에 than이 왔으므로 함께 비교급 구문을 만드는 것이 와야 합니다. 따라서 정답은 비교급인 (C) larger(더 큰)입니다.

10 The theater company / is trying / to reach a wider audience /
그 극단은 노력하고 있다 더 폭넓은 관객들에게 다가가기 위해

than before.
이전보다

그 극단은 이전보다 더 폭넓은 관객들에게 다가가기 위해 노력하고 있다.

빈칸 뒤에 than이 왔으므로 함께 비교급 구문을 만드는 것이 와야 합니다. 따라서 정답은 비교급인 (D) wider(더 폭넓은)입니다.

3 | 최상급

01

Yesterday / was / the coldest day / of the year. 어제가 / 가장 추운 날이었다 / 연중 | 어제가 연중 가장 추운 날이었다.

괄호 뒤에 of the year, 괄호 앞에 the가 왔으므로 함께 최상급 구문을 만드는 것이 와야 합니다. 따라서 정답은 최상급인 coldest(가장 추운)입니다.

02

Colin / is / the third fastest runner / in my team. | Colin은 우리 팀에서 세 번째로 가장 빠른 주자이다.
Colin은　　세 번째로 가장 빠른 주자이다　　우리 팀에서

'Colin은 우리 팀에서 세 번째로 가장 빠른 주자이다'라는 의미가 되어야 하므로 '몇 번째로 가장 ~한(the + 서수 + 최상급)'이라는 최상급 표현을 만드는 것이 와야 합니다. 따라서 정답은 서수인 third입니다.

03

I / ate / the biggest banana / in the box. 나는 / 먹었다 / 가장 큰 바나나를 / 상자에서 | 나는 상자에서 가장 큰 바나나를 먹었다.

괄호 뒤에 in the box, 괄호 앞에 the가 왔으므로 함께 최상급 구문을 만드는 것이 와야 합니다. 따라서 정답은 최상급인 biggest(가장 큰)입니다.

04

He / is / the most interesting person / that I've met. | 그는 내가 만나 본 가장 흥미로운 사람이다.
그는　　가장 흥미로운 사람이다　　내가 만나 본

괄호 뒤에 that절(that I've met), 괄호 앞에 the가 왔으므로 함께 최상급 구문을 만드는 것이 와야 합니다. 따라서 정답은 most(가장)입니다.

05

That / was / the second hardest test / I've taken. | 저것은 내가 친 두 번째로 가장 어려운 시험이었다.
저것은　　두 번째로 가장 어려운 시험이었다　　내가 친

괄호 앞에 'the + 서수(the second)'가 왔으므로, '몇 번째로 가장 ~한(the + 서수 + 최상급)'이라는 최상급 표현을 만드는 것이 와야 합니다. 따라서 정답은 최상급인 hardest(가장 어려운)입니다. 참고로, 이 문장의 I've taken 앞에는 목적격 관계대명사 which/that이 생략되어 있습니다.

06

It / is / the oldest university / in Korea. 그것은 / 가장 오래된 대학교이다 / 한국에서 | 그것은 한국에서 가장 오래된 대학교이다.

괄호 뒤에 in Korea, 괄호 앞에 the가 왔으므로 함께 최상급 구문을 만드는 것이 와야 합니다. 따라서 정답은 최상급인 oldest(가장 오래된)입니다.

07

Gangnam station / is / the most crowded place / that I know of. | 강남역은 내가 아는 가장 붐비는 장소이다.
강남역은　　가장 붐비는 장소이다　　내가 아는

괄호 뒤에 that절(that I know of), 괄호 앞에 the가 왔으므로 함께 최상급 구문을 만드는 것이 와야 합니다. 따라서 정답은 최상급을 만드는 most(가장)입니다.

08

Stockholm / is / one of the cleanest cities / in the world. | 스톡홀름은 세계에서 가장 깨끗한 도시들 중 하나이다.
스톡홀름은　　가장 깨끗한 도시들 중 하나이다　　세계에서

괄호 앞에 one of the, 괄호 뒤에 복수 명사 cities가 왔으므로, '가장 ~한 사람들/것들 중 하나(one of the + 최상급 + 복수 명사)'라는 최상급 표현을 만드는 것이 와야 합니다. 따라서 정답은 최상급인 cleanest(가장 깨끗한)입니다.

09

Ms. Davis / purchased / the cheapest dress / in the shop. | Ms. Davis는 가게에서 가장 저렴한 드레스를 구입했다.
Ms. Davis는　　구입했다　　가장 저렴한 드레스를　　가게에서

빈칸 뒤에 in the shop, 빈칸 앞에 the가 왔으므로 함께 최상급 구문을 만드는 것이 와야 합니다. 따라서 정답은 최상급인 (A) cheapest(가장 저렴한)입니다.

10

This / is / the most amazing hotel / that I have ever stayed in. | 이곳은 내가 이제껏 묵어 본 가장 놀라운 호텔이다.
이곳은　　가장 놀라운 호텔이다　　내가 이제껏 묵어 본

빈칸 뒤에 that절(that I have ever stayed in), 빈칸 앞에 the가 왔으므로 함께 최상급 구문을 만드는 것이 와야 합니다. 따라서 정답은 최상급인 (D) most amazing(가장 놀라운)입니다.

4주 5일 비교 구문 **103**

4주 5일 | 해커스 토익 왕기초 Reading

1 비교급 구문 해석하기

p. 244

01 Dylan's bag / is / heavier than yours.　Dylan의 가방은 / 너의 것보다 더 무겁다
　　　주어　　동사　보어

Dylan의 가방은 너의 것보다 더 무겁다.

02 That dress / is / the prettier of the two.　저 드레스가 / 둘 중에 더 예쁘다
　　　주어　　동사　보어

둘 중에 저 드레스가 더 예쁘다.

03 Your phone / is / newer than mine.　당신의 전화기는 / 나의 것보다 더 새것이다
　　　주어　　동사　보어

당신의 전화기는 나의 것보다 더 새것이다.

04 Thomas / is / the younger of the two siblings.
　　　주어　　동사　　　　　보어
Thomas가 / 두 형제 중에 더 어리다

두 형제 중에 Thomas가 더 어리다.

05 Steven / studies / harder than most of his friends.
　　　주어　　동사　　　　수식어
Steven은 / 공부한다 / 대부분의 그의 친구들보다 더 열심히

Steven은 대부분의 그의 친구들보다 더 열심히 공부한다.

06 Tomorrow, / I / have to wake up / earlier than usual.
　수식어　　주어　　동사　　　　수식어
내일 / 나는 / 일어나야 한다 / 평소보다 더 일찍

내일, 나는 평소보다 더 일찍 일어나야 한다.

07 The weather / is / colder / in December than in November.
　　　주어　　동사　보어　　　수식어
날씨는 / 더 춥다 / 11월보다 12월에

날씨는 11월보다 12월에 더 춥다.

08 Learning English / is / more difficult than learning math.
　　　주어　　　동사　　　　보어
영어를 배우는 것은 / 수학을 배우는 것보다 더 어렵다

영어를 배우는 것은 수학을 배우는 것보다 더 어렵다.

09 The older / you / get, / the wiser / you / become.
　　보어　　주어　동사　　보어　주어　동사
더 나이가 들수록 / 더 지혜로워진다

더 나이가 들수록, 더 지혜로워진다.

10 The quicker / we / finish / the work, / the sooner / we / go / home.
　수식어　　주어　동사　목적어　　수식어　주어　동사　수식어
더 빨리 / 우리가 / 끝낼수록 / 일을 / 더 빨리 / 우리는 / 간다 / 집에

우리가 일을 더 빨리 끝낼수록, 우리는 더 빨리 집에 간다.

01 Ami / is / the fastest girl in my school.
주어 동사 보어
Ami는 / 학교에서 가장 빠른 소녀이다

Ami는 학교에서 가장 빠른 소녀이다.

02 New York / is / the busiest city in America.
주어 동사 보어
뉴욕은 / 미국에서 가장 바쁜 도시이다

뉴욕은 미국에서 가장 바쁜 도시이다.

03 Charlie / is / one of the smartest students in class.
주어 동사 보어
Charlie는 / 학급에서 가장 똑똑한 학생들 중 한 명이다

Charlie는 학급에서 가장 똑똑한 학생들 중 한 명이다.

04 Breakfast / is / the most important meal of the day.
주어 동사 보어
아침 식사는 / 하루 중 가장 중요한 식사이다

아침 식사는 하루 중 가장 중요한 식사이다.

05 Ms. Gordon / is / the fourth-richest person in the country.
주어 동사 보어
Ms. Gordon은 / 나라에서 4번째로 가장 부유한 사람이다

Ms. Gordon은 나라에서 4번째로 가장 부유한 사람이다.

06 This supermarket / sells / the freshest fruit.
주어 동사 목적어
이 슈퍼마켓은 / 판매한다 / 가장 신선한 과일을

이 슈퍼마켓은 가장 신선한 과일을 판매한다.

07 The company / is / the second-largest food company in the state.
주어 동사 보어
그 회사는 / 주에서 두 번째로 가장 큰 식품 제조회사이다

그 회사는 주에서 두 번째로 가장 큰 식품 제조회사이다.

08 Terry / is / one of the happiest people I know.
주어 동사 보어
Terry는 / 내가 아는 가장 행복한 사람들 중 한 명이다

Terry는 내가 아는 가장 행복한 사람들 중 한 명이다.

해석 TIP! I know 앞에는 목적격 관계대명사 that이 생략되어 있습니다.

09 Our hotel / provides / the best service.
주어 동사 목적어
우리 호텔은 / 제공한다 / 최고의 서비스를

우리 호텔은 최고의 서비스를 제공한다.

해석 TIP! best는 good(좋은)의 최상급으로, '최고의, 제일 좋은'이라고 해석합니다.

10 It / is / the most delicious sandwich I have ever eaten.
주어 동사 보어
이것은 / 내가 여태껏 먹어 본 가장 맛있는 샌드위치이다

이것은 내가 여태껏 먹어 본 가장 맛있는 샌드위치이다.

해석 TIP! I have ever eaten 앞에는 목적격 관계대명사 that이 생략되어 있습니다.

1 | 안내문 p. 250

01 ~ 02

Thank you for purchasing SkyTech's new color printer, the SkyTech VX. To set up the printer, follow the steps below:

STEP 1: Plug in the printer and press the power button.
STEP 2: [01]Connect the printer to your computer using the USB cable included.
STEP 3: Lastly, print out a test page.

[02]If you need any help setting up your printer, please call 555-9023.

SkyTech사의 신형 컬러 프린터인 SkyTech VX를 구매해 주셔서 감사합니다. 프린터를 설치하기 위해서는, 아래의 단계들을 따르세요.

1단계: 프린터의 플러그를 꽂고 전원 버튼을 누르세요.
2단계: 포함된 USB 케이블을 사용하여 프린터를 당신의 컴퓨터에 연결하세요.
3단계: 마지막으로, 시험 페이지를 출력하세요.

만약 프린터를 설치하는 데 도움이 필요하면, 555-9023으로 전화하세요.

01 SkyTech VX에 대해 사실인 것을 묻는 문제입니다. 지문 중반의 'Connect the printer to your computer using the USB cable included.'를 통해, 프린터에 USB 케이블이 딸려 있다는 내용을 확인할 수 있습니다. 따라서 정답은 (A)입니다.

02 SkyTech사에 대해 암시되는 것을 묻는 문제입니다. 마지막 문장 'If you need any help setting up your printer, please call 555-9023.'을 통해, SkyTech사 고객들이 직통 전화로 고객 서비스를 받을 수 있다는 것을 알 수 있습니다. 따라서 정답은 (A)입니다.

03 ~ 04

Questions 03-04 refer to the following information.

Baggage Policies:

Thank you for choosing Super Jet Airlines, / the best airline in
Super Jet 항공을 선택해 주셔서 감사합니다   터키의 최고 항공사인

Turkey. We have baggage rules / for our passengers.
저희는 수하물 규정이 있습니다   저희 승객들에 대한

[04]Additional fees / will be charged / to passengers who exceed
추가 요금이   부과될 것입니다   한도를 초과하는 승객들께는
the limits.

[04]Domestic flights: [03/04]International flights:
• [04]One bag   • [04]Two bags
• Weight: up to 15kg   • Weight: up to 23kg
• Size: up to 203cm   • Size: up to 273cm

03-04번은 다음 안내문에 관한 문제입니다.

수하물 정책:

터키의 최고 항공사인 Super Jet 항공을 선택해 주셔서 감사합니다. 저희는 승객들에 대한 수하물 규정이 있습니다. 한도를 초과하는 승객들께는 추가 요금이 부과될 것입니다.

국내선:
· 가방 한 개
· 무게: 15kg까지
· 크기: 203cm까지

국제선:
· 가방 두 개
· 무게: 23kg까지
· 크기: 273cm까지

03 What is suggested about Super Jet Airlines?

(A) It has two airplanes.
(B) It charges less for passengers without bags.
(C) It cooperates with other companies in Turkey.
(D) It flies to other countries.

Super Jet 항공에 대해 암시되는 것은 무엇인가?

(A) 두 대의 비행기를 가지고 있다.
(B) 가방이 없는 승객들에게는 요금을 덜 청구한다.
(C) 터키의 다른 회사들과 협업한다.
(D) 다른 나라들로 비행한다.

Super Jet 항공에 대해 암시되는 것을 묻는 문제입니다. 지문 중반의 'International flights'를 통해, 국제선이 있으므로 다른 나라들로 비행한다는 것을 알 수 있습니다. 따라서 정답은 (D) It flies to other countries입니다.

04

What must passengers with three bags do?

(A) Take a domestic flight
(B) Pay more money
(C) Cancel the flight
(D) Upgrade the seat

가방이 3개인 승객들은 무엇을 해야 하는가?

(A) 국내선을 탄다
(B) 더 많은 돈을 지불한다
(C) 비행 편을 취소한다
(D) 좌석을 업그레이드한다

가방이 3개인 승객들이 해야 하는 것을 묻는 문제입니다. 지문 중반의 'Additional fees will be charged to passengers who exceed the limits.'와 'Domestic flights', 'One bag' 및 'International flights', 'Two bags'를 통해, 국내선과 국제선 각각 1개와 2개의 가방이 허용되고 이 한도를 초과하면 추가 요금이 부과된다는 내용을 확인할 수 있습니다. 가방이 3개인 승객들은 국내선과 국제선 중 어느 비행기를 타든 한도를 초과하게 되므로 추가 요금을 내야 한다는 것을 알 수 있습니다. 따라서 정답은 (B) Pay more money입니다.

05 ~ 06

Questions 05-06 refer to the following information.

Important safety reminders for HY Auto factory employees:

- [05]Always wear / the gloves and safety glasses that we
  항상 착용하세요   우리가 제공하는 장갑과 보안경을
  provide. Do not wear / any jewelry / because this can get
  착용하지 마세요   어떤 보석류도   이것이 장비에 걸릴 수 있기 때문에
  caught in our equipment.

- [06]Make sure your workspace is tidy. Clean up spilled liquids /
  반드시 당신의 작업 공간이 잘 정돈되어 있도록 하세요   엎질러진 액체를 치우세요
  and / keep work areas clear.
  그리고   작업 구역에 방해물이 없도록 하세요

- If you see unsafe conditions, / report them / to a manager /
  만약 위험한 상황을 발견하면   그것을 보고하세요   관리자에게
  as soon as possible.
  가능한 한 빨리

05-06번은 다음 안내문에 관한 문제입니다.

HY Auto사 공장 직원들을 위한 중요 안전 알림:

- 우리가 제공하는 장갑과 보안경을 항상 착용하세요. 장비에 걸릴 수 있기 때문에 어떤 보석류도 착용하지 마세요.
- 반드시 당신의 작업 공간이 잘 정돈되어 있도록 하세요. 엎질러진 액체를 치우고 작업 구역에 방해물이 없도록 하세요.
- 만약 위험한 상황을 발견하면, 관리자에게 가능한 한 빨리 그것을 보고하세요.

05

What is suggested about HY Auto's employees?

(A) They work six days a week.
(B) They receive some items for work.
(C) They get regular training.
(D) They make safety products.

HY Auto사의 직원들에 대해 암시되는 것은 무엇인가?

(A) 일주일에 6일 일한다.
(B) 작업을 위한 몇몇 물품들을 받는다.
(C) 정기적인 교육을 받는다.
(D) 안전 제품을 제조한다.

HY Auto사의 직원들에 대해 암시되는 것을 묻는 문제입니다. 첫 번째 항목의 'Always wear the gloves and safety glasses that we provide.'를 통해, 직원들이 항상 착용해야 하는 장갑과 보안경이 직원들에게 제공된다는 것을 알 수 있습니다. 따라서 정답은 (B) They receive some items for work입니다.

06

What are the employees encouraged to do?

(A) Repair broken equipment
(B) Evaluate their coworkers
(C) Maintain a clean workplace
(D) Check the safety of the building

직원들에게 권장되는 것은 무엇인가?

(A) 고장 난 장비를 수리한다
(B) 그들의 동료들을 평가한다
(C) 깨끗한 작업 공간을 유지한다
(D) 건물의 안전을 확인한다

직원들에게 권장되는 것을 묻는 문제입니다. 두 번째 항목의 'Make sure your workspace is tidy.'를 통해, 직원들에게 작업 공간을 잘 정돈하도록 권장하는 내용을 확인할 수 있습니다. 따라서 정답은 (C) Maintain a clean workplace입니다.

01~02

Aparco Company Memo	Aparco사 회람
To: All employees **From:** Jade Mellon, HR Director **Subject:** Changes [01]On June 15, we will begin using an electronic system for leave requests. The Trakkstar system will improve many things, such as planning, processing, and monitoring requests for leave. [02]It will also allow us to save time which we spend on paperwork.	수신: 전 직원 발신: Jade Mellon, 인사부장 제목: 변경 6월 15일에, 우리는 휴무 신청을 위한 전자 시스템을 사용하기 시작할 것입니다. Trakkstar 시스템은 휴무 신청의 계획, 처리, 그리고 관리와 같은 많은 일들을 개선할 것입니다. 그것은 또한 우리가 서류 작업에 쓰는 시간을 절약할 수 있게 할 것입니다.

01 회람의 목적을 묻는 문제입니다. 첫 문장 'On June 15, we will begin using an electronic system for leave requests.'를 통해, 휴무 신청을 위한 전자 시스템을 사용하기 시작할 것이라는 내용을 확인할 수 있습니다. 따라서 정답은 (B)입니다.

02 Trakkstar의 이점을 묻는 문제입니다. 마지막 문장 'It will also allow us to save time which we spend on paperwork.'를 통해 Trakkstar가 서류 작업에 쓰는 시간을 절약할 수 있게 할 것이라는 내용을 확인할 수 있습니다. 따라서 정답은 (A)입니다.

03~04

Questions 03-04 refer to the following memo.	03-04번은 다음 회람에 관한 문제입니다.
Redders Corp. Memo **To:** Marketing staff **From:** Vicki Fland, Marketing manager [03]I'd like to inform you / that the laptop in conference room 2A 여러분께 알려드리고자 합니다 2A 회의실에 있는 노트북을 이용할 수 없다는 것을 will be unavailable / from August 4 to 6. It will be used / for an 8월 4일부터 6일까지 그것은 사용될 것입니다 outside business event. If you need a laptop for a meeting / 외부 비즈니스 행사를 위해 만약 회의를 위해 노트북이 필요하면 on one of these dates, / [04]please use / one of the other rooms. 이 날짜들 중 하루에 사용하십시오 다른 회의실들에 있는 것을 Or, / you can schedule your meeting / for a different date. 아니면 여러분의 회의 일정을 잡아도 됩니다 다른 날짜로	Redders사 회람 수신: 마케팅 부서 직원 발신: Vicki Fland, 마케팅부장 8월 4일부터 6일까지 2A 회의실에 있는 노트북을 이용할 수 없다는 것을 여러분께 알려드리고자 합니다. 그것은 외부 비즈니스 행사를 위해 사용될 것입니다. 만약 이 날짜들 중 하루에 회의를 위해 노트북이 필요하면, 다른 회의실들에 있는 것을 사용하십시오. 아니면, 여러분의 회의 일정을 다른 날짜로 잡아도 됩니다.

03

What is the memo mainly about?	회람은 주로 무엇에 관한 것인가?
(A) A company event (B) Renovation of a conference room (C) A work schedule (D) Availability of an electronic device	(A) 회사 행사 (B) 회의실의 수리 (C) 근무 일정 (D) 전자 제품의 이용 가능 여부

회람의 주제를 묻는 문제입니다. 첫 문장인 'I'd like to inform you that the laptop ~ will be unavailable'을 통해, 2A 회의실에 있는 노트북을 이용할 수 없을 것임이 회람의 주된 내용임을 확인할 수 있습니다. 따라서 정답은 (D) Availability of an electronic device입니다.

04

What is suggested about Redders Corp.?	Redders사에 대해 암시되는 것은 무엇인가?
(A) It is going to hold a public event. (B) It has more than one meeting room. (C) It gives a laptop to every employee. (D) It will hire more employees.	(A) 공개 행사를 개최할 것이다. (B) 한 개보다 많은 회의실이 있다. (C) 모든 직원에게 노트북을 준다. (D) 더 많은 직원들을 채용할 것이다.

Redders사에 대해 암시되는 것을 묻는 문제입니다. 지문 후반의 'please use one of the other rooms'를 통해, 2A 회의실 외의 다른 회의실들에 있는 노트북을 사용하라고 했으므로 회의실이 한 개보다 많다는 것을 알 수 있습니다. 따라서 정답은 (B) It has more than one meeting room입니다.

05 ~ 06

Questions 05-06 refer to the following memo.

Browder, Inc. Memo

To: All Staff

From: Melisa Ko, HR manager

05Browder, Inc. will be offering / a new benefit for employees.
　Browder사는 제공할 것입니다　　　　　직원들을 위한 새로운 혜택을

Employees will be allowed to spend / an extra $200 a month /
　직원들은 사용할 수 있도록 허용될 것입니다　　　한 달에 추가 200달러를

using their company credit card. 05/06This money should be
　그들의 회사 신용카드를 이용하여　　　이 금액은 사용되어야 합니다

used / for health purposes only, / such as fitness classes.
　오직 건강 목적으로만　　　　　운동 수업과 같이

The new benefit will become available / from February 1. It will
　새로운 혜택은 이용할 수 있을 것입니다　　　　2월 1일부터

be available / to part-time as well as full-time employees.
그것은 이용할 수 있을 것입니다　　전임 직원들뿐만 아니라 시간제 직원들도

05-06번은 다음 회람에 관한 문제입니다.

Browder사 회람

수신: 전 직원
발신: Melisa Ko, 인사부장

Browder사는 직원들을 위한 새로운 혜택을 제공할 것입니다. 직원들은 회사 신용카드를 이용하여 한 달에 추가 200달러를 사용할 수 있도록 허용될 것입니다. 이 금액은 운동 수업과 같이 오직 건강 목적으로만 사용되어야 합니다. 새로운 혜택은 2월 1일부터 이용할 수 있을 것입니다. 그것은 전임 직원들뿐만 아니라 시간제 직원들도 이용할 수 있을 것입니다.

05

What is the main topic of the memo?

(A) A salary increase
(B) A reward for performance
(C) A health benefit
(D) A new hiring policy

회람의 주제는 무엇인가?

(A) 급여 인상
(B) 성과에 대한 보상
(C) 건강 혜택
(D) 새로운 채용 정책

회람의 주제를 묻는 문제입니다. 첫 문장 'Browder, Inc. will be offering a new benefit for employees.'와 지문 중반의 'This money should be used for health purposes only ~.'를 통해, 직원들에게 제공될 새로운 건강 혜택이 회람의 주제임을 알 수 있습니다. 따라서 정답은 (C) A health benefit입니다.

06

What does Browder, Inc. encourage employees to do?

(A) Apply for a full-time position
(B) Attend exercise classes
(C) Work harder to get a bonus
(D) Take advantage of retirement benefits

Browder사가 직원들에게 권장하는 것은 무엇인가?

(A) 전임 일자리에 지원한다
(B) 운동 수업에 참석한다
(C) 상여금을 받기 위해 더 열심히 일한다
(D) 퇴직 혜택을 이용한다

Browder사가 직원들에게 권장하는 것을 묻는 문제입니다. 지문 중반의 'This money should be used for health purposes only, such as fitness classes.'를 통해, 새로운 건강 혜택을 이용하여 운동 수업에 참석하도록 권장하는 내용을 확인할 수 있습니다. 따라서 정답은 (B) Attend exercise classes입니다.

해커스토익 **Hackers.co.kr**
무료 온라인 모의토익·무료 매월 적중예상특강·무료 실시간 토익시험 정답확인&해설강의

해커스인강 **HackersIngang.com**
본 교재 인강·무료 단어암기장 및 단어암기 MP3

해커스 어학연구소

327만이 선택한 외국어학원
1위 해커스어학원

토익 단기졸업 달성을 위한 해커스 약점관리 프로그램

자신의 약점을 정확히 파악하고 집중적으로 보완하는 것이야말로
토익 단기졸업의 필수코스입니다.

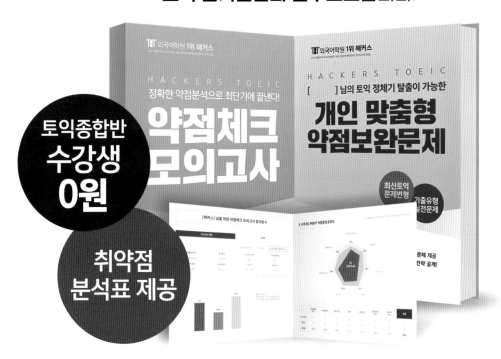

토익종합반
수강생
0원

취약점
분석표 제공

STEP 01
약점체크 모의고사 응시

*비매품

최신 토익 출제경향을 반영한
약점체크 모의고사 응시

STEP 02
토익 취약점 분석표 확인

파트별 취약점 분석표를 통해
객관적인 실력 파악

STEP 03
개인별 맞춤 보완문제 증정

*PDF

영역별 취약 부분에 대한
보완문제로 취약점 극복

[327만] 해커스어학원 누적 수강생 수(중복 수강 포함/2003~2024.01 기준)
[1위] 한국표준협회, 프리미엄 브랜드 지수(KS-PBI) 종합외국어학원 부문 1위(2019~2021)

지금 바로 신청하고
토익 취약점 완벽 극복 ▶